·黄山书苑文史丛书·

时号本事考

朱大银 著

SHIHAO BENSHI KAO

全国百佳图书出版单位
时代出版传媒股份有限公司
黄山书社

图书在版编目(CIP)数据

时号本事考 / 朱大银著. —合肥:黄山书社,2018. 12
ISBN 978-7-5461-7859-2

Ⅰ. ①时…　Ⅱ. ①朱…　Ⅲ. ①别称-研究-中国　Ⅳ. ①K82-63

中国版本图书馆 CIP 数据核字(2018)第 286670 号

本书出版获巢湖学院课题项目资金支持

时号本事考　　朱大银　著

出 品 人　王晓光
责任编辑　周振华
责任印制　戚　帅　李　磊
装帧设计　熙宇文化
出版发行　时代出版传媒股份有限公司(http://www.press-mart.com)
　　　　　黄山书社(http://www.hspress.cn)
地址邮编　安徽省合肥市蜀山区翡翠路 1118 号出版传媒广场 7 层　230071
印　　刷　合肥锐达印务有限责任公司

开　　本　700mm×1000mm　1/16　　印　　张　28.75　　字　　数　500 千
版　　次　2019 年 1 月第 1 版　　印　　次　2019 年 1 月第 1 次印刷
书　　号　ISBN 978-7-5461-7859-2　　定　　价　88.00 元

叙　言

史家书法，以秉笔直书为可贵，不仅在事之信还在文之真。唐刘知幾《史通》卷六《言语》说：

> 夫《三传》之说，既不习于《尚书》；两汉之词，又多违于《战策》。足以验氓俗之递改，知岁时之不同。而后来作者，通无远识，记其当世口语，罕能从实而书，方复追效昔人，示其稽古。是以好丘明者，则偏模《左传》；爱子长者，则全学史公。用使周、秦言辞见于魏、晋之代，楚、汉应对行乎宋、齐之日。而伪修混沌，失彼天然，今古以之不纯，真伪由其相乱。故裴少期讥孙盛录曹公平素之语，而全作夫差亡灭之词。虽言似《春秋》而事殊乖越者矣。①

子玄所论，旨在说明史书语言应该如实记录当时语言，不可为了好古而用前代语言记当代之事。裴松之讥孙盛事见《三国志》卷一《武帝纪》注：

> 臣松之以为史之记言，既多润色，故前载所述有非实者矣，后之作者又生意改之，于失实也，不亦弥远乎！凡孙盛制书，多用《左氏》以易旧文，如此者非一。嗟乎，后之学者将何取信哉？且魏武方以天下励志，而用夫差分死之言，尤非其类。②

裴松之又指责孙盛改易陈泰语言，说："然检盛言诸所改易，皆非别有异闻，率更自以意制，多不如旧。凡记言之体，当使若出其口。"③裴、刘二人都

① ［唐］刘知幾撰、［清］浦起龙通释：《史通通释》，上海古籍出版社，2009 年版，第 139—140 页。

② ［晋］陈寿撰、［南朝宋］裴松之注：《三国志》，中华书局，1959 年版，第 19 页。

③ ［晋］陈寿撰、［南朝宋］裴松之注：《三国志》，中华书局，1959 年版，第 642 页。

极力主张史家记言应不失相应时代语言之天然混沌，也就是使用原原本本的当世语言。

在史书中保留时号（时称）是史家记录当时语言的手法之一。时号是时人对一个人、一件事或一个现象的总结性口语称呼，如《史记》卷一百九《李将军列传》："广居右北平，匈奴闻之，号曰汉之'飞将军'，避之数岁，不敢入右北平。"又如《汉书》卷九十二《陈遵传》："时列侯有与遵同姓字者，每至人门，曰陈孟公，坐中莫不震动，既至而非，因号其人曰'陈惊坐'云。""飞将军""陈惊坐"都是时号。

时号随时随地缘人、事而起，数量众多，除极少数外，概不知作者为谁。虽同是口语，但因出现的背景不同而具有不同的语体色彩，有的近乎是专业术语。如《新唐书》卷八十五《窦建德传》中孙安祖因为偷羊被时人称为"摸羊公"，是大白话，而《晋书》卷四十九《阮瞻传》中阮瞻被人称为"三语掾"，就不是很好懂了，因为孙安祖是鸡鸣狗盗之徒，而阮瞻乃魏晋名士。唯其如此，刘子玄主张史家阑入时号时不必修饰，以便"取叶随时"。时号具有即时性，大多时过境迁就不再有相同的使用语境了。也就是说，时号都是专有名词，极少数如"智囊"等后来成了普通名词，则是例外。

时号虽然寥寥数言，却小中寓大，内容丰富。简单的如"范长头"只是说明了人的体貌特征；复杂的如通过"崔四入"这一时号，我们可以借崔胤的宦海沉浮了解晚唐时期藩镇军阀、皇室、朝廷臣僚之间错综复杂的势力变化关系。时号内容的丰富性还在于它反映的社会层面广泛，上至皇室宫廷下至刍荛牧野，交织成斑斓的人生社会画面。但凡当世风土人情、文物制度、疆埸战伐、文坛佳话、家族兴衰等诸多方面，我们都可以凭借时号这一窗口得到很好的了解。有的时号关乎封建道德说教，其历史认识价值不大。

语义双关是时号小中见大的一种手法，也是口语的一个特征。《新唐书》卷二百二十五《朱泚传》中人皆笑谓源休为"火迫酂侯"，"火迫"语义双关，一是说源休刻意模仿酂侯萧何战火中收图书，二是说源休迫不及待地争功，如同迫于火烧。谐音也是时号小中见大的方法之一，《史记》卷四十九《外戚世家》载汉武帝后宫有被称为"娙何"者，与"娙娥"谐音。有的时号很具有形象性，如汉代冯异被称为"大树将军"，刘宋时期人们以优劣称呼沈怀文三子为"腰鼓兄弟"等。

时号是当时大众最真实、最公正的认识和情感之凝结，足见时人之喜怒哀乐。如"终童"表露了汉人对英年早逝的终军的惋惜，而"供御囚"则说明了人们对北齐文宣帝高洋惨无人道行为的痛恨。史家揽时号入史书，可以省去很多笔墨，把自己对历史人物、事件的判断，直接凭借时号表现出来。因此，刘知幾鼓励史臣在史书中真实地保存时号。《史通》卷四《称谓》：

> 赵佗而曰“尉佗”，英布而曰“黥布”，豪杰则“平林”“新市”，寇贼则“黄巾”“赤眉”，园、绮友朋，共云“四皓”，奋、建父子，都称“万石”。凡此诸名，皆出当代，史臣编录，无复张弛。盖取叶随时，不藉稽古。①

“尉佗”“黥布”“平林”“新市”“黄巾”“赤眉”“四皓”“万石”都是时号。《史记》卷一百三《万石张叔列传》：“于是景帝曰：‘石君及四子皆二千石，人臣尊宠乃集其门。’号奋为‘万石君’。”“无复张弛”是直接书录，无须润饰的意思。

时号既然有很高的历史认识价值，对于时号的研究就不是一件没有意义的事。长期以来，由于缺少对于时号的足够重视，学界关于时号的研究成果只是偶有一见，如《文史》第二十七辑载张国星先生《关于〈晋书·贾谧传〉中的“二十四友”》一文、《文史》第二十九辑载方北辰先生《“三语掾”语事考》一文、《文史》第五十辑载袁津琥先生《说“搜牢”》一文等，总体说来，对时号研究的成果较少。对史书中时号的研究，显然有待于深入。本人不揣谫陋，汇录自先秦至五代的史书中所见时号，述其本事，考其文义，或为读史者一助。然限于学识，其中尚有不少错误、缺点，敬待通家、读者斧正。

书稿清样出来后，我的好友、巢湖学院的张飞熊博士检读一过，指出了其中的不少错误；友生吴大洲为本书题签。在此一并致谢。

朱大银于巢湖学院

2018 年 12 月

---

① ［唐］刘知幾撰、［清］浦起龙通释：《史通通释》，上海古籍出版社，2009 年版，第 101 页。

例　言

一、本书汇录自先秦至五代时期见于正史之时号。

二、时号以条目形式出现，按照在《左传》《史记》《汉书》《后汉书》《三国志》《晋书》《南史》《北史》《新唐书》《新五代史》中出现先后顺序排列。《南史》与《宋书》《南齐书》《梁书》《陈书》比对，《北史》与《魏书》《周书》《北齐书》《隋书》比对，《新唐书》与《旧唐书》比对，《新五代史》与《旧五代史》比对，互见其异同。

三、每个条目先是标出时号名称，然后揭示该时号在史书中出现的卷数与篇目，如"《左传·庄公二十八年》""卷五十三《萧相国世家》"，再过录该时号出现在史书中的相关文字，篇幅以意思相对完整的一句话或一段话为准。

四、同一时号或互见不同的其他史书中，标出该史书名称、卷数，并过录其上下文。如文字与所过录的文字完全相同，则加以说明，不再重录。

五、标点本史书对于时号的标示不一，有加专名号者，有加引号者，有不加任何符号者，过录原文时一律加上引号。

目 录

《左传》

《史记》

《汉书》

《后汉书》

《三国志》

《晋书》

《南史》

《北史》

《新唐书》

《新五代史》

《左传》

二五耦

《左传·庄公二十八年》:

二五卒与骊姬谮群公子而立奚齐,晋人谓之“二五耦”。

公元前672年,晋献公(?—前651)攻打在临潼的少数民族骊戎,获骊姬姐妹俩。晋献公很喜欢姐妹俩,姐妹俩分别为晋献公生下奚齐和卓子两个儿子。在这之前晋献公已经有太子申生以及重耳、夷吾等儿子;申生为来自齐国的齐姜所生,而重耳、夷吾则分别为来自北狄的大戎狐姬、小戎子姐妹俩所生。

骊姬受到晋献公的宠幸,于是就想废掉太子申生并排挤掉重耳、夷吾。她与外臣梁五和东关五两人勾结,把申生发配到旧都曲沃,把重耳、夷吾派往边境的蒲地与屈地。骊姬的儿子奚齐终于当上了太子。晋国人都骂梁五和东关五两人是“二五耦”,即狼狈为奸的两个人。

封建时代的宫廷从来就是污秽的泥淖,这场宫廷阴谋的后果就是史书上所说的晋国“骊姬之难”,不仅导致宫廷动荡,还导致了血腥的杀戮。公元前656年,太子申生自杀,重耳与夷吾奔亡。公元前651年,晋献公死,晋大臣里克杀骊姬、奚齐、卓子,“二五”自然也不能免。公元前650年,夷吾回国,成为晋国国君,即晋惠公。直到公元前636年,重耳回国即位,即晋文公,这场宫廷灾难才算彻底结束。

“二五”指梁五与东关五两人。耦本来指两人并肩耕作,这里是说梁五与东关五两人朋比为奸。

拜赐之师

《左传·文公二年》:

> 甲子,及秦师战于彭衙,秦师败绩。晋人谓秦“拜赐之师”。

公元前627年,秦、晋在位于今天陕西、河南两省交界的崤关大战。秦军惨败,只轮无归,秦国三帅孟明视、西乞术、白乙丙被晋国俘获。晋襄公的母亲是秦国人,为娘家人求情,晋襄公就放了孟明视等三人回国。晋襄公继而反悔,派阳处父去追他们。追上时,三人正在过黄河,船都已经在河中心了。孟明视讥笑着说:“谢谢你们的不杀之恩!我们回秦国,若死,也是死而无憾;若不死,三年以后我们会到贵国去报恩的!”

三年过后也就是前625年,孟明视果然带领大军攻打晋国以雪崤关之耻,这就是秦、晋彭衙之战,但秦军又一次大败而归。晋国人就用孟明视的原话来讽刺秦人为“拜赐之师”即“报恩之师”。

秦人虽然在彭衙之战中败了,但秦缪公“使功不如使过”,继续任用孟明视,说明秦缪公很有胸怀;孟明视也没有辜负秦缪公对自己的希望,“增修国政,重施于民”。君臣风云际会,相得益彰,难怪秦国逐渐强大起来并最终吞并了六国。

耏门

《左传·文公十一年》:

> 皇父之二子死焉,宋公于是以门赏耏班,使食其征,谓之“耏门”。

大概在公元前8世纪中后期,北方的鄋瞒部落入侵宋国。宋武公让司徒皇父帅军抵御鄋瞒,结果在长丘大败鄋瞒,俘获了缘斯。不过皇父与谷甥、司寇牛父都战死沙场,为皇父驾车的耏班却幸存了下来。

长丘之战胜利后,宋武公为了奖赏耏班,让他在都城的一个城门处收过路税,所得归自己所有。此门因耏班之名而被人称为“耏门”。“耏”是长在脸旁的胡须,《左传》里面有许多人的名字是根据身体某一个部位的特征而得来的,如“黑肱”“黑肩”“黑背”“黑臀”“黑腰”等,大概是根据出生时的黑色胎记而命名的;还有如“重耳”“句耳”等名字也是如此。“彨班”的“班”是名,由于他脸上多毛,所以人称“彨班”,后来“彨”就成了姓。汉代有彨趾。

公元前616年,鄋瞒寇齐进而寇鲁。鲁国的叔孙得臣打败鄋瞒并俘获了侨如,缘斯就是侨如的祖先。鲁国人杀了侨如并把他的头埋在了鲁国国都的西门外。公元前594年,晋国在征讨北方部落时俘获了侨如的弟弟焚如。后来鄋瞒再次入侵齐国时,齐国的王子成父抓到了焚如的弟弟荣如,齐人把荣如杀了,并把他的头埋在了周首城的北门。再后来,卫国又俘获了鄋瞒最小的弟弟简如,鄋瞒从此一蹶不振。

哀姜

《左传・文公十八年》:

> 夫人姜氏归齐,大归也。将行,哭而过市曰:“天乎,仲为不道,杀嫡立庶。”市人皆哭,鲁人谓之“哀姜”。

鲁文公(? —前609)有二妃。长妃齐姜,生二子恶、视;次妃敬嬴,生俀。敬嬴受鲁文公宠幸。公元前609年鲁文公卒,敬嬴与襄仲即公子遂勾结,杀了恶、视而立俀为国君,是为鲁宣公。襄仲的行为得到了齐国的允许,因为通过政变刚当上国君的齐惠公,很想得到鲁国的支持。鲁国另一位大臣叔仲坚决反对襄仲的做法,襄仲就把他杀了,并埋在了马粪下。

齐姜孤苦伶仃,只得回娘家齐国。对女人来说,这是人生中最大的不幸了。回到齐国,走在齐国国都的闹市中,齐姜边走边哭着说道:“天啊!襄仲大逆不道,杀了我的儿子而立庶子为国君!”街上的人听了也失声痛哭。他们都称齐姜为“哀姜”,即“可怜的女人”。鲁国国君从此失去民心,国政也渐渐地旁落到襄仲家族手中。

鲁国历史上,鲁庄公(前706—前662)的夫人也称“哀姜”,不过这里的“哀”是谥号。哀姜与庄公无子,后与庆父通奸,并危及鲁国国政,这让她娘家齐国蒙羞,齐国就把她给杀了。

迁延之役

《左传·襄公十四年》：

乃命大还。晋人谓之“迁延之役”。

公元前562年，秦、晋在现在河北境内的栎地大战，这就是历史上的栎之战。晋军由于轻视对手，结果大败。公元前559年，当时的霸主晋悼公（前586—前558）率领齐国、宋国、卫国、郑国、曹国、莒国、邾国、滕国、薛国、杞国以及郳国攻打秦国，为栎之战雪耻。

这次会战，首先是作为主帅的晋悼公没有在前线，只是留在晋国边界，于是诸侯的军队在泾水边磨磨蹭蹭，也不愿过河。其次，军队到了棫林，本打算能吓退秦军，可是秦人不买账。再次，秦人在泾水里放毒，毒死了不少诸侯军队的士兵。这样一来，大将栾黡觉得心中没底，不想打仗了。终于将帅不和，大军无功而还。这当中还发生了一件事，也让人看出其时的人心不一。栾黡的弟弟栾针觉得不战而退很是可耻，于是拉上晋大夫士匄的儿子士鞅一起驰奔到秦军中，结果栾针战死，士鞅回来了。栾黡对士匄说：“都是你儿子不好，我弟弟不愿冒死，是你儿子硬拉他去的。现在好了，我弟弟死了，你儿子安然无事，是你儿子杀了我弟弟，我要杀死你儿子！”士鞅只得逃亡到秦国去了。晋国人自己对这支军队也看不下去，称此次军事行动为“迁延之役”，即一次拖拖拉拉、无所事事的军事行动。

《史记》

娙何

《史记》卷四十九《外戚世家》：

武帝时，幸夫人尹婕妤。邢夫人号娙娥，众人谓之“娙何”。“娙何”秩比中二千石，容华秩比二千石，婕妤秩比列侯。常从婕妤迁为皇后。

汉武帝(前156—前87)同时宠幸尹夫人与邢夫人。武帝怕她们彼此嫉妒，下诏不准她们相见。尹夫人却非常想看看邢夫人究竟长得什么样，她请求武帝让她见见邢夫人，武帝同意了。邢夫人听说尹夫人要见她，便精心打扮一番。谁知尹夫人一见便说：“这不是本来的邢夫人！”武帝问：“这话怎么说？”尹夫人说：“如果她就是这个样子，皇上您是不会喜欢的。”武帝让邢夫人去换回平时穿的衣服再来。这次尹夫人一看便说：“这才是真正的邢夫人！”顿时感到自惭形秽。

当时秦、晋一带称赞人好看的样子为“娙”，称美女为“娥”。“娙娥”即“美丽的女人”。汉武帝就把这个名词用来作为后宫宫女品阶的名称，娙娥级别很高，相当于九卿。因为邢夫人非常美丽，又是娙娥，于是周围的人都随口称她“娙何”，与“娙娥”谐音。“何”是程度副词倒装，“娙何”就是“何娙”，也就是“多么美好”的意思。

东陵瓜

《史记》卷五十三《萧相国世家》：

召平者，故秦东陵侯。秦破，为布衣，贫，种瓜于长安城东。瓜美，故世俗谓之“东陵瓜”，从召平以为名也。

《汉书》卷三十九《萧何传》：

召平者，故秦东陵侯。秦破，为布衣，贫，种瓜长安城东。瓜美，故世谓"东陵瓜"，从召平始也。

汉初，天下甫定，刘家政权尚未巩固，君臣之间不免猜疑。避免被猜疑的最好办法就是无所事事，不能锋芒毕露、显山露水。所以当萧何当上相国后，别人都来庆贺，唯有召平来吊慰他。《史记》卷五十三《萧相国世家》：

召平谓相国曰："祸自此始矣。上暴露于外而君守于中，非被矢石之事而益君封置卫者，以今者淮阴侯新反于中，疑君心矣。夫置卫卫君，非以宠君也。愿君让封勿受，悉以家私财佐军，则上心说。"

刘邦果然对萧何不放心。《史记》卷五十三《萧相国世家》：

汉十二年秋，黥布反，上自将击之，数使使问相国何为。相国为上在军，乃拊循勉力百姓，悉以所有佐军，如陈豨时。客有说相国曰："君灭族不久矣。夫君位为相国，功第一，可复加哉？然君初入关中，得百姓心，十余年矣，皆附君，常复孳孳得民和。上所为数问君者，畏君倾动关中。今君胡不多买田地，贱贳贷以自污？上心乃安。"于是相国从其计，上乃大说。

文中反复说"上心乃安""上乃大说"，正是由于萧何"无所作为"，所以刘邦对他才很放心。同样的事情也发生在曹参身上。《史记》卷五十四《曹相国世家》：

日夜饮醇酒。卿大夫已下吏及宾客见参不事事，来者皆欲有言。至者，参辄饮以醇酒，间之，欲有所言，复饮之，醉而后去，终莫得开说，以为常。相舍后园近吏舍，吏舍日饮歌呼。从吏恶之，无如之何，乃请参游园中，闻吏醉歌呼，从吏幸相国召按之。乃反取酒张坐饮，亦歌呼与相应和。

后来汉惠帝怪曹参作为国相整天喝酒而无所事事，便让曹参的儿子曹窋劝说他父亲，结果曹参把儿子痛打了两百板，说："世间的事情是你能知道的吗？"

召平（生卒年不详），秦东陵侯。经历了秦汉之际的杀戮与政治的血腥，他宁愿种瓜自给也不愿去做官，也是为了全身远祸。《水经注》卷十九《渭水》"又东过长安县北"注："第三门，本名霸城门，王莽更名仁寿门无疆亭，民见门色青，又曰青城门，或曰青绮门，亦曰青门。门外旧出好瓜，昔广陵人邵平为秦东陵侯，秦破，为布衣，种瓜此门，瓜美，故世谓之东陵瓜。"①邵平即召平。

公孙将军

《史记》卷五十八《梁孝王世家》：

> 公孙诡多奇邪计，初见王，赐千金，官至中尉，梁号之曰"公孙将军"。梁多作兵器弩弓矛数十万，而府库金钱且百巨万，珠玉宝器多于京师。

《汉书》卷四十七《文三王传》：

> 公孙诡多奇邪计，初见日，王赐千金，官至中尉，号曰"公孙将军"。多作兵弩弓数十万，而府库金钱且百巨万，珠玉宝器多于京师。

汉文帝窦皇后生了两个儿子，大儿子刘启即汉景帝；小儿子刘武也就是梁孝王。梁孝王深得母亲窦太后宠爱。有一次，梁孝王来京城，母子三人一起吃饭时，景帝说："我死后皇位就传给老小了。"梁孝王虽然知道老大言不由衷，但还是很高兴，窦太后也很高兴。公元前 153 年，景帝立刘荣为太子，前 149 年又把刘荣给废了。窦太后想把小儿子刘武立为太子，但遭到袁盎等人反对，最终立刘彻为太子。刘武便把所有怨恨都集中在袁盎等人身上，与羊胜、公孙诡一起相勾结，密谋派人暗杀袁盎及其他大臣。刺杀袁盎的人一

① 陈桥驿：《水经注校证》，中华书局，2007 年版，第 453 页。

入关，就听人对袁盎赞不绝口，于是找到袁盎，对他说："梁孝王给我钱让我杀死你，可你是正人君子，我不忍心，但就算我不杀你，还有十几位其他刺客就要到来，你要小心啊。"后来，袁盎还是被刺客在路上给杀了。这事引起了汉景帝的怀疑，经调查，果然是梁孝王指使的。政府核实刘武罪行，不过经韩安国从中斡旋，刘武总算没死。羊胜、公孙诡自杀。公孙诡，其生卒年、爵、里并不详。

"将军"本为军爵，但也常用来尊称有成就或有武艺的一般军人，如李广为"飞将军"、冯异为"大树将军"等。公孙诡是诸侯中尉，也就是负责梁国治安的人。虽是军事人员，但尚不得称为将军，时称公孙诡为"公孙将军"，主要是因为他诡计多端。

智囊

《史记》卷七十一《樗里子甘茂列传》：

> 樗里子者，名疾，秦惠王之弟也，与惠王异母。母，韩女也。樗里子滑稽多智，秦人号曰"智囊"。

《史记》卷一百一《袁盎晁错列传》：

> 诏以为太子舍人、门大夫、家令。以其辩得幸太子，太子家号曰"智囊"。

《汉书》卷四十九《晁错传》：

> 上善之，于是拜错为太子家令。以其辩得幸太子，太子家号曰"智囊"。

"滑稽"为一种酒器，可以转动着倒酒。后来人们就用"滑稽"来比喻那些能说会道的人，就像滑稽出酒一样，源源不断。《史记》有《滑稽列传》，其序言说："谈言微中，亦可以解纷。"司马迁的意思是滑稽之人都能够在谈笑之中帮人排忧解难，这是战国时期的风气。《滑稽列传》中齐国的淳于髡、楚国的优孟、秦国的优旃就都是这样能说会道的人。清代蒲松龄《聊斋志异·酒狂》:“偶适族叔家,与客滑稽谐谑,遂共酣饮。”也是善谈的意思。

古时人们认为能言善辩的人都是极有智慧的人,如《晋书·华谭传》:“及长,好学不倦,爽慧有口辩,为邻里所重。”《北史》卷四十五《房天乐传》:“房天乐者,清河人,滑稽多智。”《史记·滑稽列传》说淳于髡“滑稽多辩”,说优孟“多辩,常以谈笑讽谏”,说优旃“善为笑言,然合于大道”。所以时人称樗里子为“智囊”。“樗里子”的名字叫嬴疾,他住在樗里。古人用所住的地方名称来称呼人,表示尊重。“樗里子”就是“住在樗村的那位先生”的意思。他是秦国公族,做到了丞相。《史记》中并没有多少关于他能言善辩、排忧解难的记载。之所以写入《史记》中,按照司马迁的说法,是因为“樗里子以骨肉重,固其理,而秦人称其智,故颇采焉”。不过樗里子是一个对秦国统一六国有着贡献的人则是不错的。

晁错(?—前154),颍川(今河南禹县)人。刘邦得天下后分封子弟到各地做诸侯王,以为屏障。到汉景帝时,地方诸侯王尾大不掉。景帝接受晁错削藩的建议,最终引起吴楚七国叛乱,晁错也成为“清君侧”的替罪羊。

晁错为太子家令的时候,太子周围的人称呼他为“智囊”,是因为他能言善辩,就是文中说的“以其辩得幸太子”,这与“樗里子”嬴疾是一样的。

栾公社

《史记》卷一百《季布栾布列传》:

> 吴楚反时,以军功封俞侯,复为燕相。燕齐之间皆为栾布立社,号曰“栾公社”。

《汉书》卷三十七《季布栾布传》:

> 吴楚反时,以功封为鄃侯,复为燕相。燕齐之间皆为立社,号曰“栾公社”。

栾布(?—前145),与梁王彭越是好朋友。秦末天下大乱,彭越做了强盗,栾布则被人卖到燕地为奴。栾布虽然为奴,却能记着替主人报仇。燕将臧荼看他深明大义,就招他为都尉。公元前 202 年,已经成为燕王的臧荼因为谋反而被刘邦消灭,作为臧荼麾下大将的栾布也成了刘邦的阶下囚。此时,彭越已经由强盗而成为梁王,就用钱把栾布从刘邦手里赎出来,让他做了自己手下的大夫。公元前 197 年,彭越因谋反而被枭首,于洛阳街头示众,刘邦下令不准任何人替彭越收尸。栾布因为替彭越收尸而被捉住,要受烹刑。临死前他对刘邦说:"当年你军败荥阳时,彭越倒向了你一边,所以楚败了;如果当时彭越倒向了楚一边,恐怕你就败了吧!"刘邦听栾布此言,就把栾布放了,并让他做了都尉。

栾布出自燕赵,侠肝义胆。在没有法律或者法律无法保障公正公平的秦末动乱时期,义气显得无比珍贵。这是当时人们给栾布立祠的原因。后来人们建立关帝庙祭祀关羽,也是因为他是乱世行侠仗义的英雄。

"社"本是祭祀土地神的地方,后来也可指称一般的供奉神灵的场所,相当于佛家的庙。

万石君

《史记》卷一百三《万石张叔列传》:

> 于是景帝曰:"石君及四子皆二千石,人臣尊宠乃集其门。"号奋为"万石君"。

《汉书》卷四十六《石奋传》:

> 于是景帝曰:"石君及四子皆二千石,人臣尊宠乃举集其门。"凡号奋为"万石君"。

石奋(前 220—前 124),字天威,河内郡温县(今河南温县)人。石奋并不识字,但因为为人敬恭而受到汉高祖的青睐,他的姐姐也入了后宫。石奋有四个儿子,都有乃父之风,为人谦虚谨慎。大儿子石建郎中令,掌宫殿门户之事。石建有事发言的时候把闲人支走,然后畅所欲言,且言事恳切,但一到朝廷上他就一言不发,就像不会说话一样。石奋另外三个儿子,有一个名叫石庆,其余两个就不知道名叫什么了。

石奋与他的四个儿子官都做到了二千石，所以文帝戏称他为“万石君”。这里“石”字既是就“二千石”而言，又是切姓而用。

飞将军

《史记》卷一百九《李将军列传》：

广居右北平，匈奴闻之，号曰汉之“飞将军”，避之数岁，不敢入右北平。

《汉书》卷五十四《李广传》：

广在郡，匈奴号曰“汉飞将军”，避之，数岁不入界。

李广（？—前119），陇西成纪（今甘肃天水）人。武帝时，李广由卫尉升为将军，出击匈奴。由于敌众我寡，李广被生擒。李广当时伤得很厉害，匈奴士兵把李广放在两马之间的网兜上。走了十多里的路，李广一直在装死。当他偷看到旁边有一名匈奴士兵骑着一匹好马时，便一跃而起，跳上马推下匈奴士兵，逃回军中。李广被匈奴人称为“飞将军”是因为他身手敏捷。《三国志·魏书》卷七《吕布传》：“布便弓马，膂力过人，号为飞将。”又说：“尝小失意，（董卓）拔手戟掷布，布拳捷避之。”说明吕布也是因为手脚敏捷，才被人称为“飞将”的。

李广为人谦恭，不善言辞，这大概也是他终身没被封侯的原因。李广为将军，治军简易，与士兵同甘苦，人人都乐于为他死战。司马迁称赞他“桃李不言，下自成蹊”。

邓氏钱

《史记》卷一百二十五《佞幸列传》：

于是赐邓通蜀严道铜山，得自铸钱，“邓氏钱”布天下。其富如此。

《汉书》卷九十三《邓通传》：

于是赐通蜀严道铜山，得自铸钱，邓氏钱布天下。其富如此。

汉文帝时候，邓通是一位在京城长安公园水池中划船的黄头郎。土克水，土是黄色，所以划船的人都戴着黄色的帽子，名为“黄头郎”。有一次汉文帝做梦，梦见自己正在上天，可就是上不去，这时候有位黄头郎把他推了上去，文帝看见这人反穿着衣衫。第二天，文帝就去了未央宫西边的苍池，还真看见了一位反穿衣服的人，一问姓名叫邓通，文帝大喜，认为“邓”者“登”也，“邓通”就是上了天的意思。邓通（？—前157？），蜀郡南安（今四川乐山）人。

汉代可以私人铸钱，但必须有铜。当时吴国境内有很多铜山，可以铸钱，所以吴国富比天子。汉文帝听了看相的人说邓通会穷得饿死，就把邓通老家蜀地的严道铜山赏赐给了他，让他自己铸钱，这样他就不至于饿死了。邓通的“邓氏钱”与官方的“四铢钱”都是流通货币。《史记·平准书》：

至孝文时，荚钱益多，轻，乃更铸四铢钱，其文为“半两”，令民纵得自铸钱。故吴，诸侯也，以即山铸钱，富埒天子，其后卒以叛逆。邓通，大夫也，以铸钱财过王者。故吴、邓氏钱布天下，而铸钱之禁生焉。

司马迁用谚语感叹说：“力田不如逢年，善仕不如遇合。”

当年文帝生了毒疮，邓通为文帝吮吸脓血。有一次，文帝问邓通：“这天下谁最爱我呢？”邓通说：“太子最爱您。”等太子来了，文帝也让太子替他吮吸脓血，太子面有难色。后来听说邓通是这么做的，从此就怨恨邓通。等太子做了皇帝即汉景帝，就把邓通免官并且抄家了。邓通最终还真是穷死在别人家里。

狂人

《史记》卷一百二十六《滑稽列传》：

人主左右诸郎半呼之“狂人”。

《论语·子路》:“不得中行而与之,必也狂狷乎。狂者进取,狷者有所不为也。”《论语·阳货》:“古者民有三疾,今也或是之亡也。古之狂也肆,今之狂也荡;古之矜也廉,今之矜也忿戾;古之愚也直,今之愚也诈而已矣。”孔子所说的“狂者进取”“古之狂也肆”就是敢作敢为的意思。孔子认为不得循乎准绳,那就应该勇而有为,也就是反对乡愿。孔子说:“乡愿,德之贼也。”肆志而为为狂,洁身自好不苟于世为狷。狂狷之人往往难容于世,于是就只能成为隐士了。《论语·微子》中的楚国狂人接舆就是隐士。

东方朔(生卒年不详),字曼倩,平原(今山东陵县)人。为汉武帝弄臣,武帝也只以弄臣视之。他的行为在周围的人眼里是“狂人”,因为他做了别人都不敢做的事。《史记·滑稽列传》:

> 时诏赐之食于前。饭已,尽怀其余肉持去,衣尽污。数赐缣帛,担揭而去。徒用所赐钱帛,取少妇于长安中好女。率取妇一岁所者即弃去,更取妇。所赐钱财尽索之于女子。

东方朔敢于这么做,就是因为自己是弄臣;武帝能容忍,就是因为“以弄臣视之”。当别人告诉东方朔大家都认为他是疯子的时候,东方朔自己说:“我是避世朝廷的隐士,和古代隐士相比,他们只是隐居深山罢了。”也就是“大隐于市”的意思。郭绍虞先生说:

> 一般人误解了“狂”字,于是以夸诞为狂,以轻剽为狂,以闹骚感慨为狂,以闲荡逾检为狂,以使酒骂坐为狂,以不衫不履放浪形骸为狂,实则狂而如此,何足动孔子之思①。

东方朔周围的人以他“闲荡逾检”为狂,在东方朔则是“不得中行而与之,必也狂狷”了。如此,称东方生为“狂人”则可,以弄臣视之则不可。

---

① 郭绍虞:《照隅室杂著》,上海古籍出版社,2009年版,第294页。

《汉书》

盲杜子夏　小冠杜子夏　大冠杜子夏

《汉书》卷六十《杜周传》附《杜钦传》:

> 钦字子夏,少好经书,家富而目偏盲,故不好为吏。茂陵杜邺与钦同姓字,俱以材能称京师,故衣冠谓钦为“盲杜子夏”以相别。钦恶以疾见诋,乃为小冠,高广财二寸,由是京师更谓钦为“小冠杜子夏”,而邺为“大冠杜子夏”云。

杜周为汉武帝时候的酷吏,他的两个儿子为官也很残暴,只有小儿子杜延年为政宽厚。杜钦是杜周的孙子,是杜延年的儿子。杜钦给政府提出过许多有益的建议,又推荐了王骏、韦安世、王延世等人,不仅如此,还帮助过冯野王、王尊、胡常等犯过错误的人。

杜钦(生卒年不详),字子夏,南阳(今河南南阳)人;杜邺(? —前2),字子夏,魏郡繁阳(今河南内黄)人。两人都擅长经学,两人都是字子夏,杜钦“目偏盲”。别人为了区别他俩,就称呼杜钦为“盲杜子夏”即“瞎子子夏”。杜钦不喜欢别人这么叫他,就替自己设计了一顶比规格小的帽子戴在头上,从此他就被称为“小冠杜子夏”即“戴小帽子的子夏”;而杜邺则被称为“大冠杜子夏”即“戴大帽子的子夏”。

汉代文儒戴的是进贤冠,“前高七寸,后高三寸,长八寸,公侯三梁,中二千石以下至博士两梁,博士以下一梁”①。杜钦的帽子“高广财二寸”,难怪人家叫他“戴小帽子的子夏”了。

---

① 黄能馥、陈娟娟:《中国服装史》,中国旅游出版社,1995 年版,第 89 页。

终童

《汉书》卷六十四(下)《终军传》:

南越与汉和亲。乃遣军使南越,说其王,欲令入朝,比内诸侯。军自请:“愿受长缨,必羁南越王而致之阙下。”军遂往说越王,越王听许,请举国内属。天子大说,赐南越大臣印绶,壹用汉法,以新改其俗,令使者留填抚之。越相吕嘉不欲内属,发兵攻杀其王,及汉使者皆死。语在《南越传》。军死时年二十余,故世谓之“终童”。

终军(?—前112),字子云,济南(今山东济南)人。十八岁被选为博士弟子。在去长安路经潼关时,关吏给他回来的凭证,终军问:“这东西有什么用呢?”关吏说:“这是你回来出关的证明。”终军说:“大丈夫既然入关,无所作为绝不出关!”便把凭证扔了。

武帝元鼎五年(前112),南越国与汉和亲。受武帝想派遣使者去说服南越王入朝。终军自请:“愿受长缨,必羁南越王而致之阙下。”这就是终军请缨的故事。

终军死时很年轻,才二十多岁。死后,人称他为“终童”,对他的早亡表示怜惜。“终”字双关,既有“死”的意思,又切姓。

车丞相

《汉书》卷六十六《田千秋传》:

千秋为相十二年,薨,谥曰定侯。初,千秋年老,上优之,朝见,得乘小车入宫殿中,故因号曰“车丞相”。

田千秋(?—前77),田齐后裔,先人汉初徙居长陵(今陕西咸阳东北)。汉武帝后期常常为立太子的事而搅得朝廷不安,并为此杀了不少的人。田千秋在武帝面前陈说卫太子的冤屈,武帝心中本也觉得卫太子冤枉,只是不好自己打自己的脸。千秋说出了武帝的心里话,汉武帝就让田千秋做了丞相。当了丞相后，田千秋又拉拢御史等人，乘给汉武帝祝寿的机会歌颂武帝美德，并婉言劝说武帝广施恩惠，不要滥杀无辜，没事多听音乐，养志和神。武帝死后，田千秋与霍光等人辅佐汉昭帝。霍光很尊重田千秋。

田千秋当上丞相时，年龄已经大了，皇帝允许他乘小车上朝。于是人们就称他为“车丞相”，他的姓名也就成了“车千秋”。

山郎

《汉书》卷六十六《杨恽传》：

郎官故事，令郎出钱市财用，给文书，乃得出，名曰“山郎”。

杨恽（？—前66），字子幼，华阴（今陕西华阴）人。司马迁外孙，以兄杨忠任为郎。以告发霍禹作乱封平通侯，迁中郎将，再迁光禄勋。

《汉书·百官公卿表》：“郎掌守门户，出充车骑，有议郎、中郎、侍郎、郎中，皆无员，多至千人。议郎、中郎秩比六百石，侍郎比四百石，郎中比三百石。中郎有五官、左、右三将，秩皆比二千石。郎中有车、户、骑三将，秩皆比千石。”郎官除非五天一次的沐浴假，否则不得出离郎署。如果生病请一天病假，就抵消一次沐浴假，请病假天数多就可能一年都没有了沐浴假。但同时规定，只要交钱就可以外出了。这样一来，有钱的郎官就可以长期在外游玩了，这些人被称为“山郎”。这种制度直到杨恽做中郎将时，才废除了。

注《汉书》的张晏解释“山郎”的“山”字说：“山，财用之所出，故取名焉。”[①]张晏如此解释“山”字，大概是因为汉代是依铜山铸钱的缘故。所以当时人们把郎官请假缴纳的钱比喻为“财用之所出”的铜山了

于公祠

《汉书》卷七十一《于定国传》：

于定国，字曼倩，东海郯人也。其父于公为县狱史，郡决曹，决狱

---

① ［汉］班固：《汉书》，中华书局，1962年版，第2890页。

平，罗文法者于公所决皆不恨。郡中为之生立祠，号曰“于公祠”。

于定国（生卒年不详），字曼倩，东海郯（今山东郯城）人。父亲于公，为县狱史，决狱公允。《汉书》记载于公断案的一件事：

> 东海有孝妇，少寡，亡子，养姑甚谨，姑欲嫁之，终不肯。姑谓邻人曰：“孝妇事我勤苦，哀其亡子守寡。我老，久累丁壮，奈何？”其后姑自经死，姑女告吏：“妇杀我母。”吏捕孝妇，孝妇辞不杀姑。吏验治，孝妇自诬服。具狱上府，于公以为此妇养姑十余年，以孝闻，必不杀也。太守不听，于公争之，弗能得，乃抱其具狱，哭于府上，因辞疾去。太守竟论杀孝妇。郡中枯旱三年。后太守至，卜筮其故，于公曰：“孝妇不当死，前太守强断之，咎当在是乎？”于是太守杀牛自祭孝妇冢，因表其墓，天立大雨，岁孰。郡中以此大敬重于公。

这里所说的并不是多么重大的历史事件，但对中国文学、文化有深远的影响。文中的“枯旱三年”“天立大雨”云云，本是汉代天人感应观念的表现，未必是真实的，后来便成了“亢旱三年”“六月飞雪”，是冤狱的文学表现，也成了文化符号。晋干宝《搜神记》收录了这个故事。卷十一“东海孝妇”条：

> 汉时，东海孝妇养姑甚谨，姑曰：“妇养我勤苦，我已老，何惜余年，久累年少。”遂自缢死。其女告官云：“妇杀我母。”官收系之，拷掠毒治，孝妇不堪苦楚，自诬服之。时于公为狱吏，曰：“此妇养姑十余年，以孝闻彻，必不杀也。”太守不听。于公争不得理，抱其狱词哭于府而去。自后郡中枯旱，三年不雨。后太守至，于公曰：“孝妇不当死，前太守枉杀之，咎当在此。”太守实时身祭孝妇冢，因表其墓，天立雨，岁大熟。长老传云：“孝妇名周青，青将死，车载十丈竹竿，以悬五旗，立誓于众曰：‘青若有罪，愿杀，血当顺下；青若枉死，血当逆流。’既行刑已，其血青黄，缘幡竹而上，极标，又缘幡而下云。”

后来经过元代大戏剧家关汉卿的艺术加工，成了有名的《窦娥冤》，是揭露古代司法黑暗的经典作品。

于定国从小跟父亲学习法律，后来也做了县狱史，再超擢为廷尉。《汉书》本传:"其决疑平法,务在哀鳏寡,罪疑从轻,加审慎之心。朝廷称之曰:'张释之为廷尉,天下无怨民;于定国为廷尉,民自以不冤。'"

司法的黑暗使得中国古代下层人民对铁面无私的法官有着更强烈的渴望。正是由于这个原因,东海老百姓非常尊敬于公,在他还在世的时候,就建立祠堂,以示敬之若神明。这也是古代老百姓对清官最高级的赞誉。

楚两龚

《汉书》卷七十二《两龚传》:

> 两龚皆楚人也,胜字君宾,舍字君倩。二人相友,并著名节,故世谓之"楚两龚"。

龚胜(前67—11),字君宾,彭城(今江苏徐州)人;龚舍(前60? —7?),字君倩,武原(今江苏邳州市)人。彭城、武原均属楚地,故二人被时人称为"楚两龚"。

龚胜、龚舍两人都好学明经,不愿出仕。龚胜不得已为谏议大夫,上书言"言百姓贫,盗贼多,吏不良,风俗薄,灾异数见,不可不忧。制度太奢,刑罚太深,赋敛太重,宜以俭约先下"①。王莽秉政,胜乞骸骨,归老于乡里。龚舍通"五经",以《鲁诗》教授门徒。因龚胜荐,为谏议大夫,以病免;征为博士,又病去;哀帝拜龚舍为泰山太守,数月,乞骸骨。究其原因,时值西汉末期哀、平之际,王莽行将篡汉,所以两龚不愿意与朝廷合作。

三王

《汉书》卷七十六《两王传》:

> 章为京兆二岁,死不以其罪,众庶冤纪之,号为"三王"。

《汉书》卷七十二《王骏传》:

---

① [汉]班固:《汉书》,中华书局,1962年版,第3081页。

先是京兆有赵广汉、张敞、王尊、王章，至骏皆有能名，故京师称曰："前有赵、张，后有三王。"

西汉时期，长安城在皇帝眼皮底下，所以治理尤为重要，非干练手法而没有成就。从汉元帝到汉成帝年间赵广汉、张敞、王尊、王章、王骏等先后都做过京兆尹，都因为治理首都卓有成效而闻名当时，京师百姓赞称："前有赵张，后有三王。""三王"即王尊、王章、王骏。

赵广汉（生卒年不详），字子都，涿郡蠡吾（今河北博野）人。张敞（？—前48），字子高，茂陵（今陕西兴平）人。王尊（生卒年不详），字子赣，涿郡高阳（今河北高阳）人。王章（？—前24），字仲卿，泰山钜平（今山东泰安）人。王骏（？—前14），琅琊（今山东临沂）人，王吉子。

赵广汉为京兆尹，不仅作风干练而且勤奋，发奸擒贼最擅长"钩距"。所谓"钩距"就是顺藤摸瓜。"钩距者，设欲知马价，则先问狗，已问羊，又问牛，然后及马，参伍其价，以类相准，则知马之贵贱不失实矣"①。赵广汉办事入情入理，有一次，有位有钱的郎官被两人绑架，赵对绑架的人说："你们不要杀了人质，他是皇帝的护卫官，你们放了他，束手就擒，会得到宽大处理，遇到大赦，你们兴许还会被释放。"两人入狱后，赵广汉吩咐手下人善待二人，给酒给肉。冬天就刑时，赵广汉为他们准备好棺材以及收殓用费。临刑前，两人说："死而无憾！"

张敞接黄霸为京兆尹。当时盗贼横行，汉宣帝问张敞有没有什么办法，张敞说："我有办法。"张敞把长安一些盗贼头目叫来，宽恕他们的罪行，让他们都做了官。这些人回家后，其余的盗贼都来祝贺，盗贼头目就都在他们身上做了红色记号，接着对照记号一个个抓捕，长安为之清静。张敞没有官威，散朝回家时，让车夫坐在车上赶空车，自己用扇子遮住脸，骑着马走回家。他在家中还替老婆画眉，这就是"张敞画眉"的故事。

王章以敢于直言而著声朝廷，在京兆尹任上因为敢于说话而被下狱，妻子儿女也被收监。有天晚上，王章十二岁的小女儿哭着说："平时狱卒点名都是九个人，今天晚上怎么就只有八个人，必是有人被处决了，死的人肯定是父亲，因为父亲最刚直，免不了最先死。"第二天一问，果然是这样。

---

① ［汉］班固：《汉书》，中华书局，1962年版，第3202页。

朝夕乌

《汉书》卷八十三《朱博传》:

是时,御史府吏舍百余区井水皆竭。又其府中列柏树,常有野乌数千栖宿其上,晨去暮来,号曰“朝夕乌”。乌去不来者数月,长老异之。

朱博(生卒年不详),字子元,杜陵(今陕西西安)人,不知书,伉侠好交。朱博与御史大夫陈万年子陈咸为友,后陈万年父子坐事入狱,朱博救之免于死罪,因知名。后朱博守左冯翊,迁大司农,征为光禄大夫,迁廷尉。坐为红阳侯王立党,免官。哀帝即位,朱博复为光禄大夫,迁京兆尹,再超为司空。朱博本武吏,不更文法,吏治虽疏略却举大纲,手法往往奇谲却能击中要害。

汉成帝时候,外戚王家势焰熏天,王谭、王商、王立、王根、王逢时五人同日封侯,是为“五侯”。其时王根为大司马,当年武帝废太尉、置大司马职时,只冠将军称号,没有印绶也不设属官。这时,御史大夫何武为了讨好王根,向汉成帝建议,置大司马建属官,成帝听之,赐王根印绶并置属官。何武因此封列侯,御史大夫改为司空,视同丞相增加俸禄。这样一来,王根为大司马,何武为司空,两人都位在三公了。

当时朝臣多认为,御史大夫改为司空是复古的做法,没有必要。恰在此时,御史府里百余口井枯竭;平时晨去暮来、栖息在御史府内柏树上的数千只乌鸦即“朝夕乌”(“乌台”名称即由此而来),也已经好几个月没来了。汉代自武帝始,谶纬、天人感应之说盛行。至此,大家都认为这是复古改制的结果。《汉书》颜师古在注“朝夕乌”一去不回的原因时说:“史言此者,著御史大夫之职当休废也。”[①]即罪在何武。两年后,已经是司空的朱博,建议哀帝罢司空为御史大夫,哀帝从之。

孟卿

《汉书》卷八十八《儒林·孟喜传》:

---

① [汉]班固:《汉书》,中华书局,1962年版,第3406页。

父号"孟卿",善为《礼》《春秋》,授后苍、疏广。世所传《后氏礼》《疏氏春秋》皆出孟卿。

孟喜(生卒年不详),字长卿,东海兰陵(今山东峄县)人。父孟卿(生卒年不详)。孟喜与父孟卿传同见本卷,喜传在前,其父传在后。

汉代经学家传。孟卿师事萧奋习《礼》《春秋》,授后仓、疏广、闾丘卿;后氏授戴德、戴圣、庆普;戴德为大戴,戴圣为小戴,于是《礼》有大戴之学、小戴之学及庆氏之学;大戴授徐良,小戴授桥仁、杨荣,这就是《礼》大戴徐氏之学、小戴桥、杨氏之学。

孟卿见《礼》《春秋》经学繁杂,让儿子孟喜去师事田王孙。孟喜好为自我炫耀,诡称田氏临终独传自己《易》家候察阴阳灾变之说,又有蜀人赵宾作假证。喜授同郡白光、沛人翟牧,于是《易》有孟氏之学、翟氏之学及白氏之学。

"卿"本为官阶,周及其诸侯国都有卿位,分上中下三等级,在大夫之上。汉代设九卿为太常、光禄勋、卫尉、太仆、廷尉、大鸿胪、宗正、大司农、少府。后来成为对别人的尊称。颜师古注"孟卿"说:"时人以卿呼之,若言公矣。"①

汉代经学大盛,齐鲁尤其为渊薮。《礼》学为孟氏家学,孟氏父子都名著当时,因为大家都称孟喜的父亲为"孟卿",所以他的真实名字反而被忘了,《汉书》也只得称他为"孟卿"了。

召父

《汉书》卷八十九《循吏·召信臣传》:

其化大行,郡中莫不耕稼力田,百姓归之,户口增倍,盗贼狱讼衰止。吏民亲爱信臣,号之曰"召父"。

召信臣(生卒年不详),字翁卿,九江寿春(今安徽寿县)人。以明经甲科

---

① [汉]班固:《汉书》,中华书局,1962年版,第2890页。

为郎,补谷阳长,成绩突出,迁为上蔡长。治理上蔡,视民如子,超擢为零陵太守。后征为谏大夫,迁南阳太守。《汉书》本传载:

> 信臣为人勤力有方略,好为民兴利,务在富之。躬劝耕农,出入阡陌,止舍离乡亭,稀有安居时。行视郡中水泉,开通沟渎,起水门提阏凡数十处,以广溉灌,岁岁增加,多至三万顷。民得其利,蓄积有余。信臣为民作均水约束,刻石立于田畔,以防分争。禁止嫁娶送终奢靡,务出于俭约。

可知召信臣是一位竭力为民做实事的好官。古代老百姓视地方官为“父母官”,就是希望他们能像关心自己子女一样关心他们。“召父”的“父”就是“父母”的意思。

周代的“召公”也是一位父母官,汉代人们称呼召信臣为“召父”,也有把他比作“召公”的意思。

召信臣和东汉的杜诗,两人都曾为南阳太守,且皆有善政,使人民得以休养生息,安居乐业。所以东汉时南阳人传说:“前有召父,后有杜母。”后代人就用“召父杜母”来称赞那些为老百姓谋福利的地方官。

苍鹰

《汉书》卷九十《酷吏·郅都传》:

> 都迁为中尉,丞相条侯至贵居也,而都揖丞相。是时民朴,畏罪自重,而都独先严酷,致行法不避贵戚,列侯宗室见都侧目而视,号曰“苍鹰”。

郅都(生卒年不详),河东郡杨县(今山西洪洞)人,是景帝时的一位酷吏。有一次,致都跟从景帝及贾夫人在上林苑游玩,贾夫人上厕所时,一头野猪冲了进去。景帝目示郅都去救贾夫人,郅都拒绝了。景帝自己要去救贾夫人,却被郅都拦住了,说:“失去一个女人没什么,天下美女多的是。陛下您是一国之主,不可冒险啊!”

但郅都同时也是一位办事铁面无私的人,从不收取别人贿赂,也不替人说情。他常说:“既然出来做官,就要死节官下,顾不得妻子亲人了。”临江王刘荣是景帝的儿子,因为侵占庙地,被传讯到中尉府问罪。刘荣想写信给景帝,郅都不给他写信的刀笔。临江王后来畏罪自杀,这触怒了窦太后,郅都也为此而被杀。

古代常常把能铲除奸恶的人比作鹰隼。《左传·襄公二十五年》:“晋程郑卒,子产始知然明,问为政焉。对曰:‘视民如子。见不仁者,诛之,如鹰鹯之逐鸟雀也。’”这就是郅都被当时人称为“苍鹰”的原因,也就是文中所说的“行法不避贵戚,列侯宗室见都侧目而视”。

屠伯　万石严妪

《汉书》卷九十《酷吏·严延年传》:

冬月,传属县囚,会论府上,流血数里,河南号曰“屠伯”。

东海莫不贤知其母。延年兄弟五人皆有吏材,至大官,东海号曰“万石严妪”。

严延年(生卒年不详),字次卿,东海下邳(今江苏睢宁)人。严延年短小精悍,敏捷于事。父亲为丞相府掾属,严延年从小在丞相府学习了一些法律知识,后来做了本郡小吏,后来做了御史掾,侍御史。

严延年做官,常常以摧折权豪、扶助贫弱为要务。穷人虽犯法常曲法让其免于制裁,富人犯法则常枉法杀之。他弹劾过大将军霍光及大司农田延年。为涿郡太守时,他先让属下赵秀去查核当地大户高家的罪行。赵秀既怕得罪高家又不敢怠慢上司,就准备了两份核查报告,一份罪轻,一份罪重,视严延年的态度办事。严延年早就料到赵秀有这一手,等赵秀拿出轻罪的报告后,在他身上又搜出了罪重的一份。他当时就把赵秀关进监狱,第二天早晨就把他杀头示众了。他接着考量高家罪行,又杀了几十人。从此属下再也不敢欺骗他,涿郡从此也道不拾遗了。

但严延年滥施刑威,深文周纳,嗜杀成性,被人称为“屠伯”。“伯”就是“霸”的意思,以力胜人为“霸”。严延年以刑威滥杀,自然就是“屠伯”了。严延年的母亲从老家来洛阳,准备与儿子一起过腊月节。她刚到洛阳,见儿子正在忙于处决犯人,就对儿子说:“你不以仁爱教化,只知道用刑罚杀人,怎么能是父母官呢?杀人的人必被人杀,我回家为你准备墓地吧!”真的就回去了。严延年弟兄五人,官都做到了二千石,人人都知道他们的母亲贤惠,都称呼她为“万石严妪”,意思是“五个儿子都做大官的严家老太太”。

严延年后来正如他母亲所预料的那样不得善终,被弃市。

城西萬子夏

《汉书》卷九十二《游侠·萬章传》:

> 长安炽盛,街闾各有豪侠,章在城西柳市,号曰“城西萬子夏”。

西汉元帝时候,宦官石显用事。石显(?—前32),字君房,济南(今山东济南)人。为中书令,为人巧慧,善于希旨行事,持诡辩以中伤别人。尚书萧望之、太中大夫张猛、魏郡太守京房、御史中丞陈咸、待诏贾捐之等人因为揭露石显罪恶,或被迫自杀,或被弃市。石显又与中书仆射牢梁、少府五鹿冲宗相勾结,依附他们的人都得到荣华富贵。

萬章(生卒年不详),字子夏,长安(今陕西西安)人。他依赖石显而发迹,充当其走狗。萬章住在长安城西,所以人称“城西萬子夏”。公元前33年,元帝崩,成帝继位,石显及其党羽皆免官还家。石显死在回家的路上,萬章也被罢了官。王尊为京兆尹时,尽杀萬章等往日横行在长安街头的刺客打手。

陈惊坐

《汉书》卷九十二《游侠·陈遵传》:

> 时列侯有与遵同姓字者,每至人门,曰陈孟公,坐中莫不震动,既至而非,因号其人曰“陈惊坐”云。

陈遵(?—25?),字孟公,杜陵(今陕西西安)人。长八尺余,长头大鼻,容貌甚伟。

当年汉宣帝(前73—前49年在位)刘询流落在民间的时候,经常与陈遵的祖父陈遂赌棋,欠了陈遂不少钱。刘询做了皇帝后,就让陈遂做了太原太守,并对他说:“现在给你高官厚禄,算是还你的赌债。我欠你多少钱,就算你不知道,你老婆该知道,因为每次下棋时,她都在旁边。”

凭着父亲与汉宣帝的这层关系,陈遵做了官。陈遵做官,肥马轻裘,放纵不拘。他还嗜酒如命,在公府里经常因喝酒误事而被记过。他常说:“记满一百次再说吧。”别人在他家喝酒,不喝好不让人走。有一次,一位刺史到陈遵家报告公事,陈遂正在家喝酒,就强留这位刺史一同喝酒并死活不让走。刺史急于去尚书那回报,没办法,只得求助于陈母,陈母偷着放他从后门溜走才算了事。

陈遵名声却越来越大,门前车辙交错。当时有个姓陈的,也是字孟公,与陈遵同字。这人每次到别人家门口敲门,说自己是“陈孟公”时,满屋人都以为是陈遵来了,就都起来致敬,进门才知道错了,虚惊一场。久而久之,这人就被时称为“陈惊坐”了。

黄牛妪

《汉书》卷九十七(上)《外戚·卫太子史良娣传》:

> 地节三年,求得外祖母王媪,媪男无故,无故弟武皆随使者诣阙。时乘黄牛车,故百姓谓之“黄牛妪”。

汉武帝宠爱卫皇后。卫皇后生儿子刘据被立为太子,是为卫太子。有一次,太子派人去甘泉宫给汉武帝请安。马车走的是驰道,按照规定,除非特许,驰道只能供皇帝使用。使者被武帝宠臣江充逮住,没收车马。太子只得派人去向江充道歉,并请求他不要把这事张扬出去,免得皇帝怪罪自己手下人管教不严。但江充还是把这事报告了武帝。此后,武帝更加信任江充了。太子、江充二人也就是因这件事结怨。到了武帝晚年,江充害怕太子做了皇帝以后对他不利,便以巫蛊罪名陷害太子。太子以及太子的三个儿子、一个女儿都遇害。太子的一个孙子虽然才几个月大,也被关进狱中,幸得廷尉监邴吉照料,太子的孙子总算活了下来,后来辗转被收回宫中抚养。汉昭帝死时,因为无后,卫太子的这个孙子就做了皇帝,这就是后来的汉宣帝刘询。

汉宣帝从即位那天起，就一直在寻找他母亲娘家人。直到地节三年也就是公元前67年，才找到了他的外祖母王媪及她的两个儿子。他们随使者一起，乘坐着黄牛拉的车子来到京城。时人称她为“黄牛妪”。汉宣帝追封他的母亲也就是王孙妃为悼皇后，同时封了自己的两个舅舅为关内侯。

飞燕

《汉书》卷九十七（下）《外戚·赵婕妤传》：

> 孝成赵皇后，本长安宫人。初生时，父母不举，三日不死，乃收养之。及壮，属阳阿主家，学歌舞，号曰“飞燕”。

汉成帝（前32—前7年在位）刘骜的赵皇后，本来是汉元帝（前48—前33年在位）柳爽阳阿公主家里的侍从，学得一些歌舞技艺。因为体态轻盈，动作敏捷，被身边人称为“飞燕”。颜师古注：“以其体轻故也。”古人在说明动作灵活时喜欢用“飞”字，如“飞将军”“飞山贼”“草上飞”等。《三国志·魏书》卷八《张燕传》：“（张）牛角死，众奉燕，故改张姓。燕剽悍捷速过人，故军中号曰飞燕。”称“张燕”为“飞燕”，也是就他“捷速过人”而言的。南朝人称快马为“飞燕”[①]。《宋书》卷八四《袁顗传》：

> 及刘胡叛走不告顗，顗至夜方知，大怒，骂曰：“今年为小子所误。”呼取“飞燕”，谓其众曰：“我当自出追之。”因又遁走。

文中“飞燕”为袁顗快马名。

汉成帝微服去姐姐阳阿公主家玩，见而悦之。后来，赵飞燕姐妹俩都大受成帝宠幸。飞燕做了皇后即赵皇后，妹妹封了昭仪。姐妹俩专宠十多年，但没生下一个男孩。姐妹俩还把别的宫女生下的男孩弄死，最终导致汉成帝无后。成帝死后，姐妹俩也都先后自杀。当时长安有童谣说：“燕燕尾涎涎；张公子，时相见。木门仓琅根，燕燕来，啄皇孙。皇孙死，燕啄矢。”当年

① 参见周一良：《魏晋南北朝史札记·〈宋书〉札记》“飞燕”条。

成帝微服出宫时，每次都带着宠臣张放。“张公子”即张放。

五侯

《汉书》卷九十八《元后传》：

明年，河平二年，上悉封舅谭为平阿侯，商成都侯，立红阳侯，根曲阳侯，逢时高平侯。五人同日封，故世谓之“五侯”。

王莽（前45—23），字巨君，魏郡元城（今河北大名）人。篡西汉为新朝。王莽的姑妈是汉元帝王皇后。王皇后的弟弟王曼也就是王莽的父亲，死得早。汉元帝死后，王皇后尊为太后，兄王凤为大司马大将军领尚书事。王家一时气焰熏天，子弟满朝廷。河平二年（前27），汉成帝在一天内封他的五个舅舅为侯：王谭平阿侯，王商成都侯，王立红阳侯，王根曲阳侯，王逢时高平侯，时人称为“五侯”。

王章当时是京兆尹，敢于直言，被王凤以大逆罪下狱而死。以后，天下官吏皆出于王氏之门。朝臣畏王氏如虎，不敢正视。他们竞为奢侈，畜倡优、逐狗马，大兴土木。老百姓编了一首歌：“五侯初起，曲阳最怒。坏决高都，连竟外杜。土山渐台西白虎。”高都水在长安西边，王氏破坏水坝，引水入城，直到外杜。王氏随着莽“新”政权的结束而灭亡。

东汉的单超、徐璜、具瑗、左琯和唐衡也被时人称为“五侯”。五人诛灭梁冀及其亲党有功，被桓帝封侯。

《后汉书》

铜马帝

《后汉书》卷一《光武帝纪》：

悉将降人分配诸将，众遂数十万，故关西号光武为“铜马帝”。

西汉末年天下大乱，豪杰并起，在黄河以北即现在的河北、山西、陕西一带，有诸如铜马、大彤、高湖等部曲，各拥势力。

更始二年(24)，刘秀联合吴汉的军队，在冀州打败并接受铜马部队兵力，继而又合并了其他武装力量。刘秀怕这些投降过来的军人有疑心，就让他们先各自回到自己的队伍，然后亲自每个队伍逐个走访、安慰。这些投降过来的士兵都说：“萧王如此推心置腹地对待我们，我们哪有不为他卖命的理由呢?”“萧王”是更始帝封刘秀的称号。这样一来，很多武装势力都归附到刘秀名下。“铜马”是当时一支最有实力的队伍，与赤眉齐名。刘秀从此建立了他在黄河以北的军事大本营，并以此为基础，东征西讨，于第二年称帝。于是人们称呼刘秀为“铜马帝”。

金穴

《后汉书》卷十(上)《皇后纪·郭后传》：

帝数幸其第，会公卿诸侯亲家饮燕，赏赐金钱缣帛，丰盛莫比，京师号况家为“金穴”。

汉光武帝郭皇后(？—52)，名圣通，真定(今河北正定)人。其弟郭况(？—59)为人很谨慎，深得光武帝信任，官做到了大鸿胪。后来，郭后年长色衰，但汉武帝对郭况宠幸不减，经常与大臣一起在他家宴会。光武帝赏赐给郭家的金钱、缣帛不知其数。京师洛阳人戏称郭家是“金穴”。

白马陈从事

《后汉书》卷十二《李宪传》：

庐江人陈众为从事，白歙请得喻降临；于是乘单车，驾白马，往说而降之。潜山人共生立祠，号“白马陈从事”云。

李宪（生卒年不详），颍川许昌（今河南许昌）人。王莽新朝时，为庐江郡属令。莽新亡，李宪据郡自守，称淮南王，后来干脆做起皇帝来了。建武四年（28），光武帝派马成击李宪，士兵斩李宪而降。李宪的余党淳于临等人收拾残余，仍然在这一带横行，并杀害了安风（今安徽寿县）县令。光武帝派扬州牧欧阳歙征剿，没有成功。从事陈众自告奋勇，对欧阳歙说：“我去劝淳于临投降。”独自一人乘白马去说服了淳于临，避免了一场流血战争。

当地人为陈众立生祠，称呼他为“白马陈从事”。陈众，庐江人，其他情况不详。

大树将军　咸阳王

《后汉书》卷十七《冯异传》：

进止皆有表识，军中号为整齐。每所止舍，诸将并坐论功，异常独坐树下，军中号曰“大树将军”。

异自以久在外，不自安，上书思慕阙廷，愿亲帷幄，帝不许。后人有章言异专制关中，斩长安令，威权至重，百姓归心，号为“咸阳王”。

冯异（？—34），字公孙，颍川父城（今河南省宝丰）人。异喜欢读书，通《左氏春秋》《孙子兵法》。

王莽后期，天下乱起，冯异为王莽抵抗汉军。被汉军所执，以军功拜光武偏将军。冯异为人谦虚，从不居功自傲。在路上遇到别的将领时，他的车马总是给别人让路。一举一动，颇有风范。冯异治军有方，部队最为整齐。当部队停下来，别人都在谈论谁的功劳大时，冯异总是独自坐在大树下，一言不发，别人都称呼他为“大树将军”。

赤眉暴乱关中的时候，光武帝遣冯异代替邓禹平定之。后在关中日久，权威并重，百姓归心，时人称为“咸阳王”。冯异也知道在关中时间太久会引起光武帝怀疑，就上书请示回朝廷，帝不许。后来果然有人上章告密，说冯异专制关中。光武帝让冯异看了告密的奏章，对他说：“将军于国功莫大焉。我俩是君臣，如同父子。你不要有疑心，也不要害怕。”

冯异生封应侯，死谥节侯，可谓善终者也。清俞樾《茶香室丛钞》（一）卷二“枯松太保”条：

> 明谢肇淛《文海披沙》云：唐王建平东川，诸将莫不争功，独王宗裕立枯松下，未尝自言，时人谓之“枯松太保”。与冯异称“大树将军”可谓的对。①

王宗裕为前蜀高祖王建族子。清吴任臣《十国春秋》卷三十五《王宗裕传》：“宗裕性谦谨，高祖平东川时，诸将多争功，宗裕立枯树下，未尝自伐，时号枯树太保。”

老氏藏室　道家蓬莱山

《后汉书》卷二十三《窦章传》：

> 是时学者称东观为“老氏藏室”“道家蓬莱山”，康遂荐章入东观为校书郎。

东观是东汉国家图书馆，坐落在洛阳南宫。汉安帝时，由于邓太后努力，大兴收藏、整理书籍之务，此后东观藏书最为丰富，所以时人称其为“老氏藏室”“道家蓬莱山”。李贤注：“老子为守藏史，复为柱下史，四方所记文书皆归柱下，事见《史记》。言东观经籍多也。蓬莱，海中神山，为仙府，幽经

① ［清］俞樾：《茶香室丛钞》（一），中华书局，1995 年版，第 71—72 页。

秘录并皆在焉。”

窦章（？—144），字伯向，扶风（今陕西咸阳）人。从祖宪，高祖融。窦章好学，与大儒马融、崔瑗互相推毂。安帝永初（107—113）中，关中遭羌人寇扰，窦章避难外黄（今河南民权），蓬门蔬食，讲读不倦。太仆邓康闻其名，推荐章入东观为校书郎。

钜下二卿

《后汉书》卷二十四《马援传》：

援卒后，严乃与敦俱归安陵，居钜下，三辅称其义行，号曰“钜下二卿”。

东汉初期的马援（前14—49），字文渊，扶风茂陵（今陕西杨凌）人。战国赵奢的后代。赵奢因为大破秦军而被赵惠文王赐爵号“马服君”。赵奢之所以赐号“马服君”，“正义”说是因马服山名而为号，又引虞喜《志林》说是因为能服马而为号①。赵奢是否擅长服马且不论，马援的确很喜欢骑马，也很能识别马的优劣。《后汉书》本传：

援好骑，善别名马，于交阯得骆越铜鼓，乃铸为马式，还上之。因表曰：“夫行天莫如龙，行地莫如马。马者甲兵之本。国之大用。安宁则以别尊卑之序，有变则以济远近之难。昔有骐骥，一日千里，伯乐见之，昭然不惑。近世有西河子舆，亦明相法。子舆传西河仪长孺，长孺传茂陵丁君都，君都传成纪杨子阿，臣援尝师事子阿，受相马骨法。考之于行事，辄有验效。臣愚以为传闻不如亲见，视景不如察形。今欲形之于生马，则骨法难备具，又不可传之于后。孝武皇帝时，善相马者东门京铸作铜马法献之，有诏立马于鲁班门外，则更名鲁班门曰金马门。臣谨依氏羁，中帛氏口齿，谢氏唇鬐，丁氏身中，备此数家骨相以为法。”马高三尺五寸，围四尺五寸。有诏置于宣德殿下，以为名马式焉。

① ［汉］司马迁：《史记》，中华书局，1959年版，第1822页。

马援的哥哥马余死得早，马援对马余留下的两个侄子马严、马敦多有管教。这两个侄子喜欢议论别人长短，马援非常反感，写信对他们说：听到别人的过失要像听到自己父母的名字一样，听在耳里但不能说出口。马援死后，马严、马敦回到老家，居住在一个叫钜下的小地方地方。二人行为端正，被称为“钜下二卿”。马严字威卿，马敦字孺卿。

智囊　五经复兴鲁叔陵

《后汉书》卷二十五《鲁恭传》：

> 祖父匡，王莽时，为羲和，有权数，号曰“智囊”。

> 元和元年征，再迁，拜赵相。门生就学者常百余人，关东号之曰“五经复兴鲁叔陵”。

鲁匡（生卒年不详），扶风平陵（今陕西咸阳）人，于王莽新朝官做到羲和。王莽建立“新”朝后改大司农为羲和。鲁匡设立“六管之法”而被人认为有权数，都称他为“智囊”①。《汉书·王莽传》说：“初设六管之令。命县官酤酒，卖盐铁器，铸钱，诸采取名山大泽众物者税之。又令市官收贱卖贵，赊贷于民，收息百月三。”②这六件事目的在于压抑工商，所以唐代的李贤说是“以穷工商”。

在这以前人们把能言善辩的人称为“智囊”，那是受战国风气影响的结果。到西汉末年人们开始称呼那些有办法的人为“智囊”，这与我们今天对“智囊”的理解没什么不同了。

鲁匡有两个孙子鲁龚、鲁丕。鲁恭（32—112），字仲康；鲁丕（37—111），字叔陵。他们的父亲死得早，其时鲁龚十二岁，鲁丕才七岁。母子三人住在太学里，跟从鲁国申培学《诗》。鲁龚后来做了《鲁诗》博士。鲁丕为人恬淡，杜绝交游，教授《鲁诗》，兼通五经。后来虽然做了赵国国相，但就学门生常常数百人，当时都称他为“五经复兴鲁叔陵”。

---

① 《后汉书》卷二十五《鲁恭传》李贤注：“匡设六管之法以穷工商，故曰权数。”

② ［南朝宋］范晔：《后汉书》，中华书局，1962 年版，第 4118 页。

可以知道,《鲁诗》是他们的家学。汉代是经学的时代,习经、传经讲求家法。所谓“复兴”是指经学经过西汉末年战火的摧残后的再度兴起。

伏不斗

《后汉书》卷二十六《伏湛传》:

初,自伏生已后,世传经学,清静无竞,故东州号为“伏不斗”云。

伏湛(?—37),字惠公,琅琊东武(今山东临沂)人。伏湛的九世祖是秦汉之际的伏胜,人称“伏生”。秦始皇焚书时,伏生将《尚书》藏在墙壁里,汉初就在齐、鲁间传授《尚书》,为经学世家。伏湛的父亲教授汉成帝《诗经》,伏湛的儿子伏翕,伏翕的儿子伏光,伏光的儿子伏晨,伏晨的儿子伏无忌。汉顺帝永和元年(136),诏伏无忌与黄景校定五经。汉桓帝元嘉年间(151—153),伏无忌与黄景共同撰写《汉记》,又集采古今史实为《伏侯注》一书。

伏湛于建武三年(27)代邓禹为大司徒,封阳都侯。伏无忌的曾孙女为汉献帝皇后,被曹操杀害。伏氏侯国也就被撤销了。伏家从伏生起,世代传经,不与世人争名夺利,齐、鲁间称伏家为“伏不斗”。《南史》卷五十《刘之遴传》:“先是,平昌伏挺出家,之遴为诗嘲之曰:‘传闻伏不斗,化为支道林。’及之遴遇乱,遂披染服,时人笑之。”是切姓用典。

万石君

《后汉书》卷二十六《冯勤传》:

曾祖父扬,宣帝时为弘农太守。有八子,皆为二千石,赵魏间荣之,号曰“万石君”焉。

冯勤(?—56),字伟伯,魏郡繁阳(今河南临颍)人。因为任职勤恳,赐爵关内侯;迁尚书令,拜大司农;再迁司徒。冯勤的祖父冯偃,常常因为自己个子不高而自惭形秽。为了子孙不至于个头矮,便给儿子冯伉也就是冯勤的父亲娶了个大个子老婆。冯勤身长八尺三寸。

冯勤的曾祖父冯扬，汉宣帝时候为弘农太守。冯扬共有八个儿子，官都做到了二千石。冯扬被人称为"万石君"，时人羡慕不已。

三独坐

《后汉书》卷二十七《宣秉传》：

> 建武元年，拜御史中丞。光武特诏御史中丞与司隶校尉、尚书令会同并专席而坐，故京师号曰"三独坐"。

宣秉（？—30），字巨公，冯翊云阳（今陕西淳化）人。有高节，见王莽将篡汉，便隐遁深山。建武元年（25），拜为御史中丞。

古时有听政制度。《左传·哀公二十六年》有"六卿三族降听政"之记载，"听政"也就是议政。汉代臣僚听政是先秦听政制度的延续。一般情况下，汉代臣僚朝会都是接席而坐，只有高官或皇帝特命者可以专席而坐①。光武帝每当同时诏见御史中丞、司隶校尉、尚书令时，特地让他们三人分席独坐；这既是对这三个高位大臣的尊重，也是希望三人各有主张，不为朋比。京城称之为"三独坐"。

中东门君

《后汉书》卷二十七《张湛传》：

> 及郭后废，因称疾不朝，拜太中大夫，居中东门候舍，故时人号曰"中东门君"。

张湛（生卒年不详），字子孝，扶风平陵（今陕西兴平）人。严谨好礼，对待妻子、儿女如同对待父母一样恭敬，三辅人都以他为礼仪模范。有人以为他是在装模作样，他说："别人做作，其动机往往是不好的；我做作的动机是好的，有什么不对的呢？"

---

① 俞鹿年：《历代官制概略》，黑龙江人民出版社，1978年版，第321页。

建武七年(31),张湛做了太子太傅。当时的太子是刘强,母亲是郭皇后。后来,郭皇后年长色衰而失宠,且多有怨言;建武十七年,皇后被废。张湛估计形势不妙,便称病不朝,住进了在中东门的候舍里,人们都称他为“中东门君”。两年后,太子果然被废。刘阳立为皇太子,就是后来的汉明帝。当时都城洛阳东面有三个门,中间的叫作中东门。每个门都有人看守,其中校尉一人,司马一人,候一人。候舍就是候人的住所。

白衣尚书

《后汉书》卷二十七《郑均传》:

明年,帝东巡过任城,乃幸均舍,敕赐尚书禄以终其身,故时人号为“白衣尚书”。

郑均(生卒年不详),字仲虞,东平任城(今山东济宁)人。好义笃实,对寡嫂孤儿恩礼备至。官至尚书。告归后,以教授为业,安道乐贫。元和二年(85),汉章帝东巡,亲自到郑均家里看望他,并且赐给尚书俸禄,一直到终身。时人都称他是“白衣尚书”,意思是虽然没有尚书官职,却享受尚书俸禄。白衣本指没有俸禄的书生。

二鲍　神父

《后汉书》卷二十九《鲍永传》:

子德,修志节,有名称,累官为南阳太守。时岁多荒灾,唯南阳丰穰,吏人爱悦,号为“神父”。

鲍永(生卒年不详),字君长,上党屯留(今山西屯留)人。鲍永孝敬后母,他的妻子在母亲面前骂狗,鲍永就把她给休了。建武十一年(35)鲍永被征为司隶校尉,负责京城的治安。他提拔鲍恢为从事,鲍恢是一位不怕得罪权贵的人。光武帝经常提醒贵戚:“你们应该收敛点,惹怒了二鲍可没好结果。”当时人们把鲍永、鲍恢这两位敢于伸张正义的人称为“二鲍”。鲍恢(生卒年不详），扶风（今陕西兴平）人。

鲍永的儿子鲍昱，也是一位好官。汝南地多沼泽，年年水患，政府每年拨款三千多万，但都无济于事。鲍昱为汝南太守时，修建石渠，从此变害为利。鲍昱的儿子鲍德，官至南阳太守。当别的地方多荒年时，南阳却连年丰收。老百姓都很欢悦，称鲍德为“神父”，意思是鲍德就是他们的神灵，能保佑他们过好日子。“父”是对男子的尊称，与“召父”的“父”同义，也有“父母官”的意思。《后汉书》卷三十《杨厚传》李贤注引袁山松《汉书》说杨统“在县，休征时序，风雨得节，嘉禾生于寺舍，人庶称神也”，乡人谥曰“文父”，可以互相参看。鲍昱，字文泉。汉章帝建初六年（81）薨，年七十余。鲍德，生卒年及字号并不详。

杜母

《后汉书》卷三十一《杜诗传》：

时人方于召信臣，故南阳为之语曰：“前有召父，后有杜母。”

《后汉书》卷七十六《循吏·序》：

若杜诗守南阳，号为“杜母”。任延、锡光移变边俗，斯其绩用之最章章者也。

杜诗（—38），字君公，河内汲（今河南省卫辉）人。光武七年（31），迁南阳太守。杜诗性节俭而政治清平，以诛暴立威，善于计略，省爱民役。杜诗造水排，铸农器，用力少，见功多，百姓便之。他又修治陂池，广拓土田，郡内比室殷足。时人比于召信臣，故南阳为之语曰：“前有召父，后有杜母。”

“水排”就是以水做动力的风箱，吹冶炉铸造农器。与前代召信臣一样，杜诗也是为南阳人实实在在做有益事的好官，所以时人尊之为父母官。

圣童

《后汉书》卷三十一《张堪传》：

堪早孤，让先父余财数百万与兄子。年十六，受业长安，志美行厉，诸儒号曰“圣童”。

张堪（生卒年不详），字君游，南阳宛（今河南南阳）人。光武帝时，官至渔阳太守。带领民众开垦稻田八千多顷，以致殷富。老百姓唱道：“桑无附枝，麦穗两歧。张君为政，乐不可支。”张堪早孤，把父亲留下的数百万财产都让给了哥哥的儿子。张堪十六岁来长安受学经书，志美行厉，师友都称他为“圣童”。

大人

《后汉书》卷三十一《苏章传》：

祖父纯，字桓公，有高名，性强切而持惠誉，士友咸惮之，至乃相谓曰：“见苏桓公，患其教责人，不见，又思之。”三辅号为“大人”。

苏章（生卒年不详），字孺文。父苏纯（生卒年不详），字桓公。扶风平陵（今陕西咸阳）人。苏纯好品评人物，执一时毁誉之柄。很多人都怕他，说：“见到苏桓公，怕他教责我们，见不到又很想念他。”京师号称苏纯为“大人”。

《周易》“乾”卦：“夫大人者与天地合其德。”《论衡·谴告》：“夫大人之德，则天德也；贤者之言，则天言也。”都是指德行高尚的人。

《荀子·解蔽》：“恢恢广广，孰知其极？睪睪广广，孰知其德？涫涫纷纷，孰知其形？明参日月，大满八极，夫是之谓大人。”“大人”是指通于神明的人。《吕氏春秋·劝学》：“故为师之务，在于胜理，在于行义，理胜义立则位尊矣，王公大人弗敢骄也，上至于天子朝之而不惭。”是指大官贵族。《后汉书》此处李贤注：“大人，长老之称，言尊事之也。”汉代人称呼有德行的人为“长老”，三辅人称苏纯为“大人”，是尊重他的德行高尚。“长老”“大人”本为普通名词，但这里是专有名词。

苏纯为当时人物品评之要，这也可以看出品评人物风气实起于东汉。

张曾子

《后汉书》卷三十六《张霸传》：

年数岁而知孝让，虽出入饮食，自然合礼，乡人号为“张曾子”。

张霸（生卒年不详），字伯饶，蜀郡成都（今成都）人。七岁能通读《春秋》，后拜樊鯈为师，习《严氏公羊春秋》，博通五经。从小就知道礼仪谦让，人们就把他比作圣人门下以孝义著称的曾子，称他为“张曾子”。孔门中，曾子以孝闻。《史记》卷六十七《仲尼弟子列传》传：“孔子以为能通孝道，故授之业。作《孝经》。”

张霸为会稽太守时，鼓励人们习经，郡内大路上到处都能听到朗读经书的声音。张霸刚到会稽时，地方很不安宁，盗贼横行。他到任数年后盗贼束手归附，不劳士卒之力。儿童歌唱：“弃我戟，捐我矛，盗贼尽，吏皆休。”张霸不仅仅是一位孝子，也不仅仅能诵习经书，同时也是一位能学以致用、切实为当地人做事的好父母官。

江巨孝

《后汉书》卷三十九《江革传》：

每至岁时，县当案比。革以母老，不欲摇动，自在辕中挽车，不用牛马。由是乡里称之曰“江巨孝”。

江革（生卒年不详），字次翁，齐国临淄（今山东淄博）人。年少时，值西汉末年大乱，江革背着母亲逃难，采拾野果充饥。乱后返乡，当时民众每年都要来府衙验明正身，江革怕母亲经不起颠簸，就亲自拉车。乡里人就都称呼他“江巨孝”。这就是“二十四孝”中“江革负母”的故事。江革汉章帝时官拜谏议大夫。江革告老还乡后，章帝曾下诏，要求当地官员要慰问“巨孝”。从此，江革的“巨孝”之名更是闻知天下。

宋王楙《野客丛书》卷二十七“江革忠孝”条：

《蒙求》：“江革忠孝，王览友弟。”诸家注尽引《后汉》“江革”，且后汉江革，是“江巨孝”，非忠孝也。仆读《南史》，梁时亦有一江革，年十六，丧母，以孝闻。后为魏人所执，词色壮正，不少屈服，而归梁。明帝曰:"今日始见苏武之节。"此正兼忠孝二事。

《南史》卷六十有《江革传》。

道士

《汉书》卷四十一《第五伦传》:

> 自以为久宦不达,遂将家属客河东,变名姓,自称王伯齐,载盐往来太原、上党,所过辄为粪除而去,陌上号为"道士",亲友古人莫知其处。

第五伦(生卒年不详),字伯鱼,京兆长陵(今陕西咸阳)人。祖先乃齐国田氏。汉初,田氏被要求迁徙到长安,他也就成了长安人。当时迁去的田氏人口太多,为了便于区别就都以序次为姓氏了。

第五伦在乡为啬夫,即主管诉讼和赋税徭役的地方小官。他收税平准,办理诉讼很公正,深得乡人称赞。后来他想做点大事业,就改名为王伯齐,带领全家来到河东。他先是在在太原、上党之间贩卖食盐,盐车过后,就把车轮碾下的痕迹扫除,为的是不愿别人知道他是谁。行人称他为"道士",意思是"扫路的人"。李贤注:"粪除犹扫除也。"数年后,鲜于褒把第五伦推荐给京兆尹阎兴,阎兴让他做了主簿。

建武二十七年(51),举孝廉,后拜宕渠令。明帝即位,代牟融为司空,位至三公。他在位公正无畏,不惧权贵;反对文吏深刻,建议汉明帝以宽宏临下。第五伦自己无私奉公,办事干练,无所逶迤。别人问他:"你一点私情都没有吗?"他说:"以前有人送给我一匹千里马,我没要。后来每每选拔官吏时,我都想起这人,但我不会用他;我侄子有次生病了,我一晚跑十几趟看他,不然睡不踏实。我自己儿子生病了,我没去看,但晚上总睡不着。这些是不是私情呢?"

焦尾琴

《后汉书》卷六十(下)《蔡邕传》:

> 吴人有烧桐以爨者，邕闻火烈之声，知其良木，因请而裁为琴，果有美音。而其尾犹焦，故时人名曰“焦尾琴”焉。

蔡邕(133—192)，字伯喈，陈留圉(今河南开封)人。邕深谙音律。有一次，邻人请他吃饭，刚到邻人家门口，就听到里屋的琴声暗藏杀机，便退了回来。主人追了上来，问蔡邕为什么来了又要走，蔡邕以实相告，众人愕然。弹琴的人解释说：“刚才我在弹琴的时候，看见一螳螂正准备捕蝉，蝉欲飞未飞，螳螂欲捕未捕，我的心随着螳螂也一起一伏，不自觉寓之琴声。这大概就是你听到的杀机吧。”蔡邕说：“那就对了。”

汉灵帝光和三年(180)，蔡邕遇赦还本郡。五原太守王智饯行，席间，王智为邕起舞，邕不为报，王智以为邕看不起自己，诬告邕谤讪朝政，蔡邕不得不亡命吴地。在吴地，邕见人用桐木烧火煮饭，听见火中的霹雳声响，知道这是制琴的好材料，就把烧焦的桐木拿来做了一把琴。这把琴果然音声夐绝，只是琴尾留有烧焦的痕迹。时人就称这把琴是“焦尾琴”。

八俊

《后汉书》卷六十一《周举传》：

> 于是八使同时俱拜，天下号曰“八俊”。举于是劾奏贪猾，表荐公清，朝廷称之。

汉顺帝永和(136—141)年间，灾异连年。汉安元年(142)，顺帝下诏派遣八人分头巡行天下，以了解民情。《后汉书》周举本传：

> 时诏遣八使巡行风俗，皆选素有威名者，乃拜举为侍中，与侍中杜乔、守光禄大夫周栩、前青州刺史冯羡、尚书栾巴、侍御史张纲、兖州刺史郭遵、太尉长史刘班并守光禄大夫，分行天下。其刺史、二千石有臧罪显明者，驿马上之；墨绶以下，便辄收举。其有清忠惠利，为百姓所安，宜表异者，皆以状上。

周举、杜乔等“八俊”都是耿介直言、深孚众望之人。他们巡行所至，凡是州郡贪官,立马上报朝廷;县级贪官则就地拿问;清官则表荐给朝廷。

周举(?—149),字宣光,汝南汝阳(今河南息县)人。世代业儒,京师称为“五经纵横周宣光”。为官清公亮直。汉安帝延光四年(125),辟司徒李郃府,迁并州刺史。在任并州刺史时,废除当地淫祀“寒食”习俗。《后汉书》本传:

> 举稍迁并州刺史。太原一郡,旧俗以介子推焚骸,有龙忌之禁。至其亡月,咸言神灵不乐举火,由是士民每冬中辄一月寒食,莫敢烟爨,老小不堪,岁多死者。举既到州,乃作吊书以置子推之庙,言盛冬去火,残损民命,非贤者之意,以宣示愚民,使还温食。于是众惑稍解,风俗颇革。

周举以民生为首要之事,而不在乎传说中的神灵。

杜乔(?—147),字叔荣,河内林虑(今河南林州)人。东汉时期名臣,因反对权臣梁冀,死狱中。传见《后汉书》卷六十三。栾巴(?—168?),字叔元,魏郡内黄(今河南内黄)人。为人质直,任桂杨太守有治迹,荆州刺史李固推荐巡行州郡。传见《后汉书》卷五十七。张纲(108—143),字文纪,犍为郡武(今四川彭山)人。《后汉书》卷五十六张纲本传:

> 汉安元年,选遣八使徇行风俗,皆耆儒知名,多历显位,唯纲年少,官次最微。余人受命之部,而纲独埋其车轮于洛阳都亭,曰:“豺狼当路,安问狐狸!”遂奏曰:“大将军冀,河南尹不疑,蒙外戚之援,荷国厚恩,以刍荛之资,居阿衡之任,不能敷扬五教,翼赞日月,而专为封豕长蛇,肆其贪叨,甘心好货,纵恣无底,多树谄谀,以害忠良。诚天威所不赦,大辟所宜加也。谨条其无君之心十五事,斯皆臣子所切齿者也。”书御,京师震竦。时,冀妹为皇后,内宠方盛,诸梁姻族满朝,帝虽知纲言直,终不忍用。

张纲后为广陵太守,在郡一年,卒。百姓老幼相携,诣郡府赴哀者不可胜数。

八龙

《后汉书》卷六十二《荀淑传》：

有子八人：俭、绲、靖、焘、汪、爽、肃、专，并有名称，时人谓之“八龙”。

荀淑（83—149）字季和，颍川颍阴（今河南许昌）人。汝、颍为东汉道德、品行模范之地，汝南之风垂名史册。荀氏更是汝南之风典型家族，荀淑即以品行高洁著称。“八龙”于史无传，唯荀爽附淑传。荀爽（128—190），字慈明，一名谞。时人语曰：“荀氏八龙，慈明无双。”《世说新语》中有很多关于荀氏人物的记载。

三君

《后汉书》卷六十二《陈寔传》：

弟谌，字季方。与纪齐德同行，父子并著高名，时号“三君”。

陈寔（104—187），字仲弓，颍川许县（今河南许昌）人。如荀家一样，陈氏也是汝、颍品行道德世家。陈寔善则称人，过则称己；为人平心率物，乡人感叹：“宁为刑罚所加，不为陈君所短。”陈寔有六个儿子，其中陈纪、陈谌最为贤士，与乃父并称为“三君”。每每宰府征召，父子同来去，大为时人羡慕。《世说新语》中多有陈氏父子言行的记录。

陈纪（129—199），字元方；陈谌（生卒年不详），早卒，字季方。

张有道　匆匆不暇草书　草圣

《后汉书》卷六十五《张奂传》：

长子芝，字伯英，最知名。芝及弟昶，字文舒，并善草书，至今称传之。

唐李贤注此段文字引王愔《文志》：

芝少持高操，以名臣子勤学，文为儒宗，武为将表。太尉辟，公车有道征，皆不至，号“张有道”。尤好草书，学崔、杜之法，家之衣帛，必书而后练。临池学书，水为之黑。下笔则为楷则，号“忽忽不暇草书”，为世所宝，寸纸不遗，韦仲将谓之“草圣”也。[1]

明陶宗仪《书史会要》卷三：“王愔，魏平北将军乂之子。善草书。”[2]当是此人。

张芝（？—192?），字伯英，瓜州（今甘肃酒泉）人。“公车有道征”即征天下有道之士，“张有道”是时人对张芝的尊称。“忽忽不暇草书”是时人对张芝草书风格的美称。明陶宗仪《书史会要》卷二“张芝”条：

字伯英，敦煌酒泉人，官至太尉。趣操高尚，学古不群。临池学书，池水尽黑。初师崔瑗、杜度作章草，遂擅出蓝之誉，因变之以成今草。其笔力飞动，神变无极。张芝即草书之祖也。梁武帝谓芝书如汉武帝爱道，凭虚欲仙；或以似春虹饮涧，落霞浮浦。又“一笔书”，芝临池所制，其倚伏有循环之趣，后世称为“游丝草”者，盖此书之巧变也[3]。

王愔《文志》所谓“忽忽不暇草书”当即《书史会要》所谓“一笔书”，两者都是笔画不作停顿的意思。《书史会要》同卷“杜度”条：“字伯度，京兆人，终齐相。善草书，掣波、循利、创质、畜怒。章帝贵其迹，诏上章表，故号‘章草’。韦诞谓之‘草圣’。”韦诞字仲将，汉、魏间京兆人。则“草圣”乃韦诞称杜度而非张芝，与《文志》所说不同。又《书史会要》同卷“崔瑗”条：“字子玉，安平人。举茂才，迁济北相。传父业，明天官历数。工隶草，师杜度甚得笔势，但结字小疏；篆法尤妙。梁袁昂评瑗书谓：‘如危峰阻日，孤松一枝，有

---

① ［南朝宋］范晔：《后汉书》，中华书局，1965 年版，第 2144 页。

② ［元］陶宗仪：《书史会要》，上海书店出版社，1984 年版，第 79 页。

③ ［元］陶宗仪：《书史会要》，上海书店出版社，1984 年版，第 28 页。

绝望之意。'"这些话也可以帮助我们进一步了解张芝草书的风格特征。

凉州三明

《后汉书》卷六十五《段颎传》:

初,颎与皇甫威明、张然明,并知名显达,京师称为"凉州三明"云。

段颎(?—179),字纪明,武威姑臧(今甘肃武威)人。皇甫规(104—174),字威明,安定郡朝那(今甘肃灵台)人。张奂(104—181),字然明,敦煌渊泉(今甘肃酒泉)人。

三人都能以文、武安邦经世,非徒纠缠于名利而叨虚名之人。汉桓帝延熹四年(161),羌人寇略关中,皇甫规请命奋效,其冬大破羌人,"羌慕规威信,相劝降者十余万"①。桓帝永寿元年(155),张奂迁安定属国都尉,恩威并著,德以怀远,"羌性贪而贵吏清,前有八都尉率好财货,为所患苦,及奂正身絜己,威化大行"②。《后汉书》段颎本传记载:"颎行军仁爱,士卒疾病者,亲自瞻省,手为裹创。在边十余年,未尝一日蓐寝。与将士同苦,故皆乐为死战。"③三人被时人称为"梁州三明",可谓时望所归。

三君　八俊　八顾　八及　八厨　李杜　范党

《汉书》卷六十七《党锢传》:

自是正直废放,邪枉炽结,海内希风之流,遂共相标榜,指天下名士,为之称号。上曰"三君",次曰"八俊",次曰"八顾",次曰"八及",次曰"八厨",犹古之"八元""八凯"也。窦武、刘淑、陈蕃为"三君"。君者,言一世之所宗也。李膺、荀翌、杜密、王畅、刘祐、魏朗、赵典、朱宇为"八俊"。俊者,言人之英也。郭林宗、宗慈、巴肃、夏馥、范滂、尹勋、蔡

① [南朝宋]范晔:《后汉书》,中华书局,1965年第一版,第2133页。
② [南朝宋]范晔:《后汉书》,中华书局,1965年第一版,第2138页。
③ [南朝宋]范晔:《后汉书》,中华书局,1965年第一版,第2153页。

衍、羊陟为“八顾”。顾者，言能以德行引人者也。张俭、岑晊、刘表、陈翔、孔昱、苑康、檀敷、翟超为“八及”。及者，言其能导人追宗者也。度尚、张邈、王考、刘儒、胡母班、秦周、蕃向、王章为“八厨”。厨者，言能以财救人者也。

又张俭乡人朱并，承望中常侍侯览意旨，上书告俭与同乡二十四人别相署号，共为部党，图危社稷。以俭及檀彬、褚凤、张肃、薛兰、冯禧、魏玄、徐乾为“八俊”，田林、张隐、刘表、薛郁、王访、刘祇、宣靖、公绪恭为“八顾”，朱楷、田槃、疏耽、薛敦、宋布、唐龙、嬴咨、宣褒为“八及”，刻石立墠，共为部党，而俭为之魁。灵帝诏刊章捕俭等。大长秋曹节因此讽有司奏捕前党故司空虞放、太仆杜密、长乐少府李膺、司隶校尉朱宇、颍川太守巴肃、沛相荀翌、河内太守魏朗、山阳太守翟超、任城相刘儒、太尉掾范滂等百余人，皆死狱中。余或先殁不及，或亡命获免。自此诸为怨隙者，因相陷害，睚眦之忿，滥入党中。又州郡承旨，或有未尝交关，亦离祸毒。其死徙废禁者，六七百人。

《三国志》卷六《魏书·刘表传》：

刘表字景升，山阳高平人也。少知名，号“八俊”。

东汉桓帝践祚，擢升他的老师周福为尚书。周福与名臣房植为乡党，乡人说：“天下规矩房伯武，因师获印周仲进。”后来，汝南太守宗资任用范滂为功曹，南阳太守成瑨任用岑晊为功曹；汝南、南阳人说：“汝南太守范孟博，南阳宗资主画诺。南阳太守岑公孝，弘农成瑨但坐啸。”再后来，太学生们套用这些时语，称赞当时的三位名人李膺、陈蕃与王畅，说：“天下楷模李元礼，不畏强御陈仲举，天下俊秀王叔茂。”东汉时期，人物品评乃社会风尚，是人物察举的重要依据；或者说，有察举制度，就一定会有人物品评。

人物品评最终导致汉末党祸。舆论之所以成为汉桓帝大兴党祸的根据，原因是这样的：当时有一位卜卦先生张成，平时与宦官有往来。张成纵子杀人，其子被河南尹李膺正法。张成便把太学生称赞李膺的话当作罪证，诬告李膺与太学生为部党，妄议朝政。封建时每个皇帝都对党事大为忌恨，汉桓帝收执李膺，并涉及当时另一位名臣陈寔及其属下二百多人。李膺禁锢终身，自此党祸兴起。

当时不仅有这些关于人物品评的时语成为党祸的借口，还有许多人物评论的时号如“三君”“八俊”“八顾”等也成为党祸兴起的依据。范晔在说明这些时号与汉末的党事之间的关系时说：

> 自是正直废放。邪枉炽结，海内希风之流，遂共相标榜，指天下名士，为之称号。上曰“三君”，次曰“八俊”，次曰“八顾”，次曰“八及”，次曰“八厨”，犹古之“八元”“八凯”也。窦武、刘淑、陈蕃为“三君”。君者，言一世之所宗也。李膺、荀翌、杜密、王畅、刘祐、魏朗、赵典、朱宇为“八俊”。俊者，言人之英也。郭林宗、宗慈、巴肃、夏馥、范滂、尹勋、蔡衍、羊陟为“八顾”。顾者，言能以德行引人者也。张俭、岑晊、刘表、陈翔、孔昱、苑康、檀敷、翟超为“八及”。及者，言其能导人追宗者也。度尚、张邈、王考、刘儒、胡母班、秦周、蕃向、王章为“八厨”。厨者，言能以财救人者也。
>
> 又张俭乡人朱并，承望中常侍侯览意旨，上书告俭与同乡二十四人别相署号，共为部党，图危社稷。以俭及檀彬、褚凤、张肃、薛兰、冯禧、魏玄、徐乾为“八俊”，田林、张隐、刘表、薛郁、王访、刘祇、宣靖、公绪恭为“八顾”，朱楷、田槃、疏耽、薛敦、宋布、唐龙、嬴咨、宣褒为“八及”，刻石立墠，共为部党，而俭为之魁。灵帝诏刊章捕俭等。大长秋曹节因此讽有司奏捕前党故司空虞放、太仆杜密、长乐少府李膺、司隶校尉朱宇、颍川太守巴肃、沛相荀翌、河内太守魏朗、山阳太守翟超、任城相刘儒、太尉掾范滂等百余人，皆死狱中。余或先殁不及，或亡命获免。自此诸为怨隙者，因相陷害，睚眦之忿，滥入党中。又州郡承旨，或有未尝交关，亦离祸毒。其死徙废禁者，六七百人。[1]

范晔认为，正是由于当时文士的互相标榜，结为党羽，才有了许多诸如此类的时号。汉末党锢一直到黄巾军后才解除。李膺与杜密最终还是因为党祸而罹难，时人以“李杜”[2]并称。另一位因党祸而罹难的是范滂。范滂为人嫉恶如仇，斥逐朝中不轨之徒，任用清廉之士，他所人用的人员被当时人称为“范党”。终因而得罪宦官唐衡，籍党祸罹难。《后汉书·范滂传》：

---

① ［南朝宋］范晔：《后汉书》，中华书局，1965 年版，第 2187—2188 页。

② ［宋］洪迈《容斋四笔》，中华书局，2004 年版，第 814—815 页。

建宁二年，遂大诛党人，诏下急捕滂等。督邮吴导至县，抱诏书，闭传舍，伏床而泣。滂闻之，曰："必为我也。"即自诣狱。县令郭揖大惊，出解印绶，引与俱亡，曰："天下大矣，子何为在此？"滂曰："滂死则祸塞，何敢以罪累君，又令老母流离乎！"其母就与之诀。滂白母曰："仲博孝敬，足以供养，滂从龙舒君归黄泉，存亡各得其所。惟大人割不可忍之恩，勿增感戚。"母曰："汝今得与李、杜齐名，死亦何恨！既有令名，复求寿考，可兼得乎？"滂跪受教，再拜而辞。顾谓其子曰："吾欲使汝为恶，则恶不可为；使汝为善，则我不为恶。"行路闻之，莫不流涕。时年三十三。①

文中的"李杜"指李膺、杜密。后人把读书多、知识渊博的人也称为"书厨"。《南史》卷四十八《陆澄传》：

澄当世称为硕学，读《易》三年不解文义，欲撰《宋书》竟不成。王俭戏之曰："陆公，书厨也。"家多坟籍，人所罕见，撰地理书及杂传，死后乃出。

林宗巾

《后汉书》卷六十八《郭太传》：

性明知人，好奖训士类。身长八尺，容貌魁伟，褒衣博带，周游郡国。尝于陈梁间行遇雨，巾一角垫，时人乃故折巾一角，以为"林宗巾"。

郭泰（128—169），字林宗，太原介休（今山西介休）人。为避父讳，改为太。郭泰博通典籍，善谈论，尤明于鉴人，当时深孚众望。泰看到天下将乱，不入仕途；深知宦官兴党成狱，便不作危言以耸听闻。所以，当汉末有许多知名之士因为党事而被害时，郭泰却能全身远祸。根据范滂与蔡邕的话，郭是一位特立独行、德行高尚之人。范滂说："隐不违亲，贞不绝俗，天子不得

① ［南朝宋］范晔：《后汉书》，中华书局，1965年版，第2207页。

臣，诸侯不得友，吾不知其它。”①蔡邕说：“吾为碑铭多矣，皆有惭德，唯郭有道无愧色耳。”②蔡邕是汉末大文学家、书法家，写过无数墓志，多有谀辞，这一点，连他自己也很清楚，但他认为无论怎么称誉郭泰都不为过。

郭泰身材魁伟，大袖宽带，周游天下。有一次野外遇雨，郭泰头上的帽子由于被雨水淋湿，一个折角垂了下来，人们便以为郭太戴了一顶新式样的帽子，都跟着学，特地把自己帽子的一角折了起来。这种帽子很快就流行起来了，大家都叫它“林宗巾”。巾就是帽子。可知当时人们对郭泰的崇拜程度。

许郭

《后汉书》卷六十八《许邵传》：

少峻名节，好人伦，多所赏识。若樊子昭、和阳士者，并显名于世。故天下言拔士者，咸称“许郭”。

“郭”是指郭泰。许邵(150？—195?)，字子将，汝南平舆(今河南汝南)人。东汉末年品评人物，当时称为“题目”。与郭泰一样，许邵善于人伦之鉴。许邵与从兄许靖俱有高名，操汝南人物品题之柄。汝南人物品评，每月公告，这就是“月旦评”。《后汉书》许邵本传载：

曹操微时，常卑辞厚礼，求为己目。劭鄙其人而不肯对，操乃伺隙胁劭，劭不得已，曰：“君清平之奸贼，乱世之英雄。”操大悦而去。

“求为己目”就是请许邵给自己品评，“目”即题目，品评。

蛾贼

《后汉书》卷七十一《皇甫嵩传》：

① ［南朝宋］范晔：《后汉书》，中华书局，1965 年版，第 2226 页。
② ［南朝宋］范晔：《后汉书》，中华书局，1965 年版，第 2227 页。

角等知事已露，晨夜驰敕诸方，一时俱起。皆著黄巾为标帜，时人谓之“黄巾”，亦名为“蛾贼”。

张角(？—184年)，钜鹿(治今河北省邢台市巨鹿县)人。奉事黄老之术，众徒渐多而至数十万。汉灵帝中平元年(184)，与宦官封谞、徐奉等为表里，发展为起义军，即东汉末年黄巾军。起事前，张角自称“大贤良师”；起事后，自称“天公将军”。因为皆头裹黄巾，被时人称为“黄巾”，又因为人数众多而被称为“蛾贼”。李贤注，“蛾”即“蚁”字。“黄巾起义”便成为后世对他们的称呼。

皇甫嵩(？—195)，字义真，安定朝那(今甘肃平凉)人。为凉州著族。有文武之志，好《诗》《书》，善于弓马。汉灵帝时为议郎，迁北地太守。黄巾军起，皇甫嵩建议:解除党禁，出府钱与皇家厩马班给战士。帝从之，集天下精兵，以皇甫嵩为左中郎将，持节，与右中郎将朱儁各统一军，讨颍川黄巾军。皇甫嵩屡败黄巾，并终平定之。以军功封槐里侯。

搜牢　竿摩车

《后汉书》卷七十二《董卓传》:

是时洛中贵戚室第相望，金帛财产，家家殷积。卓纵放士兵，突其庐舍，淫略妇女，剽虏资物，谓之“搜牢”。

卓讽朝廷使光禄勋宣播持节拜卓为太师，位在诸侯王上。乃引还长安。百官迎路拜揖，卓遂僭拟车服，乘金青盖，爪画两轓，时人号“竿摩车”，言其服饰近天子也。

《三国志》卷六《董卓传》:

卓至西京，为太师，号曰尚父。乘青盖金华车，爪画两轓，时人号曰“竿摩车”。

东汉末年，宦官专权。灵帝死后，大将军何进与司隶校尉袁绍谋除宦官，但遭到何太后的反对。何进便私下密召关中军阀董卓进京，以胁迫太后。董卓进京以后，纵兵烧杀掳掠，时人称为“搜牢”。

关于“搜牢”的含义，袁津琥先生在《说“搜牢”》一文①中列出诸家关于解释说法，(1)唐李贤：凡是牢固的实物皆搜取之；(2)清王先谦：搜掠资物以为廪食；(3)郭在贻：同义复词即搜搂，同搂揪，搜取的意思。袁氏自己认为有浑言、析言之别：浑言之，“搜”“牢”无别，析言之：就室曰搜，于道曰牢。总而言之，不外搜求之意。

董卓(？—192)，字仲颖，陇西临洮(今甘肃岷县)人。在尽除宦官之后，董卓胁迫自己扶立的汉献帝及数百万之众入长安。卓所乘车，金华青盖，爪画两辖，仪制近于皇帝专用车。当时长安人称董卓所乘车为“竿摩车”，讥其僭越制度。“竿摩”为其时口语即“赶得上”“接近”的意思。李贤注：“竿摩谓相逼近也。今俗以事干人者，谓之‘相竿摩’。”说明这俗语到唐代仍然在用。

任圣童

《汉汉书》卷七十六《循吏·任延传》：

> 年十二，为诸生，学于长安，明《诗》《易》《春秋》，显名太学，学中号为“任圣童”。

任延(？—68)，字长孙，南阳宛(今河南南阳)人。任延十二岁入太学，明于《诗》《易》《春秋》，学业优秀，学中称他“任圣童”。在古代学问或技艺高超的人常常被称为“圣”，如“画圣”“草圣”等。张堪与任延都是因为学问出众而被称为“圣童”的。

作为地方官，所到之处任延都能从百姓利益大局出发，踏踏实实地为当地人办实事。为九真太守时，教会当地人使用耕牛，铸造农器，开垦农田。当地人大受其益，生孩子多以“任”为名。任延为武威太守时，武威是缺少雨水的地方，他就设立水利官，修理沟渠；又设立学校，兴起儒学。

---

① 文见《文史》第五十辑，中华书局，2007年版。

万石秦氏

《后汉书》卷七十六《循吏·秦彭传》：

自汉兴之后，世位相承。六世祖袭，为颍川太守，与群从同时为二千石者五人，故三辅号曰“万石秦氏”。

秦彭（？—88），字伯平，扶风茂陵（今陕西兴平）人，为关中世家。秦彭六世祖秦袭为西汉颍川太守。秦家同时官至二千石的共有五人，所以三辅称秦家为“万石秦氏”。秦彭有个双胞胎妹妹是汉明帝的贵人。永平七年（64），秦彭搭“四姓小侯”的顺便车，成了开阳城门侯。“四姓小侯”是汉明帝为东汉以来外戚樊、郭、阴、马所封侯，非列侯，故称小侯[①]。

秦彭为山阳太守时，推行教化，敦明庠序，不任刑罚。百姓中有德行高尚者，则擢为乡三老；下属有犯错误者，罢遣而已，不加任何人身刑罚。

卧虎

《后汉书》卷七十七《酷吏·董宣传》：

由是搏击豪强，莫不震栗。京师号为“卧虎”。歌之曰：“桴鼓不鸣董少平。”

董宣（生卒年不详），字少平，陈留圉（今属河南洛阳）人，为汉光武帝时候的酷吏，喜杀人以立威。但董宣为人正直，秉公办事，不屈不挠。

光武帝的姐姐即湖阳公主刘黄家奴光天化日之下杀人，躲在公主家，官吏也无可奈何。有次，公主让这家奴陪护着乘车出门，被董宣堵住。董宣一面指斥公主的罪行，一面让家奴下车，接着把他给杀了。公主到光武帝那儿哭诉，光武帝大怒，让董宣给公主磕头谢罪，并要箠杀董宣。董拒绝磕头认罪，宦官强行按倒，宣以手拄地，就是不肯低头。如此一来，光武帝不仅没杀

① 参见《后汉书》卷二李贤注引袁宏《汉纪》。

他，还请他吃饭，赏给他钱，又给他大官做。从此，董宣更是不遗余力地打击豪强，京城权贵为之战栗。京师人都称董宣为“卧虎”，意思是隐藏在暗处的老虎，谁被抓住了都难逃一死。老百姓很高兴，歌颂道：“桴鼓不鸣董少平。”意思是，只要有董宣整治豪强，京师就没有了民怨。

蔡侯纸

《后汉书》卷七十八《宦官·蔡伦传》：

> 自古书契多编以竹简，其用缣帛者谓之为纸。缣贵而简重，并不便于人。伦乃造意，用树肤、麻头及敝布、鱼网以为纸。元兴元年奏上之，帝善其能，自是莫不从用焉，故天下咸称“蔡侯纸”。

蔡伦（？—121），字敬仲，东汉桂阳（今湖南桂阳）人。宦官。汉和帝时，任上方令，上方是负责制造皇室用品的地方。他监制的各种器械都很精密，说明蔡伦有很高的器械制作天赋。在汉代，上层社会多用丝绢、布帛来书写。当时称用来书写的丝绢、布帛为“纸”，纸很昂贵。于是，蔡伦用树皮、破布、破鱼网等来加工代替丝绢、布帛制成另一种纸[①]。这种纸很管用，天下人称之为“蔡侯纸”。元初元年（114），蔡伦封龙亭侯。

导行费

《后汉书》卷七十八《宦官·吕强传》：

> 时帝多蓄私藏，收天下之珍，每郡国贡献，先输中署，名为“导行费”。

汉灵帝好财货，有很多的私人珍藏。郡国的贡物，在贡赋给国库之前，先要另贡献给皇帝，名为“导行费”。宦官吕强反对汉灵帝的做法。

---

① 《后汉书》李贤注引《湘州记》：“耒阳县北有汉黄门蔡伦宅，宅西有一石臼，云是蔡伦舂纸臼也。”未必可信，但间接可知蔡伦加工纸的方法与后世造纸法很相似。

吕强(？—184),字汉盛,河南成皋(今河南汜水)人。皋为人清忠奉公。灵帝青睐宦官,宦官无一例外都予以封侯,强恳恻辞让。吕强建议灵帝取消“导行费”,不听。黄巾军起,吕强建议灵帝释放党人、清除贪墨者而触怒其他宦官,被构陷而自杀。

中使

《后汉书》卷七十八《宦官·张让传》:

> 明年,南宫灾。让、忠等说帝令敛天下田亩税十钱,以修宫室。发太原、河东、狄道诸郡材木及文石。每州郡部送至京师,黄门常侍辄令谴呵不中者,因强折贱买,十分雇一。因复货之于宦官,复不为即受,材木遂至腐积,宫室连年不成。刺史、太守复增私调,百姓呼嗟。凡诏所征求,皆令西园驺密约敕,号曰“中使”,恐动州郡,多受赇赂。刺史、二千石及茂才孝廉迁除,皆责助军修宫钱,大郡至二三千万,余各有差。当之官者,皆先至西园谐价,然后得去。有钱不毕者,或至自杀。其守清者,乞不之官,皆迫遣之。

汉灵帝宠信宦官。张让、赵忠以及他们的爪牙夏恽、郭胜、孙璋、毕岚、栗嵩、段珪、高望、张恭、韩悝、宋典等,都官至中常侍,并均受灵帝封侯。他们的父兄子弟横行州郡,为害残酷。这就是汉末臭名昭著的“十常侍”。

张让、赵忠怂恿灵帝聚敛天下田税,大兴宫室。他们到处征购木材、文石等建筑材料。当木材运到京师时,他们却说木材不够标准,只用原价的十分之一强买了事。各地刺史、太守望风承旨,征调不已,百姓苦不堪言。

后来,这些宦官经常以宫廷名义下发诏书、敕文,号称“中使”,即“宫中使用”的意思。这些诏书、敕文,其实是由宫廷马场的养马人起草的,养马场就成了这些宦官的老巢。当时的官员上任、升迁,宦官就以助军、修建宫殿为借口向他们勒索钱财。想当官的人先到马场议定价格,再交钱上任;有的因为交不起钱而自杀;清官只得请求不当官,也被迫交了钱才可以。

“中使”后来成了普通名词,泛指宫中出使之人。杜甫《巴山》:“巴山遇中使，云自陕城来。”清仇兆鳌注引《唐书》说：“陕州陕县有陕城宫。”①说明这位“中使”是来自宫中的人。

二稚

《后汉书》卷七十九（下）《儒林·孙堪传》：

> 堪清廉，果于从政，数有直言，多见纳用。十八年，以病乞身，为侍中骑都尉，卒于官。堪行类于泽，故京师号曰“二稚”。

周泽（生卒年不详），字稚都，北海安丘（今山东安丘）人；孙堪（生卒年不详），字子稚，河南缑氏（今属河南偃师）人。均为两汉之交时期人。泽于永平十年（67）拜太常，堪于次年拜光禄勋，共同任职朝中。“二稚”深明经义、节操高尚，可谓“经明行修”。

青牛师

《后汉书》卷八十二《方术·封君达传》：

> 甘始、东郭延年、封君达三人者，皆方士也。率能行容成御妇人术，或饮小便，或自倒悬，爱啬精气，不极视大言。甘始、元放、延年皆为操所录，问其术而行之。君达号“青牛师”。凡此数人，皆百余岁及二百岁也。

东汉光武帝，以《赤伏符》受命，是一个深信谶纬方术的人。上有所好，下必效之。这也是东汉时期方术盛行的原因之一。《后汉书》卷八十二《方术列传》载诸多方士怪诞之事。封君达是其中之一，号“青牛师”。据说活到了一二百岁。方术、道教常用“青”“白”颜色指称长生不死之神物，如“青鸟”“青牛”等。李贤注引《汉武帝内传》：“封君达，陇西人。初服黄连五十

① ［清］仇兆鳌：《杜诗详注》，中华书局，1979年版，第1050页。

余年，入鸟举山，服水银百余年，还乡里，如二十者。常乘青牛，故号‘青牛道士’。”①道家者言，不可据信。

马牧先生

《后汉书》卷八十三《逸民·马瑶传》：

> 慎同郡马瑶，隐于汧山，以兔罝为事。所居俗化，百姓美之，号“马牧先生”焉。

东汉桓、灵时期的马瑶，扶风茂陵（今陕西兴平）人。隐于汧山，以捕兔为生。本传说：“所居俗化，百姓美之，号‘马牧先生’焉。”《毛诗序》说：“《兔罝》，后妃之化也。《关雎》之化行，则莫不好德，贤人众多。”马瑶以捕兔为业，自然是有德行的人，所以“所居俗化”。“牧”字语义双关，既就“以捕兔为生”而言，又有“以德化人”之意。

---

① ［南朝宋］范晔：《后汉书》，中华书局，1965 年版，第 2750 页。

《三国志》

八俊

《三国志》卷六《魏书·刘表传》：

刘表字景升，山阳高平人也。少知名，号“八俊”。

《后汉书》卷六十七《党锢传》：

郭林宗、宗慈、巴肃、夏馥、范滂、尹勋、蔡衍、羊陟为“八顾”。顾者，言能以德行引人者也。张俭、岑晊、刘表、陈翔、孔昱、苑康、檀敷、翟超为“八及”。及者，言其能导人追宗者也。

刘表(142—208)，字景升，山阳高平(今山东微山)人。为汉室后裔。董卓败后，李傕、郭汜入长安，表荐刘表为镇南将军、荆州牧。后封成武侯。

刘表身长八尺有余，容貌魁伟，年少知名，为当时“八俊”之一。裴松之注引张璠《汉纪》说：“表与同郡人张隐、薛郁、王访、宣靖、公绪恭、刘祇、田林为八交，或谓之八顾。”①又引《汉末名士录》：“表与汝南陈翔字仲麟、范滂字孟博、鲁国孔昱字世元、渤海苑康字仲真、山阳檀敷字文友、张俭字元节、南阳岑晊字公孝为八友。”②汉末士风浮华，以相互标榜而图自重于时。

《汉末名士录》所说“八友”与《后汉书》所说“八及”名称有出入。其人物今已不可详考。

---

① [晋]陈寿撰、[南朝宋]裴松之注：《三国志》，中华书局，1959年版，第211页。

② [晋]陈寿撰、[南朝宋]裴松之注：《三国志》，中华书局，1959年版，第211页。

米贼

《三国志》卷八《魏书·张鲁传》:

祖父陵,客蜀,学道鹄鸣山中,造作道书以惑百姓,从受道者出五斗米,故世号“米贼”。

神仙传说与信仰有悠久的历史,并由此产生了方士与方术。两汉时期出现的方仙道、黄老道不仅修道养生,而且游售神仙方术。东汉后期,继承方仙道、黄老道而起的是太平道与五斗米道。张角的“太平道”因为奉信《太平经》而得名,张道陵的“五斗米道”则因为入道须交五斗米而得名。太平道与五斗米道是道教初期的两个分支。

张道陵是教中“天师”,传儿子“嗣师”张衡,张衡传儿子张鲁,张鲁自号“师君”,教中称他为“系师”,这就是五斗米教的“三师”。“五斗米道”简称为“米道”,又被时人称为“米贼”。

张道陵、张衡父子只是作道书传道而已,到张鲁时,“五斗米道”的势力业已壮大。此时已是天正大乱,当时的益州牧刘焉以张鲁为督义司马,去攻打汉中太守苏固,并掩有其地,由此逐步走上割据称雄的道路。后来张鲁归顺曹操,封阆中侯。

《魏书》“故世号米贼”当是此后就张鲁割据一方、不归顺朝廷而言。在张道陵的时候五斗米教并没有被称为“米贼”,因为那时五斗米教还没有发展成为义军。

虎痴

《三国志》卷十八《魏书·许褚传》:

军中以褚力如虎而痴,故号曰“虎痴”;是以超问虎侯,至今天下称焉,皆谓其姓名也。

许褚(生卒年不详),字仲康,谯国谯(今安徽亳州)人。许褚长八尺余,腰大十围，容貌雄毅，勇力绝人，能单手逆曳牛尾行百余步。许褚以勇力为曹操虎士，虎士是卫士的美名。许褚为人质重寡言，人以为痴；又因有力，人以为虎，故称“虎痴”。

有一次，镇南将军曹仁去朝见曹操；在等着召见时，曹仁招呼许褚进偏殿聊天，被许褚拒绝了，曹仁很不高兴。有人责怪许褚不该这么做，说曹仁是公族、大人物，不能得罪。许褚说：“他是外臣，我是内臣卫士。有什么话当众说就行了，难道有什么私事非要到室内谈吗？”曹操从此更加信任他了，升任为中军将军。可见，“虎痴”并不痴。

白马将军

《三国志》卷十八《魏书 · 庞德传》：

> 时德常乘白马，羽军谓之“白马将军”，皆惮之。

庞德（？—219），字令明，南安狟道（今甘肃天水）人。汉献帝初平中，随马腾拒羌氐，以功迁校尉。建安中，曹操讨袁谭、袁尚，庞德随马腾之子马超破袁军，拜中郎将，封都亭侯。曹操讨关羽，庞德说：“我受国恩，义在效死。我欲身自击羽。今年我不杀羽，羽当杀我。”庞德常乘白马，故关羽部人称之为“白马将军”。庞德果殁于此役，谥壮侯。

辛陈杜赵

《三国志》卷二十三《魏书 · 赵俨传》：

> 初，俨与同郡辛毗、陈群、杜袭并知名，号曰“辛陈杜赵”云。

辛、陈、杜、赵四人都是颍川人，都曾是曹操杰出的谋士，所以有此时号。

辛毗（生卒年不详），字佐治，颍川阳翟（今河南禹州）人，原居陇西（今甘肃临洮）。毗先事袁绍，后为曹操议郎。文帝践祚，迁侍中，赐爵关内侯。明帝即位，进封颍乡侯。辛毗历事三主，多有建议。

陈群（？—237），字长文，颍川许昌（今河南许昌）人。祖陈寔，父陈纪，为颍川望族。其时孔融高才倨傲，年在纪、群之间，先与纪友，后与群交，更为纪拜，陈群由此声名鹊起。这就是“为群拜纪”的故事。《北史》卷二十八《陆俟传》：

> 子彰崇好道术，曾婴重病，药中须桑螵蛸，子彰不忍害物，遂不服焉，其仁如此。教训六子，雅有法度。子卬。卬字云驹，少机悟，美风神。好学不倦，博览群书，“五经”多通大义。善属文，甚为河间邢邵所赏。劭又与子彰交游，尝谓子彰曰：“吾以卿老蚌遂出明珠，意欲为群拜纪可乎？”由是名誉日高，雅为搢绅所推许。

以陆子彰、陆卬父子比陈纪、陈群父子，邢劭则自比孔融。曹操封魏国公，陈群为御史中丞。明帝即位，进封颍阴后，不久即为司空。陈群在明帝时，于国家礼仪制度颇有建树，如九品用人之法，即陈群所建立。杜袭（生卒年不详），字子绪，颍川定陵（今河南襄城）人。由钟繇、荀彧荐，曹操以为丞相军祭酒。魏国建，杜袭为侍中，与王粲、和洽并用。文帝即王位，赐爵关内侯。明帝即位，进封评阳乡侯。杜袭为谋臣，柔而不犯，故曹氏父子多采纳之。

赵俨（171—245），字伯然，颍川阳翟人。汉末大乱时，与杜袭、繁钦通财同计，合为一家，避乱荆州。曹操迎汉献帝许昌，以俨为朗陵长。入为司空掾主簿。关羽围曹仁于樊，赵俨为曹仁参军事。文帝即王位，赵俨为侍中。正始四年（243），征为骠骑将军，迁司空。赵俨于曹家多献策献力。

周郎

《三国志》卷五十四《吴书·周瑜传》：

> 瑜时年二十四，吴中皆呼为“周郎”。

周瑜（175—210），字公瑾，庐江舒（今安徽庐江）人。与孙策同年，两人相友善。扶持孙策建立江东政权，年二十四授建威中郎将。吴中称为“周郎”，言其年轻也。周瑜精于音乐，每当酒席中听到奏乐有讹误，他都会回头以提示。当时人说：“曲有误，周郎顾。”

《晋书》

四友

《晋书》卷一《宣帝纪》：

魏国既建，迁太子中庶子。每与大谋，辄有奇策，为太子所信重，与陈群、吴质、朱铄号曰“四友”。

“宣帝”指司马懿，太子即曹丕。吴质(178—230)，字季重，济阴(今山东定陶)人。吴质有文才，为曹丕谋士。丕篡汉，拜北中郎将，封列侯。朱铄无传。

古有“文王四友”“仲尼四友”之说。“文王四友”：南宫适、散宜生、闳夭、太颠；“仲尼四友”：颜渊、子贡、子路、子张①。后世“四友”之号从此而来。《三国志》卷二十二《陈群传》：“文帝在东宫，深敬器焉，待以交友之礼，常叹曰：‘自吾有回，门人日以亲。’”《史记》卷六十七《仲尼弟子列传》：“回年二十九，发尽白，早死。孔子哭之恸，曰：‘自吾有回，门人益亲。’”“集解”：“王肃曰：‘颜回为孔子胥附之友，能使门人日亲孔子。’”曹丕引孔子语，比陈群为颜回，以示两人为友。

汉魏时期，“友”即朋友之意，“四友”“八友”之类时号是文人相互推毂的时号而已。周一良先生在论及魏晋时期的“浮华”世风时说：“所谓浮华，非指生活上之浮华奢靡，而是从政治着眼，以才能互相标榜，结为朋党，标举名号如‘四窗’(按，当为聪字)、‘八达’之类以自夸。”②可谓一语中的。到晋代，“友”成为官职。《晋书》卷五十三《愍怀太子传》：“刘寔为师，孟珩为友，杨准、冯荪为文学。”友定制一员。《晋书》卷二十四《职官》：“王置师、友、文

① 上海古籍出版社编：《汉魏六朝笔记小说大观》，上海古籍出版社，1999年版，第208页。

② 周一良：《魏晋南北朝史札记》，中华书局，2007年版，第35页。

学各一人，景帝讳，故改师为傅。友者因文王、仲尼四友之名号。”

互市

《晋书》卷四《惠帝纪》：

及居大位，政出群下，纲纪大坏，货赂公行，势位之家，以贵陵物，忠贤路绝，谗邪得志，更相荐举，天下谓之“互市”焉。

晋惠帝还是太子的时候，晋武帝司马炎就很怀疑他的能力。惠帝贾后勾结东宫给事张泓，共同设计欺骗武帝，终于保住了太子地位。惠帝践祚，无所事事，一切政治出于贾后及其手下。其时，奔竞之徒互相推举以贾虚名，一旦当路则互相利益；货赂公行，所有吏治被权、钱交易所代替。天下称这种黑暗社会状况为“互市”，也就是利益互换的意思。

胡蝗

《晋书》卷五《孝愍帝纪》：

秋七月，大旱，司、冀、青、雍等四州虫蝗。石勒亦竞取百姓禾，时人谓之“胡蝗”。

晋孝愍帝建兴五年(317)七月，大旱；司、冀、青、雍等四州蝗灾。雪上加霜的是，此时后赵石勒犯境抢夺民禾。石勒祖先是匈奴别部羌渠人，祖父名耶奕于，父名周曷朱。当时，人们把石勒等同蝗灾，称他为“胡蝗”。

百六掾

《晋书》卷六《元帝纪》：

诸参军拜奉车都尉，掾属驸马都尉。辟掾属百余人，时人谓之“百六掾”。乃备百官，立宗庙社稷于建康。

《晋书》卷八十九《忠义·虞悝传》:

元帝为丞相,招延四方之士,多辟府掾,时人谓之“百六掾”。

古人有讲究阴阳运数的传统。认为六是阴数,九是阳数,百六是阴数极点,阳九是阳数的极点,表示灾变,尤其指改朝换代时期的灾难。《汉书》卷二十一《律历》:“《易》九厄曰:‘初入元,百六,阳九。’”《汉书·谷永传》:“遭无妄之卦运,直百六之灾厄。”《文选·袁宏〈三国名臣序赞〉》:“百六道丧,干戈迭用。”吕延济注:“四千六百一十七岁为一元,一百六岁曰阳九之厄。”《晋书》卷七十八《孔愉传》:

华狄道乖,南北迥邈,瞻河企宋,每怀饥渴。数会阳九,天祸晋国,奸凶猾夏,乘衅肆虐。我德虽衰,天命未改。乾符启再集之庆,中兴应灵期之会,百六之艰既过,维新之美日隆。

西晋灭亡以后,司马睿于建武元年(317),建立百官,征辟掾属,建立东晋政权。时值中原沦丧,可谓天翻地覆。人们称呼这时期司马睿周围的官员为“百六掾”,意思是“患难时期的官员”。

昆仑

《晋书》卷三十二《后妃下·孝武李太后》:

时后为宫人,在织坊中,形长而色黑,宫人皆谓之“昆仑”。

晋简文帝司马昱长期无子,有一个看相的人告诉简文帝:在后宫的织坊中,有人会给他生下太子。简文帝按图索骥,找到了一个名为李陵容的宫女。召之侍寝,生孝武帝司马曜、会稽文孝王司马道子以及鄱阳长公主。孝武帝司马曜践祚后,尊李陵容为皇太后。

李陵容身高体壮,皮肤黝黑,宫中称她为“昆仑”。当时,人们称呼南亚人为“昆仑”,他们皮肤黝黑;有的“昆仑”被卖到中国做奴隶,称“昆仑奴”。

《宋书》卷七十六《王玄谟传》:“又宠一昆仑奴子,名白主。常在左右,令以杖击群臣,自柳元景已下,皆罹其毒。”《旧唐书·南蛮传》曰:“在林邑以南,皆卷发黑身,通号‘昆仑’。”唐代有《昆仑奴》传奇,周楞伽先生注《昆仑奴》说:“昆仑,种族名,就是现在东南亚的马来西亚、爪哇等地的土著。皮肤黑而多力。”①《文史》第十六辑载李季平先生《唐代昆仑奴考》。周一良《魏晋南北朝史札记·〈南齐书〉札记》“昆仑”条:“今以王琨之事观之,东晋南朝之昆仑,疑指西南少数民族而言,非唐宋时南海之昆仑,如朱彧《萍洲可谈》所云‘近海野人’之昆仑,更非非洲之黑色人种。”可以参看。

二十四友

《晋书》卷三十三《石崇传》:

复拜卫尉,与潘岳谄事贾谧。谧与之亲善,号曰“二十四友”。

石苞(?—273),字仲容,渤海南皮(今河北南皮)人,为西晋平吴、统一全国有功之臣。石崇(249—300),字季伦,石苞之子。石崇任荆州刺史期间,打劫长江过往船只,以致暴富。石崇与潘岳谄事惠帝贾后嗣弟贾谧,相互为表里,时称“二十四友”。《晋书》卷四十《贾谧传》:

渤海石崇、欧阳健,荥阳潘岳,吴国陆机、陆云,兰陵缪徵,京兆杜斌、挚虞,琅琊诸葛诠,弘农王粹,襄城杜育,南阳邹捷,齐国左思,清河崔基,沛国刘瓌,汝南和郁、周恢,安平牵秀,颍川陈眕,太原郭彰,高阳许猛,彭城刘讷,中山刘舆、刘琨皆傅会于谧,号曰“二十四友”,其余不得预焉。

《晋书》卷五十五《潘岳传》:“岳性轻躁,趋世利,与石崇等谄事贾谧,每候其出,与崇辄望尘而拜。构愍怀之文,岳之辞也。谧二十四友,岳为其首。谧《晋书》限断,亦岳之辞也。”愍怀太子为晋惠帝长子司马遹,受贾后、贾谧谗害而败亡。则“二十四友”大抵也就是帮凶小集团而已。《晋书》卷六十二

① [唐]裴铏著、周楞伽辑注:《裴铏传奇》,上海古籍出版社,1980年版,第8页。

《刘琨传》:“秘书监贾谧参管朝政,京师人士无不倾心。石崇、欧阳健、陆机、陆云之徒,并以文才降节事谧,琨兄弟亦在其间,号曰‘二十四友’。”

石崇以富贵骄世,最终以富贵丧身。《晋书·石崇传》:“及车载诣东市,崇乃叹曰:‘奴辈利吾家财。’收者答曰:‘知财致害,何不早散之?’崇不能答。崇母兄妻子无少长皆被害,死者十五人。崇时年五十二。”

堕泪碑

《晋书》卷三十四《羊祜传》:

> 襄阳百姓于岘山祜平生游憩之所建碑立庙,岁时飨祭焉。望其碑者莫不流泪,杜预因为名为“堕泪碑”。荆州人为祜讳名,屋室皆以门为称,改户曹为辞曹焉。

羊祜(221—278),字叔子,泰山南城(今山东新泰)人。羊祜姐姐乃司马师之妻。司马氏夺得皇权后,羊祜既是皇亲国戚,又有佐命之功,位极人臣。

晋时尚清谈,很多人因空谈而浑浑噩噩,终身一事无成。羊祜虽位高权重,凡事却能踏踏实实,也从不以势凌轹别人。时人称羊祜为“羊公”。

羊祜的最大成就是帮助晋武帝坚定灭吴的决心。当时朝臣在是否、何时灭吴等问题上各怀鬼胎,意见不一。羊祜上疏说:

> 今江淮之难,不过剑阁;山川之险,不过岷汉;孙皓之暴,侈于刘禅;吴人之困,甚于巴蜀。而大晋兵众,多于前世;资储器械,盛于往时;今不于此平吴,而更阻兵相守,征夫苦役,日寻干戈,经历盛衰,不可长久,宜当时定,以一四海。今若引梁益之兵水陆俱下,荆楚之众进临江陵,平南、豫州,直指夏口,徐、扬、青、兖并向秣陵,鼓旆以疑之,多方以误之,以一隅之吴,当天下之众,势分形散,所备皆急,巴汉奇兵出其空虚,一处倾坏,则上下震荡。吴缘江为国,无有内外,东西数千里,以藩篱自持,所敌者大,无有宁息。孙皓恣情任意,与下多忌,名臣重将不复自信,是以孙秀之徒皆畏逼而至。将疑于朝,士困于野,无有保世之计,一定之心。平常之日,犹怀去就,兵临之际,必有应者,终不能齐力致死,已可知也。其俗急速,不能持久,弓弩戟盾不如中国,唯有水战是其所

便。一入其境，则长江非复所固，还保城池，则去长入短。而官军悬进，人有致节之志，吴人战于其内，有凭城之心。如此，军不逾时，克可必矣。

羊祜不仅陈述了可以灭吴国的原因，还提出了具体、行之有效的攻打方法；而不是像当时许多人那样，只是从天地、五行、道德等方面作不着边际的夸夸其谈。

羊祜最可贵的地方在于凡事能从情理出发，也就是实事求是地办事而不是从诰敕条文、法律规定、道德说教出发机械地办事。羊祜在任征南大将军时，受命驻军襄阳。期间，吴军入侵弋阳与江夏等地方，抢掠人、物。皇帝下诏书并派人追问羊祜为什么不追讨吴寇。羊祜说："襄阳离江夏八百里，等知道敌情再出兵，敌人早已走了，总不能为了逃避责任而劳师无功吧。以前魏武帝在边境设都督，都设在州中，因为军队离战场宜近不宜远。敌我边境之隔，彼此设防，慎守而已。若果远离边州，敌人出没无常，无法应付，打起仗来也对边州环境不熟悉。"来人无话可说。

由于能从实情出发而不是从教条出发，羊祜在任荆州都督时期，虽与吴为敌，但能入情入理地处理边境关系，所以形成了于国为敌，于私为友，亦敌亦友这么一种独特却很管用的局面。吴国的陈尚、潘景率人来寇，羊祜把他俩杀了。但想到战场上各为其主，还是厚殓了两人。陈尚、潘景家人来迎丧，羊祜以礼遣还。古代打仗，军粮最为关键。谷物成熟时候，羊祜派人去吴地收割，但都计价以绢偿还。与羊祜对垒的吴国将军是陆抗。陆抗生病了，羊祜派人送药去，陆抗部下怀疑药里有毒。陆抗说："羊祜哪里是害人的人？"羊祜对吴国从来不搞偷袭战术。有人建议说兵不厌诈，羊祜就把他灌醉睡觉，让他一言不发。陆抗也告诫部下说："羊祜以德，我若以暴，那不是不战而自败了吗？各自分界守土吧，不要为了鸡毛蒜皮的事没完没了。"孙皓知道两国边境关系这么融洽就责备陆抗。陆抗说："邻村之间都讲信义，何况国与国之间，我要是不这么做，正好彰显了羊祜的美德，对羊祜有伤害吗？"

羊祜对部下及家人都很好，皇帝有什么赏赐，就都给了他们。羊祜在军队，生活简便，常常"轻裘缓带，身不被甲，铃阁之下，侍卫者不过数十人"①。

---

① ［唐］房玄龄：《晋书》，中华书局，1974 年版，第 1015 页。

死的时候,“南州人征市日闻祜丧,莫不号恸,罢市,巷哭者相连接。吴守边将士亦为之泣”①。

羊祜喜探幽访胜,尤其是襄阳的岘山,是他常去的地方。有次,他对部下邹湛说:“自有宇宙就有了岘山,古来像我们一样来此游玩的人又有多少呢,现在都成了烟云。我们还不是一样,百年过后,我们恐怕只能游魂到此了。”羊祜死后,襄阳人在岘山为他立庙建碑以奉祀。来祭祀的人看见这碑,睹物思人,没有不流泪的。羊祜的继任者杜预,把羊祜庙前的碑命名为“堕泪碑”。自此,“堕泪碑”名垂史册,吟咏者不绝。羊祜也算给自己立了一座丰碑了。

杜武库　杜父　杜预颈

《晋书》卷三十四《杜预传》:

> 预在内七年,损益万机,不可胜数,朝野称美,号曰“杜武库”,言其无所不有也。

> 又修邵信臣遗迹,激用滍淯诸水以浸原田万余顷,分疆刊石,使有定分,公私同利。众庶赖之,号曰“杜父”。

> 初,攻江陵,吴人知预病瘿,惮其智计,以瓠系狗颈示之。每大树似瘿,辄斫使白,题曰“杜预颈”。

杜预(222—285),字元凯,京兆杜陵(今陕西西安)人。继羊祜为征南大将军。杜预娶了司马昭的妹妹高陆公主,是皇亲国戚。杜预文武才能皆备,与羊祜一样,做事踏实,能独当一面,非当时诸多夸夸其谈之辈所能比。

杜预博览群书,尤其酷爱《左传》,自称有“《左传》癖”。杜预的《左传》注本至今仍是权威读本。

杜预明于古代礼仪制度。司马氏初立国,杜预与贾充制定法律。法律制定好后,对法律怎么解释关乎天下民生。杜预说法律不是穷理尽性的文

① [唐]房玄龄:《晋书》,中华书局,1974年版,第1021页。

书，不能“淫巧”。“淫”就是太多的条条框框，让百姓难以适从，手足无措，动辄犯法；“巧”就是不直接明了，对不同的人有不同的解释内容，这样的法律条文就成了罗织罪名与法外开恩的借口了。拿杜预的原话来说，法律应该是“文约而例直，听省而禁简。例直易见，禁简难犯。易见则人知所避，难犯则几于刑厝”。杜预还明于历法。当时历法存在舛错，杜预上《二元乾度历》，颁行于世。

在战场上，杜预也是一位建立功勋的将军。《晋书》杜预本传：

> 预以太康元年正月，陈兵于江陵，遣参军樊显、尹林、邓圭、襄阳太守周奇等率众循江西上，授以节度，旬日之间，累克城邑，皆如预策焉。又遣牙门管定、周旨、伍巢等率奇兵八百，泛舟夜渡，以袭乐乡，多张旗帜，起火巴山，出于要害之地，以夺贼心。吴都督孙歆震恐，与伍延书曰：“北来诸军，乃飞渡江也。”吴之男女降者万余口，旨、巢等伏兵乐乡城外。歆遣军出拒王濬，大败而还。旨等发伏兵，随歆军而入，歆不觉，直至帐下，虏歆而还。故军中为之谣曰：“以计代战一当万。”于是进逼江陵。吴督将伍延伪请降而列兵登陴，预攻克之。既平上流，于是沅湘以南，至于交广，吴之州郡皆望风归命，奉送印绶，预仗节称诏而绥抚之。凡所斩及生获吴都督、监军十四，牙门、郡守百二十余人。又因兵威，徙将士屯戍之家以实江北，南郡故地各树之长吏，荆土肃然，吴人赴者如归矣。

说明杜预不仅是一位能征善战的将军，同时也是一位谙于战后管理的人。

勤于动手实践，敢于创新勇为，这也是杜预与当时许多人不同的地方。孟津渡是首都洛阳北的一个黄河渡口，虽风高浪急，但乘渡过河的人很多，时有渡船翻沉。杜预想于此修建河桥，别人都认为殷周以来，在洛阳建都的有，但能在孟津修建桥梁的没有。杜预力排众议，建成浮桥，也就是“造舟为梁”。

周代祖庙中有一种容器，名为“欹器”。满则倒、空则倾，不多不少则正立，用来告诫统治者凡事有度。这东西在汉末动乱中废绝了，杜预凭着自己的创意新造了一个，献给晋武帝。

杜预由于知识渊博，被时人称为“武库”；又因为勤于动手，做了很多有利于百姓的事,被人称为"杜父"。"杜预颈"时号来自敌国,不足以撼杜之为一代名臣。

言谈之林薮

《晋书》卷三十五《裴頠传》:

乐广尝与頠清言,欲以理服之,而頠辞论丰博,广笑而不言。时人谓頠为"言谈之林薮"。

晋人喜谈以自重,故多善谈之人。裴頠(267—300),字逸民,河东闻喜(今山西闻喜)人。裴頠善谈。御史中丞周弼叹道:"頠若武库,五兵纵横,一时之杰也。"著《崇有论》,又著《辩才论》,未成遇祸。时人谓頠为"言谈之林薮"。"武库"及"林薮",用以比喻知识丰富、善于谈话者。《世说新语·言语》载:

诸名士共至洛水戏,还,乐令问王夷甫曰:"今日戏,乐乎?"王曰:"裴仆射善谈名理,混混有雅致;张茂先论史汉,靡靡可听;我与王安丰说延陵、子房,亦超超玄著。"

裴仆射即裴頠。裴頠善谈但非浮虚之徒,《晋书·裴頠传》:"頠深患时俗放荡,不尊儒术,何晏、阮籍素有高名于世,口谈浮虚,不遵礼法,尸禄耽宠,仕不事事;至王衍之徒,声誉太盛,位高势重,不以物务自婴,遂相仿效,风教陵迟,乃著崇有之论以释其蔽。"裴頠在《崇有论》中说"躬在力任,劳而后饷",又说"人之既生,以保生为全,全之所阶,以顺感为务"。这些话既可针砭清谈之时弊,又非常平实可行。

玉人

《晋书》卷三十五《裴楷传》:

楷风神高迈,容仪俊爽,博涉群书,特精理义,时人谓之"玉人",又称"见裴叔则如近玉山,映照人也"。

裴楷(237—291),字叔则,裴頠从叔。丰神高迈,容仪俊爽。时人谓之"玉人"。受九品中正制影响,魏晋时期流行人物品评,其一大标准就是"清洁"。《世说新语·德行》:李元礼叹荀淑、钟皓曰:"荀君清识难尚,钟君至德可师。"王戎评王祥:"太保居在正始中,不在能言之流;及与之言,理中清远。将无以德掩其言?"《世说新语·容止》当时人评论嵇康:"萧萧肃肃,爽朗清举。"因此,人们常常以"玉"来说明男人的神貌,取冰清玉洁之意。贵族平时手中常拿着玉麈,人玉互见。《晋书》卷四十三王衍本传说:"每捉玉柄麈尾,与手同色。"《世说新语·容止》:"王夷甫容貌整丽,妙于谈玄,恒捉玉柄麈尾,与手都无分别。"山公曰:"嵇叔夜之为人也,岩岩若孤松之独立;其醉也,傀俄若玉山之将崩。"毛曾与夏侯玄坐在一起的时候,人们说他们是"蒹葭倚玉树";李安国"颓唐如玉山之将崩"。《晋书》卷三十六《卫玠传》:"总角乘羊车入市,见者皆以为玉人,观之者倾都。"《南史》卷十九《谢晦传》:"时谢混风华为江左第一,尝与晦俱在武帝前,帝目之曰:'一时顿有两玉人耳。'"

裴楷敏捷善言。晋武帝刚当上皇帝,想知道自己的统治究竟能有多久,就做了一个摸探数字的测试。摸到的刚好是"一"字,很不高兴。一旁的裴楷说:"臣闻天得一以清,地得一以宁,王侯得一以为天下贞。"武帝龙颜大悦。裴楷的长处是能知人、善品人。他品评夏侯玄"肃肃如入宗庙中,但见礼乐器",钟会"如观武库森森,但见矛戟在前",傅嘏"汪翔靡所不见",山涛"若登山临下,幽然深远",不过是贵族之间互相标榜而已。

一台二妙　敦煌五龙

《晋书》卷三十六《卫瓘传》:

瓘学问深博,明习文艺,与尚书郎敦煌索靖俱善草书,时人号为"一台二妙"。

《晋书》卷六十《索靖传》:

靖少有逸群之量,与乡人氾衷、张甝、索紾、索永俱诣太学,驰名海内，号称“敦煌五龙”。

卫瓘(220—291)，字伯玉，河东安邑(今山西夏县)人。晋武帝咸宁初(275)，为尚书令。索靖(239—303)，字幼安，敦煌龙勒(今甘肃敦煌)人。卫瓘为尚书令时，索靖为尚书郎。《晋书》卷六十《索靖》本传：“太子仆同郡张勃特表，以靖才艺绝人，宜在台阁，不宜远出边塞。武帝纳之，擢为尚书郎。”又：“靖与尚书令卫瓘俱以善草书知名，帝爱之。”尚书省又称尚书台。两人都长于书法，人称“一台二妙”。索靖作《草书状》，其中说：“盖草书之为状也，宛若银钩，漂若惊鸾。舒翼未发，若举复安；虫蛇虬蟉，或往或还。”陶宗仪著《书史会要》卷三《索靖》：

字幼安，敦煌人，汉张芝之姊孙也。官至司空，谥曰庄靖。经史之暇，喜作字，遂以章草名重一时。故论者以谓“飘风忽举，鸷鸟乍飞”状其遒劲；或以谓“如雪岭孤松，冰河危石”以状其峻险。或以谓：精熟至极，索靖不及张芝；妙有余姿，张芝不及索靖。或以八分亚韦钟，隶法过卫瓘。其得誉有至于此，宜乎书名与羲献相先后也。

《书史会要》卷三《卫瓘》：

字伯玉，魏尚书仆射觊之子。官至司空太保，谥曰成。性贞静，有名理。以隶草名当世。尝谓：“我得伯英之筋，恒得其骨。”曰“藁草”，曰“柳叶篆”，皆瓘所作。“藁草”者，采张芝及父觊法参之，盖草书之带行者。

由此可见二人草书造诣之高超。文中说“恒得其骨”指卫恒，卫瓘之子。“五龙”中其余四人不见史传。唯索靖有子名索綝，传附索靖，可知索紾为靖子侄辈。索永当为靖族人。五人当以学人而闻名乡里。

八达

《晋书》卷三十七《宗室》：

> 安平献王孚字叔达，宣帝次弟也。初，孚长兄朗字伯达，宣帝字仲达，孚弟馗字季达，恂字显达，进字雅达，敏字幼达，俱知名，故时号为“八达”焉。

弟兄八人因为字“达”而有此时号。司马孚（180—272），字叔达，司马懿次弟。以扶立魏文帝功，拜黄门侍郎，加骑都尉。迁司空。代王淩为太尉。晋建国，封安平献王。孚为人温厚廉让，博览经史。《晋书·彭城穆王权传》：“彭城穆王权字子舆，宣帝弟为鲁相东武城侯馗之子也。”知司马馗曾为魏、鲁王府相，封东武城侯。“八达”其他人物不可考。

贾郭

《晋书》卷四十《郭彰传》：

> 及贾后专朝，彰豫参权势，物情归附，宾客盈门。世人称为“贾郭”，谓谧及彰也。

贾充（217—282），字公闾，平阳襄陵（今山西襄汾）人。东汉大经学家贾逵之子。有刀笔之才，能观言察色，混迹官场游刃有余。其妻郭槐酷妒。有一次，贾充俯首亲了一下保姆怀中的儿子，郭槐便认为贾冲与保姆有私，杖杀保姆，儿子后来因没有该保姆死去。另一次，也是因为贾充用手抚摸了保姆怀中的儿子，保姆也被杖杀，第二个儿子不久也死了。贾充因此无子，只有三个女儿。第二个女儿贾南风即惠帝皇后，第三个女儿贾午，因为看见来贾家的韩寿美风姿而私通成婚。贾谧本是贾午的儿子，出为贾充为嗣孙。

郭彰（生卒年不详），字叔武，太原人。郭槐从舅。官做到尚书、卫将军，封侯。贾后专朝时，贾谧与郭彰干预朝政，物情归附，炙手可热。世人称为“贾郭”。

三杨

《晋书》卷四十《杨骏传》：

> 而骏及珧、济势倾天下，时人有“三杨”之号。

杨骏(？—291)，字文长，弘农华阴(今陕西华阴)人。晋武帝有两位杨皇后，即元杨皇后杨艳、悼杨皇后杨芷。杨骏乃杨芷父亲。武帝后期天下无事，专事享乐，委事于杨骏，杨骏与其弟杨珧、杨济权重一时，天下号称“三杨”。

武帝疾笃时，杨骏尽斥群公，亲侍左右，乘机改移朝臣以树立心腹。惠帝即位，进杨骏为太傅、大都督，总百官。杨骏为政刻碎，刚愎自用，不能得人心。稍后，惠帝贾后家族势力兴起，“三杨”败。杨珧(？—291)，字文琚。杨珧见杨家出了两位皇后，树大招风，不免有覆宗之祸，于是请求退隐。晚年却干预朝政，凌轹朝臣，素论尽失，终被惠帝贾皇后族党诛杀。杨济(生卒年不详)，字文通，与诸兄一起见害。

当年晋武帝了解到太子妃贾南风酷烈嫉妒，便想废掉贾南风。杨皇后说：“贾充有功于国家，他女儿有过，也不能以一眚掩大德啊。”并多次告诫贾南风注意自己的行为，但贾南风以为杨皇后在构陷自己，便怀恨在心，只是不敢发作而已。晋武帝死后，惠帝践祚，贾家得势，贾南风勾结殿中中郎孟观、李肇，宦官董猛，诛杨骏亲党，夷杨氏三族，死了几千人。杨皇后不久也被迫绝食而死。

杀公掾

《晋书》卷四十一《魏舒传》：

> 陈留周震累为诸府所辟，辟书既下，公辄丧亡，佥号震为“杀公掾”，莫有辟者。

魏舒(209—290)，字阳元，任城樊(今山东兖州)人，为人豁达、随和。《晋书》本传载：“不修常人之节，不为皎厉之事，每欲容才长物，终不显人之短。”年四十余举孝廉，对策升第。除渑池长，迁浚仪令，入为尚书郎。转相国参军，封剧阳子。每至朝廷大事，众人不知所措，舒为之筹划，多出众议之表而为决断。非尸位者所能比。太康初，拜右仆射。魏文帝曾目送之说：“魏舒堂堂，人之领袖也。”

当时有一个名为周震的陈留人，朝廷诸府多次发文书征用他。奇怪的是，每次文书一发下去，发文书的府公就莫名其妙地死去。人们都称周震为“杀公掾”。掾是古代官府的属官。后来再也没人敢征用周震了。魏舒为太尉的时候，任命周震为手下属官，却一直没事。这也能说明魏舒为人胸怀坦荡的一面。

金沟

《晋书》卷四十二《王浑传》附《王济传》：

时洛京地甚贵，济买地为马埒，编钱满之，时人谓为“金沟”。

《晋书》校勘记认为“金沟”为“金埒”之误，并援卷二十六《食货志》“布金埒之泉”、《世说新语》“汰侈”篇为证。马埒是古代跑马射箭的围场，四面围以矮墙。《南史》卷五《齐本纪下》：“素好狗马，即位未逾旬，便毁武帝所起招婉殿，以材赐阉人徐龙驹，于其处为马埒。”唐刘禹锡《题于家公主旧宅》诗：“马埒蓬蒿藏狡兔，凤楼烟雨啸愁鸱。”李端《赠郭驸马诗》：“新开金埒看调马，旧赐铜山许铸钱。”即用该典故。

马埒是不是也可以围以水沟，但此处既然说是“编钱满之”，当然是“埒”而不是“沟”。

王济（生卒年不详），字武子，太原晋阳（今山西太原）人。王济是王浑的儿子，王浑伐吴有功。王济恃家族势力及父功，富而骄。王济以铜钱挂满跑马场的矮墙，目的在于显示其富有。大臣和峤家有好李子，连武帝想吃都很难得。王济乘和峤当朝时，带了几个人去了和峤家吃完李子后，把李树砍倒，扬长而去。其凌铄别人也如此。

东晋为大地主联合政治，皇帝地位牢固与否，往往取决于著族豪门如王家、谢家等。正因为如此，豪门权臣常常不把皇帝放在眼里。历史上，南朝时期的皇权最轻。王济就不把皇帝当回事。有次，武帝来王济家做客，王济为了显示自己的豪华，用人乳蒸肫，很好吃。这却让武帝深感羞愧，想到自己居乾坤之尊，反不如臣子奢侈，于是饭还没吃完就悻悻离开王家。还有一次，王济与武帝下棋，王济把双腿在棋盘下面伸得很远，这是对武帝的大不敬。恰在此时，王济问在一旁观棋的孙皓：“你为什么喜欢活剥人脸皮呢？”孙皓乘机说：“我剥的都是不尊敬皇帝的人。”

山公启事

《晋书》卷四十三《山涛传》:

涛所奏甄拔人物,各为题目,时称"山公启事"。

山涛(205—283),字巨源,河内怀(今河南武陟)人。"竹林七贤"之一。

山涛精于选职,入晋为冀州刺史时,甄拔隐屈,搜访贤才,任用三十多人,都很出色。后为太子少傅,除尚书仆射,领吏部。以老疾辞职不获,再居选职十多年。每有官缺,山涛总是先拟好一批候选人名单,以便上级选择。上级有了选择后,再详细介绍各人特点,然后由武帝定夺。有人在武帝面前指责山涛推举人选不实,山涛仍我行我素,后来也就没人说三道四了。山涛对自己所选拔的人,每人都有详细的品评记录。时人称为"山公启事"。

人物品评,也就是人物题目,是魏晋时期的风气,也是九品用人制的必然结果。唐长孺先生说:"东汉以征辟察举之制选拔统治者所需要的人才,而乡闾清议乃是征辟察举的根据;于是人物批评为当时政治上极为重要的事情。"[①]《三国志》卷十三《魏书·钟繇传》引《魏略》:"若权复黠,当折以汝南许劭月旦之评。""山公启事"与许劭的"月旦之评"都是关于人物品评的文字记载。山涛不仅有知人之鉴,也是一位善谈的人,称为"山公"。《世说新语·识鉴》记载当时人说:"山少傅乃天下名言。"《世说新语·容止》记载山涛评论嵇康:"嵇叔夜之为人也,岩岩若孤松之独立;其醉也,巍峨若玉山之将崩。"唐李商隐《赠宇文中丞》诗:"人间只有嵇延祖,最望山公启事来。"

膏肓之疾

《晋书》卷四十三《王戎传》:

积实聚钱,不知纪极,每自持牙筹,昼夜算计,恒若不足。而又俭啬,不自奉养,天下人谓之"膏肓之疾"。

---

① 唐长孺《魏晋南北朝史论丛》,三联书店,1962年版,第292页。

王戎（234—305），字濬冲，琅玡临沂（今山东临沂）人。戎为人短小精悍、机灵，处宦海而游刃有余，几乎历西晋终朝而不倒。为官与时舒卷却无所作为，身处高位而降贵纡尊，家赀不知其极而不自奉养且悭吝刻毒，每天晚上都拿着算筹反复地计算着自己的财产。王戎的女儿是裴頠的妻子，他贷钱给她；没及时还，女儿回娘家时王戎一脸不高兴，女儿把钱还了才满脸笑容。侄子结婚，王戎送了一件单衣，婚后立马就要回来了。王戎家的李子好吃，拿出去卖却担心别人有了种子，就在卖之前把每颗李子的核都钻了一个孔。

当时人把王戎如此贪婪忌刻的行为称为“膏肓之疾”。大概有两层意思，一是说王戎的贪财无可救药，另一层意思是说王戎的贪婪不是钱多钱少的事，而是心理问题，相当于今天说的“心穷”。《晋书·乐广传》载：

卫玠总角时，尝问广梦，广云是想。玠曰：“神行所不接而梦，岂是想邪？”广曰：“因也。”玠思之经月不得，遂以成疾。广闻故，命驾为剖析之，玠病即愈。广叹曰：“此贤胸中必无膏肓之疾！”

乐广所谓的“膏肓之疾”也就是婴心于名利的世俗通病。或者“膏肓之疾”是当时习语，以指称名利之徒；或者是先有了王戎的“膏肓之疾”称号，乐广只是用来说明卫玠不染红尘的品格。

口中雌黄　一世龙门

《晋书》卷四十三《王衍传》：

妙善玄言，唯谈老庄为事。每捉玉柄麈尾，与手同色。义理有所不安，随即改更，世号“口中雌黄”。朝野翕然，谓之“一世龙门”矣。

王衍（256—311），字夷甫，琅玡临沂（今山东临沂）人，王戎从弟。魏晋士族以清谈相尚，谈《易》《老》《庄》，是为“三玄”。王衍以清谈为能事，所谈内容无所谓是，也无所谓非，随时而改易，人们称他嘴里所说的东西为“口中雌黄”。雌黄是古人涂改文字的矿物质，故云。

魏晋是一个以貌取人的时代。潘岳美姿仪,“少时常挟弹出洛阳道,妇人遇之者,皆连手萦绕,投之以果,遂满车而归”①。卫玠风神秀异,“京师人士闻其姿容,观者如堵。玠老疾遂甚,永嘉六年卒,时年二十七,时人谓玠被看杀”②。《晋书》本传说王衍“每捉玉柄麈尾,与手同色”,当然就是“玉人”了。王衍善谈而美姿貌,自视很高,再加上位高权重,所以当时跟着他学的人就很多,一时成为风气。“(乐)广与王衍俱宅心事外,名重于时。故天下言风流者,谓王、乐为称首焉”③。到王家登门者不计其数,王家也就成了“一世龙门”。《世说新语·德行》:“李元礼风格秀整,高自标持,欲以天下名教是非为己任。后进之士有升其堂者,皆以为登龙门。”

王衍当时为清谈领袖,善谈三玄。他有“四友”,也是以善谈老、庄著名一时。清谈不仅误国也误了王衍自己。当石勒攻陷洛阳,捉了王衍时,王衍说自己平时不参与朝政,以此推卸责任,并讨好石勒劝他称帝。这让石勒很是看不起他,觉得他人品有问题,说:“你身处三公之尊,却说自己不参与朝政!其实,坏了天下的正是你们这些清谈的人!”说完,命令手下人推倒一堵墙把王衍给活埋了。王衍自己临死前也似有所省悟,说:“唉!要是平时不务虚弄假,夸夸其谈。大家一起努力,一心为国,也不至于有今日如此下场!”

四友

《晋书》卷四十三《王澄传》:

> 时王敦、谢鲲、庾敳、阮脩皆为衍所亲善,号为“四友”,而亦与澄狎,又有光逸、胡毋辅之等亦豫焉。酣嬿纵诞,穷欢极娱。

《晋书》卷四十九《胡毋辅之传》:

> 性嗜酒,任纵不拘小节。与王澄、王敦、庾敳俱为太尉王衍所昵,号

① [唐]房玄龄:《晋书》,中华书局,1974年版,第1507页。
② [唐]房玄龄:《晋书》,中华书局,1974年版,第1068页。
③ [唐]房玄龄:《晋书》,中华书局,1974年第1版,第1244页。

曰“四友”。

“友”本为晋代王府职员，此处所谓“四友”乃借称。“四友”或为王敦、谢鲲、庾敳、阮脩，或为胡毋辅之、王澄、王敦、庾敳。盖王衍为“一世龙门”，其周围亲近之人必不在少数，“四友”大概是其最为赏识者。

王澄(269—312)，字平子，王衍之弟，很得王衍赏识。他品评天下人物说：“阿平第一，子嵩第二，处仲第三。”阿平即王澄，子嵩为庾敳，处仲即王敦。

王衍名重于世，王澄也由此显名。后因反对王敦叛乱，为王敦力士路戎扼杀。

胡毋辅之(生卒年不详)，字彦国，泰山奉高(今山东泰安)人。有知人之鉴，性嗜酒，不拘小节。这些品行都是当时成为名士的重要条件。王澄称赞胡毋辅之“吐佳言如锯木屑，霏霏不绝，诚为后进领袖也”，可见是一位善谈之人。另外还有件事，也很可以看出胡毋辅之的为人气度。有一次，胡毋辅之在喝酒，马夫王子博盘腿坐在他身边，胡毋辅之让王子博去取火，王子博说：“我虽是一马夫，是我的事我一定做，不是我的事你让我做我也不会做!”胡毋辅之不仅没生气，反而说：“我不如他啊!”就把王子博推荐给了河南尹乐广。

王敦(266—324)，字处仲，司徒王导从父兄。尚武帝女，拜驸马都尉，除太子舍人。迁给事黄门侍郎。王敦以讨杜弢功，进镇东大将军、开府仪同三司，加都督江扬荆湘交广六州诸军事、江州刺史，封汉安侯。典午南渡，王敦迁征南大将军，拜侍中、大将军、江州牧。王敦没有发迹时，“雅尚清言，口不言财色”[①]，这大概也是王衍被推为“天下第三”的原因。至此，王敦位极人臣，拥兵自重，不免有骄横之心。《晋书》卷九十三王敦本传：

每酒后辄咏魏武帝乐府歌曰：“老骥伏枥，志在千里。烈士暮年，壮心不已。”以如意打唾壶为节，壶边尽缺。

这只是问题的一个方面。另一个方面是，南朝江陵、江州刺史、牧守是一个非常危险的职位。因为江陵、江州地处长江上游，地理位置极为重要，

---

① [唐]房玄龄：《晋书》，中华书局，1974年第1版，第2557页。

往往容易引起朝廷怀疑。整个南朝，这两个地方的刺史几乎最终都被迫举兵叛乱，王敦也没能例外。永昌元年(322)，敦举兵内向，事未及成而亡。

谢鲲(281—324)，字幼舆，陈郡阳夏(今河南太康)人，谢安伯父。《晋书》卷四十九谢鲲本传："鲲少知名，通简有高识，不修威仪，好《老》《易》，能歌善鼓琴，王衍、嵇绍并奇之。"谢鲲是典型的魏晋名士，这大概也是王衍赏识他的原因。谢鲲为王敦长史。王敦起兵，谢鲲不能为其所用，使之郡。他为官清肃，百姓爱之。卒于官。

庾敳(262—311)，字子嵩，颍川鄢陵(今河南鄢陵)人。为人从容酣畅，不以世事婴怀。读《老》《庄》，说："与我所想的暗合。"得王衍推重。后来庾敳喜聚敛，王衍不与之交。庾敳对王衍却一如既往，说："卿自君我，我自卿卿。我自用我家法，卿自用卿家法。"王衍以为奇。

阮脩(270—311)，字宣子，阮籍从孙。为人简淡，不屑于人事。常常独自拄杖而行，以百钱挂杖头，至酒店，便酣畅独饮。《晋书》卷四十九本传：

> 王衍当时谈宗，自以论《易》略尽，然有所未了，研之终莫悟，每云"不知比没当见能通之者不"。衍族子敦谓衍曰："阮宣子可与言。"衍曰："吾亦闻之，但未知其亹亹之处定何如耳！"及与脩谈，言寡而旨畅，衍乃叹服焉。

可知，阮脩也是因为深邃于老、庄而为王衍"四友"之一。

六龙

《晋书》卷四十四《温羡传》：

> 祖恢，魏扬州刺史。父恭，济南太守。兄弟六人并知名于世，号曰"六龙"。

温羡(生卒年不详)，字长卿，太原祁(今山西太原)人。齐王司马攸辟为掾属，迁尚书郎。惠帝即位，拜豫州刺史，后转吏部尚书。张华被诛，人皆以为冤。司马冏辅政，欲复张华官爵，论者或以为非，温羡反驳之，张华竟得追复爵位。温羡后以军功封大陵县公。

温恢(生卒年不详),字曼基。《三国志》卷十五《魏书》本传说:“文帝践祚,以恢为侍中,出为魏郡太守。数年,迁梁州刺史,持节领护羌校尉。道病卒,时年四十五。”又说,温恢死后,“赐恢子生爵关内侯。生早卒,爵绝”,不说恢有六子事。“六龙”今已不可详考。

三语掾

《晋书》卷四十九《阮瞻传》:

见司徒王戎,戎问曰:“圣人贵名教,老庄明自然,其旨同异?”瞻曰:“将无同。”戎咨嗟良久,即命辟之。时人谓之“三语掾”。

阮瞻(生卒年不详),字千里,陈留尉氏(今河南尉氏)人,阮咸之子,阮籍侄孙。阮瞻为人清虚寡欲,读书志在心得,善于辨析义理。他说话简括,词近旨远。阮瞻去见司徒王戎,王戎问他儒家与道家的区别,回答说:“将无同。”王戎对阮瞻的回答很高兴,就让他做了自己的属掾。后人因阮瞻回答王戎的提问只用了三个字,并且因此做了属掾,就称他为“三语掾”。对于“将无同”的语义,自来聚讼纷纭,莫衷一是。今人方北辰《“三语掾”语事考》一文可以参考①。《南史》卷三十三《徐广传》:

谢晦见之,谓曰:“徐公将无小过。”广收泪答曰:“身与君不同,君佐命兴王,逢千载嘉运。身世荷晋德,眷恋故主。”因更唏嘘。

联系上下文,此处“将无”是“丝毫没有”的意思。由此例彼,“将无同”应该是“没什么不同”之意。魏晋人谈玄,主张同行藏语默,一物我生死。“将无同”正体现魏晋人此种宇宙意识。其实,对于“将无同”语义的理解并不是最重要的,重要的是阮瞻凭借“三语”得掾这件事本身。魏晋人清谈,讲求言简意赅,唯其如此,便是托意玄远。《晋书》卷四十九《阮脩传》记王衍叹服阮脩,因为脩谈论《周易》“言寡而旨畅”。《晋书》卷九十三《王濛传》记孙绰评“能言理,辞简而有会”。阮脩与王濛不仅善谈,而且能用最少的语言清

① 文见《文史》第二十九辑,中华书局,1988年版。

楚地表达丰富的哲理。

竹林七贤

《晋书》卷四十九《嵇康传》：

> 所与神交者惟陈留阮籍、河内山涛，豫其流者河内向秀、沛国刘伶、籍兄子咸、琅邪王戎，遂为竹林之游，世所谓"竹林七贤"也。

《世说新语·任诞》也有同样的记载："预此契者，沛国刘伶、陈留阮咸、河内向秀、琅琊王戎。七人常集于竹林之下，肆意酣畅，故世谓'竹林七贤'。"

嵇康(224—263)，字叔夜，谯国铚(今安徽濉溪)人。阮籍(210—263)，字嗣宗，陈留尉氏(今河南尉氏)人。山涛，已见"山公启事"条。向秀(生卒年不详)，字子期，河内怀(今河南武陟)人。刘伶(生卒年不详)，字伯伦，沛(今安徽濉溪)人。阮咸(生卒年不详)，字仲容，陈留尉氏(今河南尉氏)人。王戎，已见"膏肓之疾"条。

"七贤"中，嵇康、阮籍、山涛、向秀、刘伶、阮咸可以说都是方外之人，既能漠然于名利也能漠视礼仪。他们更多地从哲学角度关心世界的本源问题以及自我的生存状态，倾心于隐逸逃世。"竹林之游"也就是"山林之游"，"竹林饮酒"则是对形而下世界的逃避。唯王戎"性好兴利，广收八方园田水碓，周遍天下。积实聚钱，不知纪极，每自持牙筹，昼夜算计，恒若不足。而又俭啬，不自奉养，天下人谓之'膏肓之疾'"①。王戎只是与阮籍私下交情不浅，才得以参与"竹林之游"的。阮籍为王戎父执，与王戎父王浑为友。其实，阮籍很是看不起王戎的。《晋书》卷四十三王戎本传：

> 戎每与籍为竹林之游，戎尝后至。籍曰："俗物已复来败人意。"戎笑曰："卿辈意亦复易败耳！"

阮籍称王戎为"俗物"，是说他不能摆脱物质名利的纠缠，而王戎说阮籍

---

① [唐]房玄龄：《晋书》，中华书局，1974年版，第1234页。

情意"易败",是说阮籍等人的行为是做作欺世、沽名钓誉而已。

兖州八伯　四伯

《晋书》卷四十九《羊曼传》:

曼任达颓纵,好饮酒。温峤、庾亮、阮放、桓彝同志友善,并为中兴名士。时州里称陈留阮放为宏伯,高平郗鉴为方伯,泰山胡毋辅之为达伯,济阴卞壶为裁伯,陈留蔡谟为朗伯,阮孚为诞伯,高平刘绥为委伯,而曼为𩞄伯,凡八人,号"兖州八伯",盖拟古之"八俊"也。

又,《晋书·羊聃传》:

先是,兖州有"八伯"之号,其后更有"四伯":大鸿胪陈留江泉以能食为"谷伯",豫章太守史畴以大肥为"笨伯",散骑郎高平张嶷以狡妄为"猾伯",而(羊)聃以狼戾为"琐伯",盖拟古之"四凶"。

羊曼(274—328),字祖延,泰山南城(今山东新泰)人,羊祜从孙。阮放(280—323),字思度,阮籍从孙,陈留尉氏(今河南尉氏)人。郗鉴(269—339),字道徽,高平金乡(今山东省金乡)人。胡毋辅之(生卒年不详),字彦国,泰山奉高(今山东泰安)人。卞壶(281—328),字望之,济阴冤句(今山东菏泽)人。蔡谟(281—356),字道明,陈留考城(今河南民权)人。阮孚(278—326),字遥集,阮籍从孙。《晋书·阮孚传》:"王导以孚疏放,非京尹才。"刘绥(生卒年不详),字万安,高平人。《晋书》卷十四《地理志》"兖州"下有"陈留国""济阴郡""高平国""泰山郡"等。

羊曼为"𩞄伯"。"𩞄","懈怠"的意思。《新唐书》卷一五〇《常衮传》:"惩元载败,窒卖官之路,然一切以公议格之,非文词者皆摈不用,故世称谓之'𩞄伯',以其𩞄𩞄无贤不肖之辨云。"所谓"𩞄𩞄无贤不肖之辨"也就是不努力甄别人才的意思。《晋书》本传说羊曼在任丹杨尹时,"时朝士过江初拜官,相饰供馔。曼拜丹杨,客来早者得佳设,日宴则渐罄,不复及精,随客早晚而不问贵贱"。这至少能说明羊曼是个办事不主动的人。

卞壶为"裁伯"。"裁"即"裁定""识裁"的意思,是说卞壶有知人之鉴。

卞壸的父亲卞粹便以清辩鉴察著称当时。卞壸处朝廷,“以干实当官,以褒贬为己任,勤于吏事,欲轨正督世,不肯苟同时好”①。“褒贬”就是裁鉴的意思。卞壸裁鉴人物,是以实际能力为标准,而不是以是不是当代名士为标准。当他听说王澄、谢鲲等人很受时人推崇时,严厉地说:“悖礼伤教,罪莫斯甚!中朝倾覆,实由于此。”所谓“中朝倾覆,实由于此”,指的是王衍等人清谈误国,以致西晋败亡。

刘绥为“委伯”。《晋书》本卷“校勘记”引《斠注》:“《御览》四〇七引《晋中兴书》‘委伯’作‘秀伯’。《册府》八八二亦作‘秀伯’。”作“秀伯”是。《世说新语·赏誉》:“刘万安,即道真从子,庾公所谓‘灼然玉举’。又云:‘千人亦见,百人亦见。’”刘注引《刘氏谱》:“绥字万安,高平人。祖奥,太祝令。父斌,著作郎。绥历骠骑长史。”徐笺:“玉举,犹玉立也。”此即“秀伯”之意。

“阮放为宏伯”,“郗鉴为方伯”,“胡毋辅之为达伯”,“蔡谟为朗伯”,“阮孚为诞伯”。“方”与“放”通,“方伯”即“放伯”之意。此处,“宏”“放”“达”“诞”皆“任达”或“任诞”之意,即能超然物外,不为名利与礼教所束缚,是魏晋上层社会主流风尚。《世说新语》有《任诞》篇。《晋书》卷四十九《谢鲲传》:

> 邻家高氏女有美色,鲲尝挑之,女投梭,折其两齿。时人为之语曰:“任达不已,幼舆折齿。”鲲闻之,傲然长啸曰:“犹不废我啸歌。”

谢鲲的任达可以视作魏晋名士任达的代表。阮放等人的放达也不外乎诸如此类。

羊聃(生卒年不详),字彭祖,羊曼弟。羊聃恃为皇亲国戚,无恶不作。《晋书》本传:“刚克粗暴,恃国戚,纵恣尤甚,睚眦之嫌辄加刑杀。疑郡人简良等为贼,杀二百余人,诛及婴孩,所髡琐复百余。”“琐伯”之“琐”即文中“髡琐”之“琐”,通“锁”,“枷锁”的意思。“琐伯”,滥用严威之人。

江泉、史畴、张嶷三人不见史传。“笨”,“粗大”意。《宋书·颜延之传》:“常乘羸牛笨车,逢峻卤簿,即屏往道侧。”“笨伯”,体格肥大之人,与后来“笨伯”意为黯于某一事理者不同。

① [唐]房玄龄:《晋书》,中华书局,1974年版,第1871页。

八达

《晋书》卷四十九《光逸传》：

寻以世难，避乱渡江，复依辅之。初至，属辅之与谢鲲、阮放、毕卓、羊曼、桓彝、阮孚散发裸裎，闭室酣饮已累日。逸将排户入，守者不听，逸便于户外脱衣露头于狗窦中窥之而大叫。辅之惊曰："他人决不能尔，必我孟祖也。"遽呼入，遂与饮，不舍昼夜。时人谓之"八达"。

光逸（生卒年不详），字孟祖，乐安（今山东章丘）人。光逸与胡毋辅之友善，辅之推荐太傅司马越。此后俩人始终联袂而行。毕卓（生卒年不详），字茂世，新蔡鲖阳（今安徽临泉）人。《晋书》卷四十九本传记载他常对人说："得酒满数百斛船，四时甘味置两头，右手持酒杯，左手持蟹螯，拍浮酒船中，便足了一生矣。"桓彝（276—328），字茂伦，谯国龙亢（今安徽怀远）人。《晋书》卷七十四本传不载他任达之事，有人伦之鉴。为周顗赏识，叹曰："茂伦嵚崎历落，固可笑人也。"

典午南渡之前，"八达"中人或依靠王衍，《晋书》卷四十三《王澄传》："时王敦、谢鲲、庾敳、阮脩皆为衍所亲善，号为四友，而亦与澄狎，又有光逸、胡毋辅之等亦豫焉。酣嬿纵诞，穷欢极娱。"或投靠司马颖，《晋书》卷四十九《胡毋辅之传》："成都王颖为太常，召为中庶子，遂与谢鲲、王澄、阮脩、王尼、毕卓俱为放达。"南渡后则投靠王敦，《晋书》卷四十九《谢鲲传》："敦有不臣之迹，显于朝野。鲲知不可以道匡弼，乃悠游寄遇，不屑政事，从容讽议，卒岁而已。每与毕卓、王尼、阮放、羊曼、桓彝、阮孚等纵酒，敦以其高名，雅相宾礼。"

"达"，任达、放纵之意。

书淫

《晋书》卷五十一《皇甫谧传》：

耽习典籍，忘寝与食，时人谓之"书淫"。

皇甫谧(215—282),字士安,安定(今甘肃平凉)人。《晋书》本传说他“遂博综典籍百家之言。沉静寡欲,始有高尚之志,以著述为务,自号玄晏先生”。皇甫谧是个很爱读书的人,在田野劳动时,身边也带着书。哪怕得了中风病,也还读书不止。他虽然贫穷却拒绝做官,以著述自娱。死后以一部《孝经》随葬。《说文》“淫”的释义:“浸淫之意也。”即沉溺的意思。《国语·楚语》:“耳不乐逸声,目不淫于色。”“书淫”,即酷爱读书的人。

逯钦立《先秦汉魏晋南北朝诗·晋诗卷一》“皇甫谧”小传:“所著有帝王世纪十卷、年历六卷、高士传六卷、逸士传一卷、列女传六卷、玄晏春秋三卷、集二卷。”

二陆

《晋书》卷五十四《陆云传》:

> 云字士龙,六岁能属文,性清正,有才理。少与兄机齐名,虽文章不及机,而持论过之,号曰“二陆”。

陆机(261—303),字士衡,吴郡吴(今江苏苏州)人。弟陆云(262—303),字士龙。二人吴亡后来洛阳。张华说:“伐吴之役,利获二俊。”①“二俊”即“二陆”。“二陆”以文名擅天下。葛洪称:“机文犹玄圃之积玉,无非夜光焉,五河之吐流,泉源如一焉。其弘丽妍赡,英锐漂逸,亦一代之绝乎!”②

二人以亡国之臣、南人而来中国,不免横遭歧视。有一次,卢志在公开场合问陆机:“陆逊、陆抗跟你们是什么关系?”陆机说:“就如同卢毓、卢珽跟你的关系。”卢志的意思是吴国地处海隅边鄙,有所不知,所以在二陆面前直斥其祖、父名讳,实是借机不仅侮辱二陆祖上,也是在侮辱二陆本人。事后,陆云说:“都是因为吴国遐远,他们才有所不知。”陆机说:“我们祖、父名声远扬,他怎么会不知道!”人们也由此知道陆云不如陆机。还有件事是,司马颖

① [唐]房玄龄:《晋书》,中华书局,1974 年版,第 1472 页。
② [唐]房玄龄:《晋书》,中华书局,1974 年版,第 1481 页。

部下孟超纵兵抢掠，士兵被陆机抓了起来。孟超带兵前来要人，说："貉奴能作督不！"称陆机为"貉奴"，显然是把二陆及所有入中土吴人另眼看待了。"二陆"后为孟玖、牵秀所谮，被杀。

《晋书》记载陆机"所著文章凡三百余篇，并行于世"；陆云"所著文章三百四十九篇，又撰《新书》十篇，并行于世"。逯钦立《先秦汉魏晋南北朝诗·晋诗卷五》"陆机"小传："有晋纪四卷、洛阳记一卷、集四十七卷。"《晋诗卷六》"陆云"小传："有陆子新书十卷、集十二卷。"

连璧

《晋书》卷五十五《夏侯湛传》：

> 湛幼有盛才，文章宏富，善构新词，而美容观，与潘岳友善，每行止同舆接茵，京都谓之"连璧"。

夏侯湛（243 — 291），字孝若，沛国谯（今安徽亳州）人。潘岳（247—300），字安仁，荥阳中牟（今河南中牟）人。《晋书》岳本传："少时常挟弹出洛阳道，妇人遇之者，皆连手萦绕，投之以果，遂满车而归。时张载甚丑，每行，小儿以瓦石掷之，委顿而反。"《世说新语·容止》："潘安仁、夏侯湛并有美容，喜同行，时人谓之'连璧'。"潘岳美容，人所共知。魏晋人喜以玉比人，取冰清玉洁之意。《说文》："璧，瑞玉圜也。"

二人还以文学相尚，著文名于当时。《晋书》夏侯湛本传载："初，湛作《周诗》成，以示潘岳。岳曰：'此文非徒温雅，乃别见孝弟之性。'岳因此遂作《家风诗》。"

《世说新语·文学》也有相同的记载。《晋书》潘岳本传载："辞藻绝丽，尤善为哀诔之文。"逯钦立《先秦汉魏晋南北朝诗·晋诗卷二》"夏侯湛"小传："有《新论》十卷、集十卷。"录夏侯湛诗十首；《晋诗卷四》"潘岳"小传："有集十卷。"录潘岳诗十七题，五十首。

三张

《晋书》卷五十五《张亢传》：

亢字季阳。才藻不逮二昆，亦有属缀，又解音乐伎术。时人谓载协亢、陆机云曰“二陆”“三张”。

张载（生卒年不详），字孟阳，安平武邑（今河北武邑）人；张协（生卒年不详），字季阳；张亢（生卒年不详），字景阳。兄弟三人时称“三张”。“三张”以文名当时。《晋书》录张载《剑阁铭》一篇、《榷论》一篇；录张协《七命》一篇。“三张”今存诗俱见逯钦立《先秦汉魏晋南北朝诗》。

钟嵘《诗品序》：“太康中，三张，二陆，两潘，一左，勃尔复兴，踵武前王，风流未沫，亦文章之中兴也。”钟嵘列张协诗为上品，称“词彩葱蒨，音韵铿锵，使人味之，亹亹不倦”；张载诗列下品，称：“孟阳诗乃远惭厥弟，而近超两傅。”意思是张载的诗远不如张协，而稍胜傅玄、傅咸。

五公

《晋书》卷五十九《齐王冏传》：

封葛旟为牟平公，路秀小黄公，卫毅阴平公，刘真安乡公，韩泰封丘公，号曰“五公”。

司马冏（？—302），字景治，河内温（今河南温县）人。齐献王司马攸子。与赵王司马伦联手废贾后，以功转游击将军。司马伦专权，司马冏起兵讨伦。事平，天子拜司马冏大司马，加九赐之命，辅政。《晋书》司马冏本传载：“坐拜百官，符敕三台，选举不均，惟宠亲昵。”“五公”即此时所封。

曹魏后期实行公侯伯子男五等制，晋承魏制。“五公”视汉代“五侯”，地位很是尊宠。“五公”《晋书》无传。唯《晋书》卷六十八《顾荣传》载“熊谓冏长史葛旟曰”云云，知葛旟乃司马冏长史。

乞活

《晋书》卷五十九《东海王越传》：

初，东嬴公腾之镇邺也，携并州将田甄、甄弟兰、任祉、祁济、李恽、薄盛等部众万余人至邺，遣就谷冀州，号为“乞活”。

司马腾(？—307)，字元迈。东海孝献王司马越之弟。永嘉初(307)，迁车骑将军、都督邺城守诸军事，镇邺。封东嬴公，改封新蔡王。《晋书》卷三十七《司马腾传》不载“乞活”事。司马越(？—311)，字元超，高密王司马泰子。讨杨骏有功，别封东海王。

西晋永嘉之乱，中原沦陷，流民四逃。没有来得及逃跑的人便自成团体，攻防自固。其中，田甄、田兰、任祉、祁济、李恽、薄盛等带领的并州流民，为“流民之中团结最坚，活动地域最广，历时最久者”①，称为“乞活”。当时，司马腾镇邺，允许田甄等所率“乞活”来邺地也就是冀州就食。

之后，陈午、陈赤特等先后担任过“乞活”首领。“乞活”主要是并州人，所以《宋书》卷四十五《王镇恶传》称他们为“并州乞活”，他们长期保持并州人的生活、打仗作风。他们虽心属司马氏，但也委蛇北方诸胡之间，为东晋与五胡之间的缓冲。周一良撰《乞活考》，可以参阅。

“乞活”为当时口语。《宋书》卷八十七《殷琰传》：“顾琛、王昙生等皆军败迸走，披草乞活，尚蒙恩恕，晏处私门。”卷九十一《孝义·潘综传》：“贼至，骠亦请贼曰：‘儿年少，自能走，今为老子不走去。老子不惜死，乞活此儿。’”

屠伯

《晋书》卷六十一《苟晞传》：

晞乃多置参佐，转易守令，以严刻立功，日加斩戮，流血成川，人不堪命，号曰“屠伯”。

苟晞(？—311)，字道将，河内山阳(今河南修武)人。司马越为侍中，引苟晞为通事令史，累迁阳平太守；齐王司马冏辅政，苟晞为参军事；长沙王乂为骠骑将军，苟晞为从事中郎将。后投靠范阳王司马虓，司马虓以为兖州刺史。

---

① 周一良：《魏晋南北朝史论集》，中华书局，1963年版，第14页。

荀晞谙于吏事，断决如流。执法如山，不徇私情。荀晞为兖州刺史时，堂弟犯法而杀之，从母叩头请求不得。事后荀晞素服哭丧，说："杀你的人是兖州刺史，哭你的人是你哥哥荀晞。"但荀晞为政酷虐，好刑滥杀。尤其在领青州刺史时，见朝政日非，便以严刻为务，屠杀不已，人称"屠伯"。后来其弟荀纯接替为青州刺史，杀戮甚于乃兄。老百姓都说："小荀酷于大荀。"

时司马越专权，晋怀帝司马炽欲倚靠荀晞以倾倒司马越，会司马越薨。荀氏兄弟不久亦被石勒杀害。

仲父

《晋书》卷六十五《王导传》：

于是尤见委杖，情好日隆，朝野倾心，号为"仲父"。

王导（276—339），字茂弘，琅琊临沂（今山东临沂）人。辅佐司马睿建立东晋政权，居元臣之功。齐桓公依赖管仲建立霸业，尊之为"仲父"。司马氏视王导为管仲，故亦称之"仲父"。

在司马睿还是琅琊王时，王导与之交情很厚。后来，又为元帝取得江南大户信任以及登上皇位出谋划策。《晋书》王导本传：

时元帝为琅邪王，与导素相亲善。导知天下已乱，遂倾心推奉，潜有兴复之志。帝亦雅相器重，契同友执。帝之在洛阳也，导每劝令之国。会帝出镇下邳，请导为安东司马，军谋密策，知无不为。及徙镇建康，吴人不附，居月余，士庶莫有至者，导患之。会敦来朝，导谓之曰："琅邪王仁德虽厚，而名论犹轻。兄威风已振，宜有以匡济者。"会三月上巳，帝亲观禊，乘肩舆，具威仪，敦、导及诸名胜皆骑从。吴人纪瞻、顾荣，皆江南之望，窃觇之，见其如此，咸惊惧，乃相率拜于道左。导因进计曰："古之王者，莫不宾礼故老，存问风俗，虚己倾心，以招俊乂。况天下丧乱，九州分裂，大业草创，急于得人者乎！顾荣、贺循，此土之望，未若引之以结人心。二子既至，则无不来矣。"帝乃使导躬造循、荣，二人皆应命而至，由是吴会风靡，百姓归心焉。自此之后，渐相崇奉，君臣之礼始定。

王导对司马睿忠心不二，为其在江南延续司马氏统治出谋划策，元帝称王导为“仲父”既是拉拢他，也是对他的回报。东晋立国后，不仅王导在朝廷中宰冢的地位不可动摇，也为琅玡王家在整个东晋中的地位奠定了基础。王导身居相位，并无治国之术，尤其在做实事方面还不如杜预、卞壶。《世说新语・轻诋》记载王导看不起蔡谟的事，说：“我与安期、千里游洛水边，何处闻有蔡充儿？”安期是王承，千里是阮瞻，蔡充即蔡谟的父亲。此条注引《妒记》：“乃故诣王公，谓曰：‘朝廷欲加公九锡，公知不？’王谓信然，自叙谦志。蔡曰：‘不闻余物，唯闻有短辕犊车，长柄麈尾。’王大愧。”王导深感惭愧是因为蔡谟触到了他的痛处。

清王鸣盛《十七史商榷》卷五十“王导传多溢美”条论之甚详。又，周一良《魏晋南北朝史札记》：

> 所谓“江左夷吾”之王导，则止知新亭涕泪，偏安一隅，巩固王氏权势。如对王敦之叛，王导表面装出无辜可怜姿态，实则与敦一党。叶适谓“周札开门，王导加赠，盖怨刘隗刁协以及元帝也”。“当是时，导之怒与王敦等。敦攻下石头，隗协走死，遂劫制人主，导初不谓不然也。使敦不死，终肆其志，晋必不能抗。未知敦事成之后处导何地，而导亦将何以自处乎！”（《习学记言》三〇）叶氏之言，诚为对王导诛心之论。[①]

将王导与王敦放在一起讨论王导的政治能力与态度，未免隔靴搔痒。但文中所说之江南比王导为夷吾及王导“止知新亭涕泪，偏安一隅，巩固王氏权势”是不错的。

大令　小令

《晋书》卷六十五《王珉传》：

> 后历著作、散骑郎、国子博士、黄门侍郎、侍中，代王献之为长兼中书令。二人素齐名，世谓献之为“大令”，珉为“小令”。

---

① 周一良：《魏晋南北朝史札记》，中华书局，2007年版，第101—102页。

王珣（349—400），字元琳，小字发护，王洽子，王导孙。王珉（351—388），字季琰，小字僧弥，王珣弟。王珣曾梦见有人给他一支如椽大笔，醒后对人说："将有大手笔事情发生。"不久，晋穆帝驾崩，所有哀册谥议果然由王珣起草。这就是"大手笔"一语的来历。唐代苏颋、张说以文章显，被称为"燕许大手笔"。《世说新语·文学》记录了王珣不少才思敏捷的故事：第90条说他作《经黄公酒垆下赋》，"甚有才情"；第92条说他建议袁宏在其《北征赋》中续一韵而得桓温大加赞赏；第95条记载桓温让人把王珣写好的奏章拿走，王珣只得重写，竟然没有一个字相同。这些都说明王珣文学才情不同凡响。

王家乃书法世家，自王导至王珉三世以书著名。元陶宗仪《书史会要》[①]载王导"行草尤工"，风格是"疏柯迥擢，密叶危阴"；王洽"书兼众体，于行草尤工。挥毫落纸有郢匠运斤成风之妙"；王珣"能草圣。然当时以弟珉书名尤著，故有'僧弥难为兄'之语"；王珉"工隶及行草，世所宝者特是草圣"，王羲之称赞他的书法"如骑驴骎骎欲度骅骝前，故当时遂与羲之齐名"。

王献之与王珣、王珉为从兄弟。王珉与王羲之当时有"大令""小令"之称，两人先后为中书令，书法造诣深厚，齐名于当时。王珣著文名，王珉以书名。兄弟二人彼此映发，时语曰："发护非不佳，僧弥难为兄。"

三俊　五俊

《晋书》卷六十八《顾荣传》：

> 吴平，与陆机兄弟同入洛，时人号为"三俊"。

又，《晋书·薛兼传》：

> 兼清素有器宇，少与同郡纪瞻、广陵闵鸿、吴郡顾荣、会稽贺循齐名，号为"五俊"。

---

① ［元］陶宗仪：《书史会要》，上海书店，1984年版。

顾氏、陆氏均为东吴著姓。晋平吴后，陆机、陆云与顾荣同入洛阳，被目为南土人才。顾荣(？—312年)，字彦先，吴郡吴(今江苏苏州)人。齐王司马冏召为主簿，司马冏败，顾荣以讨葛旟功封嘉兴伯，转太子中庶子。长沙王乂为骠骑将军，顾荣为长史。东海王司马越聚兵徐州，顾荣为军谘祭酒。元帝镇江东，顾荣为军司，加散骑常侍，凡所谋划，皆以谘焉。顾荣负南土之望，躬处要职，深得朝野推崇。

顾荣与张翰是好朋友。张翰很任性，是一个以自我为中心的人，而顾荣却处处能替别人着想。有一次，顾荣看见有位为他们分送烤肉的人有想吃烤肉的意思，就割了块肉给他。有人对他这么做感到很不解，因为魏晋时期主奴等级森严，不可逾越。顾荣说："哪有为别人分送烤肉而自己却不知其味的道理？"后来，司马伦失败，顾荣受牵连将被杀，正是这人救了他一命。

永嘉之乱时期，北方人逃难到南方，南方人很受到北方来的人压制。顾荣极力向司马睿推荐陆士光、甘卓、杨彦明等南方才俊，让他们有施展才能的机会。《世说新语·赏誉》借秀才之口称誉顾荣为"八音之琴瑟，五色之龙章"，意思是南土人才中的翘楚。顾荣与陆机、陆云并称南方"三俊"。

薛兼(？—322)，字令长，丹杨(今江苏南京)人。明帝东宫时师傅；明帝即位，加散骑常侍。《晋书》薛兼本传："甚勤王事，以上佐禄优，每自约损，取周而已。"还说他祖父薛综、父亲薛莹及他本人"三世傅东宫，谈者美之"。张华见到薛兼说："皆南金也。"纪瞻(253—324)，字思远，丹杨秣陵(今江苏南京)人。《晋书》纪瞻本传："瞻性静默，少交游，好读书，或手自抄写，凡所著述，诗赋笺表数十篇。兼解音乐，殆尽其妙。厚自奉养，立宅于乌衣巷，馆宇崇丽，园池竹木，有足赏玩焉。慎行爱士，老而弥笃。"闵鸿，《晋书》《三国志》均无传。《晋书》卷五十四《陆云传》"幼时吴尚书广陵闵鸿见而奇之"，知鸿为广陵人。

贺循(260—319)，字彦先，会稽山阴(今浙江绍兴)人。贺循的父亲贺邵被孙皓杀头，这大概让贺循对官场心存恐惧，加之疾病缠身，终其一生屡屡拒绝做官。贺循有人伦之鉴，执当时舆论权柄。《世说新语·规箴》：

元皇帝时，廷尉张闿在小市居，私作都门，蚤闭晚开。群小患之，诣州府诉，不得理；遂至挝登闻鼓，犹不被判。闻贺司空出，至破冈，连名诣贺诉。贺曰："身被征作礼官，不关此事。"群小叩头曰："若府君复不见治，便无所诉。"贺未语，令且去，见张廷尉当为及之。张闻，即毁门，自至方山迎贺。贺出见辞之,曰:"此不必见关,但与君门情,相为惜之民。"张愧谢曰:"小人有如此,始不即知,蚤已毁坏。"

百姓对廷尉张闿私自违章建筑无可奈何,告到官府也没用,而贺循只是一句话,张闿就连忙把门给拆了,这可以看得出贺循话语的力量。

《晋书》顾、纪、何、薛同传,乃史家以类相从之意。本卷"史臣曰"中称赞"顾、纪、何、薛等并南金东箭",喻其德行高尚、勤于职事,有用如同金、箭,并非空谈耀名之徒。《诗经·泮水》:"元龟象齿,大赂南金。"清方玉润《诗经原始》:"南金:荆、扬之金也。"

三日仆射

《晋书》卷六十九《周顗传》:

初,顗以雅望获海内盛名,后颇以酒失,为仆射,略无醒日,时人号为"三日仆射"。

周顗(269—322),字伯仁,汝南安成(今河南汝南)人。司马毗为镇军将军,以周顗为长史。元帝践祚,周顗补为吏部尚书。太兴初,拜太子少傅,尚书如故。转尚书左仆射,领吏部如故。周家本为汝南望族,周顗的父亲周浚为晋安东将军,在平吴战争中建立大功。对于如此家庭,朝廷往往敬畏有加。周浚死后,周顗嗣爵。周顗性宽厚,友爱过人,深负海内雅望。但这也让周顗自我膨胀起来,常常凌轹他人,尤其是常常醉酒使气,颇失态度。庾亮说是"凤德之衰"。《晋书》本传:

帝宴群公于西堂,酒酣,从容曰:"今日名臣共集,何如尧舜时邪?"顗因醉厉声曰:"今虽同人主,何得复比圣世!"帝大怒而起,手诏付廷尉,将加戮,累日方释之。

元帝不过是想听几句好话而已,周顗却目空一切,连皇帝也敢得罪。又说他"以醉酒为有司所纠,白衣领职",这是说他因酒丢官;又"尚书纪瞻置酒请顗及王导等,顗荒醉失仪,复为有司所纠",这是说他酒后失态;又"偶有旧对从北来，顗遇之欣然，乃出酒二石共饮，各大醉。及顗醒，使视客，已腐胁而死”，这是说他喝酒出了人命。“对”，朋友的意思，当时口语。时人称他为“三日仆射”，是说他日日喝酒，似乎从来就没有清醒过。

《世说新语·识鉴》记周顗的弟弟周嵩说：“伯仁为人志大而才短，名重而识暗，好乘人之弊，此非自全之道。”周顗后来果然被王敦杀害。

君子营

《晋书》卷七十《刘超传》：

> 会帝崩，穆后临朝，迁射声校尉。时军校无兵，义兴人多义随超，因统其众以宿卫，号为“君子营”。

刘超（？—329），字世瑜，琅玡临沂（今山东临沂）人。为小吏，迁琅玡国掾。他由于为人忠谨清慎被元帝提拔为侍从，专掌文檄。元帝中兴，刘超为中书舍人，拜骑都尉、奉朝请。

两晋中央政权，自惠帝始一直就不稳定，甚至处于风雨飘摇之中。究其所以然，有五胡乱华的因素，也有皇室成员之间钩心斗角的原因，还有如王敦、桓温等军阀拥兵自重、进而觊觎皇权的原因。纷乱之时，皇室成员甚至连皇帝本人都没有安全保障。东晋明帝时，王敦称兵，直抵京城，蹂躏王室。后虽被平息，但人心惶惶。明帝死后，穆后临朝，正是多事之秋，刘超能带领手下人宿卫皇室，显示出他的忠诚。值得注意的是，刘超手下的人并不是正规士兵，只不过是感于刘超一贯的高尚道德才聚集在他身边。这些人随刘超入宿皇宫，且都能安分守己，当然可以称得上是“君子营”了。这里的“君子”既指刘超，也指“多义随超”的义兴人。《晋书》本传载刘超因为字迹与元帝的字迹很像，自己又在元帝左右，所以从不与别人有书信往来。刘超家里很穷，皇帝的赏赐却一概不受。《晋书》本传总结说：“超天性谦慎，历事三帝，恒在机密，并蒙亲遇，而不敢因宠骄谄，故士人皆安而敬之。”三帝指元帝、明帝、成帝。

试守孝子

《晋书》卷七十五《王绥传》:

> 少有美称,厚自矜迈,实鄙而无行。愉为殷、桓所捕,绥未测存亡,在都有忧色,居处饮食,每事贬降,时人每谓为“试守孝子”。

王绥(?—404),字彦猷,琅玡临沂(今山东临沂)人,王愉子,王坦之孙。桓玄为太尉时,王绥因为是桓玄外甥,为太尉府右长史。

王绥的父亲王愉在任江州刺史的时候,殷仲堪、桓玄举兵反,以应王恭。王愉被执。此时王绥在建康,不知父亲死活。为了表示自己对父亲命运的关注,王绥做出一些样子给别人看,如脸上挤出忧愁之色,不饮酒吃肉等等。似乎父亲已死,自己正在守制为孝子。别人嘲笑他是“试守孝子”。《晋书》本传说:“绥身死,名论殆尽,亦以薄行矜峭而尚人故也。”是说王绥只是一个依赖家族名望、薄行欺人之徒而已。

名誉对于魏晋时期上流社会人物来说非常重要,这与当时的察举制度有关。“孝行”是最容易博取名誉的方法之一。当“孝行”成为名誉准则,而不去付诸行动的时候,就有了假“孝子”。沈约《宋书》立“孝义”传,自此“孝子”充斥史书,但往往真假莫辨。时人讥讽王绥为“试守孝子”,一方面是觉得事情可笑,父亲生死不明便守孝。王愉确实也没死,只是后来谋反才被全家戮杀殆尽。另一方面是嘲笑王绥追逐虚名。

王白须

《晋书》卷七十六《王彪之传》:

> 年二十,须鬓皓白,时人谓之“王白须”。

王彪之(305—377),字武叔,琅玡临沂(今山东临沂)人。王彬子,王廙孙。王廙,王导从弟,元帝司马睿姨表弟。王彪之初除著作佐郎、东海王文学。累迁尚书左丞、司徒左长史、御史中丞、廷尉。

东晋上流社会是一个腐朽的阶层,纵情享受,争名斗胜,似乎终日酩酊不醒。与主流时尚相比,王彪之算是一个很清醒的朝廷官员了。另外,朝廷人物,俯仰其间的多,独当一面的少。与这些人相比,王彪之又可算得上是个有主见的人了。王彪之在任廷尉时,永嘉太守刘毅杀了治下的周矫,周矫的弟弟周球到州府诉冤。州刺史殷浩捉拿刘毅并送付廷尉,希望以大赦名义放了他。王彪之说,讼主周球没有爵位,不属于廷尉管。后来,晋穆帝发诏书让王彪之受理此事,王彪之还是不依不饶。当时人把王彪之比为汉代的张释之。有一年,天下流行病疫,按照法律规定,家里如有三人感染,哪怕自己没感染,也不得上朝。许多人就乘机不上朝,朝廷为之一空。王彪之说:“病疫流行,谁家不感染?如果都不来上朝,朝廷工作就停止了。”这个规定从此也就废除了。

王彪之以须发皓白被时人称为“王白须”,尊称也。与王彪之相似的是北朝的崔伯谦。《北史》卷三十二《崔伯谦传》:“事无巨细,必自亲览。在县有贫弱未理者,皆曰‘我自告白须公,不虑不决’。在郡七年,狱无停囚。”崔伯谦是北齐初年一位好官,《北史》本传:“又改鞭,用熟皮为之,不忍见血,示耻而已。”时人尊称崔伯谦为“白须公”。

中兴三明

《晋书》卷七十七《诸葛恢传》:

> 于是颍川荀闿字道明、陈留蔡谟字道明,与恢俱有名誉,号曰“中兴三明”,人为之语曰:“京都三名各有名,蔡氏儒雅荀葛清。”

诸葛恢(284—345),字道明,琅玡阳都(今山东沂南)人。诸葛靓之子,诸葛诞之孙。元帝为安东将军时,以诸葛恢为主簿,迁江宁令。再迁为会稽太守,临行时元帝想听听诸葛恢的治理方法,他说:“今天下丧乱,风俗凌迟,宜尊五美,屏四恶,进忠实,退浮华。”《晋书》本传说他“为政和平”“太兴初,以政绩第一”。可知是他一个办事很实在的人。

荀闿(?—324),字道明,颍川(今河南许昌)人。祖父荀勖为晋武帝是重臣。荀闿其时有令誉,京城人说:“洛中英英荀道明。”当年荀闿受知于齐王司马冏,后司马冏失败暴尸街头,无人敢收葬,荀闿与司马冏部下李述、嵇含一起向朝廷申请安葬了齐王。可见荀闿是个深明大义之人了。

蔡谟(281—356),字道明。陈留考城(今河南民权)人。与当时许多士族官僚喜博虚名、尸位素餐不一样,蔡谟是一位既能办实事又很谦虚的人。苏峻叛乱时,蔡谟代替逃跑的庾冰为吴国内史,到任后与张闿、顾荣、顾飏等人组织义军以保卫一方,并且还把庾冰迎接回来了。皇后每年祭拜陵墓,劳师动众。蔡谟建议:"自古以来,皇后只谒祖庙不拜陵墓。"由是遂止。后来,朝廷擢拔蔡谟为侍中、司徒,他坚决辞让并为此得罪皇太后而被废为庶人。被废后,蔡谟杜门教授门徒,寿终正寝,得年七十六。

"三明"处中原沦丧、东晋草创之时,虽都来自著姓望族,但没有王导等人以阀阅相尚、华而不实的习气,而是具有人之常情,且办事实在。

会稽三康

《晋书》卷七十八《孔愉传》:

> 愉年十三而孤,养祖母以孝闻,与同郡张茂字伟康、丁潭字世康齐名,时人号曰"会稽三康"。

孔愉(268—342),字敬康;丁潭(生卒年不详),字世康;张茂(?—320?),字伟康。三人都是会稽山阴(今浙江绍兴)人,故时人称为"会稽三康"。"三康"以德行高尚闻于当时。

平南将军温峤,因苏峻之乱,母亡不能葬,这在当时被视为大不孝。孔愉时为司徒长史,因此不给温峤提升官品。乱后,温峤平定苏峻之乱有功,孔愉去见温峤。温峤说:"天下丧乱,忠孝道废。能持古人之节,岁寒不凋者,唯君一人耳。"当时人都认为温峤有公心而孔愉能守正。孔愉为会稽内史,治理句章县(今属浙江宁波市)境内旧有毁废水塘,灌溉水田二百余亩。晚年他居山阴侯山下,草屋数间而已。

丁潭为官以清洁见称。苏峻作乱时,晋成帝避难石头,只有丁潭、钟雅与刘超等几个人不离左右,可谓忠臣。《晋书》张茂本传说:"少单贫,有志行,为乡里所敬信。"有一次,晋元帝司马睿要把官家十几头老牛卖给农民,张茂说:"老牛不能耕田,国家又禁止不准杀牛。把牛卖给农民,这是用没用的东西来换取他们的利益。"元帝只好作罢。

召伯埭

《晋书》卷七十九《谢安传》:

及至新城,筑埭于城北,后人追思之,名为“召伯埭”。

谢安(320—385),字安石,陈郡阳夏(今河南太康)人。东晋上流社会人物中,谢安人生算是最为圆满的了。他出身名门,从小就得到王导、桓彝与王濛等人的赞誉而名声大噪。谢安是善于把握政治机会的人。先是高卧东山,这里面大概有两层原因:一是东晋政权在谢安时代先后由王导、庾亮把持,再加上桓温的跋扈,谢安深知政坛险恶。谢安的妻子刘氏见家族中其他人都高官厚禄,劝他做官,谢安说:“做官恐怕不得善终。”司马道子专权时,他又说:“以前桓温横行,我常常担心不能全身而退。”另一层原因是谢安善于待价而沽。果然,中丞高嵩就说:“卿累违朝旨,高卧东山,诸人每相与言,安石不肯出,将如苍生何!”[①]王羲之也责谢安以大义:“今四郊多垒,宜思自效,而虚谈废务,浮文妨要,恐非当今所宜。”[②]谢安最大的资本是淝水之战的胜利。谢安出山后,平步青云,一直到“加侍中、都督杨豫徐兖青五州幽州之燕国诸军事、假节”,最辉煌的功绩当然是淝水之战。不管谢安对淝水之战战术的真正影响有多大,首功被记在他的头上。谢安“以总统功,进拜太保”[③]。生封建昌县公,死后进封庐陵郡公,寿终正寝,得年六十六。

谢安是典型的东晋社会上流人物。他擅长行书,与王羲之为笔墨友。与许询游,为清谈友。当王羲之劝他不要乐于清谈时,他说:“秦任商鞅,二世而亡,岂清言致患邪?”他还与支遁游,为方外友。还善解音乐。这些品行,都是当时作为名人所应该有的。《晋书》本传:“玄等既破坚,有驿书至,安方对客围棋,看书既竟,便摄放床上,了无喜色,棋如故。客问之,徐答云:‘小儿辈遂已破贼。’既罢,还内,过户限,心甚喜,不觉屐齿之折,其矫情镇物如此。”《晋书》本传还记载类似的一件事:谢安与王坦之一起去见桓温,“既

① [唐]房玄龄:《晋书》,中华书局,1974年版,第2073页。
② [唐]房玄龄:《晋书》,中华书局,1974年版,第2074页。
③ [唐]房玄龄:《晋书》,中华书局,1974年版,第2075页。

见温,坦之流汗沾衣,倒执手版。安从容就席,坐定,谓温曰:‘安闻诸侯有道,守在四邻,明公何须壁后置人邪?’温笑曰:‘正自不能不尔耳。’遂笑语移日。坦之与安初齐名,至是方知坦之之劣”。善于掩盖自己真实的情感,也是东晋名流时尚,谢安也不例外。

谢安为了躲避司马道子专权时期的政治险恶出镇广陵,在一个叫步丘的地方建筑新城,在城北建了一座水坝,惠民长久。后来,人们思念谢安的好处,称这座水坝为“召伯埭”。“埭”即水坝。“召伯”即“召父”,见“召父”条。后来军阀桓玄要征用谢安的旧宅为军营,谢安的孙子谢混说:“召伯之仁,犹惠及甘棠;文靖之德,更不足保五亩之宅邪?”[①]可知谢安死后,称呼他为“召伯”的人不在少数。

禁脔

《晋书》卷七十九《谢混传》。

未几,帝崩,袁山松欲以女妻之,珣曰:“卿莫近禁脔。”初,元帝始镇建业,公私窘罄,每得一豚,以为珍膳,项上一脔尤美,辄以荐帝,群下未尝敢食,于时呼为“禁脔”,故珣因以为戏。

谢混(? —412),字叔源,谢琰子、谢安孙。谢混擅长文学,历中书令、中领军、尚书左仆射。

孝武帝司马曜要给自己女儿晋陵公主择配佳偶,对王珣讲了一些选择驸马的标准:刘惔、王献之这样的文人为第一等;王敦、桓温这样的武人为第二等;“才小福贵”为下等。王珣便推荐谢混,并说谢混虽然不及刘惔,但超过王羲之。孝武帝非常满意。但女儿的婚事还没来得及办理,司马曜就驾崩了。后来,袁山松在为自己女儿找婆家时也瞄上了谢混。王珣知道后就说:“这是皇家到口的肥肉,你就不要染指了。”谢混最终还是做了驸马。“禁脔”本指猪颈项上一块肥美的肉,当时御厨规定只有皇帝才可以吃这块肉,所以称为“禁脔”。

谢混与刘毅友善,因此被刘裕猜忌。义熙七年(411)九月,谢混朝觐,刘裕命人收谢混并赐死。刘裕篡晋,谢混族侄谢晦对刘裕说:“陛下登坛告天,

① [唐]房玄龄:《晋书》,中华书局,1974 年版,第 2079 页。

要是有谢混写告书、奉玺绶就好了。"言下之意是：我们谢家人杀不得，何况谢混还有文才。刘裕针锋相对地说："是啊，谢混不在我也感到很遗憾。这次没能让你们领略到先辈的光荣了。"军阀刘裕是暴发户，对王、谢等大户人家似乎懒得去买账。

南北二玄

《晋书》卷七十九《谢玄传》：

时吴兴太守晋宁侯张玄之亦以才学显，自吏部尚书与玄同年之郡，而玄之名亚于玄，时人称为"南北二玄"，论者美之。

谢玄（343—388），字幼度，谢奕子，谢安侄。他初为桓温属官，后拜建武将军、兖州刺史、领广陵相、监江北诸军事。谢玄率领刘牢之攻下淮泗、彭城，为淝水之战大捷创造了条件，以功封东兴县侯。与当时很多王、谢子弟相比，谢玄是比较有才干的人。就连与他素不相善的郗超也说："吾尝与玄共在桓公府，见其使才，虽履屐间亦得其任，所以知之。"

张玄之，《晋书》无传。《世说新语·语言》刘注引《续晋阳秋》："张玄之，字祖希，吴郡太守澄之孙也。少以学显，历吏部尚书，出为冠军将军、吴兴太守。会稽内史谢玄同时之郡，论者以为'南北之望'。玄之名亚谢玄，时亦称'南北二玄'。卒于郡。"徐震堮《世说新语校笺》卷上《言语》注引丁国钧《晋书校文》四："《谢安传》之张玄之，亦即《谢道韫传》之张玄，晋人单名多加'之'字，钱竹汀《养新录》疑非一人，失之。"张玄，《晋书》无传；谢道韫传见卷九十六《列女》"王凝之妻谢氏"条："初，同郡张玄妹亦有才质，适于顾氏，玄每称之，以敌道韫。" 时人称"二玄"，大概俩人都是有才干之人；"南北"是就会稽（今绍兴）、吴兴（今湖州）而言。

谢白面

《晋书》卷七十九《谢石传》：

石少患面创，疗之莫愈，乃自匿。夜有物来舔其疮，随舔随差，舔处甚白,故世呼为“谢白面”。

谢石(327—389),字石奴,谢裒子,谢安弟。谢石初为秘书郎,累迁尚书仆射。

淝水之战中,谢石为都督,建立大功,进封南康郡公。凭恃自己是宰相的弟弟,而且在淝水之战立有大功,谢石为政忌刻,贪得无厌,以致取讥于当时。死后,范弘之议谥号为“襄墨公”。《逸周书·谥法解》:“甲胄有劳曰襄。”“襄”是就他的淝水之战功劳而言,“墨”即贪墨之义。虽然后来朝廷不同意范弘之议定的谥号,只是单谥“襄”,但谢石在当时恶名远扬应该是事实。

谢石被人称为“谢白面”,大概是患了白癜风。古人不解,说是“夜有物来舔其疮”。

江东步兵

《晋书》卷九十二《文苑·张翰传》:

翰有清才,善属文,而纵任不拘,时人号为“江东步兵”。

张翰(生卒年不详),字季鹰,吴郡吴(今江苏苏州)人。他尝辟齐王司马冏东曹掾,后离去。

有三件事很能说明张翰放任的性格特征:一是他到陌生人贺循的船上听音乐入迷,就随船到了洛阳,而家里人还不知道。二是他去吊唁好友顾荣,把灵座上顾荣生前用的琴拿下来,轻抚数曲,然后径去,连顾荣家人也不招呼一声。三是他为了家乡的美味而弃官。有人问他:你这样任性而为,也不顾虑身后名声?他说:“纵使我有身后名,何如眼前一杯酒?”张翰做自己喜欢做的事,而不顾其他,同时也是一个超然于名利之外的人。

《世说新语·任诞》:“张季鹰纵任不拘,时人号为‘江东步兵’。”阮籍官至步兵校尉,人称“阮步兵”。当时人视张翰的行为如同阮籍,所以称张为“江东步兵”。

袁伏

《晋书》卷九十二《文苑·袁宏传》:

与伏滔同在温府,府中呼为"袁伏"。

袁宏(328?—376?),字彦伯,陈郡阳夏(今河南太康)人。谢尚为安西将军,引袁宏为参军事。晋哀帝时(362—365在位),袁宏入桓温幕为记室,总领书记,作《东征赋》《北征赋》,皆可观。《晋书》本传收录其《三国名臣颂》。逯钦立《先秦汉魏晋南北朝诗·晋诗》卷十四收录袁宏诗五题六首。

伏滔(生卒年不详),字玄度,平昌安丘(今山东安丘)人。桓温引为参军事,随温讨袁真,至寿阳,作《正淮》上、下篇。以功封闻喜县侯,除永世令。太元(376—396)中,伏滔拜著作郎,专掌国史,领本州大中正。

袁宏与伏滔同在桓温大司马府中,二人以文学被时人称为"袁伏"。袁宏却颇不以为然,常常哀叹说:"可惜桓公不能另眼看待我,让我与伏滔比肩而立,耻辱啊!"

杜姥

《晋书》卷九十三《外戚·杜乂传》:

至孝武帝时,崇进为广德县君。裴氏寿考,百姓号为"杜姥"。

杜乂(生卒年不详),字弘理,京兆(今陕西西安)人。成帝杜皇后父,镇南大将军杜预孙。杜乂以姿容著称当时,王羲之赞叹他"肤若凝脂,眼如点漆"。桓彝把他与卫玠媲美,誉为"卫玠神清,杜乂形清"。可惜与卫玠一样死得早,只留下一女即成帝恭皇后。杜乂的妻子裴氏嫠居终身,颇有德音,得年长久,人尊称"杜姥"。"老姥"是魏晋时期常用语。《晋书·王羲之传》:"在蕺山见一老姥,持六角竹扇卖之。"干宝《搜神记》有"古巢老姥"篇。《晋书》卷三十二《后妃下》:

> 孝武帝立，宁康二年，以后母裴氏为广德县君。裴氏名穆，长水校尉绰孙，太傅主簿遐女，太尉王夷甫外孙。中表之美，高于当世。遐随东海王越遇害，无子，唯穆渡江，遂享荣庆，立第南掖门外，世所谓“杜姥宅”云。

《南史》卷五《梁本纪下》：“雍州刺史张欣泰、前南谯太守王灵秀率石头文武奉建安王宝寅向台，至杜姥宅，宫门闭，乃散走。”《南史》卷二十五《张欣泰传》：“灵秀仍往石头迎建安王宝寅，率文武数百，唱警跸，至杜姥宅。”《南史》卷四十八《陆闲传》：“台军攻陷城，闲以纲佐被收，至杜姥宅，尚书令徐孝嗣启闲不预逆谋。”则杜姥遗宅已成胜迹矣。

入室之宾

《晋书》卷九十三《外戚·王濛传》：

> 及简文帝辅政，益贵幸之，与刘惔号为“入室之宾”。

王濛（309—347），字仲祖，太原晋阳（今山西太原）人。哀帝司马丕王皇后父。他以清约见称，善于清谈。王濛死后入殓时，他的好友刘惔特地把生前清谈时拿在手里的麈尾放进棺材中。

刘惔（314—349），字真长，沛国相（今安徽濉溪）人。与王濛一样，也是以善谈玄理著称。刘惔常常以当世第一谈客自居。有一次，桓温问刘惔：“会稽王的清谈有长进吗？”刘惔回答：“极有长进，但怎么也只是清谈二流人物！”温问：“那谁是第一流人物呢？”刘惔答：“当然是我们了。”会稽王即后来的简文帝司马昱，刘惔说的“我们”即刘惔和王濛。刘惔和王濛相友善，王濛说：“刘君知我，胜我自己。”《世说新语》中，两人的名字也常常连在一起。如《言语》“王长史、刘尹同诣褚”，“王长史与刘真长别后相见”；《政事》“王、刘与林公共看何骠骑”；《文学》“王敬仁年十三作《贤人论》，长史送示真长”等。

晋简文帝司马昱（320—372），字道万。咸和元年（326）封会稽王。《晋书·帝纪》卷九说他“清虚寡欲，尤善宣言”。海西公时期，简文帝辅政。一方面是出于拉拢人才，另一方面也是趣味相投，刘惔和王濛成为了司马昱的座上客。《晋书》卷七十五刘惔本传:“以惔雅善言理,简文帝初作相,与王濛并为谈客,俱蒙上宾礼。”时人称刘、王二人为简文帝的“入室之宾”,既说明二人受到上宾待遇,也说明二人深邃于玄理,很得简文帝欣赏。《论语·先进》:“由也升堂矣,未入于室也。”后指学问有造诣之人。

钟夫人之礼　郝夫人之法

《晋书》卷九十六《列女·王浑妻钟氏》:

浑弟湛妻郝氏亦有德行,琰虽贵门,与郝雅相重视,郝不以贱下琰,琰不以贵陵郝,时人称“钟夫人之礼,郝夫人之法”云。

王浑的妻子钟琰是钟繇的曾孙女,出身豪门,“聪慧弘雅,博览记籍。美容止,善啸咏,礼仪法度为中表所则”①。王浑弟弟王湛的妻子郝氏,出身寒门。从当时一般的社会价值观点来说,钟氏与郝氏是很难相处的,何况钟氏一向自视甚高。有一次,王浑与钟氏闲坐着,他们的儿子王济经过,王浑得意地说:“有这样的好儿子,也满足了。”钟氏却说:“当年我要是嫁给你们家老二王沦,生儿子比你这儿子肯定好多了。”显然是看不起自己的丈夫。虽然妯娌如此高傲,郝氏却能与钟氏平起平坐,这大概与她丈夫王湛的影响有关。王湛虽出身豪门却有“隐德”,很长时间人们都以为他是呆子,连他的侄子王济都不尊敬他。直到有一次:

济尝诣湛,见床头有《周易》,问曰:“叔父何用此焉?”湛曰:“体中不佳时,脱复看耳。”济请言之。湛因剖析玄理,微妙有奇趣,皆济所未闻也。济才气抗迈,于湛略无子侄之敬。既闻其言,不觉栗然,心形俱肃。遂留连弥日累夜,自视缺然,乃叹曰:“家有名士,三十年而不知,济之罪也。”

这段文字很能说明一些历史事实。第一,王湛喜读《周易》,似乎与其时其他谈客们没什么区别,其实不然。通常的谈客只是用玄理来装门面,王湛

① [唐]房玄龄:《晋书》,中华书局,1974年版,第2510页。

则是为了丰富自己的心灵。也就是说,谈客读《周易》是为了别人,王湛读《周易》是为了自己。第二,可以看出谈玄在当时是多么的令人生畏。王济从来看不起自己的叔父,一见叔叔读《周易》,便自叹弗如,肃然起敬。第三,进而可以看出王湛平实的人格精神。其妻郝氏大概受了他不少的影响,所以能在钟氏面前分庭抗礼。钟氏出自名门,讲究礼;郝氏出自通常人家,能在情在理、不卑不亢。故时人有"钟夫人之礼,郝夫人之法"之谓。

韦氏宋母

《晋书》卷九十六《列女·韦逞母宋氏》:

《周官》学复行于世,时称"韦氏宋母"焉。

《晋书》校勘记:"周校:当作'韦母宋氏'。"

韦逞,生卒年、字号并不详。母宋氏,家世业儒,自幼随父亲学习《周官》。韦逞父早亡,宋氏昼则采樵,夜则教逞。他学成名立,官至苻坚太常。

时值战乱,儒学顿废。《周官》无师传,博士卢壶推荐宋氏。苻坚令就宋氏家中设立讲堂,置生员一百二十人,宋氏于家中隔纱幔授业。此后,《周官》复传于北方,时人称"韦氏宋母"。宋母算得上是历史上最早的大学女教师了。

充隐

《晋书》卷九十九《桓玄传》:

玄以历代咸有肥遁之士,而己世独无,乃征皇甫谧六世孙希之为著作,并给其资用,皆令让而不受,号曰高士,时人名曰"充隐"。

桓玄(369—404),字敬道,谯国(今安徽亳州)人。桓温少子。父桓温为都督荆梁四州诸军事、安西将军、荆州刺史、领护南蛮校尉。桓温拥重兵,处要害之地,不可避免受地到朝廷猜疑。《晋书》卷七十五《刘惔传》:

惔每奇温才,而知其有不臣之迹。及温为荆州,惔言于帝曰:"温不可使居形胜地，其位号常宜抑之。”劝帝自镇上流，而己为军司，帝不纳。又请自行，复不听。及温伐蜀，时咸谓未易可制，惟惔以为必克。或问其故，云：“以蒲博验之，其不必得，则不为也。恐温终专制朝廷。”

桓温受到朝廷猜忌，桓玄受到牵连，不被朝廷重用。桓玄尝登楼远望，叹曰：“父为九州伯，儿为五湖长！”后归荆州。桓玄领兵在荆州二十年，利用父亲原有的势力，拥兵坐大。

安帝元兴元年，司马元显讨桓玄，失败。桓玄领兵入京，自封太尉，录尚书事、扬州牧，有替代意。正如历史上很多禅代一样，桓玄尽力要让别人知道，他做皇帝是天意。这就需要有祥瑞。《晋书》本传载：

谓代谢之际宜有祯祥，乃密令所在上临平湖开除清朗，使众官集贺。矫诏曰：“灵瑞之事非所敢闻也。斯诚相国至德，故事为之应。太平之化，于是乎始，六合同悦，情何可言！”又诈云江州甘露降王成基家竹上。

桓玄又认为，既然自己是应天禅代，就应该有草野肥遁隐士，以彰显朝廷盛德。于是便有了拿钱买通皇甫希之充当隐士即“充隐”的闹剧。

周一良在论王敦与桓温的不同时说：“桓温则与王敦大有不同，始终坚持北伐，要求恢复中原，此种意愿与措施，符合当时广大人民利益。桓温晚年亦觊觎帝位，意在篡夺，望简文帝‘临终禅位于己’。但其早年建功立业之时，固未必已存心篡夺皇位，因而利用北伐为政治资本也。”①桓温北伐乃江南壮举，桓玄之篡位固有被猜忌、不得不铤而走险等因素在。

飞豹

《晋书》卷一百《王弥传》：

弥多权略，凡有所掠，必豫图成败，举无遗策，弓马迅捷，膂力过人，青土号为“飞豹”。

---

① 周一良：《魏晋南北朝史札记》，中华书局，2007年版，第102页。

晋惠帝司马衷以愚弱登帝位;贾后荒淫、弄权,皇室内部大乱,诸王纷争。民众乘机而起,聚为寇盗。王弥(?—311),东莱(今山东莱州)人。王弥本官宦子弟,亡入长广山为群盗。他后为官军所败,依附刘渊,协胡人乱华,攻陷洛阳,侵辱皇室,荼毒京城,后被石勒杀死。王弥矫捷过人,人称“飞豹”。

长生人　水仙

《晋书》卷一百《孙恩传》:

> 于是恩据会稽,自号征东将军,号其党曰“长生人”。

> 恩穷蹙,乃赴海自沉,妖党及妓妾谓之“水仙”,投水从死者百数。

孙恩(?—402),字灵秀,原为琅玡(今山东临沂)人,移居会稽。恩家世信奉道教。孙恩的叔父孙泰值晋末动乱,伺机以道教惑众,“煽动百姓,私集徒众,三吴士庶多从之。于是朝士皆惧泰为乱”①。孙泰后被司马道子诛杀,孙恩逃至海上,此后不断袭掠沿海之地,历时有年,为晋季大患。安帝隆安三年(299),司马元显讨王恭,征集吴会之地免奴为客者至京师,吴会为之骚动。孙恩乘机攻占会稽,自号征东将军,称部曲成员为“长生人”。长生久视是道家理想。孙恩告诉部下就是战死也是成仙。

安帝元兴元年(402),孙恩寇掠临海,临海太守辛景讨破之。孙恩投水死,部下投水死者甚众。教中人认为投水死乃成为水仙。陈寅恪先生认为,道教视投水死为水仙与《离骚》中彭咸投水死有关②。

① [唐]房玄龄:《晋书》,中华书局,1974年版,第2632页。

② 参看陈寅恪:《金明馆丛稿初编》,上海古籍出版社,1980年版,第139—140页。

《南史》

地镜

《南史》卷二《宋本纪第二》：

冬，青州城南远望，见地中如水，有影，谓之“地镜”。

《宋书》本纪不载此事。此“青州”当为侨置青州，臧励龢《中国古今地名大辞典》“青州”条：

永嘉之乱，青州沦没。大兴初侨治淮阴，在今江苏淮阴县东南五里；太元中与兖州俱治京口，今江苏丹徒县治，后镇广陵，在今江苏江都县东北。义熙中移镇丹徒，在今江苏丹徒县东南十八里。旋置青州于东阳。

则文中所谓“青州城南”即东阳城南。“地镜”究竟为何，现在不得而知。既事发在冬天，或由于昼夜温差大而造成如此幻觉也未可知。“地镜”之称颇具形象。

四贵

《南史》卷四《齐本纪上》：

帝与袁粲、褚彦回、刘彦节引咎解职，不许。迁散骑常侍、中领军、都督、南兖州刺史、镇军将军，进爵为公。与袁粲、褚彦回、刘彦节日入直决事，号为“四贵”。

《南齐书》卷一《本纪·高帝》：

进爵为公,增邑二千户。太祖欲分其功,请益粲等户,更日入直决事,号为“四贵”。秦时有太后、穰侯、泾阳、高陵君,称为“四贵”,至是乃复有焉。

《宋书》卷八十九《袁粲传》:

时粲与齐王、褚渊、刘秉入直,平决万机,时谓之“四贵”。

“帝”即齐高帝萧道成(427—482),字绍伯,祖籍东海兰陵(今山东兰陵)。刘宋明帝即位时,四方反叛,之前由于刘氏皇室自相残杀,此时无人能收拾乾坤。萧道成乘机在平定四方叛乱中,以淮阴为据点而不断坐大。

元徽二年(474),江州刺史、桂阳王刘休范起兵于寻阳,朝廷一片恐慌,终赖萧道成平息叛乱。此时,萧道成知道天下已经在自己掌控之中,欲擒故纵,与袁粲、褚彦回、刘彦节“引咎解职”,朝廷不许,实是进一步向刘宋朝廷施加压力以求更大的实权。萧道成迁散骑常侍、中领军、都督、南兖州刺史、镇军将军并进爵为公。此后,萧道成与袁粲、褚彦回、刘彦节等轮流入朝视事,一切军政大事一决于自己。

时人称萧道成、袁粲、褚彦回与刘彦节为“四贵”,把他们比为秦昭王时的宣太后、魏冄、高陵君、泾阳君。秦武王由于与别人比力气而早死,他的异母弟也就是昭王继位,宣太后即昭王母;高陵君、泾阳君是昭王的两个同母弟弟;魏冄则是宣太后的弟弟、昭王的舅舅。其时,秦昭王年少,宣太后等“四贵”秉政。

袁粲(421—477),字景倩,祖籍陈郡阳夏(今河南太康)。袁粲是前朝老臣,所以成为“四贵”之一,明帝临终托以顾命。他看出了萧道成的篡宋之心,怀着对刘宋的不贰忠节,不事萧道成,最终被杀。

褚渊(435—482),字彦回,祖籍阳翟(今河南禹县)。褚渊为刘宋女婿,因此也成为明帝临终顾命大臣之一。但他知道刘家气数将尽,并看出齐王萧道成终将取代刘宋,于是结交萧道成。本来,萧道成并非顾命大臣,正是由于褚渊的引荐才参与顾命而成为“四贵”之一。袁粲谋反,也是褚渊告密给萧道成的。齐台建立后,褚渊也就成为开国功臣之一了。齐建元元年(479),褚渊进位司徒,侍中、中书监如故,荣耀终身。

刘秉(433—477),字彦节。为刘宋宗室而得入直决事。与袁粲联手反对萧道成,终因胆小怕事,失败被杀。

长围 青楼

《南史》卷五《齐本纪下·东昏侯传》:

每还宫,常至三更,百姓然后得反,禁断又不即通,处处屯咽,或泥涂灌注,或冰冻严结,老幼啼号,不可闻见,时人以其所围处号为“长围”。

武帝兴光楼上施青漆,世人谓之“青楼”,帝曰:“武帝不巧,何不纯用琉璃。”

《南齐书》卷七《东昏侯传》:

世祖兴光楼上施青漆,世人谓之“青楼”,帝曰:“武帝不巧,何不纯用琉璃。”

南朝出了不少荒淫无为的年轻皇帝,如刘宋前废帝刘子业、后废帝刘昱、齐郁林王萧昭业、齐东昏侯萧宝卷等是。这其中的原因自然值得探究,但不属于本条目内话题。

东昏侯好游玩。《南齐书》卷七《齐本纪·东昏侯》:“所经道路,屏逐居民,从万春门由东宫以东至于郊外,数十百里,皆空家尽室。巷陌悬幔为高障,置仗人防守,谓之‘屏除’。”“屏除”,即布置屏障把一块地方围起来不让别人进来的意思。当时人称其为“长围”,可见所围起来的面积之大。

对于东昏侯来说,“长围”只是供他恣肆欢乐的封闭场所,这种被时人称为“长围”的强行设施与当时作为军事设施用语的“长围”不同。军事设施用语的“长围”,指围困敌人的工事。《宋书》卷一《武帝纪》:“明日,大军进广固,即屠大城,超退保小城。于是设长围守之,围高三丈,外穿三重堑。”《南史》卷四十五《崔慧景传》:

> 及裴叔业以寿阳降魏，即授慧景平西将军，假节、侍中、护军如故。率军水路征寿阳。军顿白下将发，帝长围屏除，出琅邪城送之。帝戎服坐楼上，召慧景骑进围内，无一人自随，裁交数言，拜辞而去。慧景出至白下甚喜，曰："颈非复小竖等所折也。"子觉为直合将军，慧景密与之期。

《南史》卷六十三《羊侃传》："贼既频攻不捷，乃筑长围。"卷六十七《萧摩诃传》"结长围连锁于吕梁下流"，卷八十《侯景传》"贼既不尅，士卒死者甚多，乃止攻，筑长围以绝内外"；《北史》卷三《高祖纪》："冬十月丁巳，四面进攻不尅，诏左右军筑长围以守之。""长围"这个意思一直到唐代还在用，《旧唐书》卷二百（下）《朱泚传》："李怀光以五万人来援，自河北至，泚众惶骇，因而大溃，长围遂解焉。"

萧宝卷喜欢大兴土木，建造仙华殿、神仙殿、玉寿殿，画龙雕凤，"麝香涂壁，锦幔珠帘，穷极绮丽"①。为了加快建筑速度，工匠不分昼夜劳作；这还不够，于是干脆把佛寺中的藻井、仙人、骑兽等现成的装饰直接搬过来以图省工。乃父齐明帝造的兴光楼，萧宝卷觉得不够巧妙新鲜，就把楼身全涂上青漆，时人称之为"青楼"。"青楼"在当时人眼中，是非常华丽好看的一座楼，也叫"青阁"。曹植《美女篇》："借问女何居，乃在城南端。青楼临大路，高门结重关。"江淹《杂体诗》："朝与佳人期，日夕望青阁。""青楼"当时也只是专有名词，特指兴光楼。"青楼"后来不仅指华美的楼，而且还可用来专指歌妓们居住的地方。

八友

《南史》卷六《梁本纪上》：

> 竟陵王子良开西邸，招文学，帝与沈约、谢朓、王融、萧琛、范云、任昉、陆倕等并游焉，号曰"八友"。

《梁书》卷一《梁本纪上·武帝上》：

---

① ［南朝梁］萧子显：《南齐书》，中华书局，1972 年版，第 104 页。

竟陵王子良开西邸，招文学，高祖与沈约、谢朓、王融、萧琛、范云、任昉、陆倕等并游焉，号曰“八友”。

齐竟陵王萧子良(460—494)，字云英，祖籍兰陵(今山东兰陵)。齐武帝即位，封竟陵郡王。子良虽贵为郡王，但志不在权位，性爱山水吟咏，耽于佛事，有同情心。明张溥《汉魏六朝百三家集题辞》:“观其恻隐恳诚，身行津渡，断欲，以王公努力，建道场之幡，擎甘露之鼓，为黔首先倡。”永明五年(487)，竟陵王在鸡笼山邸馆即西邸，聚集文人学士，依魏王象《皇览》体例，抄五经百家，为《四部要略》一千卷；同时招集名僧说法。文人学士中有梁武帝萧衍、沈约等佼佼者，号为“八友”。

萧衍(464—594)，字达叔，即梁武帝。祖籍山东兰陵，侨住常州。无论作为文人还是帝王，萧衍都有胜人一筹之处。工于诗文，长于音乐、书法、棋艺，深遂于佛理；在位四十八年，虽因为惑于佛事而晚年遭殃，仍不失为一代有为帝王。张溥《汉魏六朝百三家集题辞·梁武帝集》:“帝负龙虎之相，兼文武之才，史赞其恭俭庄敬，艺能博学，人君罕有。”

沈约(441—513)，字休文，吴兴武康(今浙江湖州)人，望族。休文长于五言诗，工丽而泻清怨，与周颙、谢朓等同为诗歌声律论创建者；史学家，撰《宋书》。

萧琛(465？—531)，字彦瑜，齐皇室成员。以才辩著称于当时。南北朝时期，能言善辩是一项很有用的技能，往往充任国使或主客使。齐永明九年(491)，魏齐通好，萧琛因为接待魏使李道固有功，迁司徒右长史。萧琛有三好：音律、书、酒。这也是当时上流社会人物的共同爱好。《南史》本传:“撰《汉书闻府》《齐梁拾遗》，并诸文集，数十万言。”

范云(451—503)，字彦龙，南乡舞阴(今河南泌阳)人。齐建元初(479)，竟陵王为会稽太守，范云为府主簿，得王赏识，从此为座上宾。范云与沈约为齐梁间文坛领袖，对于后辈文学之士影响颇深。杜甫《解闷十二首》:“沈范早知何水部，曹刘不待薛郎中。”钟嵘《诗品》说范诗“清便婉转，如流风回雪”。

任昉(460—508)，字彦升，乐安博昌(今山东博兴)人。其文笔受到权臣王俭激赏。永明三年(485)，任昉为竟陵王记室参军，因而成为“八友”之一。

陆倕(470—526)，字佐公，吴郡吴(今江苏苏州)人。父陆慧晓被王俭誉为“书橱”，三子陆僚、陆任、陆倕并有文名，号为“三陆”。竟陵王开西邸，陆倕预焉，为“八友”之一，与任昉交情尤笃。梁武帝践祚，任昉为御史中丞，为当世龙门；游其门者有著名文士殷芸、到溉、刘孝绰、陆倕等，号为“龙门之游”。

谢朓(464—499)，字玄晖，祖籍陈郡夏阳(今河南太康)。永明五年(487)为卫将军王俭祭酒，为“八友”之一。谢朓与王融作诗属意声律，唱“四声八病”之说，是为“永明体”。《南史》本传：“长五言诗，沈约常云‘二百年来无此诗也’。”谢朓身处齐季政权动乱时代，刻意于竟奔而不能养晦，乃至告发自己岳父王敬则。妻子因此常怀刀报仇，尤其为后人所不齿。他自己也最终成为名利的牺牲品。

王融(467—493)，字元长，祖籍琅玡临沂(今山东临沂)。祖王僧达。王融高曾祖均入台辅，唯父王道琰位仅至内史。王融欲恃华胄而再兴门第，故汲汲于名利。他尝叹曰：“为尔寂寂，邓禹笑人。”又曰：“车中乃可无七尺，车前岂可乏八驺?”齐武帝疾笃时，王融欲立子良而拒郁林王，终因梁武支持萧鸾而事未谐。郁林王立，王融下狱死。王融博涉有文才，竟陵王先后荐为法曹行参军及宁朔将军、军主，两人情分非常，得为“八友”之一。

从萧子良本意来说，“八友”应该只是一个因为气味相投的文学集团，主要活动就是编书和谈论佛理。但从来就没有纯粹的文学集团，“八友”也不可避免地染上了政治色彩。这一点，从王融与萧衍两人加入“八友”的动机与目的尤其可以看得出来。《南齐书》卷四十七王融本传：

> 才地既华，兼借子良之势，倾意宾客，劳问周款，文武翕习辐辏之。招集江西伧楚数百人，并有干用。

王融这么做目的就是借子良以壮大自己声势，以利于腾达。“本传”接着说：

> 世祖疾笃暂绝，子良在殿内，太孙未入，融戎服绛衫，于中书省阁门断东宫仗不得进，欲立子良。上既苏，太孙入殿，朝事委高宗。融知子良不得立，乃释服还省，叹曰：“公误我。”

太孙即高宗也就是明帝萧鸾，是萧衍党人。王融扶持竟陵王，目的就是找到日后的靠山以达到自己的政治目的。但他不知道子良不乐于事务，也没有什么政治能力，这大概也就是王融所说的“公误我”的含义。王融极力翊赞竟陵王入大位，明帝对他一直怀恨在心而加以防范。这不仅招来杀身之祸，而且也把竟陵王卷入到皇权争夺的旋涡中。《南齐书》卷四十《竟陵王传》：“帝常虑子良有异志，及薨，甚悦。”

萧衍从一开始似乎就有意拉拢甚至巴结“八友”中的其他人物，目的就是为了这些人能成为他的爪牙。后来的事情证明，他实现了自己的意图。

《梁书》卷二十六《萧琛本传》：“高祖在西邸，早与琛狎。”武帝践祚，萧琛为御史中丞，同传“普通元年，征为宗正卿，迁左民尚书，领南徐州大中正，太子右卫率。徙度支尚书，左骁骑将军，领军将军，转秘书监、后军将军，迁侍中”。《梁书》《南史》“萧琛”本传都记载了萧衍做了皇帝后与萧琛情分深厚的事。《梁书·萧琛传》：

> 高祖在西邸，早与琛狎，每朝宴，接以旧恩，呼为宗老。琛亦奉陈昔恩，以“早簉中阳，夙忝同闬，虽迷兴运，犹荷洪慈”。上答曰：“虽云早契阔，乃自非同志；勿谈兴运初，且道狂奴异。”

细玩萧琛“虽迷兴运，犹荷洪慈”与萧衍“勿谈兴运初，且道狂奴异”的诗句对话，两人明显在篡齐过程中有勾结。正因为这样，萧衍在当上皇帝后，才对萧琛格外眷顾。《南史·萧琛传》：

> 又经预御筵醉伏，上以枣投琛，琛仍取栗掷上，正中面。御史中丞在坐，帝动色曰：“此中有人，不得如此，岂有说邪？”琛即答曰：“陛下投臣以赤心，臣敢不报以战栗。”上笑悦。

尽管萧琛机智的回答消除了尴尬，但作为大臣，以物掷帝面，除非情分非常，是谁也不敢这么做的。《南史》卷五十七《范云本传》：

> 初，梁武为司徒祭酒，与云俱在竟陵王西邸，情好欢甚。永明末，梁武与兄懿卜居东郊之外，云亦筑室相依。梁武每至云所，其妻常闻跸声。又尝与梁武同宿顾暠之舍，暠之妻方产，有鬼在外曰：“此中有王有相。”云起曰：“王当仰属，相以见归。”因是尽心推事。

无稽之谈，可以不信，不过可以看出当年武帝对范云的拉拢。大概范云也看出萧衍日后必成大业，所以从此“尽心推事”。《梁书》卷十三《范云传》：

初，云与高祖遇于齐竟陵王子良邸，又尝接里闬，高祖深器之。及义兵至京邑，云时在城内。东昏既诛，侍中张稷使云衔命出城，高祖因留之，便参帷幄，仍拜黄门侍郎，与沈约同心翊赞。

萧衍篡齐，范云有幕后之功。《南史》卷五十七范云本传载梁武与范云对话：

帝尝与云言及旧事，云：“朕司州还，在三桥宅，门生王道牵衣云，‘闻外述图谶云，齐祚不久，别应有王者。官应取富贵’。朕斋中坐读书，内感其言而外迹不得无怪，欲呼人缚之，道叩头求哀，乃不复敢言。今道为羽林监、文德主帅，知管钥。”云曰：“此乃天意令道发耳。”

这类自导自演以耸动听闻如“大楚兴、陈胜王”的事历史上比比皆是，大家都心照不宣而已。正因为襄赞之功，梁武在登帝位第一天就拜范云为散骑常侍、吏部尚书，封霄城县侯，邑千户。

梁武帝与任昉的关系也十分密切。《梁书》卷十四《任昉传》：

始高祖与昉遇竟陵王西邸，从容谓昉曰：“我登三府，当以卿为记室。”昉亦戏高祖曰：“我若登三事，当以卿为骑兵。”谓高祖善骑也。至是故引昉，符昔言焉。

《南史》所记相同。萧衍从一开始就利用“八友”人物的意图，于此段对话最为了然。任昉以文章著名，他对梁武的帮助就是替梁武写诏告敕令。值得注意的是，梁武帝禅位诏书就是任昉草就的。以文章名家写此种诏书，意义就在于不仅是说明他本人支持禅位，而且能代表普天下人认同禅位，影响可想而知。

与任昉一样，陆倕也是以文名于当时，他与任昉交情笃深。梁武帝看重陆、任二人的，正是他们的文才。《南史》卷四十八《陆倕传》：“梁武帝雅爱倕才，乃敕撰《新漏刻铭》，其文甚美。迁太子中舍人，又诏为《石阙铭》，敕褒美之,赐绢三十匹。”

谢家人物在南朝始终地位高人一等,尽管萧衍贵为齐皇室,但毕竟为素族,所以也得仰视谢家。梁武帝是靠结婚来拉拢谢朓的,《南史》卷十九《谢朓传》:

朓及殷睿素与梁武以文章相得,帝以大女永兴公主适睿子钧,第二女永世公主适朓子谟。及帝为雍州,二女并暂随母向州。及武帝即位,二主始随内还。武帝意薄谟,又以门单,欲更适张弘策子,弘策卒,又以与王志子諲。而谟不堪叹恨,为书状如诗赠主。主以呈帝,甚蒙矜叹,而妇终不得还。寻用谟为信安县,稍迁王府谘议。时以为沈约早与朓善,为制此书云。

梁武帝与谢家结婚,本意想拉拢的当然不仅仅是谢朓还有谢氏家族其他成员。当萧衍做了皇帝后,加上谢朓在萧衍做皇帝前就死了,萧衍就不把谢朓的儿子放在眼里了。

“八友”之中,梁武帝与王融之间的情谊最为疏淡。推测起来,大概由于(一)王融年轻张狂,自恃华胄,加之叔父又是当时权臣王俭,所以未必看得起萧衍;(二)王融极力扶立萧子良,而萧衍暗中结党萧鸾以抑子良,两人政见异趣;(三)王融死得早。虽然没有取得王融的扶助,梁武帝有其他六位才能卓越的人辅佐也就够了。

六贵　八要　萧哑

《南史》卷六《梁本纪上》:

时扬州刺史始安王遥光、尚书令徐孝嗣、右仆射江祏、右将军萧坦之、侍中江祀、卫尉刘暄更直内省,分日帖敕,世所谓“六贵”。又有御刀茹法珍、梅虫儿、丰勇之等八人,号为“八要”,及舍人王咺之等四十余人,皆口擅王言,权行国宪。

《南史》卷四十一《齐宗室·萧坦之传》:

坦之肥黑无须，语声嘶，时人号曰“萧哑”。

《南齐书》卷四十二《江祏传》：

高宗虽顾命群公，而意寄多在祏兄弟。至是更直殿内，动止关谘。永元元年，领太子詹事。刘暄迁散骑常侍，右卫将军。祏兄弟与暄及始安王遥光、尚书令徐孝嗣、领军萧坦之六人，更日帖敕，时呼为“六贵”。

《南齐书》卷四十二《萧坦之传》：

坦之肥黑无须，语声嘶，时人号为“萧哑”。

“要”，即皇帝身边的亲信、要人。周一良《魏晋南北朝史札记·〈南齐书〉札记》“要人”条：“要当即要人之要。”[①]“要人”一词，屡见南朝史书。“贵”也就是“要”，故“贵要”得连称。

齐武帝于永明十一年（493）崩后，南齐政权就再也没有稳定过，直至被梁取代。齐武帝死后，郁林王、海陵王相继登位，但都因为萧鸾的觊觎皇权而被废。也就在连废郁林王、海陵王的同年（494），萧鸾终于登上了皇帝宝座，是为明帝。明帝在位五年，临终托太子萧宝卷即东昏侯给刘暄、徐孝嗣、萧遥光、萧坦之、江祏、江祀兄弟、沈文季等人。顾命时期往往是封建王朝多事之秋，东昏侯时期也是如此，“六贵”“八要”正是在这个混乱时期登上南齐政坛的。

始安王遥光（468—499），字元晖。太祖萧道成的侄子，有脚疾。明帝萧鸾在夺取皇位过程中得到他的支持，所以做了皇帝后对遥光更为倚重。明帝对高、武子孙大开杀戒，都是出于遥光意图。《南齐书》卷四十五《遥光传》：“每与上久清闲，言毕，上索香火，明日必有所诛杀。”东昏侯即位，欲行己意，受到江祏压制，东昏侯怀恨在心；江祏与遥光谋废立，但在立谁的问题上，顾命大臣各持己见，江祏欲立江夏王宝玄，刘暄欲立建安王宝夤，“遥光自以年长，属当鼎命，微旨动祏。祏弟祀以少主难保，劝祏立遥光。暄以遥

---

① 周一良：《魏晋南北朝史札记》，中华书局，1985 年版，23 页。

光若立，已失元舅之望，不肯同”[1]。遥光因为刘暄不同意自己当皇帝，便派人刺杀刘暄，未果，事觉。刘暄告发江祏谋反，东昏侯杀刘暄。遥光惧，起兵，事败被杀。

徐孝嗣(453—499)，字始昌，祖籍东海郯(今山东郯城)，尚宋康乐公主。他因为帮助萧鸾废郁林王有功，成了萧鸾的心腹，这也是萧鸾临终托孤的原因。徐孝嗣是个文人，有文人的谦虚、清高作风，声望很高。王俭赠诗说："方轨叔茂，追清彦辅。柔亦不茹，刚亦不吐。"徐孝嗣对废立之事本来不置可否，在部下许准的极力怂恿下才同意废东昏侯，但不主张武力行事；认为最好的办法是等东昏侯外出台城，关上城门，再招集群臣议行废立；但由于他的优柔寡断，这一方案迟迟未见诸行动。东昏侯见徐孝嗣不能为己用，派太监茹法珍持药酒赐徐孝嗣死；徐孝嗣本有酒量，饮药酒至斗余，容色不易而卒。

江祏(？—499)，字弘业，祖籍济阳考城(今河南兰考)。江祏的姑姑为萧鸾的母亲，两人从小就很亲近。萧鸾想当皇帝，说自己肩胛上有痣，秘不宣人，江祏就帮助他说了出来。古人认为胎痣是龙变的身体迹象。萧鸾临终托孤，主要就是托给江祏、江祀兄弟。东昏侯即位，对顾命大臣多不买账，与江祏尤其为枘凿。有一天，东昏侯诏见江祏，当江祏来到中书省时，值班的袁文旷以刀环猛击其心而卒，江祀同日被杀。当初，袁文旷因为揭发王敬则谋反案，应当受封，江祏沮之。至此，袁文旷问江祏："还能阻止我受封不？"

萧坦之(？—499)，字君平。萧鸾谋废郁林王，王坦之有力焉，从此也就成了萧鸾的党人。江祏欲废东昏侯而立遥光，坦之不从，遥光派人掩杀之，他逾墙逃走，躲过一劫。因为为人专狠，加之得罪东昏侯身边小人，不久被东昏侯所杀。萧坦之肥黑无须，声音嘶哑，人称"萧哑"。

刘暄(？—499)，字士穆，彭城(今江苏徐州)人。刘暄是明帝萧鸾刘皇后的弟弟，为人懦弱。江祏欲立遥光，刘暄以为若立遥光，刘自己便不再有元舅之尊，不肯同意。遥光起事，便以讨刘暄为名。不久，为茹法珍等人所谮，被东昏侯杀害。

东昏侯即位后，对父亲留给自己的"六贵"大臣没什么兴趣，或者说就是反对，取而代之的是自己培养了一批以"八要"为主的亲信。《南史》卷七十七《恩幸·茹法珍传》：

---

① [南朝梁]萧子显：《南齐书》，中华书局，1972年版，第751页。

茹法珍，会稽人，梅虫儿，吴兴人，齐东昏时并为制局监，俱见爱幸。自江祏、始安王遥光等诛后，及左右应敕捉刀之徒 并专国命，人间谓之刀敕，权夺人主。都下为之语曰："欲求贵职依刀敕，须得富豪事御刀。"

"六贵"与"八要"是前朝遗老与今朝新贵的关系，不可避免地有冲突，事实上"六贵"有的就是死在"八要"手里。"八要"究竟是指哪八位，今无详考。《南史》卷七十七《恩幸·茹法珍传》：

其佐成昏乱者：法珍、虫儿及王咺之、俞宝庆、俞灵韵、祝灵勇、范亮之、徐僧重、时崇济、芮安泰、刘文泰、吕文庆、胡辉光、缪买养、章道之、杨敬子、李粲之、周管之、范昙济、石昙悦、张恶奴、王胜公、王怀藻、梅师济、邹伯儿、史元益、王灵范、席休文、解滂及太史令骆文叔、大巫朱光尚，凡三十一人。又有奄官王宝孙、王法昭、许朗之、许伯孙、方佛念、马僧猛、盛劭、王竺儿、随要、袁系世等十人。梁武平建邺，皆诛。

以上所列数人，"八要"当是其中人物。

宫体 三绝

《南史》卷八《梁本纪下·简文帝萧纲传》：

雅好诗赋，其自序云："七岁有诗癖，长而不倦。"然帝文伤于轻靡，时号"宫体"。

《南史》卷六十二《徐摛传》：

摛文体既别，春坊尽学之，"宫体"之号，自斯而始。

《梁书》卷四《简文本纪》：

雅好题诗，其序云："余七岁有诗癖，长而不倦。"然伤于轻艳，当时号曰"宫体"。

《梁书》卷三十《徐摛传》:

摛文体既别,春坊尽学之,"宫体"之号,自斯而起。

《梁书》卷八《梁本纪下》:

帝工书善画,自图宣尼像,为之赞而书之,时人谓之"三绝"。

此处所说的"帝"即梁简文帝萧纲。萧纲(503—551),字世赞,梁武帝第三子。徐摛(471—551),字士秀,东海郯(今山东郯城)人,摛子陵(507—583),字孝穆。

在萧纲还是晋安王的时候,梁武帝选择徐摛为他的侍读。萧纲做了太子,徐摛为家令兼管记。徐氏父子与萧纲之间的情感与文学活动主要就是在萧纲为太子这一时期。"宫体"的"宫"就是指东宫即也就是春坊。

萧纲及徐摛、陵父子都擅长文学。《梁书》《南史》徐摛本传说他"属文好为新变,不拘旧体";《陈书》《南史》徐陵本传说"其文颇变旧体,缉裁巧密,多有新意"。南朝是诗体发生重要变化的时代,即由自汉代以来的古朴苍劲、浑然天成的乐府诗向音韵谐美、工整轻灵的律体诗转变。徐摛、陵传中所说的"旧体""新体"就是指"乐府体""律体"。另外,诗歌所表达的感情也由自《诗经》以来的集体情感向个人情感转变。后来的文学史家在批评"宫体"诗时,都喜欢说是"轻靡""轻艳"或"纤巧",就是从这两点诗歌特征说的。

诗体的转变是必然的,有符合诗学发展规律的一面。"宫体"诗为唐代律体诗的出现准备了条件,更重要的是,"宫体"诗能在诗歌中表达个人一己之情,解放了诗体的表达功能,也增强了诗歌作为艺术的审美意蕴,尽管这种做法一直受到儒家诗教的否定。

梁元帝萧绎(508—555),字世诚,梁武帝第七子。萧绎于侯景之乱后称帝,是为梁元帝。善于文学,著《金楼子》,其中《立言篇》论为文须"绮縠纷披,宫徵靡曼,唇吻遒会,情灵摇荡",旗帜鲜明地追求文章的艺术特征,可谓诗论名言。善于书画、音乐、棋艺等技艺是当时上流风气,萧绎也不例外,故有"三绝"之誉。元陶宗仪《书史会要》卷四:"(萧绎)聪慧俊朗,博涉技艺,天生善书画。”①

江徐

《南史》卷十五《徐湛之传》：

初，刘湛伏诛，殷景仁卒，文帝任沈演之、范晔等，后又有江湛、何瑀之。自晔诛，仲文免，演之、瑀之并卒，至是江湛为吏部尚书，与湛之并居权要，世谓之“江徐”。上每疾，湛之辄侍医药。

《宋书》卷七十一《徐湛之传》：

初，刘湛伏诛，殷景仁卒，太祖委任沈演之、庾炳之、范晔等，后又有江湛、何瑀之，晔诛，炳之免，演之、瑀之并卒，至是江湛为吏部尚书，与湛之并居权要，世谓之“江徐”焉。

徐湛之(411—454)，字孝源，东海郯(今山东郯城)人；江湛(409—454)，字徽源，济阳考城(今河南考城)人。徐湛之出身贵戚富豪之家，父徐逵之，尚高祖长女会稽公主。其时，徐湛之与何勖、孟灵休三人斗富，何家以美食闻名，孟家以服饰擅场。京城为之语曰：“安成食，临汝饰。”徐家则兼而有之。徐湛之善于为政，威惠并行。与徐湛之不同，江湛不营财利，家里很贫穷，甚至连换洗的朝服都没有。徐湛之于文帝元嘉二十八年(452)为尚书仆射，江湛于二十七年(451)为吏部尚书。二人成为文帝的左臂右膀，时称“江徐”。元嘉三十年(454)，刘劭弑杀文帝，徐、江同时遇难。

卧虎　愦王

《南史》卷十八《萧惠开传》：

惠开素有大志，至蜀欲广树经略。善于叙述，闻其言者皆以为大功

① ［元］陶宗仪：《书史会要》，上海书店，1984年版，第102页。

可立。才疏意广，竟无成功。严用威刑，蜀人号曰“卧虎”。

又，《南史·萧琛传》：

后为吴兴太守，郡有项羽庙，土人名为“愤王”，甚有灵验，遂于郡听事安床幕为神座，公私请祷。

《梁书》卷二十六《萧琛传》：

出为信威将军、东阳太守，迁吴兴太守。郡有项羽庙，土民名为愤王，琛至，徙神还庙，处之不疑。

萧惠开（407—456），是萧思话长子。萧思话是刘宋外戚，为人平稳，早见大用，官历十二州。萧惠开与其父不同，在任有贪暴之声。萧惠开拜益州刺史，路径江陵的时候，旧友吉翰设女乐招待。其中有艳丽者，萧惠开求之不得；萧惠开用随身的四位女妓换取之，又不得。萧惠开大怒，以妄议朝政罪杀害吉翰，霸占其妓。《宋书》卷八十七本传：“惠开为治，多任刑诛，蜀土咸怀猜怨。”时人视其为“卧虎”，意为防不胜防，可怕至极。萧琛是萧惠开的侄子、“竟陵八友”之一。

南朝淫祀，项羽尤其被时人所奉祭。《南史》卷二十七《孔靖传》：“累迁吴兴太守，加冠军。先是吴兴频丧太守，言项羽神为卞山王，居郡听事，二千石常避之。”卷四十六《李安人传》：“吴兴有项羽神护郡听事，太守到郡，必须祀以轭下牛。安人奉佛法，不与神牛，著屐上听事，又于听上八关斋。俄而牛死葬庙侧，今呼为李公牛冢。”卷六十四《杜龛传》：“文帝遣人负出项王寺前斩之。”淫祀要消耗民众许多财力，于是就有不少地方官加以禁止。《南史》卷六十三《王神念传》：“神念性刚正，所更州郡必禁止淫祠，时青州东北有石鹿山临海，先有神庙袄巫，欺惑百姓，远近祈祷，糜费极多。及神念至，便令毁撤，风俗遂改。”又卷七十《何远传》：“后为武康令，愈厉廉节，除淫祀，正身率职，人甚称之。”萧琛是其中之一。土人称项羽为“愤王”，大概是认为他事业垂成而败，死后仍有激愤。

臧彪

《南史》卷十八《臧焘传》附《臧厥传》。

> 盾弟厥，字献卿，亦以干局称。为晋安太守，郡居山海，常结聚逋逃，前二千石讨捕不能止。厥下车宣化，凶党皆襁负而出，自是居人复业。然政严，百姓谓之“臧彪”。

《梁书》卷四十二《臧厥传》：

> 然为政严酷少恩，吏民小事必加杖罚，百姓谓之“臧虎”。

臧厥（495—542），字献卿，东莞莒（今山东莒县）人。臧厥善于判案，别人断不了的案子往往由他来办。在他死后，有人击鼓申冤并且要求清官来办理，梁武帝听说后说：“臧厥已死，哪里还能找到像他这样的人呢？”

但臧厥办案常常加以严刑，于是时人称他为“臧彪”。《梁书》作“臧虎”，《南史》为避唐讳作“彪”。“臧”“藏”为古今字；“臧虎”语义双关，一是“臧姓如虎之人”，一是“藏虎”即“卧虎”，狠毒之虎。

谢康乐　二宝　四友

《南史》卷十九《谢灵运传》：

> 袭封康乐公，以国公例除员外散骑侍郎，不就。为琅邪王大司马行参军。性豪奢，车服鲜丽，衣物多改旧形制，世共宗之，咸称“谢康乐”也。

> 灵运诗书皆兼独绝，每文竟，手自写之，文帝称为“二宝”。

> 灵运既东，与族弟惠连、东海何长瑜、颍川荀雍、泰山羊璿之以文章赏会，共为山泽之游，时人谓之“四友”。

《宋书》卷六十七《谢灵运传》：

袭封康乐公，食邑三千户。以国公例，除员外散骑侍郎，不就。为琅邪王大司马行参军。性豪奢，车服鲜丽，衣物多改旧形制，世共宗之，咸称“谢康乐”也。

灵运诗书皆兼独绝，每文竟，手自写之，文帝称为“二宝”。

灵运既东还，与族弟惠连、东海何长瑜、颍川荀雍、泰山羊璿之以文章赏会，共为山泽之游，时人谓之“四友”。

谢灵运(385—433)，祖籍陈郡阳夏(今河南太康)。谢灵运是诗歌由古体诗向近体诗转变过程中的一位重要人物。谢诗属对精工，如“白云抱幽石，绿筱媚清涟”(《过始宁墅》)，“林壑敛暝色，云霞收夕霏”(《石壁精舍还湖中作》)等，这些诗句可以看成是唐代律体诗的先声。谢灵运喜爱山水，南方优美的山水陶冶了他的自然情怀。谢灵运擅长于刻画山水的动态特征，如千古名句“池塘生春草，园柳变鸣禽”等，让人在他的诗歌中更好地感知自然的勃勃生机。谢灵运开拓了诗歌中的山水表现领域。

谢灵运继承祖、父丰厚资产。十八岁袭封康乐公，人称“谢康乐”，是对他富贵身世的羡慕。华胄世家，加之超凡的艺术特别是诗歌才能，养成了谢灵运目空一切处世态度，也成为他最终弃市广州的原因。《南史》卷十九《谢灵运传》：

尝自始宁南山伐木开径，直至临海，从者数百。临海太守王琇惊骇，谓为山贼，末知灵运乃安。又要琇更进，琇不肯。灵运赠琇诗曰：“邦君难地崄，旅客易山行。”在会稽亦多从众，惊动县邑。太守孟顗事佛精恳，而为灵运所轻，尝谓顗曰：“得道应须慧业，丈人生天当在灵运前，成佛必在灵运后。”顗深恨此言。又与王弘之诸人出千秋亭饮酒，裸身大呼，顗深不堪，遣信相闻。灵运大怒曰：“身自大呼，何关痴人事。”

谢灵运狂戾如此，如何不得罪贾祸？

与当时很多上流人物一样，谢灵运也擅长书法。元陶宗仪《书史会要》卷四说灵运书法深得其舅王献之书法之精，"如石色松干，吹翕风云，簸荡川岳"①。

谢灵运对自己的政治前途一向颇为自许，但朝廷一直只以文人待之。当王昙首、王华、殷景仁等名位一向不如他的人都被重用时，谢灵运更是愤愤不平，从此常常称疾不朝。元嘉五年(428)，谢灵运解职回到始宁老家，其时，谢方明为会稽太守，有子惠连，深得灵运赏识，从此为肺腑之交。何长瑜是谢惠连的老师，与谢灵运情投意合。谢惠连(407—433)，为谢灵运族弟，故当时有大、小谢之称。钟嵘《诗品》："小谢才思富捷，恨其兰玉夙凋，故长辔未骋。《秋怀》《捣衣》之作，虽复灵运锐思，亦何以加焉。又工为绮丽歌谣，风人第一。"又引《谢氏家录》：

康乐每对惠连，辄得佳语，后在永嘉西堂，思诗竟日不就，寤寐间忽见惠连，即成"池塘生春草"。故常云："此语有神助，非吾语也。"

荀雍(生卒年不详)，字道雍，原籍颍川(今河南漯河)。官至员外散骑郎；羊璿之(？—459)，原籍泰山(今山东费县)，字曜璠。二人善于文学，故得与谢灵运、惠连为"四友"。此"四友"为文友，非王府官职。

双珠

《南史》卷十九《谢灵运传》附《孟顗传》：

昶、顗并美风姿，时人谓之"双珠"。

孟顗(生卒年不详)，字彦重，平昌安丘(今山东安丘)人。历官侍中、仆射、太子詹士、散骑常侍、做光禄大夫。是卫将军孟昶的弟弟。孟昶，《宋书》《南史》无传。南朝人常以珠、玉比喻美貌男子。《南史》卷三十九《刘孺传》载刘瑱说孺"此吾家明珠也"。

① [元]陶宗仪：《书史会要》，上海书店，1984年版，第86页。

南奔

《南史》卷十九《谢几卿传》：

梁天监中，自尚书三公郎为书侍御史。旧郎官转为此职者，世谓之“南奔”。

《梁书》卷五十《文学·谢几卿传》：

天监初，除征虏鄱阳王记室，尚书三公郎，寻为治书侍御史。旧郎官转为此职者，世谓之“南奔”。

谢几卿(476—?)，陈郡阳夏(今河南太康)人，谢超宗子，谢灵运曾孙。谢几卿年幼聪明善言，号为“神童”。永明五年(487)，补国子生。齐末，为鄱阳王萧恢记室，尚书三公郎。

治书侍御使也称书侍御使。《晋书》卷二十四《职官》：“治书侍御史，案汉宣帝幸宣室斋居而决事，令侍御史二人治书侍侧，后因别置，谓之治书侍御史，盖其始也。及魏，又置治书执法，掌奏劾，而治书侍御史掌律令，二官俱置。及晋，唯置治书侍御史，员四人。”谢几卿由三公郎而为治书侍御使，权位转轻，所以本传说几卿此后“颇失志，多陈疾，台事略不复理”。《通典·职官六》：“自宋齐以来，此官不重。自郎官转持书者，谓之南奔。”“此官”指“治书侍御使”，“持”乃为避唐讳而改。

治书侍御使官属御史台，御史台又称为南台，与在北面的尚书省相对而言。周一良《魏晋南北朝史札记·〈隋书〉札记》“南台”条有专门论述，可以参看。三公郎隶属尚书省，治书侍御使官属御史台，所以由三公郎而为治书侍御使被人称为“南奔”。

乌衣之游　五臣

《南史》卷二十《谢弘微传》：

混风格高峻，少所交纳，唯与族子灵运、瞻、晦、曜、弘微以文义赏会，常共宴处，居在乌衣巷，故谓之“乌衣之游”。混诗所言“昔为乌衣游，戚戚皆亲姓”者也。

文帝即位，为黄门侍郎，与王华、王昙首、殷景仁、刘湛等，号曰“五臣”。

《宋书》卷五十八《谢弘微传》：

混风格高峻，少所交纳，唯与族子灵运、瞻、晦、曜、弘微并以文义赏会。尝共宴处，居在乌衣巷，故谓之“乌衣之游”，混五言诗所云“昔为乌衣游，戚戚皆亲侄”者也。

太祖即位，为黄门侍郎，与王华、王昙首、殷景仁、刘湛等，号曰五臣。

谢弘微(392—433)，本名密，以字行，过继从叔谢峻。谢混是谢弘微过继后从叔，对谢弘微尊敬有加，称他为“微子”。谢弘微本家素贫穷，谢袭峻爵为建昌县侯后，处富泰而不淫。谢混伏诛后，谢混妻被迫离开谢家，谢弘微抚养谢混两幼女，并精心经营谢混遗留庞大家业，一如谢混在世时。九年后，谢混妻回还谢家，一切如昨，家业有增无减。谢弘微立朝，谨慎行事，口不言人短。临终，将文帝过去的敕书当着刘湛的面付之一炬。

谢晦(390—426)，字宣明；谢瞻(383？—421)，字宣远，谢晦兄；谢曜，谢弘微兄。谢混为谢安孙，谢晦祖父谢朗，朗为谢安侄。谢灵运、谢瞻、谢晦、谢曜、谢弘微均为谢混子辈。谢家这一支因为当年谢安淝水之战功劳，位势煊赫，居乌衣巷，这就是“南舍谢”。谢晦、谢瞻都擅长文学。《宋书》卷四十四《谢晦传》：“涉猎文义，朗赡多通。高祖深加爱赏，群僚莫及。”卷五十六《谢瞻传》：“瞻善于文章，辞采之美，与族叔混、族弟灵运相抗。”

刘义隆为宜都王的时候，谢弘微是王府文学；文帝即位后，谢弘微受到大用，为黄门侍郎。王华(385—427)，字子陵，琅玡临沂(今山东临沂)人，太保王弘从祖弟；王昙首(394—430)，王弘弟。文帝为宜都王镇江陵时，王华为西中郎主簿，迁谘议参军，领录事，昙首为镇西长史。殷景仁(390—440)，祖籍陈郡长平(今河南高平)。刘湛(392—440),字弘仁,南阳涅阳(今河南南阳)人。文帝即位时,这些人都算是“老臣”了,自然受到重用。《宋书》卷六十三殷景仁本传:

太祖即位,委遇弥厚,俄迁侍中,左卫如故。时与侍中游卫将军王华、侍中骁骑将军王昙首、侍中刘湛四人,并时为侍中,俱居门下,皆以风力局干,冠冕一时,同升之美,近代莫及。

这里说的“同升之美”也就是“五臣”同掌权衡的事。刘湛一生两次为朝官,第一次在文帝即位初,也就是“五臣”时期。《南史》卷三十五《刘湛传》:

服阕,为侍中。时王华、王昙首、殷景仁亦为侍中,文帝于合殿与四人宴饮甚悦。华等出,帝目送良久,叹曰:“此四贤一时之秀,同管喉唇,恐后世难继。”

元嘉六年(429)江夏王刘义恭镇江陵,刘湛为使持节、南蛮校尉,领抚军长史,行府州事。刘湛认为这次外出是由于王华、王昙首排挤的结果。刘湛第二次为朝官是在二王死后,也就是在他外出不久后;引荐他的是殷景仁,但两人因为争权很快又成为了仇家。宦海风波,何时平静过?刘湛便结附彭城王义康以倾殷景仁,因此反失去文帝信任,被杀。与当时很多夸夸其谈的上流人物相比,“五臣”算是很有政治才能的人物了,他们在为文帝稳固政权、实施政治措施方面做了不少很重要的事。

王太保家法

《南史》卷二十一《王弘传》:

弘既人望所宗,造次必存礼法。凡动止施为及书翰仪体,后人皆依放之,谓为王太保家法。

《宋书》卷四十二《王弘传》:

弘明敏有思致，既以民望所宗，造次必存礼法，凡动止施为，及书翰仪礼，后人皆依仿之，谓为王太保家法。

王弘（379—432），字休元，琅玡临沂人。曾祖王导，晋宰相。王弘在刘裕想做皇帝时，不失时机地帮助刘裕得到九锡，因而于刘裕有佐命之功。有一次刘裕宴集群臣，酒酣之余说："我一介平民，哪里想到会做了皇帝！"王弘立即说："这是天意！求之不得，但不想要也不行。"王弘是刘宋的开国元老，不仅有佐命之功，同时因为博览群书，熟悉旧典，对刘宋的制度礼仪多有建树。王家也因此巩固了高高在上的士族地位。元嘉九年（432），进位太保，领中书监，同年卒。

王弘不爱财，他的父亲王珣却是个守财奴。王珣死后，王弘把债券全部焚毁，财产也分给其他弟兄。王弘重义气，他曾经为司马道子的主簿，司马道子被收的时候，别人躲避唯恐不及，而王弘攀车涕泣，道侧拜辞。这里面恐怕有伪装的成分，南朝人尤其是士族善于掩盖自己真实的情感。《宋书》卷四十二本传记载王弘一件赌博的事：

性又褊隘，人忤意者，辄面加责辱。少时尝摴蒱公城子野舍，及后当权，有人就弘求县，辞诉颇切。此人尝以蒱戏得罪，弘诘之曰："君得钱会戏，何用禄为？"答曰："不审公城子野何在？"弘默然。

这大概才是真实的王弘。王弘位在三公，其一举一动必然为人所羡慕，包括书法在内的方式都为当时人所效仿，人称"王太保家法"，也就是情理之中的事了。《书史会要》卷四"王弘"条："官至太保、中书监。以清悟知名，工于书翰，人皆法之。"

孝童

《南史》卷二十二《王规传》：

规字威明，八岁丁所生母忧，居丧有至性。齐太尉徐孝嗣每见必为流涕，称曰"孝童"。

《梁书》卷四十一《王规传》所载文字与《南史》相同。

王规(492—536),字威明,是王昙首玄孙。南朝以文学相尚,诸王府往往集有文学之士。王规因为长于文学,与饮芸、王锡、张缅等为昭明太子属官。有文集二十卷。

书圣

《南史》卷二十二《王志传》:

志善草隶,当时以为楷法。齐游击将军徐希秀亦号能书,常谓志为“书圣”。

《梁书》卷二十一《王志传》所载文字与《南史》相同。

王志(460—513),字次道。祖王昙首,父王僧虔。元陶宗仪《书史会要》说他的草书“纤薄无滞”①,同卷记载徐希秀:“亦闲篆隶,正书谨从有度,草则拘检。梁武帝谓其书如南冈士大夫,徒尚风范,不免寒乞也。”②王志被徐氏称为“书圣”是有根据的,王志的父亲王僧虔就是大书法家,有一次,齐高帝问他当今谁的书法第一,王僧虔回答:“我第一,陛下你也是第一。”其自信如此。《南齐书》卷三十三《王僧虔传》载有一篇他专门论书法史的文章,不妨移录:

宋文帝书,自云可比王子敬,时议者云“天然胜羊欣,功夫少于欣”。王平南廙,右军叔,过江之前以为最。亡曾祖领军书,右军云“弟书遂不减吾”。变古制,今唯右军、领军;不尔,至今犹法钟、张。亡从祖中书令书,子敬云“弟书如骑骡,骎骎恒欲度骅骝前”。庾征西翼书,少时与右军齐名,右军后进,庾犹不分,在荆州与都下人书云“小儿辈贱家鸡,皆学逸少书,须吾下,当比之”。张翼,王右军自书表,晋穆帝令翼写题后答,右军当时不别,久后方悟,云“小人几欲乱真”。张芝、索靖、韦诞、钟会、二卫并得名前代,无以辨其优劣,唯见其笔力惊异耳。张澄当时亦

① [元]陶宗仪:《书史会要》,上海书店,1984年版,第110页。
② [元]陶宗仪:《书史会要》,上海书店,1984年版,第90页。

呼有意。郗愔章草亚于右军。郗嘉宾草亚于二王,紧媚过其父。桓玄自谓右军之流,论者以比孔琳之。谢安亦入能书录,亦自重,为子敬书嵇康诗。羊欣书见重一时,亲受子敬,行书尤善,正乃不称名。孔琳之书天然放纵,极有笔力,规矩恐在羊欣后。丘道护与羊欣俱面受子敬,故当在欣后。范晔与萧思话同师羊欣,后小叛,既失故步,为复小有意耳。萧思话书,羊欣之影,风流趣好,殆当不减,笔力恨弱。谢综书,其舅云紧生起,是得赏也,恨少媚好。谢灵运乃不伦,遇其合时,亦得入流。贺道力书亚丘道护。庾昕学右军,亦欲乱真矣。

周一良先生《魏晋南北朝史札记·〈南齐书〉札记》对这段文字有专门讨论,可以参看。

弹棋发八势　王东山

《南史》卷二十四《王裕之传》:

敬弘形状短而起坐端方,桓玄谓之"弹棋发八势"。所居舍亭山,林涧环周,备登临之美,故时人谓之"王东山"。

《宋书》卷六十六《王裕之传》:

敬弘形状短小,而坐起端方,桓玄谓之"弹棋八势"。所居舍亭山,林涧环周,备登临之美,故时人谓之"王东山"。

王裕之(349—436),字敬弘,琅玡临沂人。避刘裕讳,以字行。父王茂之,晋陵太守。王裕之常怀山水之志,厌恶案牍劳形。他的儿子被召为秘书郎,他请求朝廷让儿子做奉朝请,并写信给儿子说:"做秘书郎管束多,竞争激烈;奉朝请约束少,也没竞争。我想让你在一个没有约束,没有竞争的地方工作。"他也不要求子孙一定要有什么学问,各随所欲。

王裕之身材矮小,不苟起坐行卧之态度。他正襟危坐时的姿势如同弹棋之局。曹丕《弹棋赋》:"局则荆山妙璞,发藻扬晖,丰腹高隆,庳根四颓,平如砥砺,滑若柔荑。"则所谓"弹棋之局"即腹部隆起之意。裕之短小,坐的时候必然"丰腹高隆"。

当年晋谢安隐居东山,"东山"成为隐居的代名词。裕之隐居余杭东山,故人称"王东山"。谢安隐居之东山,有说在上虞,有说在余杭,莫衷一是①。王弘所隐居之舍亭山在余杭,时人既然称呼王弘为"王东山",必是承"谢东山"名称而来。这反过来倒是能证明谢安当年隐居之东山应该也在余杭。

三素望

《南史》卷二十四《阮万龄传》:

> 万龄少知名,为孟昶建威长史。时袁豹、江夷相系为昶司马,时人谓昶府有"三素望"。

《宋书》卷九十三《阮万龄传》:

> 万龄少知名,自通直郎为孟昶建威长史。时袁豹、江夷相系为昶司马,时人谓昶府有"三素望"。

阮万龄(377—448),陈留尉氏(今河南尉氏)人。袁豹(373—413),字士蔚,陈郡阳夏(今河南太康)人,袁湛的弟弟。江夷(生卒年不详),字茂远,济阳考城(今河南兰考)人。

阮万龄《宋书》入"隐逸"传,本传说他"颇有素情";袁豹则以博览群书、谙于文物制度著称;江夷本传称他"美风仪,善举止,历任以和简著称"。"素望",久负盛名之士。

王氏青箱学

《南史》卷二十四《王准之传》:

> 曾祖彪之,位尚书令,祖临之、父讷之并御史中丞。彪之博闻多识,

---

① 参看臧励和编:《中国古今地名大辞典》,商务印书馆,1931年版,第478页。

练悉朝仪，自是家世相传，并谙江左旧事，缄之青箱，世谓之“王氏青箱学”。

《宋书》卷六十《王准之传》：

彪之博闻多识，练习朝仪，自是家世相传，并谙江左旧事，缄之青箱，世人谓之“王氏青箱学”。

王准之[①](378—433)，字元曾，琅玡临沂人。曾祖王彪之，祖王临之，父王讷之。王彪之是王导的从子，王导是东晋宰相，谙习朝政自不必说。另一方面，王彪之得年七十三，官至尚书令，与谢安共掌朝政，对东晋以来政坛状况应该是了如指掌。典午南渡，王家一直是权力的中心人物。王彪之把官场行为规则记录下来，作为官场指南，秘而不宣，也是为了巩固王家在朝廷的中心地位。

“青箱”为青藤编制箱，可用来放置书卷。南朝上流人物外出常随身携带巾箱，“青箱”盖亦巾箱之类也。

兰台聚

《南史》卷二十五《到溉传》：

昉还为御史中丞，后进皆宗之。时有彭城刘孝绰、刘苞、刘孺，吴郡陆倕、张率，陈郡殷芸，沛国刘显及溉、洽，车轨日至，号曰“兰台聚”。

到溉(477？—548)字茂灌；到洽(477—527)字茂沿，为到溉同父异母兄弟，彭城武原(今江苏邳县)人。曾祖到彦之为宋开国功臣。“二到”俱有文才，时人比为“二陆”。梁世祖萧绎赠诗：“魏世重双丁，晋朝称二陆。何如今两到，复似凌寒竹。”《到溉传》又见《梁书》卷四十，《到洽传》又见《梁书》卷二十七。《梁书·到洽传》也说“朓后为吏部，洽去职，朓欲荐之，洽睹世方

① 中华书局本《宋书》卷五十四“校勘记”：“‘准之’各本并作‘淮之’，据本书卷六十《王准之传》改。”

乱，深相拒绝。除晋安王国左常侍，不就，遂筑室岩阿，幽居者积岁”，则到洽被人称为“居士”是在齐末天下将乱之时。

“二到”尤其为文臣任昉所激赏，《梁书》卷十四《任昉传》：“天监二年（503），出为义兴太守。在任清洁，儿妾麦食而已。友人彭城到溉、溉弟洽，从昉共为山泽游。”次年任昉为御史中丞、秘书监，《梁书》本传说：“自齐永元以来，秘阁四部，篇卷纷杂，昉手自雠校，由是篇目定焉。”秘书监即秘阁又称兰台，“兰台聚”就是任昉在任秘书监时招集二到等人校理群书之事。陆倕有诗记录这件事说：“和风杂美气，下有真人游。壮矣荀文若，贤哉陈太丘。今则兰台聚，方古信为俦。任君本达识，张子复清修，既有绝尘到，复见黄中刘。”《南史》卷四十八《陆倕传》称“兰台聚”为“龙门之游”：

> 及昉为中丞，簪裾辐凑，预其燕者，殷芸、到溉、刘苞、刘孺、刘显，刘孝绰及倕而已，号曰“龙门之游”，虽贵公子孙不得预也。

“龙门”自然是指任昉。

刘孝绰（481—539），本名冉，以字行，彭城（今江苏徐州）人。父绘，舅王融，并为文学名家。最受知于昭明太子，与殷芸、陆倕、王筠及到氏兄弟为太子文学集团人员。文集数十万言，行于时。传见《梁书》卷三十三、《南史》卷三十九。刘苞（482—511），字孝尝，为刘孝绰从弟。传见《梁书》卷四十九《文学》《南史》卷三十九。《梁书》本传：“自高祖即位，引后进文学之士，苞及从兄孝绰、从弟孺、同郡到溉、溉弟洽、从弟沆、吴郡陆倕、张率并以文藻见知，多预宴坐，虽仕进有前后，其赏赐不殊。”也是就“兰台聚”而言。刘孺（486—544），字孝稚。为刘孝绰从弟。梁武帝称赞他“刘孺洛阳才”，盖比之汉贾谊也。有文集二十卷。

刘显（481—543），字嗣芳，沛郡相（今安徽淮北市）人。传见《梁书》卷四十、《南史》卷五十。两书本传均未说及刘显为职兰台事，只是说与裴子野、刘之遴、顾协等连职禁中，互相师友。任昉喜欢奖掖后进，刘显受到任昉欣赏，所以刘显在朝中任职时，参加“兰台聚”是不难理解的。《梁书》《南史》刘显本传记载：“任昉尝得一篇缺简，文字零落，示诸人莫能识者，显见云是古文尚书所删逸篇。”

张率（475—527），字士简，吴郡吴（今江苏苏州）人。齐明帝建武三年（496），经沈约结识任昉，从此定交。入梁，甚得武帝赏识，对他说：“卿东南物望，朕宿昔所闻。卿言宰相是何人，不从天下，不由地出。卿名家奇才，若复以礼律为意，便是其人。秘书丞天下清官，东南望胄未有为之者，今以相处，为卿定名誉。”以为秘书丞，“兰台聚”也就在此时。所著《文衡》十五卷，文集四十卷行于世。

殷芸(471—529)，字灌蔬，陈郡长平(今河南西华)人。博洽群书，受庐江何宪赏识。他先是昭明太子文人集团成员，后为秘书监，“兰台聚”就是他在任秘书监时候的事。

可以推测，“兰台聚”中人物大多先是以昭明太子为中心，而后才以任昉为中心，也就是说他们先后经历了两个文会群体。

被赕刺史

《南史》卷二十五《垣闳传》：

> 凡蛮夷不受鞭罚，输财赎罪，谓之赕，时人谓闳“被赕刺史”。历度支尚书，卫尉。

垣闳(412—487)，字叔通，略阳桓道(今陕西略阳)人。为地方豪族，族兄护之有军功于宋室。传又见《南齐书》卷二十八，但无只言提及闳刺史交州、益州事。

南朝地方官员在离任时，将在职期间得来的财物带回，名为“还资”。《南史》卷二十二《王昙首传》：“寻出为临海太守，在郡侵刻，还资有芒鞋两舫，他物称是。”卷二十三《王华传》附《王琨传》：“及罢任，孝武知其清，问还资多少？琨曰：‘臣买宅百三十万，余物称之。’帝悦其对。”卷二十五《垣昙深传》：“为临城县，罢归，得钱十万，以买宅奉兄，退无私蓄。”卷二十五《张欣泰传》：“宋元徽中，世兴在家，拥雍州还资见钱三十万，苍梧王自领人劫之，一夜垂尽，世兴忧惧病卒。欣泰兄欣华时为安成郡，欣泰悉封余财以待之。”卷二十七《孔琇之传》：“出为临海太守，在任清约。罢郡还，献干姜二千斤，齐武帝嫌其少，及知琇之清，乃叹息。”卷二十八《褚炫传》：“罢江夏郡还，得钱十七万，于石头并分与亲族。”卷三十一《张率传》：张率为新安太守，丁母忧还，“在新安遣家僮载米三千石还宅，及至遂耗太半”。卷四十五《崔慧景传》：“慧景每罢州，辄倾资献奉，动数百万。武帝以此嘉之。”崔慧景罢州所得也就是还资。卷三十三《裴松之传》："罢任，刺史王蕴谓曰：'卿清贫必无还资，湘中人士有须一礼之命者，我不爱也。'"卷七十《范述曾传》："郡送故旧钱二十余万，一无所受，唯得白桐木火龙朴十余枚而已。"这些财物来历很复杂，或是搜括来的，或是临别部下、友朋赠送的等。

西蜀、岭南向来物产富饶，蜀地"还资"名"西资"，岭南"还资"名"南资"。这两地"还资"尤其丰厚，甚至成为社会问题，所谓"岭南之弊"是也。《晋书》卷九十《良吏·吴隐之传》：

> 广州包带山海，珍异所出，一箧之宝，可资数世，故前后刺史皆多黩货。朝廷欲革岭南之弊，以隐之广州刺史。未至州二十里，地名石门，有水曰贪泉，饮者怀无厌之欲。隐之既至，语其亲人曰："不见可欲，使心不乱。越岭丧清，吾知之矣。"乃至泉所，酌而饮之，因赋诗曰："古人云此水，一歃怀千金。试使夷齐饮，终当不易心。"及在州，清操逾厉，常食不过菜及干鱼而已，帷帐器服皆付外库，时人颇谓其矫，然亦终始不易。

又如《南史》卷二十四《王镇之传》：

> 出为建威将军、平越中郎将、广州刺史，加都督。宋武帝谓人曰："镇之少著清绩，必将继美吴隐，岭南弊俗，非此不康也。"在镇不受俸禄，萧然无营，去官之日，不异初至。

晋石崇与王恺斗富，此人皆知之。石崇斗富的财产如珊瑚树主要来自他在任荆州刺史、南蛮校尉时候在岭南搜括与抢劫长江过往商贾船只得来的。

垣闳先后刺史交州与益州，"还资"必然丰厚，这引起了宋明帝的眼红，所得"还资"被剥夺殆尽，还差点丢了性命。《南史》本传：

> 孝武帝即位，以为交州刺史。时交土全实，闳罢州还，资财巨万。孝武末年贪欲，刺史二千石罢任还都，必限使献奉，又以蒱戏取之，要令罄尽乃止。闳还至南州，而孝武晏驾，拥南资为富人。明帝初，以为司州刺史。北破薛道摽，封乐乡县男。出为益州刺史。蜀还之货，亦数千

金,先送献物,倾西资之半,明帝犹嫌其少。及闳至都,诣廷尉自簿,先诏狱官留闳,于是悉送资财,然后被遣。

奉献还资给皇帝,在当时已成惯例,至于多少没有定数。垣闳先后获得南资、西资,而不情愿奉献,这就给自己惹了麻烦。“赕”,古代西南人们用来赎罪的财物。垣闳在西南搜括来的财产,反而成为自己赎罪的资本,这就是垣闳被时人称为“被赕刺史”的原因。讥讽之也。

登龙门　大仆射　小仆射

《南史》卷二十六《袁昂传》:

昂雅有人鉴,游处不杂,入其门者号“登龙门”。

又,《袁宪传》:

迁右仆射,参掌选事。先是宪长兄枢为左仆射,至是宪为右仆射,台省目枢为“大仆射”,宪为“小仆射”,朝廷荣之。

《陈书》卷二十四《袁宪传》:

十三年,迁右仆射,参掌选事。先是宪长兄简懿子为左仆射,至是宪为右仆射,台省内目简懿为“大仆射”,宪为“小仆射”,朝廷荣之。

《袁昂传》又见《梁书》卷三十一,但不载此时号。袁昂(461—540),字千里,祖籍陈郡阳夏(今河南太康)。袁氏为陈郡著族,高祖袁湛从宋武帝征战,不仅有疆场之功,且有佐命之勋。

袁昂得年八十,历仕齐、梁两朝。齐武帝时他累迁秘书丞、黄门侍郎;明帝时,为御史中丞。入梁,累迁吏部尚书,侍中,尚书令;大通中,位司空。《南史》本传说袁昂“在朝謇谔,世号宗臣”,说明袁昂是势隆且德高望重之人,加之他喜欢奖掖后进,自然成为一世龙门。

袁宪(529—598),字德璋,祖袁昂,父袁君正;袁枢(517—567),字践言，与宪为兄弟。袁枢迁尚书左仆射在废帝光大元年(567)，同年卒，谥简懿。袁宪迁右仆射在陈宣帝太建十三年(581)。二人称为大、小仆射。《陈书》袁枢本传："美容仪，性沉静，好读书，手不释卷。家世显贵，赀产充积，而枢独居处率素，傍无交往，端坐一室，非公事未尝出游，荣利之怀淡如也。"又："谨慎周密，清白自居，文武职司，鲜有游其门者。"《陈书》袁宪本传："好学，有雅量。"当时卫尉赵知礼称赞袁宪说："袁生举止详中，故有陈、汝之风。"自先秦以来，陈、汝为书香之地、礼仪渊薮，出现了诸如谢家、荀家、袁家、褚家等世代高门，其门风端正，名士、循吏辈出。陈、汝之士，多非势利苟营之徒可比，亦非弄权使诈之武夫粗豪所能望其项背。此之谓"陈、汝之风"。

神君

《南史》卷二十七《孔奂传》：

奂清白自守，妻子并不之官，唯以单船临郡。所得秩俸，随即分赡孤寡，郡中号曰"神君"。

《陈书》卷二十一《孔奂传》：

奂清白自守，妻子并不之官，唯以单船临郡，所得秩俸，随即分赡孤寡，郡中大悦，号曰"神君"。

孔奂(514—583)，字休文，会稽山阴(今浙江绍兴)人。孔氏乃山阴著姓，孔奂出身名门，曾祖孔琇之，齐左民尚书、吴兴太守；祖齐豨，太子舍人、尚书三公郎；父孔稚孙，梁宁远枝江公主簿、无锡令。孔奂为官清纯，《陈书》本传："性耿介，绝请托，虽储副之尊，公侯之重，溺情相及，终不为屈。"

孔奂被时人称为"神君"，不仅是因为他的奉公清白、乐善好施。古人称父母官为"神君"或"神父"，其意往往在于此人善于办理繁冗事务，特别是善于折狱。《陈书》本传说：

初，世祖在吴中，闻奂善政，及践祚，征为御史中丞，领扬州大中正。

奂性刚直，善持理，多所纠劾，朝廷甚敬惮之。深达治体，每所敷奏，上未尝不称善，百司滞事，皆负奂决之。

这才是孔奂被称为“神君”的真正原因。

四友

《南史》卷二十八《褚炫传》：

昇明初，炫以清尚，与彭城刘俣、陈郡谢朏、济阳江敩入殿侍文义，号为“四友”。

《南齐书》卷三十二《褚炫传》：

昇明中，炫以清尚，与刘俣、谢朏、江敩入殿侍文义，号为“四友”。

《梁书》卷十五《谢朏传》：

齐高帝为骠骑将军辅政，选朏为长史，敕与河南褚炫、济阳江敩、彭城刘俣俱入侍帝，时号为“天子四友”。

褚炫（443—483）[①]，字彦绪，河南阳翟（今河南禹州）人。褚炫为阳翟人，具“陈汝之风”。《南齐书》本传载：“炫居身清立，非吊问不杂交游，论者以为美。及在选部，门庭萧索，宾客罕至。”褚炫为江夏内史，虽得还资十七万，全部分给亲友，后来自己生病却无钱买药。

刘俣（？—477），《南史》《宋书》均无传，《宋书》卷五十一《刘秉传》，《南史》卷十三《长沙景王道怜传》仅有零星记载。刘俣为刘秉之子，刘秉为宋室成员、“四贵”之一。刘秉知萧道成将移鼎命，与沈攸之、袁粲等联手谋反，兵败，刘秉与二子刘承、刘俣并死，时年四十五。《南史》卷十三《长沙景

① 《南齐书·褚炫传》：“国学建，以本官领博士，未拜，卒，无以殡敛。时年四十一。”按：齐建国学在建元四年（483），知炫生于483年。

王道怜传》："粲败，彦节逾城走，于额檐湖见禽被杀。彦节子俣尝赋诗云：'城上草，植根非不高，所恨风霜早。'时咸云此为祅句。事败，俣与弟陔剃发被法服向京口，于客舍为人识，执于建康狱尽杀之。"刘秉字彦节。

谢朏(441—506)，字敬充，祖籍陈郡阳夏(今河南太康)。传见《南史》卷二十、《梁书》卷十五。谢庄子，谢弘微孙。谢朏历仕宋、齐、梁三朝。工诗。

江敩(452—495)，字叔文，祖籍河南济阳(今河南兰考)。传见《南齐书》卷四十三、《南史》卷三十六。江敩宋明帝时尚孝武帝女临汝公主，拜驸马都尉，善文辞。

萧道成拜骠骑大将军在元徽五年(477)，《南史》卷一《齐本纪》："七月丙申，加侍中、司空、录尚书事、骠骑大将军，封竟陵郡公，给油幢络车，班剑三十人。"萧道成见宋室气数将尽，遂萌篡代之心，选褚、谢、刘、江四人为宋顺帝刘准的"四友"，实际上是为了监视顺帝和朝廷。其时，萧道成与袁粲、褚彦回、刘秉号"四贵"，褚、谢、刘、江均为"四贵"党人，萧道成正是通过"四贵"来利用此四人的。首先来看褚炫，他是褚彦回族人；刘俣是彦节之子；谢朏受知于袁粲，谢朏受贿得罪，正是因为袁粲的庇护才化险为夷。萧道成自己也很看重谢的名位，《梁书》卷十五袁朏本传：

> 高帝方图禅代，思佐命之臣，以朏有重名，深所钦属。论魏、晋故事，因曰："晋革命时事久兆，石苞不早劝晋文，死方恸哭，方之冯异，非知机也。"朏答曰："昔魏臣有劝魏武即帝位者，魏武曰：'如有用我，其为周文王乎！'晋文世事魏氏，将必身终北面；假使魏早依唐虞故事，亦当三让弥高。"帝不悦。

与谢朏一样，江敩也是受知于袁粲。《南史》江敩本传："时袁粲为尹，见敩叹曰：'风流不坠，正在江郎。'数与宴赏，留连日夜。"江敩同时还得到了褚彦回的赏识。《南史》江敩本传载："褚彦回为卫军，重学为人，先通意，引为长史。"

"四友"中，刘俣后因反对萧道成的篡宋而被杀。这也难怪，对于刘俣来说毕竟血浓于水。其余三人入齐后都做了大官。

小褚公

《南史》卷三十《何戢传》：

> 戢美容仪，动止与褚彦回相慕，时人号为“小褚公”。

《南齐书》卷三十二《何戢传》所载文字与《南史》相同。

何戢（447—482），字慧景，庐江潜（今安徽庐江）人。祖何尚之，父何偃。何戢尚孝武长女山阴公主刘楚玉，虽然一表人才，但公主对他还是不满意。《宋书》卷七《前废帝本纪》：

> 山阴公主淫恣过度，谓帝曰：“妾与陛下，虽男女有殊，俱托体先帝。陛下六宫万数，而妾唯驸马一人。事不均平，一何至此！”帝乃为主置面首左右三十人；进爵会稽郡长公主，秩同郡王，食汤沐邑二千户，给鼓吹一部，加班剑二十人。帝每出，与朝臣常共陪辇。主以吏部郎褚渊貌美，就帝请以自侍，帝许之。渊侍主十日，备见逼迫，誓死不回，遂得免。

文中的“帝”是宋前废帝刘子业，山阴公主的弟弟。褚渊的父亲褚湛之，尚宋武帝女始安哀公主，褚渊自己娶的是文帝南郡献公主。《南齐书》褚渊本传：“渊美仪貌，善容止，俯仰退进，咸有风则。每朝会，百僚、远国使莫不延首目送之。宋明帝尝叹曰：‘褚渊能迟行缓步，便持此得宰相矣。’”褚渊不仅有堂堂外表，而且具有“陈汝之风”，也就是说素养很高。褚渊侍公主十日后，再也没有回到山阴公主身边，而是与何戢同居了一个多月，两人并由此结下深厚友情。何戢也是出身名门，有上流人物之风，加上这一个多月与褚渊朝夕相处，也学了不少褚渊的行为风度，“动止与褚彦回相慕”，乃至当时人称何戢为“小褚公”了。景和元年（465），明帝发动宫廷政变，杀废帝，顺便把山阴公主也给杀了。

孝隐士　小隐士　游侠处士　大山　小山　东山　何氏三高

《南史》卷三十《何点传》：

或乘柴车，蹑草屩，恣心所适，致醉而归。故世论以点为“孝隐士”，弟胤为“小隐士”，大夫多慕从之。时人称重其通，号曰“游侠处士”。

又，《南史·何胤传》：

初，胤二兄求、点并栖遁，求先卒，至是胤又隐，世号点为“大山”，胤为“小山”，亦曰“东山”。兄弟发迹虽异，克终皆隐，世谓“何氏三高”。

何求（434—489），字子有；何点（443—503），字子皙；何胤（446—531），字子季。三人为兄弟，祖何尚之，父何铄。庐江潜（今安徽庐江）人。

父亲何铄因为癫痫杀死母亲，坐法死，这对于兄弟三人打击很大。三人自此都绝意仕途，纵情山水。《南齐书》何求本传说他“清退无嗜欲”，“一夜忽乘小船逃归吴，隐虎丘山，复除黄门郎，不就”。三人入《南齐书》卷五十四《高逸》。

何点信佛，但也很讲孝道。感于父母之祸难，不宦不娶，隐居于从弟何遁的东篱门园，植花草其中，常与高僧大德们一起吟咏自得，人称“孝隐士”。何点为人通脱，任自然而不拘名教，经常不束带，不着帽，乘柴车，着草鞋，恣心所适，大醉而归。他行径独迈，人称“游侠处士”。

何胤是老小，人称“小隐士”，隐居于会稽若耶山云门寺。胤所住宅名“小山”，于是人称其为“小山”，相对称何点而为“大山”。自从谢安隐居东山后，“东山”便成为隐居的代称。隐士也可以称为“高人”或“上人”，“三高”也就是“三高人”之意。

众造寺　何吴郡

《南史》卷三十《何敬容传》：

何氏自晋司空充、宋司空尚之奉佛法，并建立塔寺，至敬容又舍宅东为伽蓝，趋权者因助财造构，敬容并不拒，故寺堂宇颇为宏丽。时轻薄者因呼为“众造寺”。

《梁书》卷三十七《何敬容传》：

何氏自晋司空充、宋司空尚之，世奉佛法，并建立塔寺；至敬容又舍宅东为伽蓝，趋势者因助财造构，敬容并不拒，故此寺堂宇校饰，颇为宏丽。时轻薄者因呼为"众造寺"焉。及敬容免职出宅，止有常用器物及囊衣而已，竟无余财货，时亦以此称之。

《梁书》卷二十《谢举传》：

先是，何敬容居郡有美绩，世称为"何吴郡"。及举为政，声迹略相比。

何敬容（？—549），字国礼，庐江（今安徽庐江）人。何尚之从孙，祖父何攸之，宋太常卿，父昌宇，齐吏部尚书。

何敬容虽然为人贪鄙，为官善于探知人君意图，但与当时很多尸禄素餐的官僚比较，有两点是值得称道的。第一，勤于政务。自魏晋以来，随着门阀、门阀制度的形成与确立，等级礼仪显得越来越重要，等级礼仪是门阀的标志，也维护了门阀制度的延续。与此相适应的是士族上流人物的崇尚玄虚，反对务实，似乎贵族礼仪要求就应该这样。当时品评一个人不在于他做了什么而在于他说了什么；不在于他有没有动手做实事的能力，而在于他手里拿的是什么，竹如意还是玉如意？不在于他的灵魂而在于他有什么样的举止甚至肤色。实实在在做事的人如羊祜、杜预等人是很少见的，何敬容算是其中之一了。《梁书》卷三十七敬容本传：

敬容久处台阁，详悉旧事，且聪明识治，勤于簿领，诘朝理事，日旰不休。自晋、宋以来，宰相皆文义自逸，敬容独勤庶务，为世所嗤鄙。时萧琛子巡者，颇有轻薄才，因制卦名离合等诗以嘲之，敬容处之如初，亦不屑也。

《梁书》敬容本传又说："（普通）四年（523），出为招远将军、吴郡太守，为政勤恤民隐，辨讼如神，视事四年，治为天下第一。"这是何敬容被时人称为"何吴郡"的本事。用所临郡县名称称呼人在古代也是一种尊称。这也很能说明他不是做一天和尚撞一天钟的慵懒地方官。第二，反对清谈。敬容认为玄谈误国，这比当时很多故弄玄虚的人就清醒多了。

释氏从东汉初期传入中土，南朝是佛教的发展的一个黄金时期，其原因就是受到庄园大地主家族的追捧。何氏家族和当时很多大地主家族一样，非常崇尚佛教。

谢举(479—548)，字言扬。谢朏侄，中书令谢览弟。梁武帝大同三年(537)，谢举出为吴郡太守，甚有政绩。《梁书》谢、何同卷，亦"以类相从"之意。

张氏五龙　四张

《南史》卷三十一《张裕传》：

> 子演，位太子中舍人。演四弟镜、永、辩、岱俱知名，时谓之"张氏五龙"。

又，《南史·张稷传》：

> 稷与族兄充、融、卷俱知名，时目云充、融、卷、稷为"四张"。

张裕(376—442)，字茂度，吴郡吴(今江苏苏州)人。张裕是刘宋开国元勋，任粮草职责，刘裕因此无后顾之忧。《南史》张裕本传载："武帝西伐刘毅，北伐关洛，皆居守留任州事。"张裕家产丰厚，晚年自绝人事，隐居吴郡华山。传又见《宋书》卷五十三。

张裕有五子：张演(《南齐书》卷三十三作寅)、张镜、张永、张辩、张岱。张演(生卒年不详)，位太子中舍人；张镜(《宋书》卷五十九作敬)(生卒年不详)，官至新安太守；张永(410—475)，字景云，元徽二年(474)为征北将军、南兖州刺史，加都督。张永涉猎书史，善文章、隶书。张辩(411？—475？)，历尚书吏部郎，广州刺史，大司农。《隋书·经籍志》录《张辩集》十六卷。张岱(生卒年不详)，字景山。累迁吏部尚书，齐武帝即位，复为吴兴太守。是为"五龙"。

张稷(440？—502？)，字公乔，永子。梁武帝即位，封江安县子，位领军将军。张稷为人直率，为政宽恕。张充(449—514)，字延符，张演孙。天监五年(506)，迁吏部尚书。张融(444—497)，字思光，张裕从孙，父张畅，祖张祎。《南齐书》本传录其《海赋》。逯钦立《先秦汉魏晋南北朝诗》录其诗五首。张卷(？—502)，字令远，张稷从兄。是为"四张"。《南齐书》卷四十一《张融传》："张氏知名，前有敷、演、镜、畅，后有充、融、卷、稷。"

张氏家族中，颇有精于玄理者，时人语曰："宋称敷、演，梁则卷、充，清虚学尚，种有其风。"张敷(402—442)，字景胤，邵子。传见《宋书》卷四十六，又见卷六十二。张敷是很典型的南朝士人，喜谈玄理，好自我标志。《宋书》卷六十二本传：

> 中书舍人秋当、周赳并管要务，以敷同省名家，欲诣之。赳曰："彼若不相容，便不如不往。讵可轻往邪?"当曰："吾等并已员外郎矣，何忧不得共坐。"敷先设二床，去壁三四尺，二客就席，酬接甚欢，既而呼左右曰："移我远客。"赳等失色而去。其自标遇如此。善持音仪，尽详缓之致，与人别，执手曰："念相闻。"余响久之不绝。张氏后进至今慕之，其源流起自敷也。

"念相闻"即"一定要来信"的意思，大概是当时临别所用常言，只不过张敷发音拉得长而为人羡慕学习。盲目崇尚别人，尤是盲从上流社会人物，也是南朝习气。张种(504—573)，字士苗，祖辩，父略。陈宣帝时，张种官至中书令。传又见《陈书》卷二十一。

《南史》"稷与族兄充、融、卷俱知名"，此话有误，充为演孙，稷为演侄，充不得为稷"族兄"。

格佞

《南史》卷三十三《郑鲜之传》：

> 帝少事戎旅，不经涉学，及为宰相，颇慕风流。时或谈论，人皆依违不敢难。鲜之难必切至，未尝宽假。与帝言，要须帝理屈，然后置之。帝有时惭恧变色，感其输情，时人谓为"格佞"。

《宋书》卷六十四《郑鲜之传》：

高祖少事戎旅，不经涉学，及为宰相，颇慕风流，时或言论，人皆依违之，不敢难也。鲜之难必切至，未尝宽假，要须高祖辞穷理屈，然后置之。高祖或有时惭恧，变色动容，既而谓人曰："我本无术学，言义尤浅。比时言论，诸贤多见宽容，唯郑不尔，独能尽人之意，甚以此感之。"时人谓为"格佞"。

郑鲜之(364—427)，字道子，荥阳(今河南荥阳)人。当初刘裕与刘毅争天下，郑鲜之虽为郑毅舅却弃郑毅从刘裕，因此深得刘裕信任。刘裕本一介武夫，连字也不会写。《南史》卷十五《刘穆之传》："帝书素拙，穆之曰：'此虽小事，然宣布四远，愿公小复留意。'帝既不能留意，又禀分有在，穆之乃曰：'公但纵笔为大字，一字径尺无嫌。大既足有所包，其势亦美。'帝从之，一纸不过六七字便满。"言义更是刘裕的弱点。"言"就是语言表达，"义"即说话的内容，南朝时多指谈玄。刘裕任宰相时，很想附庸风雅，常与别人谈玄，有的人虽然知道他说得不对，也不敢发对，只有郑鲜之不屈不挠，把刘裕弄得下不了台，只好承认自己的不足与错误。"格佞"就是纠正错误的意思。

郑鲜之为人直率，所以李延寿论曰："鲜之时称'格佞'，斯不佞矣。"李延寿知道，如郑鲜之这样敢于道破皇帝弱点的人历史上并不多见。

何刘

《南史》卷三十三《何逊传》：

初，逊文章与刘孝绰并见重，时谓之"何刘"。梁元帝著论论之云："诗多而能者沈约，少而能者谢朓、何逊。"

《梁书》卷四十九《何逊传》：

初，逊文章与刘孝绰并见重于世，世谓之"何刘"。世祖著论论之云："诗多而能者沈约，少而能者谢朓、何逊。"

何逊(472？—519？),字仲言,东海郯(今山东郯城)人。逯钦立《先秦汉魏晋南北朝诗·梁诗》卷九录何逊诗九十多首。何逊的诗有着明显的由古体诗向唐代律诗转变的痕迹,“在语言、声律及意象选择与抒情的配合诸方面都更接近唐诗的风格”①。诗作中既有乐府体,又有很工整的近体诗如《相送》:“客心已百念,孤游重千里。江暗雨欲来,浪白风初起。”很能营造意境,做到情景交融了。

逯钦立《先秦汉魏晋南北朝诗·梁诗》卷十六录刘孝绰诗七十首左右,大部分是应制、赠答诗及咏物诗。与何逊不同的是,刘孝绰的诗是典型的魏晋古体诗风格,不追求意境;如果有真情实感,倒是很古朴苍凉,如《夜不得眠》:“夜长愁反复,怀抱不能裁。披衣坐惆怅,当户立徘徊。风音触树起,月色度云来。夏叶依窗落,秋花当户开。光阴已如此,复持忧自催。”尽管中间四句描写很细致生动,但总体仍是古体诗歌风格。刘孝绰已见“兰台聚”条。“何刘”并称,主要在于二人的诗歌成就。

何逊为何承天曾孙。何承天(370—447),晋宋间著名史学家、文学家。东海何家,在何承天之后,除了何逊,还有何思澄(483？—534？)、何子朗(495？—517？),俱擅文名,时人语曰:“东海三何,子朗最多。”

二始　颜彪　颜谢

《南史》卷三十四《颜延之传》:

少帝即位,累迁始安太守。领军将军谢晦谓延之曰:“昔荀勖忌阮咸,斥为始平郡,今卿又为始安,可谓‘二始’。”

延之性既褊激,兼有酒过,肆意直言,曾无回隐,故论者多不与之,谓之“颜彪”。

是时议者以延之、灵运自潘岳、陆机之后,文人莫及,江右称“潘陆”,江左称“颜谢”焉。

① 章培恒、骆玉明:《中国文学史》,复旦大学出版社,1996年版,第408页。

《宋书》卷七十三《颜延之传》：

少帝即位，以为正员郎，兼中书，寻徙员外常侍，出为始安太守。领军将军谢晦谓延之曰："昔荀勖忌阮咸，斥为始平郡，今卿又为始安，可谓'二始'。"

延之与陈郡谢灵运俱以词彩齐名，自潘岳、陆机之后，文士莫及也，江左称"颜谢"焉。

颜延之(384—456)，字延年，琅玡临沂(今山东临沂)人。延之博览群书，遂为才学之人，深受谢晦等人赏识。颜延之为人疏诞，因此得罪不少人如尚书令傅亮等。颜延之、谢灵运一向受到庐陵王刘义真的赏识，宋武帝病笃，傅亮等擅权，迁义真南豫州；到少帝即位(423)时，谢灵运被出为永嘉太守，颜延之出为始安(今广西桂林)太守。颜延之遭忌远出始安，谢晦把他与阮咸相类比。《晋书》卷四十九《阮咸传》："荀勖每与咸论音律，自以为远不及也，疾之，出补始平(今陕西咸阳西北)太守。"阮咸出为始平，颜延之出为始安，故有"二始"之称。

颜延之嗜酒。《南史》本传："文帝尝召延之，传诏频不见，常日但酒店裸袒挽歌，了不应对，他日醉醒乃见。"酒后往往口无遮拦，由此取怨于时人。《南史》本传："(何)尚之为侍中在直，延之以醉诣焉。尚之望见便阳眠，延之发帘熟视曰：'朽木难雕。'尚之谓左右曰：'此人醉甚可畏。'"连何尚之这样德行之人都避之唯恐不及，难怪时人目颜延之为"颜彪"了。

颜延之虽嗜酒狂放，与世枘凿，但这也是天生的诗人资质。在这方面，颜延之与谢灵运很相似。时人称"颜谢"，还在于二人诗歌的成就。钟嵘《诗品》"宋光禄大夫颜延之诗"："尚巧似，体裁绮密，情喻渊深，动无虚散，一句一字，皆致意焉。又喜用古事，弥见拘束。"并且引汤惠休的话说："谢诗如芙蓉出水，颜诗如错彩镂金。"逯钦立《先秦汉魏晋南北朝诗·宋诗》收颜诗二十九首，多是赠答诗。从这些作品来看，并不见得有"错彩镂金"的风格，但《登景阳楼》诗："风观要春景，月榭迎秋光。沿波被华若，随山茂贞芳。"雕刻细致、描写华美，堪称"错彩镂金"，也很具有谢灵运山水诗精雕细刻特征。

髑髅山　腰鼓兄弟　苍头公

《南史》卷三十四《沈怀文传》：

竟陵王诞据广陵反，及城陷，士庶皆裸身鞭面然后加刑，聚所杀人首于石头南岸，谓之“髑髅山”。

又，《南史・沈冲传》：

冲与兄淡、深名誉有优劣，世号为“腰鼓兄弟”。

《宋书》卷八十二《沈怀文传》：

竟陵王诞据广陵反，及城陷，士庶皆裸身鞭面，然后加刑，聚所杀人首于石头南岸，谓之“髑髅山”。

《宋书》卷三十四《沈冲传》：

冲与兄淡、渊名誉有优劣，世号为“腰鼓兄弟”。

《南史》卷三十七《沈庆之传》：

庆之患头风，好着狐皮帽，群蛮恶之，号曰“苍头公”。

《宋书》卷七十七《沈庆之传》所载文字与《南史》相同。

沈怀文(409—462)，字思明，吴兴武康(今浙江湖州)人。沈怀文善于吏治，胸怀平仁。大明三年(459)，他随西阳王刘子尚镇会稽，亲讯五郡九百三十六狱，民众称其平允。国家绢调过重，乃至国库绢币盈积而贫者鬻卖子女。沈怀文陈说人间疾苦，从此绢调减。

大明三年，竟陵王刘诞在广陵起兵造反，孝武帝下令，平乱后屠城；沈怀文力谏，以为不可，武帝不纳。广陵屠城事见《宋书》卷七十七《沈庆之传》、

《南史》卷十四《竟陵王刘诞传》、卷三十七《沈庆之传》、卷四十《宗越传》等处。《南史·竟陵王刘诞传》：

> 七月二日，庆之进军，克其外城，乘胜又克小城。诞闻军入，走趣后园坠水，引出杀之，传首建邺，因葬广陵，贬姓留氏。帝命城中无大小悉斩，庆之执谏，自五尺以下全之，于是同党悉伏诛。城内女口为军赏，男丁杀为京观，死者尚数千人，每风晨雨夜有号哭之声。诞母殷、妻徐并自杀。

古代打仗，堆积敌人尸首为京观，以炫耀战绩。《宋书》卷四十三《檀道济传》："凡拔城破垒，俘四千余人。议者谓应悉戮以为京观。"髑髅山也就是京观。髑髅，死人之骸骨。《庄子·至乐》："庄子之楚，见空髑髅。"《南史》卷四十《宗越传》：

> 大明三年，为长水校尉。竟陵王诞据广陵反，越领马军隶沈庆之攻诞。及城陷，孝武使悉杀城内男丁。越受旨行诛，躬临其事，莫不先加捶挞，或有鞭其面者，欣欣然若有所得，凡杀数千人。改封始安县子。

《宋书》卷六《孝武帝纪》也有此事的记载："（大明三年）秋七月己巳，剋广陵城，斩诞。悉诛城内男丁，以女口为军赏。"沈庆之是此役总指挥，宗越为此次屠城执行者。沈庆之（386—465），字弘先，吴兴武康（今浙江湖州）人。沈庆之年少时，随乡里族人击孙恩，以勇闻。后投孝武帝刘骏，讨元凶之逆。刘骏即位后，封沈庆之南昌县公。沈庆之一介武夫，不识字，武帝举行酒会时，令沈庆之作诗，沈庆之口授道："微命值多幸，得逢时运昌。朽老筋力尽，徒步还南岗。辞荣此圣世，何愧张子房。"诗很直白却很得体，符合武将身份。他前后讨雍州蛮、南新郡蛮及幸诸山羊犬蛮，威震诸山。沈庆之患"头痛病"，畏寒，常着白狐皮帽；诸蛮畏之，故称之为"苍头公"。宗越（生卒年不详），南阳叶（今河南叶县）人。前废帝行凶作恶，宗越为其爪牙，多所诛戮。明帝即位，宗越下狱死。

沈怀文三子：沈淡、沈深、沈冲（《宋书》怀文本传作"淡、渊、冲"）。兄弟三人都官历御史中丞，不免多有弹纠而得罪于人，其母孔氏为此常怀担忧。三人有优劣，老二深不如老大老小沈淡、沈冲，形象化即如腰鼓然。《南史》

卷三十四《周弘让传》:"或问三周孰贤,人曰'若蜂腰矣'。"也就是老大、老小更胜一筹,老二不如的意思。也与"腰鼓"意同。

顾建康

《南史》卷三十五《顾宪之传》:

性又清俭,强力为政,甚得人和,故都下饮酒者醇旨辄号为"顾建康",谓其清且美焉。

顾宪之(436—509),字士思,吴郡吴(今江苏苏州)人,顾觊之孙。顾宪之为人清廉。元徽(474—477)中,顾宪之为建康令,秉公办事,无所阿纵。人称"顾建康"。入齐,顾宪宪为衡阳内史,有善政。当时刺史王奂说:"顾衡阳之化至矣,若九郡率然,吾将何事。"顾宪宪在任东中郎长史、行会稽事时,有个名为吕文度的人,凭恃齐武帝的宠爱,纵横不法,他一到会稽即加以处置。时会稽丰登,人有议加税者,顾宪之上书言民间疾苦,议者事寝。

"顾建康""顾衡阳"都是对顾宪之的尊称,这是古代尊称方式的一种,即以所临地名称呼别人。都下转以"顾建康"代称美酒,则更进一层矣,酒以人传,人以酒传。

狎客

《南史》卷三十六《江总传》:

既当权任宰,不持政务,但日与后主游宴后庭,多为艳诗,好事者相传讽玩,于今不绝。唯与陈暄、孔范、王瑳等十余人,当时谓之"狎客"。

《南史》卷六十一《陈暄传》:

后主之在东宫,引为学士。及即位,迁通直散骑常侍,与义阳王叔达、尚书孔范、度支尚书袁权、侍中王瑳、金紫光禄大夫陈褒、御史中丞沈瓘、散骑常侍王仪等恒入禁中陪侍游宴,谓之"狎客"。

《南史》卷七十七《恩幸·孔范传》：

后主即位，为都官尚书，与江总等并为“狎客”。

陈后主陈叔宝(553—604)，字元秀，吴兴长城(今浙江吴兴)人。陈宣帝陈顼长子，宣帝即位，为皇太子。南朝时期，但凡皇太子身边都有文学侍从；太子常与这些文学侍从为文酒之会，他们是太子狎客。欧阳修《新五代史》卷六十三《前蜀世家》：“以韩昭、潘在迎、顾在珣、严旭等为狎客。”韩昭诸人是文学侍从，也是狎客。陈本为小朝廷，虽然北方强隋早已虎视眈眈，但陈国满朝无振奋之心，只有及时行乐之意，直至陈亡。

《陈书》卷六《后主本纪》不载“狎客”时号，大概是为尊者讳。但魏徵评论说：“宾礼诸公，唯寄情于文酒，昵近群小，皆委之以衡轴。”当是就诸狎客之事而言。

江总(519—594)，字总持，祖籍济阳考城(今河南兰考)。长于五言诗。逯钦立《先秦汉魏晋南北朝诗·陈诗》收江总诗近百首，其中一些诗，写景刻画细致，清新可喜。《春夜山庭》：“春夜芳时晚，幽庭野气深。山疑刻削意，树接纵横阴。户对忘忧草，池惊旅浴禽。樽中良得性，物外知余心。”又如《春日》诗：“水苔宜溜色，山樱助落晖。浴鸟沉还戏，飘花度不归。”春天景物如在目前。

陈暄(生卒年不详)，义兴国山(今江苏义兴)人，梁大将陈庆之子。陈暄嗜酒，通脱无操。逯钦立《先秦汉魏晋南北朝诗·陈诗》收诗四首。孔范(生卒年不详)，字法言，会稽山阴(今浙江绍兴)人。孔范与后主孔贵人结为兄妹，曲自意以悦人主。善于五言诗，逯钦立《先秦汉魏晋南北朝诗·陈诗》卷九收诗两首。

陈后主与文学侍从们的文酒之会，与之前的萧统、萧绎等王府里的文酒之会并没什么两样，不外长夜之饮、流连光景、赠答诗歌等。江总、陈暄等人被称为“狎客”，是因为后主与这些文学侍从之间更少君臣之礼。《南史》卷六十一陈暄本传：

暄素通脱，以俳优自居，文章谐谬，语言不节，后主甚亲昵而轻侮之。尝倒县于梁，临之以刃，命使作赋，仍限以晷刻。暄援笔即成，不以为病，而傲弄转甚。后主稍不能容，后遂搏艾为帽，加于其首，火以爇之，然及于发，垂泣求哀，声闻于外而弗之释。会卫尉卿柳庄在坐，遽起拔之，拜谢曰："陈暄无罪，臣恐陛下有玩人之失，辄矫赦之。造次之愆，伏待刑宪。"后主素重庄，意稍解，敕引暄出，命庄就坐。经数日，暄发悸而死。

需要说明的是，南朝王府、宫廷里的文酒之会研练了诗歌技艺，推动了诗歌的发展，是值得肯定的。

柳公双琐　柳王

《南史》卷三十八《柳世隆传》：

世隆少立功名，晚专以谈义自业。善弹琴，世称"柳公双琐"，为士品第一。常自云："马槊第一，清谈第二，弹琴第三。"在朝不干世务，垂帘鼓琴，风韵清远，甚获世誉。

又，《南史・柳憕传》：

历位给事黄门侍郎。与琅琊王峻齐名，俱为中庶子，时人号为"柳王"。①

《南齐书》卷二十四《柳世隆传》：

世隆少立功名，晚专以谈义自业。善弹琴，世称"柳公双琐"，为士品第一。常自云马槊第一，清谈第二，弹琴第三。在朝不干世务，垂帘鼓琴，风韵清远，甚获世誉。

柳世隆(442—491)，字彦绪，河东解(今山西永济)人。宋司空柳元景弟

① 原文作"方王"。《南史》本卷校记引王懋竑《读书记疑》："'方'字疑当作'柳'。"

子。因平沈攸之之功，迁尚书右仆射，封贞阳县侯。建元二年(480)，进号安南将军。世祖即位，加散骑常侍。谈义即谈玄，也就是清谈。世隆以清谈与弹琴鸣于当时，人听其清谈之声及琴声如同听见玉声。“琐”，细小的玉声。“马槊”即握槊，本来是军人在马上使槊的武艺，后来成为一种技艺，平时也可以用来校胜负。

柳惔(469？—513)，字文深。柳世隆第四子。王峻(466—521)，字茂远。《南史》柳惔本传引梁武帝话说：“柳惔风标才气，恐不能久为少王臣。”《梁书》卷二十一王峻本传：“峻少美风姿，善举止。”柳惔、王峻二人以人品出众，故有“柳王”时号。

刘三娘　皮里晋书　三笔六诗

《南史》卷三十九《刘孝绰传》：

> 其三妹，一适琅琊王淑英，一适吴郡张嵊，一适东海徐悱，并有才学。悱妻文尤清拔，所谓“刘三娘”者也。
>
> 孝绰子谅字求信，小名春。少好学，有文才，尤悉晋代故事，时人号曰“皮里晋书”。
>
> 孝绰尝云“三笔六诗”，三即孝仪，六谓孝威也。

《梁书》卷三十三《刘孝绰传》：

> 孝绰子谅，字求信。少好学，有文才，尤博悉晋代故事，时人号曰“皮里晋书”。

《南史》孝绰本传称“兄弟及群从子侄当时有七十人，并能属文，近古未之有也”。他的三个妹妹都有文学才能，第三个妹妹尤其出众，时称“刘三娘”。“娘”是古代对才貌俱佳女性的尊称，如“杜十娘”“杜丽娘”等。逯钦立《先秦汉魏晋南北朝诗·梁诗》录淑英妻诗《昭君怨》一首，张嵊妻及三娘诗均佚。徐悱(497？—524)，字敬业，东海郯(今山东郯城)人。传见《梁书》卷二十五、《南史》卷六十。逯钦立《先秦汉魏晋南北朝诗·梁诗》录诗四首，其中两首是赠内诗，曰："相思上北阁，徙倚望东家。忽有当轩树，兼含映日花。方鲜类红粉，比素若铅华。更使增心忆，弥令想狭邪。无如一路阻，脉脉似云霞。严城不可越，言折代疏麻。"曰："日暮想清扬，蹑履出椒房。网虫生锦荐，游尘掩玉床。不见可怜影，空余黼帐香。彼美情多乐，挟瑟坐高堂。岂忘离忧者，向隅心独伤。聊以一书札，以代九回肠。"夫妻情感笃深可知。

刘谅（生卒年不详），字求信。"皮里晋书"即"身为晋书"，也就是"活晋书"的意思，如同唐代人称李守素为"肉谱""行谱"意即"活家谱"一样。周一良《魏晋南北朝史札记·〈晋书〉札记》"任子春秋与皮里春秋"条辨正"皮里"一词意为"裁中"是望文生义，是①。

刘孝仪（486—550），名潜，字孝仪。他为人宽厚，奉寡嫂治家，事无巨细谘之而后行。刘孝仪为临海太守，励精绥抚，政绩斐然。他还擅长骈文，奉敕撰雍州《平等寺金像碑》，文甚宏丽。其传又见《梁书》卷四十一。刘孝威（496—549），名不详，字孝威。美风仪。善骈文与诗。传又见《梁书》卷四十一。逯钦立《先秦魏晋南北朝诗·梁诗》收孝威诗近六十首，卷十九录孝仪诗十二首。孝仪、孝威于孝绰分别行三、六，故时人称"三笔六诗"。

格外三公

《南史》卷四十五《陈显达传》：

> 后以太尉封鄱阳郡公，为三公事，而职典连率，人以为"格外三公"。

陈显达（427—499），南彭城（今江苏徐州）人。齐武帝永明八年（490），为征南大将军、江州刺史。陈显达出身素族，事事谨慎，虽有智计却处处谦厚。富贵后，孩子用的牛车很精美，服饰很奢丽，手里拿着麈尾，陈显达对此很不高兴，说："凡奢侈之人没有不败的，麈尾拂尘这些东西是王、谢家人用的，你们不要学他们。"

陈显达帮助明帝萧鸾废郁林王，自此发迹。延兴元年（494）拜司空，晋

---

① 周一良：《魏晋南北朝史札记》，中华书局，1985年版，第99页。

爵为公。明帝即位(494),晋太尉,封鄱阳郡公,行三公权事。事实上,他的权力远远越出三公所限,人称“格外三公”,“格”即规格。

永元元年(499),陈显达帅军攻魏失败,为江州刺史,镇盆城。江州刺史是个非常危险的职位,由于江州地处上游,位置重要,离京师远,容易招来朝廷猜忌,在政权兴废之际更是如此。这就是南朝时期江州刺史大多不得善终的原因。《南史》卷三载,泰始元年“江州刺史晋安王子勳举兵反,镇军长史邓琬为其谋主,雍州刺史袁顗赴之”。又泰始七年“乙丑,江州刺史巴陵王休若赐死”。又元徽二年“夏五月壬午,江州刺史桂阳王休范举兵反”。《南史》卷五:延兴元年“九月,于是江州刺史晋安王子懋起兵,遣中护军王玄邈讨诛之” 。《南史》卷六《梁本纪》:天监元年“五月,戊子,江州刺史陈伯之举兵反。以领军将军王茂为 征南将军,江州刺史,率众讨之”。《南史》卷九《陈本纪上》:永定三年“五月,北江州刺史熊昙朗杀都督周文育,举兵反”。又天嘉元年“三月丁巳,江州刺史周迪平南中,斩贼帅熊昙朗,传首建邺”。又天嘉三年“江州刺史周迪举兵应留异”。永元元年,明帝崩,东昏侯立,陈显达受到猜忌,该年十一月陈显达起兵,兵败被杀。

李公牛冢

《南史》卷四十六《李安人传》:

吴兴有项羽神护郡听事,太守到郡,必须祀以轭下牛。安人奉佛法,不与神牛,著屐上听事,又于厅上八关斋。俄而牛死葬庙侧,今呼为“李公牛冢”。安人寻卒,世以神为祟。

《南齐书》卷二十七《李安民传》:

吴兴有项羽神护郡听事,太守不得上。太守到郡,必须祀以轭下牛。安民奉佛法,不与神牛,著屐上听事。又于厅上八关斋。俄而牛死,葬庙侧,今呼为“李公牛冢”。及安民卒,世以神为祟。

李安民(《南史》避唐太宗讳作人)(429—486),兰陵承(今江苏武进)人。宋明帝时,他迁武卫将军。齐高帝即位,为中领军,封康乐侯。武帝即位，为丹阳尹，迁尚书左仆射，为吴兴太守。

南朝淫祀，尤其奉祀项羽神。《南史》卷二十七《孔靖传》："累迁吴兴太守，加冠军。先是吴兴频丧太守，言项羽神为卞山王，居郡听事，二千石常避之。"

《南史》卷六十四《杜龛传》："文帝遣人负出项王寺前斩之。"奉祀项羽乃中国本土祭祀，用猪、羊、牛。李安民奉释氏，祭祀禁用牛。牛死与李安民无关，李安民之死与祀神无关，唯此事可以看出南朝本土神祭祀与佛家神祭祀之间的冲突。

八关斋又称八戒斋，乃在家奉佛人所守出家戒律：一、不杀，二、不偷盗，三、不淫邪，四、不妄语，五、不饮酒，六、不坐高广大床，七、不着华鬘璎珞、不用香油涂身熏衣，八、不自歌舞、不得辄往观听，九、不过中食。言八不言九。

三陆　龙门之游　永明体

《南史》卷四十八《陆慧晓传》：

三子：僚、任、倕并有美名，时人谓之"三陆"。

又，《南史·陆倕传》：

及昉为中丞，簪裾辐凑，预其燕者，殷芸、到溉、刘苞、刘孺、刘显，刘孝绰及倕而已，号曰"龙门之游"，虽贵公子孙不得预也。

又，《南史·陆厥传》：

时盛为文章，吴兴沈约、陈郡谢朓、琅邪王融以气类相推毂，汝南周颙善识声韵。约等文皆用宫商，将平上去入四声，以此制韵，有平头、上尾、蜂腰、鹤膝。五字之中，音韵悉异，两句之内，角徵不同，不可增减。世呼为"永明体"。

《南齐书》卷五十二《陆厥传》：

永明末,盛为文章。吴兴沈约、陈郡谢朓、琅邪王融以气类相推毂。汝南周颙善识声韵。约等文皆用宫商,以平上去入为四声,以此制韵,不可增减,世呼为"永明体"。

陆慧晓(439—500),字叔明,吴郡吴(今江苏苏州)人。为人清正,不杂交游,张绪称之为"江东裴、乐",比为裴頠、乐广;何点称慧晓"心如照镜,遇形触物,无不朗然"。萧子良西邸抄书,陆慧晓董其事。陆慧晓三子,陆倕,已见;陆僚学涉子史,长于微言,蜀郡太守。陆任,无考。

"龙门之游"即"兰台聚"事。陆厥(472—499),字韩卿。父亲为陆慧晓兄之子陆闲。陆厥时代,汉语言文字膨胀式发展,这促使人们对语言特征有更深层的认识。同时,受到佛经翻译工作的影响,人们对汉字的语音、语调有进一步的研究。诗人们还把这些发现运用到诗歌写作上。另一方面,南朝是古体诗向近体诗转变的时代,它需要诗人对平仄、押韵有更细致的领悟。《南齐书》陆厥本传说:"好属文,五言诗体甚新变。"说的就是这种变化。事实上,当时主要也就是五言诗。时称"永明体"诗就是当时力求改变古体诗格式包括语言、语音、对仗等方面,而向近体诗转变的"新变"诗体。

莲花池

《南史》卷四十九《庾杲之传》:

安陆侯萧缅与俭书曰:"盛府元僚,实难其选。庾景行泛绿水,依芙蓉,何其丽也。"时人以入俭府为"莲花池",故缅书美之。

《南齐书》卷三十四《庾杲之传》:

出为王俭卫军长史,时人呼俭府为入芙蓉池。

庾杲之(441—491),字景行,祖籍新野(今河南新野)。他为人风范和润,善吐音。庾杲之有"陈汝之风",清贫却能贞立,食唯韭葅、瀹韭、生韭,任昉戏称杲之有菜二十七种。庾杲之贫而守正,乃南朝人伦上品。

王俭(452—489),字仲宝,祖籍琅玡临沂(今山东临沂)。祖王昙首,父王僧绰。王俭博览群书，谙于前朝制度，齐初建，衣服制度多依王俭建议。他少撰《古今丧服集记》，又依《七略》撰《七志》四十卷，又撰《元徽四部书目》。宋明帝泰始六年(470)，于王俭宅开学士馆。王俭尚阳羡公主，拜驸马都尉。昇明三年(479)，为尚书右仆射，时年二十八。永明元年(483)，进卫军将军，参掌选事，三年，领国子祭酒。王俭寡嗜欲，唯以经国为务，是做实事之人。王俭乐于奖挹后进，周围聚集不少时彦后进，其府第为一世龙门，时人谓之“莲花池”或“芙蓉池”。

王俭三公

《南史》卷四十九《孔逷传》：

时人呼孔逷、何宪为“王俭三公”。

《南齐书》卷三十四《孔逷传》：

永明中，为太子家令，卒。时人呼孔逷、何宪为“王俭三公”。

孔逷(生卒年不详)，字世远，会稽山阴(今浙江绍兴)人。何宪(生卒年不详)，字子思，庐江潜(今安徽庐江)人。二人传又见《南齐书》卷三十四。两人都是博学之人，耽于群籍，这也是二人受知于王俭的原因。本传说何宪“以强学见知”，孔逷“好典故学，与王俭至交”。王俭为宰相时，孔逷多预帷幄，王俭对齐武帝说：“我有孔逷，正如同陛下有我一样。”为王俭左膀右臂，时人比拟孔、何二人为朝中三公。

书淫

《南史》卷四十九《刘峻传》：

清河崔慰祖谓之“书淫”。于是博极群书，文藻秀出。

《梁书》卷五十《刘峻传》：

齐永明中，从桑乾得还，自谓所见不博，更求异书，闻京师有者，必往祈借，清河崔慰祖谓之“书淫”。

刘峻(462—521)，字孝标，祖籍平原(今山东平原)。《北史》卷三十九《刘休宾传》：

刘休宾字处幹，本平原人也。祖昶，从慕容德渡河，家于北海都昌县。父奉伯，宋北海太守。……休宾叔父旋之，其妻许氏生二子法凤、法武，而旋之早卒。东阳平，许氏携二子入魏，孤贫不自立，母子并出家为尼僧。既而返俗，俱奔江南。法武后改名峻，字孝标，《南史》有传。

文中“武”字本为“虎”，避唐讳改。则刘孝标实生长在北海(今江苏东海县)，原名刘法虎。刘孝标注《世说新语》，丰赡细致，引书四百余种，其中多数今已不传，今人研究魏晋状况，多所取资焉。《北史》本传载孝标：

峻好学，家贫，寄人庑下，自课读书，常燎麻炬，从夕达旦，时或昏睡，爇其发，既觉复读，终夜不寐，其精力如此。

崔慰祖(465—499)，字悦宗，祖籍清河(今山东武城)，博学，著《海岱志》。《南齐书》本传称崔慰祖“好学，聚书至万卷”。建武(494—498)中，诏举士，崔慰祖从兄崔慧景荐举崔慰祖及刘孝标。大概刘孝标借阅过崔家藏书，崔慰祖见孝标耽于书，故称之为“书淫”。

三隐　续命田

《南史》卷四十九《刘訏传》：

陈留阮孝绪博学隐居，不交当世，恒居一鹿床，环植竹木，寝处其中，时人造之，未尝见也。訏经一造，孝绪即顾以神交。訏族兄歊又履高操，三人日夕招携，故都下谓之“三隐”。

又,《南史·刘善明传》:

元嘉末,青州饥荒,人相食。善明家有积粟,躬食饘粥,开仓以救,乡里多获全济,百姓呼其家田为"续命田"。

《南齐书》卷二十八《刘善明传》所载文字与《南史》相同。

刘訏(488—518),字彦度,平原(今山东平原)人,宋都官尚书刘怀珍从孙。州刺史张稷辟,不就;檄召,挂檄树上而逃。擅长玄言、释典。刘歊(488—519),字士光,刘訏族兄,博学,善解《庄子》,不娶、不仕,与弟刘訏遨游林泽,以山水、书籍自娱而已。阮孝绪(479—536),字士宗,陈留尉氏(今河南尉氏)人。性沉静,屏居一室,除非省亲则足不出户,亲友呼为"居士"。

刘家是在宋武帝平齐后才到了南方,刘訏的父亲刘灵真为南齐镇西谘议、武昌太守。刘訏、刘歊兄弟在建康的时候,阮孝绪也屏居京师,故三人得以成为至交,都下因而称他们为"三隐"。《梁书》卷五十一《处士·阮孝绪传》:

义师围京城,家贫无以爨,僮妾窃邻人樵以继火,孝绪知之,乃不食,更令撤屋而炊。所居室唯有一鹿床,竹树环绕。天监初,御史中丞任昉寻其兄履之,欲造而不敢,望而叹曰:"其室虽迩,其人甚远。"为名流所钦尚如此。

所说与"刘訏传"所记为同一事。文中"京师"即南齐首都建康。

刘善明(432—480),刘怀珍族弟。在宋官至散骑常侍,长水校尉,黄门郎领后军将军、太尉右司马;入齐为淮南、宣城太守。"元嘉末,青州饥荒"所云为乔立"青州",《宋书》卷三十六《州郡》:

青州刺史,治临淄。江左侨立,治广陵。安帝义熙五年,平广固,北青州刺史治东阳城,而侨立南青州如故。后省南青州,而北青州直曰青州。孝武孝建二年,移治历城。大明八年,还治东阳。

《宋书》卷五《文帝本纪》记载元嘉三十二年:"青、徐州饥,二月壬子,遣运部赈恤。"所说即元嘉末年饥荒事。乡人依赖善明家中积粟才度过荒年,可以续命,故称其田地为“续命田”。

青溪

《南史》卷五十《刘瓛传》:

住在檀桥,瓦屋数间,上皆穿漏,学徒敬慕,不敢指斥,呼为“青溪”焉。

《南齐书》卷三十九《刘瓛传》。所载文字与《南史》相同。

刘瓛(434—489),字子珪,祖籍沛国相(今安徽濉溪),为当时大儒,精通五经,京师贵族士子从之问学。他为人纤小,性率通,每当访友时,一门生持交椅自随,以便在主人未通前,可坐而论道。

“清溪”是学徒对室内漏雨的戏称,寓清贫之意,不是称呼刘瓛本人。

高斋学士

《南史》卷五十《庾肩吾传》:

在雍州被命与刘孝威、江伯摇、孔敬通、申子悦、徐防、徐摛、王囿、孔铄、鲍至等十人抄撰众籍,丰其果馔,号“高斋学士”。

庾肩吾(487—551),字慎之,祖籍新野(今河南新野),与庾信为父子。肩吾是著名诗人。齐梁以来,诗歌由古体向近体转变,促成变化者,前有沈约、谢朓,后有庾肩吾、徐摛。《梁书》卷四十九庾肩吾本传:“齐永明中,文士王融、谢朓、沈约文章始用四声,以为新变,至是转拘声韵,弥尚丽靡,复逾于往时。”梁中大通三年(531),萧纲立为太子,以东宫为中心,更成风气,号为“宫体”。

天监五年(506),萧纲封晋安王,八年量置佐吏,辟庾肩吾为常侍,迁行参军。此后庾肩吾一直随萧纲迁转。普通四年(523),萧纲为使持节、都督雍梁诸州军事、雍州刺史,随萧纲到王府的有文学之士庾肩吾、徐摛、刘孝威等人。这是萧纲周围的第一次文人聚集。当萧纲立为皇太子时,开文德省置学士，又有庾肩吾、徐摛、张长公、傅弘、鲍至等人为学士，这是萧纲周围的第二次文人聚集。在雍州王府时，因为待遇优渥，这些人被称为"高斋学士"。文德学士中不少人就是"高斋学士"中人。

按照《南史》本传的说法，"高斋学士"是庾肩吾、刘孝威、江伯摇、孔敬通、申子悦、徐防、徐摛、王囿、孔铄、鲍至十人；按照《梁书》本传的说法"时肩吾与东海徐摛，吴郡陆杲，彭城刘遵、刘孝仪、仪弟孝威，同被赏接"，则尚有陆杲、刘遵、刘孝仪等人。南朝王府往往是文人学士汇聚之地，经常为文酒之会，推动了当时文学的发展。

徐摛（471—551），字士秀，东海郯（今山东郯城）人，与徐陵（507—583）为父子。徐摛传见《梁书》卷三十、《南史》卷六十二；陵传见《陈书》卷二十六、《南史》卷六十二。摛编《玉台新咏》，专收集自汉至梁爱情诗为十卷。徐氏父子处诗体转变时代，适应时代要求，为诗歌体式由旧体向律体的转变做出努力。《梁书》徐摛本传："幼而好文，及长，遍览经史。属文好为新变，不拘旧体。"《陈书》徐陵本传："其文颇变旧体，缉裁巧密，多有新意。"虽然诗体转变到唐代才算完成，但作铺垫的是南朝诗人如徐氏父子等。

逯钦立《先秦汉魏晋南北朝诗·梁诗》收鲍至诗两首、徐防诗三首、江伯瑶（摇）诗一首。

大南郡　小南郡

《南史》卷五十《刘之亨传》：

在郡有异绩，吏人称之。卒，荆土怀之，不复称名，号为"大南郡""小南郡"。

《梁书》卷四十《刘之亨传》：

在郡有异绩数年卒于官，时年五十。荆土至今怀之，不忍斥其名，号为"大南郡""小南郡"云。

刘之亨（生卒年不详），字嘉会，南阳涅阳（今河南南阳）人。他是刘虬之子，刘之遴之弟。刘之遴（477—548），字思贞。累迁中书侍郎，后除南郡太守,终都官尚书、太常卿。他好古爱奇,为文多学古体。

刘之亨州举秀才,除太学博士,为中书通事舍人。梁大通六年(532),他出师南郑,为文吏所诋,虽有军功而无封赏。刘之亨有美绩嘉声,因为招梁武宠臣朱异嫉恨,被排挤外出,代替兄刘之遴为湘东王萧绎长史、南郡太守。梁武帝把刘之亨、刘之遴兄弟相代之事与汉代的大冯、小冯兄弟事相比。《汉书》卷七十九《冯奉世传》记载,奉世有二子,大冯野王、小冯立先后为上郡太守。冯立"居职公廉,治行略与野王相似,而多智有恩贷",吏民嘉美兄弟政绩,歌之曰:"大冯君、小冯君,兄弟继踵相因循,聪明贤知惠吏民,政如鲁、卫德化钧,周公、康叔犹二君。"上郡州民称呼冯野王、冯立为"大冯君、小冯君",南郡郡民称呼刘之遴、刘之亨兄弟为"大南郡、小南郡"。用所临治郡县名称称呼地方父母官,是对好官的尊重。

墟王

《南史》卷五十一《吴平侯景传》:

> 祖道赐以礼让称,居乡有争讼,专赖平之,又周其疾急,乡里号曰"墟王"。

萧景(477—523),字子昭,本名昞,唐人避讳改。梁武帝从父弟。传又见《梁书》卷二十四《萧景传》。萧景为人风度翩翩,善于言语。天监十七年,他代萧宏为扬州刺史。

萧景的祖父萧道赐为左光禄大夫。《梁书》本传称"专行礼让,为众所推",与《南史》所说"以礼让称,居乡有争讼,专赖平之,又周其疾急"是一回事。

"墟王"即"村里的长者"之意。"墟",村落。

三庆

《南史》卷五十三《梁武帝诸子·昭明太子传》:

> 武帝既年垂强仕,方有冢嗣;时徐元瑜降;而绩又荆州使至,云:"萧

颖胄暴卒。”时人谓之“三庆”。

萧统(501—531),字德施。梁武帝长子,天监元年(502)立为皇太子,卒,谥昭明。编《文选》,为历史上第一部文学总集。

昭明太子出生于齐中兴元年(501),时萧衍三十八岁,已近强仕之年(四十),迟年得子。对梁武帝来说,此是一庆。

萧颖胄(?—501),字云长,齐宗室,南丰伯萧赤斧之子。东昏侯永元元年(499)和帝萧宝融为荆州刺史,以萧颖胄为冠军将军、西中郎长史、南郡太守、行荆州府、州事。三年,萧衍与萧颖胄在江陵立萧宝融,是为和帝,改元中兴元年(501),此时齐政将屋,萧衍只不过以和帝为幌子号令天下而已。此后,梁武帝帅军沿江而下攻打建康,而以萧颖胄拥和帝留守江陵,有安重之势。中兴元年十二月壬寅夜,萧颖胄暴卒。此时,萧衍志在篡齐,萧颖胄虽不是梁武帝疆场对手,但也是潜在的障碍。萧颖胄卒,江陵朝廷已完全由梁武一人掌控了。对梁武帝来说,此是二庆。《梁书》卷一《武帝纪上》:

> 十月,东昏石头军主朱僧勇率水军二千人归降。东昏又遣征虏将军王珍国率军主胡虎牙等列阵于航南大路,悉配精手利器,尚十余万人。阉人王佽子持白虎幡督率诸军,又开航背水,以绝归路。王茂、曹景宗等掎角奔之,将士皆殊死战,无不一当百,鼓噪震天地。珍国之众,一时土崩,投淮死者,积尸与航等,后至者乘之以济,于是朱爵诸军望之皆溃。义军追至宣阳门,李居士以新亭垒、徐元瑜以东府城降,石头、白下诸军并宵溃。

这是梁武帝与东昏侯之间的决战,也是萧衍攻占建康的最后一战。第二年(502),萧衍称帝。所说徐元瑜投降也就是这事,战争发生在十月,萧统九月出生在襄阳,大概消息传到武帝时,正好是徐元瑜投降过后。徐元瑜投降,对萧衍来说,是三庆。入梁后,徐元瑜任广州刺史。据《梁书》卷十九《乐蔼传》,天监二年(503),徐元瑜罢广州刺史任归,道遇始兴人造反,徐元瑜返归广州欲图乐蔼,反而被乐蔼所杀。

百六公

《南史》卷五十六《张绾传》：

湘东王绎尝策之百事，绾对阙其六，号为百六公。

张绾(492—554)，字孝卿，祖籍范阳方城(今河北固安)，车骑将军张弘策子，与梁武帝为中表，累官至尚书右仆射。梁大同十年(544)，开士林馆以聚学者，张绾与朱异、贺琛等轮流讲述梁武所撰《礼记中庸义》。张绾传又见《梁书》卷三十四。

萧绎(508—555)，字世诚，梁武帝第七子。天监十三年(514)，封湘东郡王。承圣元年(552)即帝位于江陵，是为梁元帝。有一次，梁元帝出了一百道题目，让张绾对策，张绾只答对了九十四道，失六道。时人称呼张绾为"百六公"。元帝时，梁室气数将尽，运当百六，人皆以张绾对策为梁亡之谶。

任君 任笔沈诗

《南史》卷五十九《任昉传》：

昉好交结，奖进士友，不附之者亦不称述，得其延誉者多见升擢，故衣冠贵游莫不多与交好，坐上客恒有数十。时人慕之，号曰"任君"，言如汉之三君也。

既以文才见知，时人云"任笔沈诗"。昉闻甚以为病。

《梁书》卷十四《任昉传》：

昉好交结，奖进士友，得其延誉者，率多升擢，故衣冠贵游，莫不争与交好，坐上宾客，恒有数十。时人慕之，号曰"任君"，言如汉之三君也。

南朝文学家任昉，延誉才士，乃一世龙门；时人称任昉为“任君”，比为东汉窦武、刘淑或陈蕃。

《梁书》任昉本传：“昉雅善属文，尤长载笔，才思无穷，当时王公表奏，莫不请焉。昉起草即成，不加点窜。沈约一代词宗，深所推挹。”所谓“尤长载笔”即擅长散文。《梁书》卷四十九《庾肩吾传》载萧纲《与湘东王书》：“至于近世谢朓、沈约之诗，任昉、陆倕之笔，斯实文章之冠冕，述作之楷模。”此处“诗”“笔”对文成义，强调沈约、任昉分别在诗歌与散文方面取得的成就。

学府

《南史》卷六十《傅昭传》：

> 博极古今，尤善人物，魏晋以来，官宦簿伐，姻通内外，举而论之，无所遗失，世称为“学府”。

傅昭(454—528)，字茂远，北地灵州(今宁夏灵武)人。历官秘书监、太常卿、临海太守。以清静为政，不尚严肃。《梁书》卷二十八傅昭本传也说他“博极古今，尤善人物，魏晋以来，官宦簿伐，姻通内外，举而论之，无所遗矢”，文与《南史》同。则傅昭所擅长在人物谱系之学，《梁书》本传又说：“京师后进，宗其学，重其道，人人自以为不逮。”所云“宗其学”也应该是就人物谱系之学而言。

魏晋以来，随着门阀及门阀制度的形成，人物谱系显得非常重要。不谙谱系甚至连官也做不好。《南史》卷二十四《王晏传》：“永明中，武帝欲以明帝代晏领选，晏启曰：‘鸾清干有余，然不谙百氏，恐不可居此职。’乃止。”就是例子。人物谱系学的重要，还可以家讳为例来说明。《南史》卷二十《谢弘微传》附《谢朏传》：

> 宋明帝尝敕朏与谢凤子超宗从凤庄门入。二人俱至，超宗曰：“君命不可以不往。”乃趋而入。朏曰：“君处臣以礼。”遂退不入。时人两称之，以比王尊、王阳。

又《南史》卷二十一《王弘传》：

而轻率少威仪。客有疑其讳者，弘曰："家讳与苏子高同。"性褊隘，人有忤意，辄加詈辱。

又《南史》卷二十二《王昙首传》附《王慈传》：

谢凤子超宗尝候僧虔，仍往东斋诣慈。慈正学书，未即放笔，超宗曰："卿书何如虔公？"慈曰："慈书比大人，如鸡之比凤。"超宗狼狈而退。十岁时，与蔡兴宗子约入寺礼佛，正遇沙门忏，约戏慈曰："众僧今日可谓虔虔。"慈应声曰："卿如此，何以兴蔡氏之宗？"

就是说，为了交往不至于犯家讳，就得熟悉人物谱系。傅昭擅长此学，所以被人称为"学府"。

范长头

《南史》卷六十《范岫传》：

南乡范云谓人曰："诸君进止威仪，当问'范长头'。"

《梁书》卷二十六《范岫传》所载文字与《南史》相同。

范岫(440—514)，字懋宾，济阳考城(今河南兰考)人。范岫善于文辞。永明中，魏使至，诏妙选朝士有辞辩者，以范岫兼淮阴长史迎使于界首。入梁，为度支尚书、都官尚书。天监九年(510)，他入为祠部尚书，迁金紫光禄大父。

范岫博学多通，谙于前代礼仪、故事。著《礼论》《杂仪》《字训》及文集，行于当世。范岫必是头长，故当时有"范长头"称号。

孔独诵　兼天子

《南史》卷六十《孔休源传》：

时多所改作，每逮访前事，休源即以所诵记随机断决，曾无疑滞。吏部郎任昉常谓之为“孔独诵”。

自公卿珥貂插笔奏决于休源前，休源怡然无愧，时人名为“兼天子”。

《梁书》卷三十六《孔休源传》：

是时多所改作，每逮访前事，休源即以所诵记随机断决，曾无疑滞。吏部郎任昉常谓之为“孔独诵”。

孔休源(469—532)，字庆绪，会稽山阴(今浙江绍兴)人。竟陵王萧子良开西邸，王融荐孔休源为学士。从吴兴沈麟士受经，谙于朝廷礼仪。梁武帝践祚，建立朝廷礼制，但无人备问，想找个一位有学艺并且了解朝仪的人为尚书仪曹郎。吏部尚书徐勉推荐说：“孔休源识见清通，详练故事，自晋、宋起居注，诵略上口。”孔休源因此即日被武帝任命为兼尚书仪曹郎。孔休源对梁武所询问前朝故事对答如流，任昉称他为“孔独诵”。

孔休源风范纯正，明练政体，为人缜密，从不言禁中之事，所以深受武帝器重。昭明太子死后，就立谁为太子事，梁武帝诏孔休源与群臣议定。孔休源面对大小朝廷臣僚包括宦官，参定谋议，镇定自若，最终立晋安王萧纲为皇太子。孔休源因而被世人称为“兼天子”，意其谋议多为其他大臣所听从。

范徐

《南史》卷六十《徐勉传》：

勉虽骨鲠不及范云，亦不阿意苟合，后知政事者莫及，梁世之言相者称“范徐”云。

徐勉(466—535)，字脩仁，东海郯(今山东郯城)人。天监三年(《梁书》作二年)(504)，除给事黄门侍郎，尚书吏部郎，参掌大选，再迁侍中。徐勉在职勤奋，数旬一还家。六年，他除给侍中，五兵尚书，迁吏部尚书。徐勉居选官，彝伦有序，不为私情。天监十八年（519），迁尚书右仆射，大通元年（527），授尚书仆射。传又见《梁书》卷二十五。

作为梁代朝官，徐勉与范云确有很相似的地方。首先，都是以文人而为朝官，二人都擅长文学。其次，二人都曾居选职。《南史》范云本传言“居选官，任守隆重，书牍盈案，宾客满门，云应对如流，无所壅滞，官曹文墨，发擿若神，时人咸服其明赡”，徐勉本传言“居选官，彝伦有序，既闲尺牍，兼善辞令，虽文案填积，坐客充满，应对如流，手不停笔。又该综百氏，皆为避讳”。再次，二人都官至相位。《梁书》卷十三《范云传》载范云在天监元年（502）迁尚书右仆射，领吏部。二人都为官清正。这大概就是二人连称的原因。

仪注学　经史笥

《南史》卷六十《许懋传》：

> 笃志好学，为州党所称。十四入太学，受《毛诗》，旦领师说，晚而覆讲，坐下听者常数十百人，因撰《风雅比兴义》十五卷，盛行于时。尤明故事，称为“仪注学”。

> 后兼国子博士，与司马褧同志友善。仆射江祏甚推重之，号为“经史笥”。

《梁书》卷四十《许懋传》：

> 笃志好学，为州党所称。十四入太学，受《毛诗》，旦领师说，晚而覆讲，坐下听者常数十百人，因撰《风雅比兴义》十五卷，盛行于世。尤晓故事，称为“仪注之学”。

> 永元中，转散骑侍郎，兼国子博士。与司马褧同志友善，仆射江祏甚推重之，号为“经史笥”。

许懋（464—532），字昭哲，高阳新城（今河北蠡县）人。许懋起家为豫章王行参军，转法曹。又迁骠骑大将军仪同中记室，后为国子博士。除征西鄱阳王谘议参军,兼著作佐郎。梁天监十年,许懋转太子家令,出为始平太守。中大通四年,拜中庶子。

许懋以经生而为仕宦,志在以经术行吏治。称其为“经史笥”,是因为他笃志好学,经史知识丰富。“笥”,盛书的竹器。称他为“仪注学”,是因为他明晓古代仪礼故事。

折树槊

《南史》卷六十三《羊侃传》:

时少府奏新造两刃槊成,长二丈四尺,围一尺三寸。帝因赐侃河南国紫骝令试之。侃执槊上马,左右击刺,特尽其妙。观者登树。帝曰:“此树必为侍中折矣。”俄而果折,因号此槊为“折树槊”。

羊侃(495—548),字祖忻,泰山梁甫(今山东泰山)人。羊侃以大通三年(529)自魏奔梁,中大通五年(533)封高昌县侯。累官太子左卫率、都官尚书、衡州刺史。

羊侃雅爱文史,博涉书记,喜好《左传》《孙吴兵法》,自作《采莲》《棹歌》,颇有新意。他又以力闻,尤其擅长用槊,可谓文武兼得。梁武叹曰:“吾闻仁者有勇,今见勇者有仁,可谓邹、鲁遗风,英贤不绝。”

北方人作战以马,骑马必握槊,乃可驰骋砍杀。善于骑马握槊,不仅是沙场所用武装,也是技艺本领,战时杀敌,平时表演。羊侃横槊马上,技艺非凡,表演时往往观者如堵,甚至有攀树观看者,树往往为之折断,故人称其槊为“折树槊”。

杜彪

《南史》卷六十四《杜嶷传》:

每出杀伤数百人,敌人惮之,号为“杜彪”。

杜嶷(生卒年不详),祖籍长安杜陵(今西安)。其先自北南归,居于襄阳,因家焉,父杜怀宝。嶷兄弟九人:杜崱、杜嵩、杜岑、杜岌、杜巘、杜岸、杜嵷、杜幼安,并知名当世。《梁书》卷四十六载杜崱、杜岸、杜幼安以及杜岑子杜龛传,但没有关于杜嶷的任何记载。

杜嶷膂力过人,所用弓有四石之力,所用槊长二丈五。常常率敢死队一百七十人,每次出战,敌人为之丧胆。大同初(535),魏军南侵南郑,时为梁、秦二州刺史的杜怀宝命嶷率领二百人与魏军前锋交战。战斗中,杜嶷虽乱箭中目、丧失战马,但仍然奋不顾身,最终杀一敌且夺其马而驰归,可谓出生入死,毫无畏惧。人称“杜彪”,称赞其勇敢也。“彪”本当为“虎”,避唐讳改。

张杜

《南史》卷六十四《张彪传》:

> 及侯景平,王僧辩遇之甚厚,引为爪牙,与杜龛相似,世谓之“张杜”。

张彪(生卒年不详),自云老家襄阳。杜龛为杜岑子,传见《南史》卷六十四、《梁书》卷四十六。文中说张彪“与杜龛相似”,所以世人张、杜连称。对比二人传记,其经历相似地方有三:其一,张、杜二人都从王僧辩平侯景之乱,有功于梁室;其二,两人都忠于梁室,而不从陈霸先;其三,因为与陈霸先为敌,二人及妻子皆惨烈就义。改朝换代之际,忠义之气概,于此二人可见矣。

张彪传不见《梁书》,《南史》此传叙事婉转,壮士情怀跃然纸上。文字不多,附录以备即览:

> 张彪不知何许人,自云家本襄阳,或云左卫将军、衡州刺史兰钦外弟也。少亡命在若邪山为盗,颇有部曲。临城公大连出牧东扬州,彪率所领客焉。始为防合,后为中兵参军,礼遇甚厚。及侯景将宋子仙攻下东扬州,复为子仙所知。后去子仙,还入若邪举义,征子仙不捷,仍走向剡。
>
> 赵伯超兄子棱为侯景山阴令,去职从彪。后怀异心,伪就彪计,请酒为盟,引刀子披心出血自歃,彪信之,亦取刀刺血报之。刀始至心,棱

便以手案之，望入彪心，刀斜伤得不深。棱重取刀刺彪，头面被伤顿绝。棱谓已死，因出外告彪诸将，言已杀讫，欲与求富贵。彪左右韩武入视，彪已苏，细声谓曰："我尚活，可与手。"于是武遂诛棱。彪不死，复奉表元帝，帝甚嘉之。

及侯景平，王僧辩遇之甚厚，引为爪牙，与杜龛相似，世谓之张、杜。贞阳侯践位，为东扬州刺史，并给鼓吹。室富于财，昼夜乐声不息。剡令王怀之不从，彪自征之。留长史谢岐居守。会僧辩见害，彪不自展拔。时陈文帝已据震泽，将及会稽，彪乃遣沈泰、吴宝真还州助岐保城。彪后至，泰等反与岐迎陈文帝入城。彪因其未定，逾城而入。陈文帝遂走出，彪复城守。沈泰说陈文帝曰："彪部曲家口并在香岩寺，可往收取。"

遂往尽获之。彪将申进密与泰相知，因又叛彪，彪复败走，不敢还城。据城之西山楼子，及暗得与弟昆仑、妻杨氏去。犹左右数人追随，彪疑之皆发遣，唯常所养一犬名黄苍在彪前后，未曾舍离。乃还入若邪山中。

沈泰说陈文帝遣章昭达领千兵重购之，并图其妻。彪眠未觉，黄苍惊吠劫来，便啮一人中喉即死。彪拔刀逐之，映火识之，曰："何忍举恶。卿须我者但可取头，誓不生见陈蒨。"劫曰："官不肯去，请就平地。"彪知不免，谓妻杨呼为乡里曰："我不忍令乡里落佗处，今当先杀乡里然后就死。"杨引颈受刀，曾不辞惮。彪不下刀，便相随下岭到平处。谓劫曰："卿须我头，我身不去也。"呼妻与诀，曰："生死从此而别，若见沈泰、申进等为语曰，功名未立，犹望鬼道相逢。"劫不能生得，遂杀彪并弟，致二首于昭达。黄苍号叫彪尸侧，宛转血中，若有哀状。

昭达进军，迎彪妻便拜，称陈文帝教迎为家主。杨便改啼为笑，欣然意悦，请昭达殡彪丧。坟冢既毕，黄苍又俯伏冢间，号叫不肯离。杨还经彪宅，谓昭达曰："妇人本在容貌，辛苦日久，请暂过宅庄饰。"昭达许之。杨入屋，便以刀割发毁面，哀哭恸绝，誓不更行。陈文帝闻之，叹息不已，遂许为尼。后陈武帝军人求取之，杨投井决命。时寒，比出之垂死，积火温燎乃苏，复起投于火。

彪始起于若邪，兴于若邪，终于若邪。及妻犬皆为时所重异。杨氏，天水人，散骑常侍嗷之女也。有容貌，先为河东裴仁林妻，因乱为彪所纳。彪友人吴中陆山才嗟泰等翻背，刊吴昌门为诗一绝曰："田横感义士，韩王报主臣。若为留意气，持寄禹川人。”

程彪

《南史》卷六十七《程文季传》：

置阵役人，文季必先于诸将，夜则早起，迄暮不休，军中莫不服其勤幹。每战为前锋，齐军深惮之，谓为“程彪”。

《陈书》卷十《程文季传》：

每置阵役人，文季必先诸将，夜则早起，迄暮不休，军中莫不服其勤幹。每战恒为前锋，齐军深惮之，谓为“程兽”。

程文季（？—579），字少卿，新安海宁（今浙江海宁）人，为程灵洗之子。程灵洗（514—568），字玄涤，以勇力闻。程文季幼习骑射，作战勇敢，果决有父风，被时人称为“程彪”。天嘉四年（653），程文季平陈宝应，军功居多；太建二年（570），征萧岿；五年，吴明彻北伐，别遣文季围泾州；十年，随吴明彻北讨，败绩被俘；十一年，南逃，被边吏拘捕，死于狱中。本作“称虎”，为避唐讳，改做“程彪”或“程兽”。

二绝

《南史》卷六十九《顾野王传》：

野王又善丹青，王于东府起斋，令野王画古贤，命王褒书赞，时人称为“二绝”。

《陈书》卷三十《顾野王传》：

野王又好丹青，善图写，王于东府起斋，乃令野王画古贤，命王褒书赞，时人称为“二绝”。

顾野王(519—581),字希冯,吴郡吴(今江苏苏州)人。他于梁大同四年(538)除太学博士,迁中领军临贺王府记室参军。入陈,官至黄门侍郎、光禄卿。撰《玉篇》三十卷、《舆地志》三十卷等。顾野王擅长书画,元陶宗仪《书史会要》卷四:“七岁通五经,九岁能属文。长而天文地理、蓍龟占候、虫篆奇字,无不精通。”①

王褒(511? —547?),字子渊,琅玡临沂(今山东临沂)人。传见《梁书》卷四十一、《北史》卷八十三。梁元帝时,王褒拜侍中,累迁吏部尚书、左仆射。魏军下江陵,王褒入长安,在北与庾信以文学著称。所现存诗见逯钦立编《先秦汉魏晋南北朝诗·北周诗》卷一。

大同四年,宣城王萧大器为扬州刺史,开东府。顾野王与王褒俱为王府宾客,当时,野王画古代圣贤人物像,王褒作传赞,时称“二绝”。

傅圣

《南史》卷七十《循吏·傅琰传》:

> 琰美姿仪,仕宋为武康令,迁山阴令,并著能名,二县皆谓之“傅圣”。

傅琰(? —487),字季珪,北地灵州(今宁夏灵武)人。宋永光元年(465),补诸暨武康(今浙江湖州)令;泰始六年(470)迁山阴(今浙江绍兴)令。萧道成辅政的时候,因为山阴狱讼积累太多,再次以傅琰为山阴令。傅琰的儿子傅翙,为官如同乃父,政绩显著。时人以为傅家有为政秘诀《理县谱》,只是从不示人而已。有一次,建康令孙廉问傅翙:“大人发奸擿伏,惠化如神,秘诀在哪呢?”傅翙回答说:“也没什么,就在于勤、清二字。清则宪纲自行,勤则事无不理。宪纲自行则吏不能欺,事自理则物无疑滞。”

古代人称赞父母官为“神”为“圣”者,专指那些明于狱讼,清廉折狱之人(参看“神父”条)。《南齐书》本传记载:

---

① [元]陶宗仪:《书史会要》,上海书店,1984年版,第116页。

卖针卖糖老姥争团丝,来诣琰。琰不辨核,缚团丝于柱鞭之,密视有铁屑,乃罚卖糖者。二野父争鸡,琰各问"何以食鸡",一人云"粟",一人云"豆",乃破鸡得粟,罪言豆者。县内称神明,无敢复为偷盗。

《南史》傅琰本传也有同样的记载。具有诸如此类善于断案的吏治能力,是傅琰被时人成为"傅圣"的原因。其实,正如傅琰自己所说,他的"神""圣"之处主要还是在于为官之"勤"与"清",并无什么秘诀可言。

虏父使君

《南史》卷七十《循吏·王洪范传》:

洪范既北人而有清正,州人呼为"虏父使君",言之咸落泪。

《南史》本卷校勘记:"'王洪范'各本及本书《蠕蠕传》作'王洪轨'。《南齐书·张冲传》《芮芮传》亦作'王洪轨'。然本书《齐高帝纪》《江祏传》及《南齐书·明帝纪》建武元年、《柳世隆传》《江祏传》《魏虏传》悉作'王洪范'。《通鉴》齐高帝建元元年'帝遣王洪范约柔然寇魏',《考异》云:'《齐书》作"王洪轨",今从《齐纪》。'今依《通鉴》一律改为'王洪范'。"知《南史》"王洪范"传乃撮各史而成。

王洪范(生卒年不详),上谷(今河北广灵)人。宋泰始(465—471)中南归,元徽二年(474),桂阳王休范举兵反,王洪范随齐高帝萧道成镇新亭,常以身捍矢。齐建武初,为青、冀二州刺史。时青州有强占民田以种红花谋利者,王洪范皆断绝之。

王洪范本北人,故时人尊称为"虏父"。

一台二绝

《南史》卷七十一《儒林·伏曼容传》:

为尚书员外郎,尝与袁粲罢朝相会言玄理,时论以为"一台二绝"。

伏曼容(421—502),字公仪,平昌安丘(今山东安丘)人。传又见《梁书》卷四十八。

曼容为宋齐梁间经学家,著有《周易集解》八卷、《毛诗集解》《老子注》《庄子注》等。宋泰始五年(469),袁粲为丹阳尹,奏请曼容为江宁令;六年,明帝于清暑殿集群臣讲《周易》,袁粲、曼容俱为执经。袁粲为右仆射知东宫事时,曼容为尚书外兵郎,二人同为台官。袁粲与曼容均深于玄理,故时人称之为"一台二绝"。

水淫

《南史》卷七十一《儒林·何佟之传》:

> 性好洁,一日之中洗涤者十余过,犹恨不足,时人称为"水淫"。

何佟之(449—503),字士威,庐江潜(今安徽庐江)人。少好"三礼"。梁初,百度草创,佟之依"三礼"定仪。《隋书·经籍志》录何佟之撰《丧服经传义疏》一卷、《礼答问》二十卷、《礼杂问答钞》一卷。传又见《梁书》卷四十八。

何佟之有洁癖,常用水清洗自己,故时人称其为"水淫"。

发越

《南史》卷七十一《儒林·顾越传》:

> 时又有会稽贺文发,学兼经史,与越名相埒,故都下谓之"发越"焉。

顾越(482?—569[①]),吴郡盐官(今杭州)人。其传又见《陈书》卷三十三。顾越为梁南平王萧伟所重,与会稽贺文发同为宾客。《梁书》卷二十二萧伟本传:"伟少好学,笃诚通恕,趋贤重士,常如不及。由是四方游士,当世知名者,莫不毕至。"梁末动乱时代,顾越归乡隐居武丘山,与沈炯、张种、孔

① 对于顾越的年龄,《陈书》本传说"年七十八",《南史》本传说"年七十七"。

奂为文会之游。入陈，为鄱阳王陈伯山谘议参军。

顾越为南朝经师，著《丧服》《毛诗》《老子》《孝经》《论语》等义疏四十余卷。

贺文发，其人今已不可考。他与顾越同为萧伟宾客，且同为著名儒生，故有“发越”时称。

吴均体

《南史》卷七十二《文学·吴均传》：

> 均文体清拔，有古气，好事者或学之，谓为“吴均体”。

《梁书》卷四十九《文学上·吴均传》所载文字与《南史》相同。

吴均（469—520），字叔庠，吴兴故鄣（今浙江安吉）人。善文学，受沈约称赏。天监二年（503），柳恽为吴兴太守，吴均补主簿，两人为诗歌酬唱，柳恽有《赠吴均诗三首》《赠吴均诗二首》。天监六年（507），建安王萧伟刺史扬州，吴均为记室，掌文翰。

逯钦立《先秦汉魏晋南北朝诗·梁诗》卷十、十一录吴均诗为两卷；徐陵《玉台新咏》卷八录纪少瑜《拟吴均体应教》诗一首，说明当时确有“吴均体”时号，且有“吴均体”拟作。吴均所处时代正是旧体诗向近体诗转变的时期，说“吴均体”“有古气”是指吴均写了许多乐府旧题诗，说“清拔”是指直泻胸臆的新型抒情方式。吴均《咏怀诗》：“仆本报恩人，走马救东秦。黄龙暗迢递，青泥寒苦辛。野战剑锋尽，攻城才智贫。唯余一死在，留持赠主人。”情感直泄无余、语言健捷，是“吴均体”诗。

吴均又是一位历史学家，注范晔《后汉书》九十卷、著《齐春秋》三十卷。另撰《庙记》十卷、《十二州记》十六卷、《钱塘先贤传》五卷、《续文释》五卷。

东河三何

《南史》卷七十二《文学·何思澄传》：

> 初，思澄与宗人逊及子朗俱擅文名，时人语曰：“东河三何，子朗

最多。"

《梁书》卷五十《文学下·何思澄传》。所载文字与《南史》相同。

何思澄(483? —534?),字元静,东海郯(今山东郯城)人。工文辞,受知于安成王萧秀。他随萧秀开府江州,途径庐山,作《游庐山诗》,大为沈约赞赏。傅昭请思澄作《释奠诗》,辞文典丽。逯钦立《先秦汉魏晋南北朝诗》"梁诗"卷十五录思澄诗三首,此两诗不见其中。有文集十五卷。

何子朗(495? —517?),字世明,为思澄族人,有才思,能清言。他作《败冢赋》,其文甚工。世人语曰:"人中爽爽何子朗。"有文集行于世。

对于"三何"时称,何思澄不以为然,认为"最多"者不在子朗,也不在何逊,而在于自己。

二协 谢方眼

《南史》卷七十二《文学·颜协传》:

府中以协优于韦仲而减于善勋。善勋饮酒至数斗,醉后辄张眼大骂,虽复贵贱亲疏无所择也,时谓之"谢方眼"。而胸襟夷坦,有士君子之操焉。

时吴郡顾协亦在藩邸,与协同名,才学相亚,府中称为"二协"。

《梁书》卷五十《文学下·颜协传》:

时吴郡顾协亦在藩邸,与协同名,才学相亚,府中称为"二协"。

颜协(498—539),字子和,祖籍琅玡临沂(今山东临沂),颜之推之父。博涉群书,工于草隶。元陶宗仪《书史会要》卷四引《南史》本传文:"工草隶飞白。时吴人范怀约能隶书,协学其书,殆过真也。荆楚碑碣皆协所书。"顾协(470—542),字正礼,吴郡吴(今江苏苏州)人。起家扬州议曹从事史,兼太学博士。传见《梁书》卷三十、《南史》卷六十二。《梁书》本传:"协博极群书,于文字及禽兽草木尤称精详。"

湘东王萧绎于普通七年(526)出镇荆州,以颜协为记室,顾协为参军事兼记室。其时,颜以书法称而顾以才学称,号为“二协”。

韦仲、谢善勋二人,《梁书》无传,《南史》附颜协传,也只是一笔带过而已。韦仲为王府中兵参军,谢善勋为录事参军,二人都善于书法。谢善勋能为八体六文,方寸千言,而韦善飞白。时论以为颜协优于韦仲而减于谢善勋。谢善勋善饮而长于书法,这与唐代的张颠很相似,张颠酒后狂书而谢善勋是酒后狂骂,但都不失为性情中人。

孝泌

《南史》卷七十三《孝义上·江泌传》:

族人兖州中从事泌,黄门郎悆子也,与泌同名,世谓泌为“孝泌”以别之。

《南齐书》卷五十五《孝义·江泌传》:

泌族人兖州治中泌,黄门郎悆子也,与泌同名。世谓泌为“孝江泌”以别之。

江泌(?—498?),字士清,济阳考城(今河南兰考)人。江泌家贫,夜晚读书,无以照明,便随着月光握卷升屋。他性行仁义,每路遇老翁,下车载之,自己步行以随车后。齐世祖萧赜以为南康王萧子琳侍读。后来,齐明帝萧鸾杀萧子琳,江泌往哭之,并亲自视殡葬完毕方归,寻卒,人称“孝泌”。

聘君

《南史》卷七十四《孝义下·陶季直传》:

及长好学,澹于荣利,征召不起,时人号曰“聘君”。

《梁书》卷五十二《止足·陶季直传》:

> 及长好学，澹于荣利。起家桂阳王国侍郎，北中郎镇西行参军，并不起，时人号曰“聘君”。

陶季直(437—511)，丹阳秣陵(今江苏南京)人。齐初，他为尚书比部郎，迁太尉记室参军；出为东莞太守，在郡为政清和；梁台建，迁给事黄门侍郎；及死，家徒四壁，子孙无以殡殓。

“聘君”即“征君”，也称作“征士”，用来称呼那些不接受朝廷任命而保全自性的人。

颜子　寻阳三隐

卷七十五《隐逸上·周续之传》：

> 居学数年，通《五经》《五纬》，号曰十经，名冠同门，称为“颜子”。既而闲居读《老》《易》，入庐山事沙门释慧远。时彭城刘遗人遁迹庐山，陶深明亦不应征命，谓之“寻阳三隐”。

《宋书》卷九十三《隐逸·周续之传》：

> 居学数年，通“五经”并《纬候》，名冠同门，称为“颜子”。既而闲居读《老》《易》，入庐山事沙门释慧远。时彭城刘遗民遁迹庐山，陶渊明亦不应征命，谓之“寻阳三隐”。

周续之(377—423)，字道祖，祖籍雁门广武(今山西代县)。其先人随晋室过江后，居豫章建昌县(今江西永修)。时豫章太守范宁于郡立学，招集生徒，续之预焉。续之好学，同门称之为“颜子”。《史记》卷六十七《仲尼弟子列传》：“鲁哀公问：‘弟子孰为好学?’孔子对曰：‘有颜回者好学，不迁怒，不贰过。’”

晋安帝义熙中，慧远驻锡庐山，周续之与慧远、陶渊明、刘遗民等为山林之游，号为“三隐”。刘裕北伐，还镇彭城，遣使迎续之，礼赐甚厚。刘裕践祚，复召之，乃携全家东下，刘裕为之开馆东郊，广招门徒。续之通《毛诗》，注《公羊传》、嵇康《高士传》。

陶渊明(365—427),名潜,字渊明,或名渊明字元亮,浔阳柴桑(今江西九江)人。传见《宋书》卷九十三、《南史》卷七十五。刘遗民无考。

谪仙

《南史》卷七十五《隐逸上·蔡姓不知名者传》:

永明中,会稽钟山有人姓蔡,不知名,隐山中,养鼠数千头,呼来即来,遣去即去。言语狂易,时谓之"谪仙",不知所终。

唐代诗人李白,人称"谪仙",此人皆知之,唯不知此前已有此名号矣。

二隐

《南史》卷七十六《隐逸下·臧荣绪传》:

初,荣绪与关康之俱隐在京口,时号为"二隐"。

《南齐书》卷五十四《高逸·臧荣绪传》:

初,荣绪与关康之俱隐在京口,世号为"二隐"。

臧荣绪(415—488),祖籍东莞莒(今山东莒县)。屡征不起,隐居京口,教授生徒;追古著述,撰《晋书》一百一十卷,自号"被褐先生"。

关康之(415—477),字伯愉,祖籍河东杨(今山西洪洞),世居京口(今江苏镇江)。他善《左氏春秋》,撰《礼论》十卷。关康之传附《南齐书》卷五十四《臧荣绪传》后,又见《南史》卷七十五。臧荣绪与关康之友善,二人并深沉于典素,征辟一无所就,守志闲居,故人称"二隐"。

四皓

《南史》卷七十六《隐逸下·徐伯珍传》：

家甚贫窭，兄弟四人皆白首相对，时人呼为“四皓”。

《南齐书》卷五十四《高逸·徐伯珍传》所载文字与《南史》相同。

徐伯珍(414—497)，字文楚，东阳太末(今浙江龙游)人。他从叔父徐璠之学习，积十年，究寻经史。太守王昙生、张淹并加礼辟，均不就。徐伯珍好释氏、老庄。晚年移居宅南九里之妇人岩，受业生徒凡千余人。徐伯珍兄弟四人皆白首，时人以汉“四皓”称伯珍四兄弟，誉其隐德也。

织帘先生

《南史》卷七十六《隐逸下·沈麟士传》：

居贫织帘诵书，口手不息，乡里号为“织帘先生”。

沈麟士(419—503①)，字云祯，吴兴武康(今浙江湖州)人。其传又见《南齐书》卷五十四《高逸》(“麟”作“驎”)。《南齐书》本传：“驎士少好学，家贫，织帘诵书，口手不息。”

沈麟士隐居故乡余不溪吴羌山，讲经授徒，门生众多。时语曰：“吴羌山中有贤士，开门教授居成市。”宋顺帝升明末，太守王奂以及齐永明时中书郎沈约并表荐入官，皆不就。他平生无所营业，以笃学为务，平日凭几鼓琴而已。著《周易》之两《系》及《庄子》之《内篇训》，注《易经》《礼记》《春秋》《尚书》《论语》等数十卷。

---

① 《南齐书》卷五十四本传：“年八十六，卒。”不言卒年。

山中宰相

《南史》卷七十六《隐逸·陶弘景传》：

国家每有吉凶征讨大事，无不前以咨询。月中常有数信，时人谓为“山中宰相”。

陶弘景(456—536)，字通明，丹阳秣陵(今江苏南京)人。《梁书》卷五十一本传说他为人“圆通谦谨”。陶弘景身为隐士而心存魏阙，亦道亦佛，既是学者也是诗人。他隐居于句容茅山，酷爱松风之声；独游泉石，望见者以为神仙。他早年与梁武帝有交情，齐末协助武帝篡位。陶弘景援引图谶成“梁”子，令弟子进之。武帝践祚，对他恩礼逾笃，虽居山中而为武帝股肱，人称“山中宰相”。他为隐士而沽名，为道士而行骗，为皇帝心腹而大收利益。

作为道士，陶弘景寻研葛洪《神仙传》，明于阴阳五行、风角星算；谙于山川地理、方图产物以及医术本草。著《梦记》《帝代年历》《真诰》《真灵位业图》等。陶弘景又长于经史文学，著《学苑》《古今州郡记》《论语集解》等。有文集三十卷。其《诏问山中何所有赋诗以答》：“山中何所有，岭上多白云。只可自怡悦，不堪持寄君。”意境幽远，充溢隐士情怀。

志公

《南史》卷七十六《隐逸下·释宝志传》：

虽剃须发而常冠帽，下裙纳袍，故俗呼为“志公”。好为谶记，所谓“志公符”是也。

释宝志(生卒年不详)，不知何许人。虽为沙门，饮食同于凡俗，披发赤脚，语默不伦。常年随身携带铜镜、剪刀、发镊等，以杖负之而行，居处邋遢。人见其忽着三重布帽，亦不知从何处得之。其语多灵验，显隐无常。据此，则与后来传说中的“济公和尚”颇相似。

离垢先生

《南史》卷七十六《隐逸下·刘慧斐传》：

> 又于北山构园一所，号曰离垢园，时人乃谓为“离垢先生”。

《梁书》卷五十一《处士·刘慧斐传》所载文字与《南史》相同。

刘慧斐（478—536），字文宣，彭城（今江苏徐州）人。他起家为梁安成王萧秀法曹行参军，还都时经过庐山，与处士张孝秀相得甚欢，因而于东林寺北构离垢园以居，人称慧斐为“离垢先生”。刘慧斐明于释典，工篆隶，在山手写经卷二千多卷。

四户

《南史》卷七十七《恩幸·吕文显传》：

> 时中书舍人四人各住一省，世谓之“四户”。

吕文显（生卒年不详），临海（今浙江临海）人。宋升明初（477），为萧道成录尚书省事，累官至殿中侍御史。齐永明元年（483），除宁朔将军，中书通事舍人；三年带南清河太守，与茹法亮等人迭出入为舍人，受齐武帝亲信；五年，为建康令，历齐明帝、东昏侯为尚书右丞，少府卿。吕文显为官，以刻毒著称。他在为通事舍人时常带外官，除南清河太守外，还有南泰山太守、南谯太守。如此，他不仅在朝中得宠信，在外则广受饷遗，每年得钱数百万，多用来私造大宅、山凿开池等。

《宋书》卷四十《百官》：“中书通事舍人，四人。”《南齐书》卷十六《百官》：“中书监一人，令一人，侍郎四人，通事舍人无员。”齐武帝时，中书通事舍人为四员，并权重一时。其实，自刘宋时开始，中书舍人职位就重于中书侍郎了，《宋书》卷四十《百官》：“宋初又置通事舍人，而侍郎之任轻矣。”“中书舍人四人各住一省”之“省”，拿现在的话来说就是办公室的意思，这就是说，通事舍人四人各自为门户，自行其权，故世人称之为“四户”。他们这样做的目的就是为了更好地受宠揽权与中饱私囊。

刀敕　伥子

《南史》卷七十七《恩幸·茹法珍传》:

自江祏、始安王遥光等诛后,及左右应敕捉刀之徒并专国名,人间谓之"刀敕",权夺人主。都下为之语曰:"欲求贵职依刀敕,须得富豪事御刀。"

帝轻骑戎服往诸刀敕家游宴,有吉凶辄往庆吊。

奄人王宝孙年十三四,号为"伥子",最有宠,参预朝政,虽王咺之、虫儿之徒亦下之。

南朝出了几个年轻的皇帝,在位无所事事,只是贪求欢乐,荒淫无耻,如宋前后废帝、齐东昏侯、陈后主等。齐东昏侯萧宝卷践位后,由于日夜贪玩,亲信小人,不能左右朝纲。不仅如此,萧宝卷又杀大臣徐孝嗣、沈文季等,致使始安王萧遥光、江州刺史陈显达、平西将军崔慧景、西中郎将长史萧颖胄先后举兵向京师,东昏侯也因此而身死国失,死时年十九。

应敕捉刀之人,乃皇帝身边的文书小吏,包括阉人。据《南史》记载,萧宝卷身边应敕捉刀有茹法珍、梅虫儿及王咺之、俞宝庆、俞灵韵、祝灵勇、范亮之、徐僧重、时崇济、芮安泰、刘文泰、吕文庆、胡辉光、缪买养、章道之、杨敬子、李粲之、周管之、范昙济、石昙悦、张恶奴、王胜公、王怀藻、梅师济、邹伯儿、史元益、王灵范、席休文、解滂及太史令骆文叔、大巫朱光尚等,凡三十一人,还有阉官王宝孙、王法昭、许朗之、许伯孙、方佛念、马僧猛、盛劭、王竺儿、随要、袁系世等十多人。皇帝命令为"敕","刀"为书写工具。"应敕捉刀之人"简称"刀敕"。

"伥子"即伥鬼,旧说为虎所食之人或溺水死者所化。《太平广记》卷四三二引孙光宪《北梦琐言》:"凡死于虎、溺于水之鬼号为伥,须得一人代之。"人称东昏身边人为"伥子",言其恶毒也。

生犀　三蠹

《南史》卷七十七《恩幸·陆验、徐驎传》：

> 验本无艺业，而容貌特丑。先是，外国献犀牛，其形甚陋，故闾里咸谓验为“生犀”。验、驎并以苛刻为务，百贾畏之，异尤与之昵，世人谓之“三蠹”。

梁武帝宠臣朱异，推荐乡人陆验、徐驎，两人递为少府丞、太市令。少府丞、太市令所治多为商贾买卖之事，两人本无业艺，专以苛刻为务，于是百贾畏惮。朱异与陆验、徐驎二人为表里，鱼肉百姓以射利。时人谓之“三蠹”。

朱异（482—548），字彦和，吴郡钱塘（今浙江杭州）人。朱异在周舍死后接替掌管机密，善于属辞。《梁书》卷三十八本传说他“览事下议，纵横敏赡，不暂停笔，顷刻之间，诸事便了”；《南史》卷六十二本传说他“贪财冒贿，欺罔视听，以伺候人主意，不肯进贤黜恶”。梁武帝晚年，朝政实由朱异出。

陆验（生卒年不详）、徐驎（？—548），两人同是朱异乡人。本为落魄无行之人，只是巴结了朱异，两人才官做到了少府丞、太市令。太市令相当于今天的城管，所以有机会剥刻百姓，也为百姓所痛恨。陆验死，市人闻其讯，无不拍手称快。徐驎一直为邵陵王萧纶所痛恨，太清二年（548），萧纶杀之。

“生犀”即“活脱脱像一头犀牛”的意思。犀牛貌丑，在古代被认为是凶猛的野兽。人称陆验“生犀”，言其丑恶也。

《北史》

胡荒

《北史》卷六《齐本纪上·神武纪》：

> 初，孝昌中，山胡刘蠡升自称天子，年号神嘉，居云阳谷，西土岁被其寇，谓之“胡荒”。

《北齐书》卷二《神武纪》所载文字与《南史》相同。

北魏孝明帝元诩六岁即位，政权控制在胡太后手中，这引起了天下大乱。明帝孝昌(525—527)时期，西北诸胡纷纷举事，同时又受到南方梁政权的不断侵扰。《周书》卷四十九《异域·稽胡》：“蠡升遂分遣部众，抄掠居民，汾、晋之间，略无宁岁。”所说也是此次“胡荒”之事。北魏政权从此走向衰败。

北魏政权以太原与洛阳为中心，向南北扩展的边远地带部落被统称为蛮与胡。这些部落有的被武力征服，成为北魏的附庸，有的与北魏政权从没有瓜葛，被称为“生胡”或“生蛮”。《北史》卷六十四《韦孝宽传》“汾州之北，离石以南，悉是生胡，抄略居人，阻断河路”；《北史》卷七十五《赵煚传》“乃遣使说诱江外生蛮向武阳，令乘虚掩袭南乡所居，获其父母妻子”。有的部落没有名称，只是根据其所在地而称呼，如《北史》卷六十四《韦瑱传》“岁余，发南汾州胡千余人北筑长城，在途皆亡”。山胡即住居在北方山区的胡人，这正如把住居在南方山区的人称为“山蛮”一样。《北史》卷七《齐文宣纪》：“五年春正月癸丑，帝讨山胡大破之，男子十二已上皆斩，女子及幼弱以赏军士，遂平石楼。石楼绝险，自魏代所不能至。于是远近山胡，莫不慑伏。”这里所说的“绝险”，也就是凭借崇山峻岭的意思。云阳谷，在山西左云县。诸胡乘魏政权不稳定之机纷纷作乱，这就是北魏孝昌年间之“胡荒”。

刘蠡升称天子事在孝昌元年十二月，后被齐神武帝高欢所破。高欢平定刘蠡升后，威望日隆，进一步控制了朝政，也为高家以后建立齐政权奠定了基础。

供御囚

《北史》卷七《齐纪中·文宣纪》：

> 系徒罪至大辟，文宣帝简取随驾，号为“供御囚”，手自刃杀，持以为戏。

《南史》卷二十一《王弘传》附《王瑜传》：

> 齐以王琳故，囚之。齐文宣每行，载死囚以从，齐人呼曰“供御囚”。

《隋书·刑法志》：

> 时仆射杨遵彦，乃令宪司先定死罪囚，置于仗卫之中，帝欲杀人，则执以应命，谓之“供御囚”。

北齐文宣帝高洋(529—559)，为高欢第二子。《北史》本传说高洋在即位之初还能明于政事，简靖宽和，同时胸怀志向，亲自东征西讨，屡建战功。后来以功业自矜，沉于酒色，性情变得喜怒无常，极为残忍。《北齐书》卷四本纪：

> 征集淫妪，分付从官，朝夕临视，以为娱乐。凡诸杀害，多令肢解，或焚之于火，或投之于河。沉酗既久，弥以狂惑，至于末年，每言见诸鬼物，亦云闻异声音。情有蒂芥，必在诛戮，诸元宗室咸加屠剿，永安、上党并致怨酷，高隆之、高德政、杜弼、王元景、李蒨之等皆以非罪加害。

有一次高洋手持弓箭走在大街上，问一妇女：“当今天子怎么样啊？”妇女不知他就是高洋，回答：“疯疯癫癫的，哪像天子！”高洋当场就把她杀了。晚年时候，高洋已经不能吃饭，只以喝酒度日，终于毙命于酒色。

高洋常常选一些死刑犯，让他们跟在自己身边，倒不是让他们为自己做牛马来赎罪，而是为了随时手刃他们以取乐，这些死刑犯就是“供御囚”。事实上，高洋也常常手刃无辜臣民以寻开心。

无愁天子

《北史》卷八《齐本纪下·幼主本纪》：

盛为无愁之曲，帝自弹胡琵琶而唱之，侍和之者以百数，人间谓之“无愁天子”。

《北齐书》卷八《幼主本纪》所载文字与《北史》相同。

北齐幼主高恒（570—578），八岁即皇帝位，在位仅一年，为周将尉迟勤擒获，第二年便以谋反罪被杀。其实，北齐政权至后主高纬时已经是摇摇欲坠，更不要说幼主了。再说，幼主只是一个八岁的孩子，除了“无愁”以外还能做什么呢？

莫含壁

《北史》卷二十《莫含传》：

其故宅在桑乾川南，世称“莫含壁”，含音讹，或谓之“莫回城”云。

《魏书》卷二十三《莫含传》所载文字与《北史》相同。

莫含（生卒年不详），雁门繁峙（今山西繁峙县东）人。家世货殖，因而拥有巨资。刘琨在任并州刺史时，辟莫含为从事。当时还是代王、后来成为东晋穆帝的司马眒，对莫含很是赏识，希望刘琨能把莫含让给他做属官，但莫含只想留在故乡并州，不愿意去代王府。刘琨就对莫含说：“当下五胡乱华，生灵涂炭，只有并州还算安稳，但这也是依靠代王的力量才能如此的。你要从长计议，不要只恋惜我俩的共事情分。你去代王那里，有更大的前途，能为国为民报仇！”莫含于是去了代王那里，官至左将军，封爵关中侯，最终死在代国，再也没有回到并州老家。

后来为了避免战乱，刘琨率民移居阳邑，只有莫含家留了下来。当地人称莫含家宅为“莫含壁”,壁即宅的意思,再后来讹音为“莫回城”,是就莫含再也没回到家中而言的。

冀州神童

《北史》卷二十一《崔宏传》:

宏少有俊才,号曰“冀州神童”。

《魏书》卷二十四《崔宏传》:

玄伯少有俊才,号曰冀州神童。

崔宏(?—418),字玄伯,清河东武成(今山东武成)人,北魏著名文人崔浩之父。崔宏初仕慕容垂为吏部郎、尚书左丞、高阳内史;后仕魏道武帝为黄门侍郎,草创北魏制度。魏国号即其所定,《魏书》本传:

时司马德宗遣使来朝,太祖将报之,诏有司博议国号。玄伯议曰:“三皇五帝之立号也,或因所生之土,或即封国之名。故虞夏商周始皆诸侯,及圣德既隆,万国宗戴,称号随本,不复更立。唯商人屡徙,改号曰殷,然犹兼行,不废始基之称。故《诗》云‘殷商之旅’,又云‘天命玄鸟,降而生商,宅殷土茫茫’。此其义也。昔汉高祖以汉王定三秦,灭强楚,故遂以汉为号。国家虽统北方广漠之土,逮于陛下,应运龙飞,虽曰旧邦,受命惟新,是以登国之初,改代曰魏。又慕容永亦奉魏土。夫‘魏’者大名,神州之上国,斯乃革命之徵验,利见之玄符也。臣愚以为宜号为魏。”太祖从之。于是四方宾王之贡,咸称大魏矣。

明元帝神瑞元年(414),设“八大人官”以总理万机,崔宏是其中之一。崔宏善于草书,为当世楷模。

八公

《北史》卷二十二《长孙嵩传》:

明元即位,与山阳侯奚斤、北新侯安同、白马侯崔宏等八人坐止车门右,听理万机,故世号“八公”。

《魏书》卷二十五《长孙嵩传》:

太宗即位,与山阳侯奚斤、北新侯安同、白马侯崔宏等八人坐止车门右,听理万机,故世号“八公”。

《魏书》卷一百一十三《官氏志》:

神瑞元年春,置八大人官,大人下置三属官,总理万机,故世号“八公”云。

长孙嵩(358—437),代(今山大同县东)人。深受道武帝赏识,为南部大人。后屡建战功,历侍中、相州刺史,封南平公。明元帝时,长孙嵩为“八大人官”之一。明元帝疾笃,诏太武临朝,长孙嵩为左辅。后因与太武宠臣崔浩、寇谦之意见不合而受顿辱。长孙嵩晚年多留镇京师,平断刑狱。

魏明元帝临时设置八大人官,“事出当时,不为常目”[①],所以《魏书》“官氏志”也没有详细说明。八大人官是在北魏早期八部大人官制的演变,“八公”是“八大人官”的俗称。

铁小儿

《北史》卷二十二《长孙幼传》:

---

① [北齐]魏收:《魏书》,中华书局,1974 年版,第 2976 页。

宣武时，为扬州刺史、假镇南大将军，都督淮南诸军事。梁将裴邃、虞鸿袭据寿春，承业诸子骁果，邃颇难之，号曰“铁小儿”。

《魏书》卷二十五《长孙稚传》：

出为抚军大将军，领扬州刺史，假镇南大将军，都督淮南诸军事。萧衍将裴邃、虞鸿袭据寿春，稚诸子骁果，邃颇难之，号曰“铁小儿”。

长孙稚（《北史》为避唐高宗李治讳，写作幼）（？—535），为长孙道生曾孙，道生为长孙嵩从子。长孙稚本名冀归，孝文帝以其幼承家业，赐名稚，字承业。后讨正平郡（今山西新绛）蜀蛮之乱有战功，除平东将军。萧宝夤据雍州反，以长孙稚为行台讨平之，除雍州刺史。孝庄初，封上党王，寻改封冯翊王。

长孙稚子长孙子彦、长孙子裕，为前妻张氏所生，子长孙绍远、长孙士亮、长孙季亮，为后妻罗氏所生。裴邃称长孙稚诸子为“铁小儿”，称赞他们在战争中甘冒矢石，坚强勇敢，毫不畏惧，如铁打铜铸一般，其中长孙子彦尤其著称。长孙子彦有膂力，多次跟随父亲作战，封槐里县子；又从征窦泰、战沙苑有功，加开府、侍中。长孙子彦小时候坠马骨折，后骨起寸余，开肉锯骨，他却谈笑自若。后长孙子彦举体生疮，他听说毒蛇可以攻毒，便于终南山中求蛇咬，肿痛而死。

黑槊公

《北史》卷二十四《于栗磾传》：

裕惮之，遗栗磾书，假道西上。题书曰“黑槊公麾下”。栗磾以状表闻，明元因之授栗磾黑槊将军。栗磾好持黑槊，裕望而异之，故有其号。

《魏书》卷三十一《于栗磾传》：

裕遗栗磾书，远引孙权求讨关羽之事，假道西上，题书曰“黑槊公麾下”。栗磾以状表闻，太宗许之，因授黑槊将军。栗磾好持黑槊以自标，裕望而异之，故有是语。

于栗磾(生卒年不详)，代(今河北威县)人。善于弓马，道武帝登国中拜冠军将军。佐道武帝统一北方，称赞说"卿，吾之黥、彭也!" 栗磾虽为武人，却谙于吏治，出为外官，平刑折狱，颇有政声。卒，赠太尉。栗磾喜用黑槊以自标，刘裕颇以为异，称栗磾为"黑槊公"。

成母　两凤连飞

《北史》卷二十四《崔㥄传》：

天平中，授徐州刺史，给广宗部曲三百，清河部曲千。㥄性暴慢。宠妾冯氏，长且姣，家人号曰"成母"，朝士邢子才等多奸之。至是假其威势，恣情取受，风政不立。

天保初，㥄为侍中，仲文为银青光禄大夫，同日受拜，时云"两凤连飞"。

崔㥄(494—554)，字长孺，清河东武成(今山东武成)人。崔㥄以赞翊孝武之功，封武成县公；齐天保初，除侍中，监起居；以禅代之际参掌仪礼，别封新丰县男。崔㥄自恃翊戴之功以及出身著姓，常常凌轹时辈并贪污纳贿。每每对卢元明说:"天下盛门大姓只有你我两家，什么博陵崔家、赵郡李家都不算什么!"石恺为清河太守，在经过崔㥄家门口时，说:"年轻人不要胡作非为啊，不然我就把你们给杀了!"崔㥄听说了，就对家里人说:"你们为什么不回答太守说'我家人做贼是做贼，只是把一个皇帝牵下宝座，又把一个皇帝扶上宝座，我们不做偷鸡摸狗的事'。"崔㥄任侍中时，要选人修起居注，有人推荐魏收，崔㥄说魏收是轻薄之徒，不能胜任，由此得罪了魏收。后来魏收专典国史，崔㥄担心魏收在史书中说他坏话，就讨好说:"古有班固，今有魏收!"魏收嗤之以鼻。

崔㥄的宠妾冯氏，因为个子高而且长得好看，所以下人都当她为主子。"成母"即大母的意思。冯氏凭借崔㥄的权势大肆受贿，臭名昭著，终于与崔㥄一起被逮入狱，后来崔㥄病死狱中，朝廷下诏将冯氏在闹市中肢解为九段。

崔仲文是崔㥄的弟弟，有文学才能，喜欢饮酒。有次，齐文宣帝高洋有事找他，他醉不能醒，文宣大怒，要惩罚他，让他写《观射》诗十韵，崔仲文操笔立就，高洋就原谅了他。

王氏九龙　裴蔡　方外司马

《北史》卷二十四《王昕传》：

昕母清河崔氏，学识有风训。生九子，皆风流蕴藉，世号“王氏九龙”。昕弟晖、昭、晞、晧最知名。

《北史》卷二十四《王晞传》：

帝使斋帅裴泽、主书蔡晖伺察群下，好相诬枉，朝士呼为“裴蔡”。

在并州，虽戎马填闾，未尝以世务为累。良辰美景，啸咏遨游，登临山水，以谈谯为事，人士谓之“方外司马”。

《北齐书》卷三十一《王昕传》：

昕母清河崔氏，学识有风训，生九子，并风流蕴藉，世号“王氏九龙”。

《北齐书》卷三十一《王晞传》：

帝使斋帅裴泽、主书蔡晖伺察群下，好相诬枉，朝士呼为“裴蔡”。

在并州，虽戎马填闾，未尝以世务为累。良辰美景，啸咏遨游，登临山水，以谈谯为事，人士谓之“物外司马”。

王昕（？—559），字元景，北海剧（今山东寿光）人。王昕为人诞慢，然而正直,不能曲事权贵。他少笃学,朝廷因为他学识渊博,就派他与魏收一起出使萧梁,后来却因为卖弄学识而被杀头。《北齐书》卷三十一本传:

帝怒临漳令嵇晔及舍人李文师,以晔赐薛丰洛,文师赐崔士顺为奴。郑子默私谓昕曰:"自古无朝士作奴。"昕曰:"箕子为之奴,何言无也?"子默遂以昕言启显祖,仍曰:"王元景比陛下于殷纣。"杨愔微为解之。帝谓愔曰:"王元景是尔博士,尔语皆元景所教。"帝后与朝臣酣饮,昕称病不至。帝遣骑执之,见方摇膝吟咏,遂斩于御前,投尸漳水,天保十年也。

王昕的母亲是名门闺秀,教子有方,所生九子皆有文儒之名,可知者有王晖、王昭、王晞、王皓、王晔。王晖字元旭,少与王昕齐名,卒于中书舍人;王昭字仲亮,少好儒术,卒于考功郎中;王皓字子高,为人儒缓。天统末,王皓修国史,卒,赠郢州刺史。王晔字季炎,卒于沧州司马。

王晞(511—581)字叔朗,武平初,迁大鸿胪,加仪同三司,监修起居注,待诏文林馆,隋开皇元年卒,赠仪同三司、曹州刺史。王晞为人心情恬静,淡于名利,不以世事萦怀,喜于登临山水,啸咏遨游。齐文宣天保末年,赵郡王高睿任并州左长史,王晞为司马。时值文宣崩,王晞与高睿共同谋划立昭帝。王晞虽事务繁忙而吟咏燕谈不废,人称"方外司马"。"方外""物外"都是"俗事之外"的意思。时人称王晞为"方外司马",是沿用了《晋书·谢奕传》中的称呼。《晋书》卷七十九《谢奕传》:

奕字无奕,少有名誉。初为剡令,有老人犯法,奕以醇酒饮之,醉犹未已。安时年七八岁,在奕膝边,谏止之。奕为改容,遣之。与桓温善。温辟为安西司马,犹推布衣好。在温坐,岸帻笑咏,无异常日。桓温曰:"我方外司马。"

北齐昭帝高洋凭借政变而夺帝位,所以对群臣颇怀猜测。裴泽、蔡晖为其耳目,乃至诬陷群臣。裴蔡二人《北齐书》《北史》均无传记。《北齐书》卷六《孝昭纪》:"曾问舍人裴泽在外议论得失。泽率尔对曰:'陛下聪明至公,自可远侔古昔,而有识之士,咸言伤细,帝王之度,颇为未弘。'"可知裴泽曾任中书舍人,而且并不是一味讨皇帝欢心的人。北齐东宫官署门下坊所属有斋帅局,设斋帅、内阁帅各二人,掌铺设洒扫事。

笔头 笔公

《北史》卷二十五《古弼传》:

弼头尖,帝常名之曰“笔头”,时人呼为“笔公”。

《魏书》卷二十八《古弼传》:

弼头尖,世祖常名之曰“笔头”,是以时人呼为“笔公”。

古弼(?—452?),代(今山西大同县东)人,为人谨忠。有一次,他去太武帝那奏事,太武帝正与一个叫刘树的人在下棋。古弼等了很久,太武帝仍然没有听事的意思,古弼就走过去揪着刘树的耳朵,一边捶他的背,一边说:“朝廷无所作为,就是因为有了你们这些人!”还有一次,太武帝在黄河边阅军,阅军完了之后就带着将领们要去打猎。太武帝命古弼给各位将领配上肥马,可古弼牵出的都是瘦马,太武帝大怒,古弼说:“打猎是小事,防止边患才是大事。只要有利于国家大事,我死也无憾!”古弼有将略之才,征凉州、讨仇池均有战功。

因为古弼如同笔一样既有用又直干,所以时人称他为“笔公”;又因为他头尖,所以人称他为“笔头”。古代人认为,头尖即锐头之人都是聪明的人。时人称呼古弼为“笔公”“笔头”,是称誉他。

弥尾青

《北史》卷二十六《宋翻传》:

县旧有大枷,时人号曰“弥尾青”。及翻为县,主吏请焚之。翻曰:“置南墙下,以待豪右。”

《魏书》卷七十七《宋翻传》所载文字与《北史》相同。

宋翻(？—530)，字飞鸟，河西介休(今山西介休)人，《魏书》卷七十七本传说他是“广平列人(今河北肥乡)人”，吏部尚书宋弁族弟。宋翻为人刚断，不畏强暴。在任河阴县令时，顺阳公主的家奴恃强抢劫，公主隐藏家奴，不报官。宋翻知道后，带领官兵包围公主宅邸，捉住驸马冯穆，并把他带到县衙，罚他站在烈日炎炎中，汗流及地。还是在任河阴令时，内监杨小驹到县衙办事，依仗皇帝势力，语言不逊，宋翻用大枷“弥尾青”把他枷住。杨小驹回到京城后，把这件事告诉了太武帝，太武帝大怒，下诏河南尹治宋翻罪。宋翻说：“制造‘弥尾青’的不是我，我也不想因此获得骂名。我把‘弥尾青’留下来，目的就是要惩罚如杨小驹这样的狂徒。”从此，宋翻威名布于京师。

当时人为什么称大枷为“弥尾青”，现在已经不得而知了。

入铁主簿　长鬣公　齐须公

《北史》卷二十六《许惇传》：

> 清识敏速，达于从政。位司徒主簿，以明断见知，时人号为“入铁主簿”。

> 惇美须，下垂至带，省中号“长鬣公”。齐文宣尝因酒酣，提惇须称美，以刀截之，唯留一握。惇惧，因不复敢长，人又号“齐须公”。

《北齐书》卷四十三《许惇传》：

> 清识敏速，达于从政，任司徒主簿，以能判断，见知时人，号为“入铁主簿”。

> 惇美须髯，下垂至带，省中号为“长鬣公”。显祖尝因酒酣，握惇须髯称美，遂以刀截之，唯留一握。惇惧，因不复敢长，时人又号为“齐须公”。

许惇(？—572？)，字季良，高阳新城(今山东临淄)人。许惇善于吏治。534年，东魏迁都邺城，其时许惇为阳平郡(今山东阳谷)太守。阳平于邺城为畿郡,事务繁忙,过来的勋贵请托很多,而许惇秉公办事,皆无怨言,考政为天下第一。在任司徒主簿的时候,许惇就以办事明断闻名,被人称为“入铁主簿”。“入铁”应该是当时习语,意思与“入木三分”一词相近,用来说明一个人办事能洞察细微。《新五代史》卷二十九《景延广传》:“父建善射,尝教延广曰:‘射不入铁,不如不发。’”可知“入铁”一词到唐五代时期还很流行。

许惇是美髯公,所以时人有“长鬣公”“齐须公”之称。许惇善于吏治,却无文学,与邢子才、魏收、阳休之等人在一起的时候,别人谈说经史,吟咏赋诗,许惇唯有杜口不言或隐几而睡而已。

瞎虎

《北史》卷二十七《谷楷传》:

> 眇一目,性甚严忍,前后奉使皆以酷暴为名,时人号曰“瞎武”。

《魏书》卷八十九《酷吏·谷楷传》:

> 楷眇一目而性甚严忍,前后奉使皆以酷暴为名,时人号曰“瞎虎”。

《北史》作“瞎武”,为避唐讳改。谷楷(生卒年不详),昌黎人,魏濮阳公谷浑曾孙。谷浑正直有操行,不以富贵骄人,为时人所重,卒于城门校尉。谷楷以残暴行事,人称“瞎虎”。以“虎”比喻凶残之人,古来多有之。

播郎

《北史》卷二十七《李昭徽传》:

> 景儒子昭徽,博涉稽古,脱略不羁,时人称其为“播郎”,因以字行于燕、赵焉。

李昭徽(生卒年不详),中山卢奴(今河北定县)人。高祖李先善于占候,魏明元帝时赠定州刺史、中山公。李昭徽为方外之人，落落不苟交往。隋大业中，他带领妻子隐于嵩山，号“黄冠子”。“播”，不苟且于世俗之意，因李昭徽落拓不群，故时人称之为“播郎”。

《隋书》卷六十七《裴缊传》：“须臾，难作，蕴叹曰：‘谋及播郎，竟误人事。’遂见害。”《北史》卷七十四文同。《裴蕴传》所说“播郎”是指虞世基，《隋书》卷六十七、《北史》卷八十三《文苑》虞世基本传均不载虞世基被时人称为“播郎”事。《隋书》虞虞世基本传：

> 世基貌沉审，言多合意，是以特见亲爱，朝臣无与为比。其继室孙氏，性骄淫，世基惑之，恣其奢靡。雕饰器服，无复素士之风。孙复携前夫子夏侯俨入世基舍，而顽鄙无赖，为其聚敛。鬻官卖狱，贿赂公行，其门如市，金宝盈积。其弟世南，素国士，而清贫不立，未曾有所赡。由是为论者所讥，朝野咸共疾怨。

据文中所说，虞世基本是沉稳才子，只是惑于继室孙氏而自我放纵，“无复素士之风”，与当时士人龃龉难合，乃至被朝野所共愤。这大概就是裴蕴或者说时人称虞世基为“播郎”的原因。

袁谘议

《北史》卷二十七《袁式传》：

> 性长者，虽羁旅漂泊，而清贫守度，不失士节。时人甚敬重之，皆呼曰“袁谘议”。

《魏书》卷三十八《袁式传》所载文字与《北史》相同。

袁式（？—476），字季祖，陈郡阳夏（今河南太康）人。袁式博览群书，谙于故事。与崔浩为友，其时魏纪初立，典章制度一出于崔浩，崔浩多访问于袁式。袁式初仕东晋，为武陵王司马遵谘议参军。时人称袁式为“袁谘议”有两层含义：一是称官衔以表示尊敬。如此尊称别人，虽然在后来很为流行，但在当时还属于个例。《北史》卷五十五《赵彦深传》：“自皇建以还，礼遇稍隆，每有引见，或升御榻，常呼官号而不名也。”可见称官号以示尊重在当时还不常见。另一层意思是:袁式虽不是崔浩的谘议参军,但崔浩在为北魏草创宪章时多咨询袁式,袁式充当了崔浩的“谘议参军”的角色。《宋书》卷三十九《百官》:

晋元帝为镇东大将军及丞相,置从事中郎,无定员,分掌诸曹,有录事中郎、度支中郎、三兵中郎。其参军则有谘议参军二人,主讽议事,晋江左初置,因军谘祭酒也。宋高祖为相,止置谘议参军,无定员。

北朝制度与南朝制度相似,谘议参军应该同样也是“主讽议事”的。

十善　双璧　三虎

《北史》卷二十八《陆馛传》:

为政清平,抑强扶弱。州中有德宿老名望素重者,以友礼待之,询之政事,责以方略,如此者十人,号曰“十善”。

又,《北史·陆時陆恭之传》:

长子時,字道晖,与弟恭之并有时誉。洛阳令贾祯见其兄弟,叹曰:“仆以年老,更睹双璧。”又尝兄弟共候黄门郎孙惠蔚。谓诸宾曰:“不意二陆,复在坐隅。吾德谢张公,无以延誉。”

宽兄弟并有才品,议者称为“三虎”。

《魏书·陆時陆恭之传》所载文字亦与《北史》相同。

陆馛(?—474),字号不详,代人,鲜卑族。本姓步六孤氏,后改姓陆氏。陆馥兴安初(452)出为相州刺史。他礼贤州中十位老人,询以政事,是为“十善”。“十善”究竟是哪十位老人,现已不可考知。他又选中、大户人家一百多人,名义上为养子,实际上为耳目,伺察奸猾之人。陆馛在州七年,为政清明。

陆時(生卒年不详),字道晖;陆恭之(?—537),字季顺。二人并为陆馛孙，有时誉，时人比之“二陆”为“双璧”。陆晔撰《七诱》《十醉》等；陆恭之官至中书侍郎领著作郎，《魏书》《北史》本传均说他“所著文章诗赋凡千余篇”。

陆恭之有子陆晔、陆宽，时人称父子三人为“三虎”。“虎”南北朝时期多用来比喻凶猛之人，此处却是赞誉之词，说明父子三人办事能力很强。陆晔（生卒年不详），字仁崇，笃志文学。《魏书》卷四十说他“开府中兵参军”，《北史》则说“位终通直散骑常侍”。陆宽，字仁惠，《北史》说他“太子中舍人，待诏文林馆”。

八米卢郎

《北史》卷三十《卢思道传》：

> 文宣帝崩，当朝文士各作挽歌十首，择其善者而用之。魏收、阳休之、祖孝徵等不过得一二首，唯思道独有八篇。故时人称为“八米卢郎”。

《隋书》卷五十七《卢思道传》：

> 文宣帝崩，当朝文士各作挽歌十首，择其善者而用之。魏收、阳休之、祖孝徵等不过得一二首，唯思道独得八首。故时人称为“八米卢郎”。

卢思道（535—586），字子行，范阳（今河北涿县）人。他仕北齐为司空行参军、员外散骑侍郎，直中书省，入隋为散骑侍郎。卢思道为齐、隋间著名文学家，《北史》《隋书》本传说他“词意清切”。

齐文宣帝高洋崩于天保十年（560）十月，时卢思道直中书省，故得与魏收等人作挽歌词以备用。检逯钦立《先秦汉魏晋南北朝诗》，魏收、阳休之、卢思道集中并无文宣挽歌词，祖孝徵集中有《挽歌》一首：“昔日驱驷马，谒帝长杨宫。旌悬白云外，骑猎红尘中。今来向漳浦，素盖转悲风。荣华与歌笑，万事尽成空。”据诗意当是为挽文宣帝而作。

南北朝时期有挽歌葬俗。出殡时执绋牵引灵柩唱挽歌的人称为挽郎，挽郎唱挽歌。《晋书·礼志中》：“有司又奏，依旧选公卿以下六品子弟六十人为挽郎，诏又停之。”南朝宋刘义庆《世说新语·纰漏》：“任育长年少时，甚有令名。武帝崩,选百二十挽郎,一时之秀彦,育长亦在其中。”挽郎必须是年轻有文学之人。《南史》卷三十《何求传》:“求元嘉末为文帝挽郎。历位太子洗马,丹阳郡丞,清退无嗜欲。”《北史》卷三十八《裴宽传》:“年十三,以选为魏孝明帝挽郎,释褐员外散骑侍郎。”卷四十三《邢劭传》:“释巾为魏宣武挽郎,除奉朝请,迁著作佐郎,深为领军元叉所礼。”《魏书》卷七十一《柳远传》:“好弹琴,耽酒,时有文咏。为肃宗挽郎。”挽歌是送葬歌曲,是应用文字。《南史》卷二十六《刁冲传》:“弗用缯采,敛以时服。輀车止用白布为幔,不加画饰,名为清素车。又去挽歌、方相并明器杂物。及冲祖遵将卒,敕其子孙,令奉疵遗旨。”同时又可以用来抒发悲愤之情,是文学作品。《南史》卷十九《谢幾卿传》:“时左丞庾仲容亦免归,二人意想得,并肆情诞纵,或乘露车历游郊野,醉则执铎挽歌,不屑物议。”《北史》卷二十六《宋道玙传》:“坐愉反得罪。作诗及挽歌词寄之朋亲,以见怨痛。”挽歌的这种双重作用,自汉魏时期以来一直如此。

《北史》卷四十二《刘逖传》:“及文宣崩,文士并作挽歌,杨遵彦择之,员外郎卢思道用八首,逖用二首,余人多者不过三四。中书郎李愔戏逖曰:‘卢八问询刘二。’逖衔之。”所记是同一件事,并明确说明文宣帝挽歌是由杨遵彦选择的。“八米”是指稻米成长只有八成熟,不足十成,暗示卢思道虽有八首挽歌,但尚不足十首。

司徒帽

《北史》卷三十一《高昂传》:

> 昂以兄乾薨此位,固辞不拜,转司徒公。好著小帽,世因称“司徒帽”。

高昂(491—538[①]),字敖曹,渤海蓨(今河北景县)人。仕北齐为侍中司徒、兼西南道都督。高昂本武人,动辄以武相向。《北齐书》卷二十一本传:“御史中尉刘贵时亦率众在北豫州,与昂小有忿争,昂怒,鸣鼓会兵而功之。”又:“昂尝谒相府,掌门者不纳,昂怒,引弓射之。”终为乱兵所杀。高昂虽是

---

① 《北齐书》卷二十一、《北史》卷三十一高昂本传“校勘记”都怀疑传文“时年四十八”为“三十八”之误。

武人,《北史》本传说他“性好为诗,言甚陋鄙”。逯钦立《先秦汉魏晋南北朝诗·北齐诗》卷一录高昂诗三首,《征行诗》曰:“垄种千口牛,泉连百壶酒。朝朝围山猎,夜夜迎新妇。”是典型的武人诗。

《魏书》卷一百八《礼志四》说北魏服饰制度,根据太学博士崔瓒提议,用汉晋制度不必改革。《晋书》卷二十五《舆服》:“平冕,王公、卿助祭于郊庙服之。王公八旒,卿七旒。以组为缨,色如其绶。”可以知道高昂当时戴的帽子应当是平冕,是一种华贵高大之冠冕。高昂不喜欢戴这种帽子,而是喜欢戴简制的小帽,人以为奇怪,所以就称他戴的小帽子为“司徒帽”。

四使之门

《北史》卷三十三《李湛传》:

> 兼通直散骑常侍、聘陈使副,袭爵泾阳男。浑与弟绘、纬俱为聘梁使主,湛又为副使,是以赵郡人士,目为“四使之门”。

《北齐书》卷二十九《李湛传》:

> 为太子舍人,兼常侍,聘陈使副。袭爵泾阳县男。浑与弟绘、纬俱为聘梁使主,湛又为副使,是以赵郡人士,目为“四使之门”。

李湛(生卒年不详),字处元,赵郡平棘(今河北赵县)人。父李浑(生卒年不详),字季初;浑弟绘(生卒年不详),字敬文;绘弟纬(504—549),字乾经。

李氏从曾祖李灵(452—554)时,就以文学闻名于当世。《魏书》卷四十九《李灵传》:“父勰,字小同,恬静好学,有声赵魏。……灵以学优温谨,选授高宗经。”

《北史》卷三十三《李浑传》载:“文宣以魏《麟趾格》未精,诏浑与邢劭、崔㥄、魏收、王昕、李伯伦等修撰。”与邢劭等并称,可知李浑也是文学之士。《北齐书》卷二十九《李绘传》:“素长笔札,尤能传受,缉缀词议,简举可观。天平初,世宗用为丞相司马。每罢朝,文武总集,对扬王庭,常令绘先发言端,为群僚之首。音辞辩正,风仪都雅,听着悚然。”《北史》卷三十三《李纬传》说纬“少聪慧，有才学”。

南北朝时期，割据政权之间每年使臣互聘，使臣有使主、使副的分别。双方对使臣、使臣活动以及聘问成果都高度重视。尤其是北朝，自觉文化底气不足，为能在与南朝的互聘中争得脸面，对使臣的选择条件颇为严格，使臣必为文学之士，且善于口辩。李氏乃当时著名的文学家族，也是有名的使臣家族。时人语：“学则浑、绘、纬，口则绘、纬、浑。”

李浑为聘梁使主在武定初(543)，《魏书》卷十二《孝静帝纪》武定元年秋八月“壬午，遣兼散骑常侍李浑使于萧衍”。时梁大同九年，梁武帝称赞李浑家族文学之盛说：“伯阳之后，久而弥盛，赵李人物，今实居多。常侍曾经将领，今复充使，文武不坠，良属斯人。”①

《北史》卷三十三《李绘传》载：“武定初，兼散骑常侍，为聘梁使主。”检《魏书》卷十二《孝静帝纪》武定元年聘梁使主为绘兄李浑，二年使主为魏季景，三年使主为李奖，四年使主为元廓，五年使主为其弟李纬。考《魏书》卷六十五《李平传》：“长子奖，字遵穆……孝庄初，为散骑常侍、镇东将军、河南尹。奖前后所历，皆以明济著称。元颢入洛，颢以奖兼尚书右仆射，慰劳徐州，羽林及城人不承颢旨，害奖，传首洛阳。”《北史》卷三十四《宋游道传》：“元颢入洛，奖受其命，出使徐州，都督元孚与城人赵绍兵杀之。”元颢入洛在孝庄帝永安二年即529年，武定三年为545年，所以《孝静帝纪》所说武定三年使主为李奖就有问题；《李奖传》又见《北史》卷四十三，传文与《魏书》大同小异，两传均不言李奖使梁事，按照《魏书》《北史》体例，为使臣必书，何况为使主。疑“李奖”当为“李绘”之误。李绘为使主聘梁在武定三年。李绘善于口辩，《北史》《北齐书》对于他使梁时的机智都有记载，但《北史》不如《北齐书》详细。《北齐书》卷二十九《李绘传》：

> 武定初，兼常侍，为聘梁使主。梁武帝问绘：“高相今在何处？”绘曰：“今在晋阳，肃遏边寇。”梁武曰：“黑獭若为形容？高相作何经略？”绘曰：“黑獭游魂关右，人神厌毒，连岁凶灾，百姓怀土。丞相奇略不世，畜锐观衅，攻昧取亡，势必不远。”梁武曰：“如卿言极佳。”与梁人泛言氏族，袁狎曰：“未若我本出自黄帝，姓在十四之限。”绘曰：“兄所出虽远，当共车千秋分一字耳。”一坐大笑。前后行人，皆通启求市，绘独守清

① ［唐］李百药：《北齐书》，中华书局，1972年版，第394页。

尚，梁人重其廉洁。

文中“高相”指高欢，黑獭指宇文泰（字黑獭），其时魏政权旁落，高欢、宇文泰兵强权重，后分别篡魏而为北齐、北周政权。文中所言“姓在十四之限”，出自《史记》卷一《五帝本纪》：“皇帝二十五子，其得姓者十四人。”“共车千秋分一字”有两层含义，一是说“袁狎”本姓“乞袁”氏，非华姓而是高车之族，是针对袁狎“未若我本出自黄帝，姓在十四之限”而言的。《魏书》卷一百三《高车》：“高车之族，又有十二姓：一曰泣伏利氏，二曰吐卢氏，三曰乙旃氏，四曰大连氏，五曰窟贺氏，六曰达薄干氏，七曰阿仑氏，八曰莫允氏，九曰俟分氏，十曰副伏罗氏，十一曰乞袁氏，十二曰右叔沛氏。”另一层含义是嘲笑袁狎如同汉代车千秋一样“无他才能学术，又无阀阅功劳，特以一言寤意，旬月取宰相封侯”[①]而已。南北朝时期由于门阀、家讳等原因，以姓氏、名字取笑是常有的事，人们对姓氏来源往往是谙熟于心中。

李纬为聘梁使主在武定五年（547），李湛为使副聘陈不知在何年。李氏浑、绘、纬、湛四人为使臣聘于江南外，尚有李概、李顺、李孝贞、李騊駼及李翥等都是文学之士而为使臣。赵郡李氏不仅是“四使之门”，可谓使臣世家矣。

李公骑

《北史》卷三十三《李玚传》：

玚德洽乡闾，招募雄勇，其乐从者数百骑。玚倾家赈恤，率之西讨。宝夤见玚至，拊其肩曰：“子远来，吾事办矣。”故其下每有战功，军中号曰“李公骑”。

《魏书》卷五十三《李玚传》：

玚德洽乡闾，招募雄勇，其乐从者数百骑，玚倾家赈恤，率之西讨。宝夤见玚至，乃拊玚肩曰：“子远来，吾事办矣。”故其下每有战功，军中号曰“李公骑”。

---

① ［汉］班固：《汉书》，中华书局，1962 年版，第 2884 页。

李玚(484—528),字琚罗,赵郡人,为李孝伯侄孙。赵郡李氏为文学世家,李玚涉猎经史,富有文才。时值灵太后听政,大兴佛事,民多绝户为沙门,李玚于灵太后前论儒是而释非,灵太后为之心服。李玚虽为文人却精明武事,萧宝夤西征莫折念生,以李玚为统军,假宁远将军。李玚凭借李家德望,招募骑兵,与萧宝夤共同西讨,他的骑兵部队被人称为“李公骑”。孝庄帝建义元年(528),李玚死于河阴,孝武帝太昌(532)时重赠散骑常侍、骠骑大将军、仪同三司、冀州刺史。

四括　四黄

《北史》卷三十三《李孝伯传》:

案赵郡李氏,出自赵将武安君牧。当楚、汉之际,广武君左车则其先也。左车十四世孙恢,字仲兴,汉桓、灵间,高尚不仕,号有道大夫。恢生定,字文义,仕魏,位渔阳太守。有子四人,并仕晋。平字伯括,为乐平太守;机字仲括,位国子博士;隐字叔括,保字季括,位并尚书郎。兄弟皆以儒素著名,时谓之四括。机子楷,字雄方,位书侍御史,家于平棘南。有男子五人,辑、晃、棻、劲、睿。辑字护宗,晃字仲黄,棻字季黄,劲字少黄,睿字幼黄,并以友悌著美,为当世所宗,时所谓四黄者也。辑位高密郡守,二子,慎、敦。晃位镇南府长史,一子,义。劲位书侍御史,四子,盛、敏、隆、喜。睿位高平太守,二子,勖、充。其后,慎、敦居柏仁,子孙甚微。义南徙故垒,世谓之南祖。勖兄弟居巷东,盛兄弟居巷西,世人指其所居,因以为目,盖自此也。义字敬仲,位司空长史。生东宫舍人吉,字彦同。吉生尚书郎聪,字小时。聪生真,字义深,事列于后。勖字景贤,位顿丘太守。勖生赵郡太守颐,字彦祖。颐生勰、系、曾,各有令子,事并列于前。盛位中书郎。三子,缵、袭、阁。缵字纬业,位太尉祭酒。生四子,诞、休、重、苞。诞字绍元,假赵郡太守。生四子,建、追、確、龟。龟字神龟,位州主簿。生二子,凤林、秀林。

此段文字为李延寿在叙述赵郡李氏李灵支系后,追叙李恢支系,用家谱笔法梳理出李恢一派世系。“四括”“四黄”之时号亦仅见于此,从“四括”

“四黄”时号可见李氏当时流誉北方，为时人所称道。

秀才村

《北史》卷三十三《李育传》：

> 子愔袭，与从父兄普济并应秀才举，时人谓其所居为“秀才村”。

李愔（生卒年不详）（《魏书》作“惜”），赵郡李氏，父李育（481—537）。李育兄李暎（486—527）（《魏书》作“映”），字辉道，李暎子李普济（生卒年不详）。李普济学涉有名，性和韵。时人语：“入粗入细李普济。”位济北、北海太守。李愔位太子舍人。李愔、李育、李暎及普济传又见《魏书》卷三十六。

李氏素儒，多出秀才乃情理之中事，所居村故有“秀才村”之称誉。

馆客

《北史》卷三十三《李幼廉传》：

> 常在文襄第内，与陇西辛术等六人，号为“馆客”。

《北齐书》卷四十三《李稚廉传》：

> 常在世宗第内，与陇西辛术等六人，号为“馆客”，待以上宾之礼。

李幼廉（508—574），齐州刺史李义深之弟。《魏书》《北齐书》避讳作“李稚廉”。幼廉聪明好学，披览五经。天平（534—537）中，高祖高欢擢为泰州开府长史、北平将军，转为世宗高澄骠骑府长史。

晋阳（今太原）为北齐霸业所在，高欢任相国时，在晋阳设相国府，坐拥兵马，遥控朝政大权。高欢死后，高澄继为丞相，情况如同高欢时期一样。高澄为扩充势力，招揽人才，李幼廉便是其中之一。“馆客”即亲信人物，也就是高澄身边的谋士。《北齐书》卷三十八《辛术传》：“文襄嗣事，与尚书宋游道、中书侍郎李绘等并追谒晋阳，俱为上客。”可知六位“馆客”除幼廉、辛术外尚有宋游道、李绘。《北齐书》卷三十八辛术与元文遥、赵彦深同传，疑“馆客”即幼廉、游道、李绘、辛术、元文遥及赵彦深六人。

辛术(500—559)，字怀哲，陇西狄道(今甘肃天水)人。传见《北齐书》卷三十八、《北史》卷五十。宋游道(？—550)，敦煌(今甘肃敦煌)人。传见《北齐书》卷四十七《酷吏》《北史》卷三十四。《北齐书》载：

诏付廷尉，游道坐除名。文襄使元景康谓曰：“卿早逐我向并州，不尔，他经略杀卿。”游道从至晋阳，以为大行台吏部，又以为太原公开府谘议。及平阳公为中尉，游道以谘议领书侍御使。寻以本官兼司徒左长史。

所说与辛传所说“追谒晋阳”当是同一件事。李绘见“四使之门”条，《北史》卷三十三《李绘传》：

及文襄嗣业，普代山东诸郡，其特降书征者，唯绘与清河太守辛术二人而已。至，补大将军从事中郎，迁司马。文襄以前司徒侯景进贤冠赐绘曰：“卿但直心事孤，当用卿为三公，莫学侯景叛也。”

虽没言追谒文襄至晋阳事，但文襄视李绘为心腹则无可置疑。元文遥(？—571)，字德远，河南洛阳人，魏宗室。传见《北齐书》卷三十八、《北史》卷五十五。武定中，文襄征为大将军府功曹。元文遥历事文襄、文宣，为人正直，天统二年(566)，特赐姓高氏。赵彦深，见“赵行台顿”条。

高游　二高

《北史》卷三十四《游明根传》：

孝文初，明根与高闾以儒老学业，特被礼遇，公私出入，每相追随，而闾以才笔，时侮明根。世号“高游”焉。

《北史·高闾传》：

闾好为文章，集四十卷。其文亦高允之流，后称“二高”，为当世所服。

《魏书》卷五十五《游明根传》：

高祖初，明根与高闾以儒老学业，特被礼遇，公私出入，每相追随，而闾以才笔时侮明根，世号“高游”焉。

《魏书》卷五十四《高闾传》：

闾好为文章，军国书檄诏令碑颂铭赞百有余篇，集为三十卷。其文亦高允之流，后称“二高”，为当世所服。

游明根(419—499)，字志远，广平任(今河北任县)人。游明根幼时遭丧乱，为牧奴，请别人书字路边，然后自己学习之。后来，族兄游雅把他赎了出来，还教他读书。年十六，辞游雅归乡里，凿窟读书其中多年。游明根历内外官五十多年，为政清平，处身以仁和，接物以礼让，有儒学长者之风。

高闾(424？—502)，字阎士，渔阳雍奴(今天津武清)人。《魏书》本传说他“少好学，博综经史，文才儁伟，下笔成章”，深得当时文柄崔浩赏识。冯太后对高闾文学颇为青睐，其诏令、书檄、碑铭、赞颂一出于闾手。今《魏书》本传载其《至德颂》全文一篇；《魏书》卷三十四《胡叟传》：“闾作《宣命赋》，叟为之序。”游明根与高闾同时以儒学著名，人称“高游”。

高允(390—487)，字伯恭，渤海蓨(今河北景县)人。传见《魏书》卷四十八、《北史》卷三十一。《魏书》本传：“性好文学，担笈负书，千里就业。博通经史天文术数，尤好《春秋公羊》。”允享年甚高，勤于著述，《魏书》本传载允作诗、赋、颂、论及《左氏公羊释》《毛诗拾遗》等百余篇。清人严可均辑《全上古三代秦汉六朝文》，存其文十二篇；今人逯钦立辑《先秦汉魏晋南北朝诗》，存其诗四首。高闾、高允同时以文学称，人称“二高”。

驢王　三哲　小宰相

《北史》卷三十五《王慧龙传》：

王氏世齇鼻，江东谓之“齇王”。

又，《北史·王遵业传》：

遵业有誉当时，与中书令陈郡袁翻、尚书琅玡王诵并领黄门郎，号曰“三哲”。时政归门下，世谓侍中、黄门为“小宰相”，而遵业从容恬素，若处丘园。

《魏书》卷三十八《王慧龙传》所载文字与《北史》相同。

又，《魏书·王遵业传》所载文字亦与《北史》相同。

王慧龙(391—440)，太原晋阳(今山西太原)人。为东晋安帝司马德宗尚书仆射王愉之孙。王愉因取恶于刘裕被杀，慧龙得沙门僧彬掩护得以过江来北方。崔浩的弟弟崔恬听说慧龙为名家王氏之子，便以女妻之。王氏这一支，世代长着酒糟鼻，时人称之为“齇(zhā)王”。王慧龙的酒糟鼻渐渐长大，崔浩经常向别人称赞说：“慧龙的酒糟鼻这么大，真是贵种啊！”王慧龙自南流离而北，常怀忧愁，作《祭伍子胥文》以寄己意，又撰帝王制度十八篇为《国典》，今皆不存。

王遵业(？—528)，为王慧龙曾孙。涉猎经史，位主作佐郎，与司徒左长史崔鸿同撰起居注，又与元延明、崔光等一起参定服章。崔光为孝明帝讲《孝经》时，王遵业为预讲，王遵业弟王延业为录义。时人语曰：“英英济济，王家兄弟。”转司徒左长史、黄门郎，监典仪注。袁翻(476—528)，字景翔，陕郡项(今河南项城)人。传见《魏书》卷六十九、《北史》卷四十七。袁翻以才学擅美一时，孝昌(525—527)中，除安南将军、中书令，领给事黄门侍郎。王诵(492—528)，字国章，琅玡临沂(今山东临沂)人。传见《魏书》卷六十三、《北史》卷四十二。《魏书》本传说他“学涉有文才，神气清儁，风流甚美”，《北史》本传说他“历位散骑常侍、光禄大夫、右将军、幽州刺史、长兼秘书监、给事黄门侍郎”。王遵业、袁翻及王诵三人均以才学称誉于当世，故时人称为“三哲”。南北朝时期，侍中、黄门郎为显官要职，有时权侔宰相，故人称“小宰相”。

薛公丰兖渠　三薛　卢薛

《北史》卷三十六《薛胄传》：

先是，兖州城东沂、泗二水合而南流，泛滥大泽中。胄遂积石堰之，决令西注，陂泽尽为良田，又通转运，利尽淮海，百姓赖之，号为“薛公丰兖渠”。

又，《北史·薛寘传》：

时前中书监卢柔，学业优深，文藻华赡，而寘与之方驾，故世号曰“卢薛”焉。

《魏书》卷四十二《薛辩传》：

祖陶，与薛祖、薛落等分统部众，故世号“三薛”。

《隋书》卷五十六《薛胄传》所载文字与《北史》同。
《周书》卷三十八《薛寘传》所载文字亦与《北史》同。

薛胄（生卒年不详），字绍玄，河东汾阴（今山西万荣）人。为薛辩六世孙。薛辩（325—422），字允白，其先人自蜀徙汾阴，祖父薛陶与族人薛祖、薛落称“三薛”。薛胄仕隋文帝为兖州刺史，善于断案。《隋书》本传：

有陈州人向道力者，伪作高平郡守，将之官，胄遇诸途，察其有异，将留诘之。司马王君馥固谏，乃听诣郡。既而悔之，即遣主簿追禁道力。有部人徐俱罗者，尝任海陵郡守，先是已为道力伪代之。比至秩满，公私不悟。俱罗遂语君馥曰：“向道力以经代俱罗为郡，使君岂容疑之？”君馥以俱罗所陈，又固请胄。胄呵君馥曰：“吾已察知此人诈也。司马容奸，当连其坐！”君馥乃止。遂往收之，道力惧而引伪。其发奸摘伏，皆此类也，时人谓为神明。

薛胄为官能为民谋福利，在兖州修渠治水，民大收其利，故称该渠为“薛公丰兖渠”，褒称也。

薛寘（生卒年不详），祖薛遵彦，父薛乂。薛寘幼览篇籍，好属文。他于西魏废帝元年（552）领著作佐郎，修国史。《周书》本传说他“所著文章二十余卷，行于世。又撰《西京记》三卷，引据该洽，世称其博闻焉”。今俱佚。卢柔（生卒年不详），字子刚，范阳涿（今河北涿州）人。传见《北史》卷三十、《周书》卷三十二。柔性聪明好学，宇文泰引为行台郎中，除从事中郎，与苏绰共掌机密，书翰往返，柔随机报答，皆合时宜。累迁中书侍郎，兼著作，撰起居注。《周书》本传说他“所作诗颂碑铭檄表启行于世者数十篇”，今皆不存。薛寘与卢柔俱以文学显名于当时，人称“卢薛”。

骥子　龙文　裴曾子

《北史》卷三十八《裴延儁传》：

> 延儁从父兄宣明，位华州刺史，有惠政，谥曰简。二子景鸾、景鸿，并有逸才，河东呼景鸾为“骥子”，景鸿为“龙文”。

> 景鸿，齐和夷郡守。子叔卿，博涉有孝行，时人号曰“裴曾子”。

裴延儁传又见《魏书》卷六十九，但无裴宣明及其二子与裴叔卿记载，《北齐书》《周书》也不见有记录。裴延儁（？—528），字平子，河东闻喜（今山西闻喜）人。裴延儁涉猎坟史，颇有才笔。其为幽州刺史时，表求修治范阳郡督亢渠，并亲自督理，功成，溉田百万亩，为利十倍，百姓赖之；又起学校，礼教大行。在州五年，考绩为天下第一。拜太常卿，历七兵殿中二尚书、散骑常侍、中书令、御史中尉，又以本官兼侍中、吏部尚书。

时人称裴宣明之子景鸾为“骥子”、景鸿为“龙文”，是把他两誉为龙、马。孔门人物中，曾子以孝行著名，后代遂以之代称孝子，如后汉“张曾子”、唐代“海东曾子”然等。裴叔卿以孝著称，人称“裴曾子”。

洛阳遗彦

《北史》卷三十八《裴诹之传》:

迁邺后,诹之留在河南。西魏领军独孤信入据金墉,以诹之为开府属,号曰“洛阳遗彦”。

《北齐书》卷三十五《裴诹之传》所载文字与《北史》相同。

裴诹之(生卒年不详),字士正,河东闻喜(今山西闻喜)人。兄裴让之,好学文俊,早有佳名,累迁屯田主客郎中。省中语:“能赋诗,裴让之。”裴诹之少好儒学,释褐太学博士。裴诹之、裴让之兄弟与当时皇甫和、皇甫亮兄弟同时知名洛下,时语:“诹胜于让,和不如亮。”可谓兄弟二难。北魏分为东、西魏后,东魏于534年由洛阳迁都邺城,而洛阳很快就被为西魏独孤信所占据,裴诹之也成为独孤信的属下。裴诹之为当时名士,稽留洛阳,时号“洛阳遗彦”。后来独孤信败,东魏王元轨据有洛阳,召裴诹之为中从事。西师再至,裴诹之遂随西师入关。周文帝以为大行台仓曹郎中,卒。乱世之中,文人备尝艰难,于裴诹之可见也。

黄骢年少

《北史》卷三十八《裴果传》:

永安末,盗贼蜂起。果从军征讨,乘黄骢马,衣青袍,每先登陷阵,时人号为“黄骢年少”。

《周书》卷三十六《裴果传》所载文字与《北史》相同。

裴果(?—567),字戎昭,河东闻喜(今山西闻喜)人。北魏太昌初(532),起家为前将军、乾河军主,除阳平郡丞。裴果为人慷慨,有志略。从周太祖宇文泰战河桥、邙山,皆能摧锋陷阵,所向披靡,以军功迁平东将军。后从杨忠平随郡、安陆,加大都督,除正平郡守。孝闵帝践祚,裴果除隆州刺史,加使持节、骠骑大将军、开府仪同三司,晋爵为公,增邑一千户。

裴果年少骁勇，每每着青袍、骑黄马驰骋沙场，雄姿英发，人称“黄骢年少”。唐太宗有战马黄骢，死后太宗命乐工为之作《黄骢曲》。清王士禛《秋柳》：“愁生陌上黄骢曲，梦远江南乌夜村。”后来“黄骢”成为沙场立功的象征。

独立使君

《北史》卷三十八《裴侠传》：

侠尝与诸牧守俱谒周文。周文命侠别立，谓诸牧守曰：“裴侠清慎奉公，为天下之最。”令众中有如侠者，可与之俱立。众皆默然，无敢应者。周文乃厚赐侠，朝野服焉，号为“独立使君”。

《周书》卷三十五《裴侠传》：

侠尝与诸牧守俱谒太祖。太祖命侠别立，谓诸牧守曰：“裴侠清慎奉公，为天下之最。今众中有如侠者，可与之俱立。”众皆默然，无敢应者。太祖乃厚赐侠，朝野叹服，号为“独立君”。

《周书》与《北史》标点有异，文字小有差别，《北史》为“独立使君”而《周书》作“独立君”。

裴侠（？—559），字嵩和，河东解（今山西永济）人。元颢入洛时，裴侠深明大义，执元颢所派使者并焚其赦书，因此受到孝庄帝嘉奖，授东郡太守，带防城别将。后裴侠从孝武帝入关，赐爵清河县伯，除丞相府士曹参军。大统三年（537），领乡兵从宇文泰战沙苑，摧锋陷阵。裴侠本名协，周文帝宇文泰嘉其决勇，赐名侠。裴侠除河北郡守，在郡节俭爱民，深得百姓敬爱。《周书》本传：

除河北郡守。侠躬履俭素，爱民如子，所食唯菽麦盐菜而已。吏民莫不怀之。此郡旧制，有渔猎夫三十人以供郡守。侠曰：“以口腹役人，吾所不为也。”乃悉罢之。又有丁三十人，供郡守役使。侠亦不以入私，并收庸直，为官市马。岁月既积，马遂成群。去职之日，一无所取。民歌之曰:“肥鲜不食,丁庸不取,裴公贞惠,为世规矩。”

人心是秤,在官能为民谋福利,自然受到民众爱戴。周文帝对于裴侠的吏治成就特别称许,自然对裴侠就另眼看待了。“牧守”“使君”为地方官别称。

万人敌

《北史》卷三十八《裴仁基传》:

世充以仁基父子并骁勇,深礼之,以兄女妻行俨。及僭尊号,署仁基为礼部尚书,行俨为左辅大将军。行俨每战,所当皆披靡,号“万人敌”。

《隋书》卷七十《裴仁基传》:

世充以其父子并骁锐,深礼之,以兄女妻行俨。及僭尊号,署仁基为礼部尚书,行俨为左辅大将军。行俨每有攻战,所当皆披靡,号为“万人敌”。

裴仁基(生卒年不详),字德本,河东(今山西南部)人;裴行俨,裴仁基之子。裴仁基从小勇武,善于弓马,每战所向披靡,人称“万人敌”。

隋开皇初,裴仁基因为武艺高超被选为文帝亲卫。在平陈战役中,裴仁基奋勇当先,以军功拜仪同。隋末天下大乱,裴仁基被萧怀静构陷,他遂杀萧怀静而归李密,李密败,为王世充所虏。王世充惮于裴氏父子威名,颇有猜防,裴仁基不自安,与王世充尚书左丞宇文儒童、尚食直长陈谦、秘书丞崔德本等谋杀王世充。事泄,裴氏父子二人为王世充所害。

慈父

《北史》卷三十九《房彦谦传》:

以秩满，迁长葛县令，甚有惠化，百姓号为“慈父”。

《隋书》卷六十六《房彦谦传》所载文字与《北史》相同。

房彦谦(545—613)，字孝充，山东清河东武成(今山东武成)人。高祖房法寿，魏青、冀二州刺史，封壮武侯。房彦谦早孤，事伯父房豹竭尽心力。齐广宁王孝珩辟为主簿。入隋，擢授承奉郎，寻迁监察御史。房彦谦在职，清简守法；居家务存素俭。他曾经对儿子房玄龄说：“人皆因禄富，我独以官贫。所遗子孙，在于清贫耳。”

汉代召信臣是好官，被民众称为“召父”，后汉好官鲍永被称为“神父”，此所谓“父母官”也。房彦谦被人称为“慈父”，也是因为他为官清正，能为民众做些实实在在的有益之事，与尸位素餐者以及贪墨官吏相比，不啻霄壤矣。

高聪梨

《北史》卷四十《高聪传》：

聪遂废于家，断绝人事，唯修营园果，世称“高聪梨”，以为珍异。

高聪(452—520)，字僧智，渤海蓨(今河北景县)人。传又见《魏书》卷六十八，但不载“高聪梨”时号。高聪涉猎经史，有文才，为孝文帝知赏。所作文笔二十卷，今不传。

宣武帝亲政，高聪除给事黄门侍郎，后加散骑常侍。他先曲事宠臣赵脩，后巴结权臣高肇，再媚附幸臣茹皓。高聪借贵因权，耽于声色，广求纳贿，秽名播于遐迩。宣武末，高聪拜散骑常侍、平北将军。肃宗践祚，以其为高肇党羽，为中尉元匡所弹纠，但为灵太后原宥，因而免于一死。高聪废于家，种梨，人称“高聪梨”。高聪临死，有妾十多人，不欲别人得之，悉令炙指吞炭，出家为尼。

刘石经

《北史》卷四十二《刘芳传》：

> 昔汉世造三字石经于太学，学者文字不正，多往质焉。芳音义明辩，疑者皆往询访，故时人号为“刘石经”。

《魏书》卷五十五《刘芳传》所载文学与《北史》相同。

刘芳(453—513)，字伯支，《魏书》作“伯文”，彭城(今江苏徐州)人。父亲刘邕死于彭城，刘芳母子流落北方。《魏书》本传：

> 芳虽处穷窘之中，而业尚贞固，聪敏过人，笃志坟典。昼则佣书，以自资给，夜则读诵，终夕不寝，至有易衣并日之弊，而澹然自守，不汲汲于荣利，不戚戚于贱贫，乃著《穷通论》以自慰焉。

孝文帝太和初，以才学突出，受命接待南齐使刘缵，寻拜中书博士。芳才思敏捷，精于经义，尤其深于苍雅，勤于著述。《魏书》本传载：

> 芳撰郑玄所注《周官仪礼音》、干宝所注《周官音》、王肃所注《尚书音》、何休所注《公羊音》、范宁所注《穀梁音》、韦昭所注《国语音》、范晔《后汉书音》各一卷，《辨类》三卷，《徐州人地录》二十卷，《急就篇续注音义证》三卷，《毛诗笺音义证》十卷，《礼记义证》十卷，《周官》《仪礼义证》各五卷。

刘芳于音训之学，可谓专门名家。因为深通经学，时人便称刘芳为“刘石经”。

受到技术限制，古代文字传播很是不容易，传播过程中往往鱼鲁虚虎。为了统一经书文字，便于流布，汉灵帝熹平四年(175)在洛阳太学开刻石经，将儒学经典《周易》《尚书》《鲁诗》《仪礼》《公羊传》《论语》《春秋》七部书刊于石块，隶书体，是为汉代石经，也称“熹平石经”。曹魏正始二年(241)，在洛阳开刻石经，用古文、隶书、篆书等三种文字刻成，碑文仅《尚书》《春秋》两种，是为正始石经，又称“三体石经”。唐文宗大和七年(833)在长安开刻石经，用楷书刻成《易》《书》《诗》“三礼”等十二部经书，是为唐代石经，又称“开成石经”。后代仍不断有石经刊刻。

官刻石经，为天下文字准则；刘芳被誉为“石经”，寓有其所学既丰富又正确之意。

儒林先生

《北史》卷四十二《常爽传》：

爽不事王侯，独守闲静，讲肄经典二十余年，时号为“儒林先生”。

《魏书》卷八十四《儒林·常爽传》：

爽不事王侯，独守闲静，讲肄经典二十余年，时人号为“儒林先生”。

常景（生卒年不详），字仕明，河内温（今河南温县）人。他笃志好学，博闻强记，于五经百家多所研究。常景置馆温水之右，以教授为业，门徒七百余人；立训甚有劝罚之科，弟子事之谨严，人称“儒林先生”。常景教授之暇，述《六经略注》。

桃弓仆射　黄瓠少师　郭尖

《北史》卷四十三《郭祚传》：

诏祚本官领太子少师。祚曾从幸东宫，明帝幼弱，祚持一黄出瓠奉之。时应诏左右赵桃弓与御史中尉王显迭相唇齿，深为帝所信，祚私事之，时人谤祚者，号为“桃弓仆射”“黄瓠少师”。

祚子景尚，字思和。涉历书传，晓星历占候，言事颇验。初为彭城王中军府参军，迁员外郎、司徒主簿、太尉从事中郎。公强当世，善事权宠，世号曰“郭尖”。

《魏书》卷六十四《郭祚传》：

诏祚本官领太子少师。祚曾从世宗幸东宫，肃宗幼弱，祚怀一黄瓠出奉肃宗。时应诏左右赵桃弓与御史中尉王显迭相唇齿，深为世宗所信，祚私事之。时人谤祚者，号为“桃弓仆射”“黄厩少师”。

思恭弟景尚，字思和。涉历书传，晓星历占候，言事颇验。初为彭城王中军府参军，迁员外郎、司徒主簿、太尉从事中郎。公强当世，善事权宠，世号之曰“郭尖”。

郭祚（449—515），字季祐，太原晋阳（今山西太原）人。少而孤贫，颇涉猎经史，以尺牍文章见称于时。孝文帝初年，举秀才，对策上第，拜中书博士，长兼给事黄门侍郎。时孝文帝迁都洛阳，规模制度多征询于祚。郭祚历事孝文、宣武，对时政每有匡弼。郭祚又达于政事，所任咸为称职，每有决断，多为后来故事典则。

郭祚自以出自孤门寒姓，处世常怀退让，且多曲意依附权宠赵桃弓、王显，人称“桃弓仆射”“黄厩少师”。人称郭祚为“桃弓仆射”，有双关语义，一是讥讽赵桃弓、王显位高权重如同皇帝，一是讥讽郭为赵桃、王二人奴仆；称郭为“黄厩少师”，则讥讽他身为太子少师却无本领，只知道奉送厩瓜而已。

起初，郭祚于名利并无野心，但随着官位渐大，心望也渐大。他晚年志在侯爵、仪同之位，终因得罪宠臣于忠，被于忠矫诏杀害。

郭景尚（生卒年不详），字思和，郭祚子。他因为好胜务强、巴结权宠而被人称为“郭尖”，讥其善于钻营名利也。

二张

《北史》卷四十三《张乾威传》：

隋开皇中，累迁晋王属。王甚美其才，与河内张衡俱见礼重，晋邸称为“二张”焉。

《隋书》卷六十六《张虔威传》：

开皇初，晋王广出镇并州，盛选僚佐，以虔威为刑狱参军，累迁为属。王甚美其才，与河内张衡俱见礼重，晋邸称为“二张”焉。

张乾威(《隋书》作虔)(生卒年不详),字元敬,清河东武成(今山东武成)人。父张晏之,曾祖张彝。张乾威涉猎群书,被伯父张睸之称为张家"千里驹"。张乾威仕齐为太常丞,齐亡,仕周为宣纳中士。炀帝即位,授内史舍人、仪同三司。

张衡(?—612),字建平,河内(今河南沁阳)人。传见《隋书》卷五十六、《北史》卷七十四。张衡幼怀志尚,有骨鲠之风。年十五,入太学受业,研精殚思,为同辈所推赏。张衡仕周掌朝大夫;隋文帝践祚,拜司门侍郎。他事晋王竭尽心诚,深得王亲信,夺宗之计,多衡所建议。张衡与张乾威俱为晋王心腹,故人称"二张"。

牛

《北史》卷四十三《邢昕传》:

> 兴和中,以本官副李象使于萧衍。昕好忤物,人谓之"牛"。是行也,谈者谓之牛象斗于江南。

《魏书》卷八十五《文苑·邢昕传》所载文字与《北史》相同。

邢昕(?—538),字子明,河间(今河北河间)人。幼孤,好学。魏孝明帝孝昌二年(526),萧宝夤开府关中讨莫折念生,委邢昕以文翰。太昌初(532),除中书侍郎,加平东将军、光禄大夫。永熙末(534),入为侍读,与温子升、魏收参掌文诰。高澄摄政,拟邢昕为司徒右长史,未奏,邢昕卒。

南北朝时期,使臣或接待使臣者必是文学之士。邢昕既有才藻,又善于案牍,故当天平初(534)萧衍遣刘孝仪来朝贺时,诏邢昕以正员郎接迎于境上。邢昕喜欢与别人抬杠,脾气倔强,时人称为"牛"。兴和(539—542)中,副李象使梁①,故有"牛象斗于江南"之说。

---

① 据《魏书》卷十二《孝静纪》,兴和元年聘梁使主是王元景,二年是崔长谦,三年是李骞,四年是李绘,并无李象。

温邢　邢魏

《北史》卷四十三《邢卲传》：

> 词致宏远，独步当时。与济阴温子升为文士之冠，世论谓之“温邢”。巨鹿魏收虽天才艳发，而年事在二人之后，故子升死后，方称“邢魏”焉。

《北齐书》卷三十六《邢劭传》所载文字与《北史》相同。

邢劭(496—?)，字子才，河间鄚(今河北雄县)人。他十岁始能属文，雅有才思，聪明强记。邢劭文章典丽，既赡且速，年未二十便名动衣冠。《北齐书》本传：

> 自孝明之后，文雅大盛，卲雕虫之美，独步当时，每一文初出，京师为之纸贵，读诵俄遍远近。于时袁翻与范阳祖莹位望通显，文笔之美，见称先达，以卲藻思华赡，深共嫉之。每洛中贵人拜职，多凭卲为谢表。

魏永安初，累迁中书侍郎，所作诏诰，文体宏丽。累迁太常卿、中书监，摄国子祭酒，同时居三职，并是文学之首，时人荣之。邢劭博览群书，无不通晓，晚年尤以五经章句为意，穷其指要。邢劭今存文二十八篇，见清严可均辑《全上古三代秦汉三国六朝文》；存诗八首，见今人逯钦立辑《先秦汉魏晋南北朝诗》。

温子升(495—547)，字鹏举，太原人。传见《魏书》卷八十五《文苑》，《北史》卷八十三《文苑》。温子升幼时读书勤奋，夜以继日。长乃博览坟籍，文章清婉。常景称他为“大才士”，由此知名。孝庄帝即位，以温子升为主客郎中，修起居注。主客郎中，职在接待他国使臣，惯例均由文学之士担任。孝武帝时，为侍读兼舍人、散骑常侍等。温子升所存文见清严可均辑《全上古三代秦汉三国六朝文》，存诗见今人逯钦立辑《先秦汉魏晋南北朝诗》。

温子升与邢劭并称“温邢”；邢劭与魏收并称“邢魏”。《北史》卷五十六《魏收传》：

初，河间邢子才、子明及季景与收，并以文章业，世称大邢小魏，言尤俊也。收少子才十岁，子才每曰："佛助，儇人之伟。"后收稍与子才争名，文宣贬子才曰："尔才不及魏收。"收益得志，自序云："先称温邢，后曰邢魏。"然收内陋邢心不许也。

佛助是魏收小字。邢劭、温子升与魏收称为"三才"。

卧彪　李锥

《北史》卷四十三《李崇传》：

在州凡十年，常养壮士数千人，寇贼侵边，所向摧破，号曰"卧彪"，贼甚惮之。

长子世哲，性轻率，供奉豪侈。少经征伐，颇有将用，为三关别将，讨群蛮大破之。还，拜鸿胪少卿。性倾巧，善事人，亦以货赂自达。高肇、刘腾之处势也，皆与亲善，故世号为"李锥"。

《魏书》卷六十六《李崇传》：

在州凡经十年，常养壮士数千人，寇贼侵边，所向摧破，号曰"卧虎"，贼甚惮之。

长子世哲，性轻率，供奉豪侈。少经征役，颇有将用。自司徒中兵参军，超为征虏将军、骁骑将军。寻迁后将军，为三关别将，讨群蛮，大破之，斩萧衍龙骧将军文思之等。还拜鸿胪少卿。性倾巧，善事人，亦以货赂自达。高肇、刘腾之处势也，皆与亲善，故世号为"李锥"。

《北史》称"卧彪"，避唐讳改。

李崇（455—525），字继长，顿丘（今河南濮阳）人。魏文成帝元皇后侄。崇善于吏治，尤其长于缉盗听案。孝文帝初，李崇为大使巡察冀州，寻以本官行梁州刺史。后为兖州刺史，兖州多盗，崇乃村置一楼，楼置一鼓，强盗来时，各村击鼓以相警戒，且于道路险要之处设置伏兵，以拿盗贼。后转中护军，除散骑常侍、征南将军、扬州刺史。寿春人苟泰失子，为同县人赵奉伯所得，二人各言为己子，郡县不能断。崇令二父与子别处，后数旬告知孩儿已死，苟泰闻之号跳不已而奉伯咨嗟而已，崇乃以儿还泰而责奉伯为诈。在州共十年，萧梁凡来寇边，遣壮士摧破之，所向披靡。朝廷嘉之，进号骠骑将军、仪同三司，刺史、都督如故。"卧虎"，静而伏击者，较常虎更为凶猛。人称李崇为"卧虎"，赞许其设法防盗缉贼，保一方平安。

李世哲（？—524），崇长子。高肇（？—515），字首文，自言渤海蓨（今河北景县）人，孝文帝昭皇后兄。传见《魏书》卷八十三《外戚》，《北史》卷六十八《外戚》。高肇当权在宣武帝之世，以舅氏之尊故也。刘腾（464—523），字青龙，本平原（今山东聊城）人，后徙南兖州谯郡（今安徽亳州）。传见《魏书》卷九十四《阉官》，《北史》卷九十二《恩幸》。刘腾得志在肃宗、灵太后时期，与元叉交结，一时生杀之威，决于二人之手。

"李锥"之"锥"意同"郭尖"之"尖"，言其善于钻营名利也。

柳癫

《北史》卷四十五《柳玄达传》附《柳远传》：

> 绛弟远，字季云。性粗放无检束，时人或谓之"柳癫"。

《魏书》卷七十一《柳玄达传》附《柳远传》：

> 绨弟远，字季云。性粗疏无检束，时人或谓之"柳癫"。

《北史》卷四十五、《魏书》卷七十一裴叔业传均附有柳玄达、柳远传。裴叔业（438—500），河东闻喜（今山西闻喜）人，为南齐名将。高宗萧鸾崩，东昏侯即位，大肆诛杀大臣，裴叔业见疑，奔北魏。当初，裴叔业镇寿春时，以柳玄达为管记，凡所表启皆出于柳玄达之手笔。柳玄达与裴叔业为姻娅，裴叔业归附北朝，柳玄达赞成其事并且与裴叔业一起归魏。

柳玄达（459—501），河东解（今山西永济）人。他涉猎经史，著《大夫论》《丧服论》等。入北朝，死后封夏阳县开国子。柳远（生卒年不详），字季云，柳玄达之子。柳远纵情于琴酒之间，时有歌咏。他每次出游回来，家人问他在外面听到了什么没有，回答说："没听到，就是听到了什么我也不会放在心头。"很有南朝名士之风，人称"柳癫"。

三徽

《北史》卷四十五《张烈传》：

> 烈少孤贫，涉猎经史，有气概，时青州有崔徽伯、房徽叔，与烈并有令誉，时人号"三徽"。

《魏书》卷七十六《张烈传》所载文字与《北史》相同。

张烈(462—538)，字徽山，清河东武城(今山东武成)人。孝文帝时，除江陵将军、顺阳太守。到郡二日即为齐将崔景慧所攻，被围七十余日，抚励将士，甚得军人之和。世宗时期，为安北将军、瀛洲刺史，为政清静，吏民安之。张烈兄弟同居，合家怡然，为族类所慕。与崔徽伯、房徽叔一起驰名当时，人称"三徽"。崔徽伯、房徽叔传不见今本《北史》《魏书》。

清郎

《北史》卷四十七《袁聿修传》：

> 初，聿修为尚书郎十年，未曾受升酒之遗。尚书邢邵与聿修旧款，每省中语戏，常呼聿修为"清郎"。

《北齐书》卷四十二《袁聿修传》：

> 魏、齐世，台郎多不免交通饷遗，聿修在尚书十年，未曾受升酒之馈。尚书邢邵与聿修旧款，每于省中语戏，常呼聿修为"清郎"。

袁聿修(511—582)，字叔德，陈郡阳夏(今河南太康)人。父袁翻，《魏书》卷八十五《袁聿修传》载袁翻以袁聿修继弟袁跃。九岁，州辟主簿，为人深沉有鉴识,清净寡欲,与世无争。北齐立,除太子庶子,以本官行博陵太守,数年之间政绩斐然,吏民称道。本传说他在任信州刺史秩满还都的时候,“民庶道俗,追别满道,或将酒脯,涕泣流连,竟欲远送。既盛暑,恐其劳弊,往往为之驻马,随举一酌,示领其意,辞谢令还。还京后,州民郑播宗等七百余人请为立碑,敛缣布数百匹,托中书侍郎李德林为文以纪功德。府省为奏,敕报许之”。袁聿修大有陈汝之风,为官、为人清正廉洁,故时人称其为“清郎”。

圣小儿

《北史》卷四十七《祖莹传》:

由是声誉甚盛,内外亲属呼为“圣小儿”。

《魏书》卷八十二《祖莹传》所载文字与《北史》相同。

祖莹(?—534),字元珍,范阳遒(今河北涞水)人。少时勤奋读书,父母常恐其因苦读而成疾,祖莹便乘其父母熟睡后以衣被遮住窗户再读书,年少便能体贴父母苦心也若此,有圣人之情怀,故祖莹内外亲戚称赏他为“圣小儿”。祖莹以才学拜太学博士。祖莹与袁翻齐名,时人语曰:“京师楚楚,袁与祖;洛中翩翩,祖与袁。”

祖莹以文学见重当时,其《悲彭城》诗:“悲彭城,楚歌四面起。尸积石梁亭,血流睢水里。”论文曰:“文章须自出机杼,成一家风骨,何能共人同生活也。”心得之语也。

黑宇

《北史》卷五十《宇文忠之传》:

天平初,除中书侍郎。裴伯茂与之同省,常侮忽之,以忠之色黑,呼为“黑宇”。

《魏书》卷八十一《宇文忠之传》所载文字与《北史》相同。

宇文忠之(？—543？)，河南洛阳人。忠之涉猎经史，善于笔札。释褐太学博士，天平初(534)，除中书侍郎；元象初(538)，兼直通散骑常侍，副郑伯猷使梁。武定初(543)，为尚书右丞，意满踌躇，未几以事除名，不久便郁郁而终。

裴伯茂(499？—537？)，河东(今山西南部)人，传见《魏书》卷八十五《文苑》，《北史》卷三十八。裴伯茂少有风望，博览群书，文藻赡富。太昌初(532)，他为中书侍郎，后为广平王元赞文学。他为人疏傲，因此久不徙官，作《豁情赋》以寄情。天平初，东魏迁都邺，裴伯茂作《迁都赋》。裴伯茂死后，魏收作诗曰："临风想玄度、对酒思公荣。"比之许询也。宇文忠之与裴伯茂两人都是文学之士，同省共事。裴伯茂"为人疏傲"，见宇文忠之色黑，故戏称之为"黑宇"。

据魏收吊伯茂诗，裴伯茂当字公荣，或名公荣，字伯茂，"茂""荣"字意相得。

阿伽郎君

《北史》卷五十一《齐宗室·阳州公永乐传》：

> 永乐弟长弼，小名阿伽。性粗武，出入城市，好欧击行路，时人皆呼为"阿伽郎君"。

《北齐书》卷十四《阳州公永乐传》所载文字与《北史》相同。

高永乐(生卒年不详)，齐高祖高欢从祖兄之子。他为北豫州刺史，不聚家产。高欢问他为什么不立家产，高永乐回答说："你让裴监为我的长史、辛公正为我的别驾，我一点贿赂都得不到！"高欢只好让他去做济州刺史，并对高永乐说："你不要大贪，小贪小取你就不要害怕了。"高永乐的弟弟高长弼，小名阿伽。南北朝时期人取名喜欢带佛、僧、道、伽等字，以求福寿。高长弼依仗自己是皇室成员，公然行凶，人人都很害怕他，讨好地称呼他为"阿伽郎君"。高永乐后来被文宣帝高洋鞭刑一百，叛亡入突厥，不知所终。

河阳钱

《北史》卷五十三《王则传》：

则性贪，在州不法，旧京诸像，毁以铸钱，于时号“河阳钱”，皆出其家。

《北齐书》卷二十《王则传》：

则性贪婪，在州取受非法，旧京取像，毁以铸钱，于时世号“河阳钱”，皆出其家。

王则(503—550)，字元轨，自言太原人。为人骁果，有武艺。他以拒元颢之功，迁征虏将军，出为东徐州防城都督。后王则归降齐高祖高洋，加征南大将军、金紫光禄大夫。

天平初(534)，为洛州刺史。此时东魏首都已迁至邺城，故洛阳为旧京，失于管治，王则便乘机毁佛像以铸钱，人称“河阳钱”。

四贵

《北史》卷五十四《孙腾传》：

与高岳、高隆之、司马子如，号“四贵”，非法专恣，腾为甚焉。

《北齐书》卷十八《孙腾传》：

在邺，与高岳、高隆之、司马子如，号“四贵”，非法专恣，腾为甚焉。

孙腾(481—548)，字龙雀，咸阳石安人。他随尔朱荣入洛，寻为齐高祖高洋都督府长史。高祖镇晋州，孙腾为长史，加后将军，封石安县伯。孙腾明解吏事，事高祖诚款，故得为高祖心腹。他恃高祖之力，天平初(534)入为尚书左仆射，兼司空、尚书令，内外之事，孙腾咸知之。自此，孙腾志气骄盈，与夺由己，求纳贿赂，专事聚敛。

高岳（512—555），字洪略，渤海蓨（今河北景县）人，齐高祖从父弟。天平二年（535），除侍中，六州军事都督，寻加开府。其时高洋统务晋阳，无暇于朝廷，便把高岳安排在魏帝身边，以便控制朝廷。高岳、孙腾、高隆之及司马子如都是魏帝左右要人，时称"四要"。高岳传见《北齐书》卷十三、《北史》卷五十一。高隆之（494—554），字延兴。本姓徐，高平金乡（今山东金乡）人，为阉人徐成养子，遂为洛阳人。父高幹，为姑婿高氏所养，遂为高姓。高隆之深沉有志气，与齐高祖高欢深相结托，从高祖起兵山东，累迁并州刺史，入为尚书右仆射。后诏监起居事，进位司徒。武定中，除尚书令，迁太保。高隆之虽为高祖心腹，与文襄高澄及文宣帝高洋却有龃龉，终因此而失势。《北齐书》本传："显祖（高洋）末年，既多猜害，追忿隆之，诛其子德枢等十余人，并投漳水。又发隆之冢，出其尸，葬已积年，其貌不改，斩截骸骨，亦弃于漳流，遂绝嗣。"得势时随意凌轹他人，失势后子孙不保，亦足悲矣。高隆之传见《北齐书》卷十八、《北史》卷五十四。

司马子如（486？—549？），字遵业，河内温（今河南温县）人。他的经历与高隆之很相似，以依附高欢起家，东魏迁邺后，恃高祖之力，除尚书左仆射、开府，为"四贵"之一。文宣践祚，失势。司马子如传见《北齐书》卷十八、《北史》卷五十四。

穿锥

《北史》卷五十四《厍狄干传》：

> 干不知书，署名为"干"字，逆上画之，时人谓之"穿锤"。

《北齐书》卷十五《厍狄干传》所载文字与《北史》相同。

厍狄干（生卒年不详），善无（今山西右玉）人，鲜卑族。《魏书》卷一百一十三《官氏志》："库狄氏，后改为狄氏。"[①]厍狄干为人耿直少言，有武艺，

① 《魏书》本卷"校勘记"第三十八："《姓解》卷三'库'作'厍'，音'舍'。按'库'字本有舍音，'库狄'读作'舍狄'。后人以去点作'厍'者读作舍，以示区别。"

以军主随尔朱荣入洛。他后从神武帝高欢起兵山东,封广平县公,寻进郡公。尚神武帝妹乐陵长公主,以亲地见待。

厍狄干乃一介鲜卑武夫,不会写汉字,也不善于吏事,但为官清约,部下吏人倒是无拘无束地替他办事。厍狄干在签署自己名字的时候,先画两横,再从下往上画一竖,就像妇女穿针一样,别人都说他这是在穿针。当时还有一武将王周,也不会写字,写"周"字先写"吉"字,再套上外框。其时游牧部落之武将不习华文也若此。

雁臣　落雕都督　南面可汗

《北史》卷五十四《斛律金传》:

魏除为第二领人酋长,秋朝京师,春还部落,号曰"雁臣"。

又,《北史·斛律光传》:

又尝从文襄于洹桥校猎,云表见一大鸟,射中其颈,形如车轮,旋转而下,乃雕也。丞相属邢子高叹曰:"此射雕手也。"当时号"落雕都督"。

又,《北史·斛律羡传》:

在州养马二千匹,部曲三千,以备边,突厥谓之"南面可汗"。

《魏书》卷十七《斛律光传》:

尝从世宗于洹桥校猎,见一大鸟,云表飞扬,光引弓射之,正中其颈。此鸟形如车轮,旋转而下,至地乃大雕也。世宗取而观之,深壮异焉。丞相属邢子高见而叹曰:"此射雕手也。"当时传号"落雕都督"。

斛律金(488—567),字阿六敦,朔州敕勒部人。其传又见《北齐书》卷十七。斛律金善于骑射,望远处扬尘便知马步多少,嗅地面便知军队远近。归尔朱荣,尔朱荣表斛律金为别将,累迁都督。孝庄帝元子攸立,赐爵阜城县男，加宁朔将军、屯骑校尉。他从高祖拒周文帝入寇洛阳，军还除大司马，改封石城郡公。世宗高澄时，以功别封安平县男。显祖高洋受禅，封斛律金咸阳郡王，进位右丞相，迁左丞相。

早在魏正光年间(520—525)，破六韩拔陵起兵魏北，斛律金拥军依附之，后见陵必败，乃率部归魏。魏任斛律金为第二领人酋长，秋天朝觐京师，来年春天回部落，如同大雁一样，时称“雁臣”。

如鲜卑很多其他武将一样，斛律金为人敦直，不知书。斛律金本名敦，因为署名笔画多，司马子如改为“金”，说“金”字像房屋，便于记忆。因为为人老实，深得高欢信任。高欢告诫儿子高澄说：“你身边多汉人，他们喜欢说长道短，如果有汉人说斛律金坏话，你千万不要相信啊!”

斛律光(515—572)，字明月，斛律金子。他年少便以武艺知名，年十七从斛律金西征，射中周文帝长史莫者晖并擒获之，高祖嘉之，擢为都督。武定五年(547)，封永乐县子。齐受禅，加开府仪同三司，别封西安县子。斛律光凭借赫赫战功，后主天统三年(567)，除太保，袭爵咸阳王，并袭第一领民酋长，别封武德郡公，迁太傅，女拜皇后。

北齐后主高纬十岁即皇帝位，耽溺声色，不知事事，朝政日乱。北周将领向来畏怯斛律光，早就想除掉他，于是作谣言泄露齐首都邺城，曰：“百升飞上天，明月照长安。”又：“高山不推自崩，槲树不扶自竖。”此前，斛律光得罪了祖珽、穆提婆两位小人，此时祖珽续谣言曰：“盲老公背上下大斧，饶舌老母不得语。”让小儿于路途歌之。随着斛律光的地位越来越高，皇帝对他也越来越猜忌，加之这些谣言传到皇帝耳中，皇帝真的以为斛律光要造反。武平二年(571)，斛律光大破周将普屯威、韦孝宽。还师途中，皇帝令斛律光解散部队，斛律光认为将士在未得到慰劳之前，不应该解散部队，便令部队继续向首都进发。皇帝闻说斛律光率领部队向京城而来，心恶之，令斛律光先入见皇帝，然后慰劳。丞相府佐封士让乘机密启后主曰：“若不早图，恐事不可测。”斛律光至，被引入清风堂，力士刘桃枝拉杀之。后主寻下诏尽灭斛律光族。斛律光善射，人称“落雕都督”。北方游牧之人以射雕为能事，唐代幽州人高骈能“一箭双雕”，被称为“落雕御史”。

斛律羡(?—572)，字丰乐，斛律金子，斛律光弟。他在任幽州刺史时，积极备战以御突厥，自西而东至于大海，其间两千多里，设置戍逻五十多地；兴修水利灌溉田地，公私获利。突厥畏服，谓之“南面可汗”。斛律光被诛，敕遣中领军贺拔伏恩驰捕之。贺拔伏恩至，守门人见他裹甲汗马，是不善装备,便劝斛律羡不要开城门,斛律羡说:"皇帝派来的使臣有什么可怀疑的呢?"出迎被执,死。

斛律父子,战功显著,忠贞不贰。为将为臣,堪为楷模,却遭族灭。千年而下,读书人为之浩叹!

陈赵

《北史》卷五十五《陈元康传》:

> 时赵彦深亦知机密,人谓之"陈赵",而元康势居赵前。

陈元康(507—549),字长猷,广宗(今山东济南)人。颇涉文史,工于书记。齐神武召为大丞相府功曹参军,与赵彦深同掌机密,号"陈赵"。赵彦深,见"馆客""赵行台顿"条。高澄主政时,崔暹、崔季舒、崔昂与张亮、张徽纂及陈元康都被重用,但诸人的才能都在陈元康之下。时人语:"三崔二张,不如一康。" 崔季舒传见《魏书》卷五十七,崔暹、崔昂、崔季舒三人传同见《北史》卷三十二,崔暹、崔昂传又同见《北齐书》卷三十;张亮、张徽传同见《北齐书》卷二十五、《北史》卷五十五。

初,梁将兰钦之子兰京被东魏所虏,因为北方贵族喜欢吃南方菜肴,高澄便以兰京为厨子。兰京不愿意,而是恳求萧澄放其回南方。高澄不仅不同意,而且还命令监厨薛丰洛杖打兰京。兰京与同党作乱,谋杀高澄,陈元康与高澄双双遇难。《北史》卷五十五《陈元康传》:

> 固成因进食,置刀盘下,而杀文襄。元康抱文襄。文襄曰:"可惜!可惜!"与贼争力,髻解,被刺,伤重肠出,犹手书辞母,口占祖孝徵陈权宜。至夜而终,时年四十三。

文中固成即兰京。

唐白

《北史》卷五十五《唐邕传》:

后邕、建位望转隆，各置省主，令中书舍人分判二省事，故世称“唐白”云。

《北齐书》卷四十《唐邕传》所载文字与《北史》相同。

唐邕、白建二人传同见《北史》卷五十五、《北齐书》卷四十。唐邕（？—581），字道和，太原晋阳（今山西太原）人。以才干受知于齐神武，为外兵曹参军，典执文帐。天保初（550）迁给事中，兼中书舍人，封广汉乡男。皇建元年（560），除给事黄门侍郎。天统初，除侍中、并州大中正。唐邕历事六帝，恩遇甚隆。白建（？—576），字彦举，太原人。初入大丞相府为骑兵曹参军，典执文帐。武平末，历特进、侍中、中书令。

高欢任相国时，在晋阳设相国府即大丞相府，晋阳乃兵马所在，高欢据此以遥控朝政大权。大丞相府下属有外兵曹与骑兵曹，神武时，唐邕、白建分别为外兵曹与骑兵曹参军。高欢死后，高澄继为丞相；高澄死后，高洋又任相国。齐立国后，罢晋阳丞相府，设并州尚书省，以前大丞相府下属机构归尚书省，唯外兵曹、骑兵曹不废而改名为外兵省与骑兵省。唐白二人为省主，人称“唐白”。只不过此时二人不办理具体繁杂的文账之事，而是让中书舍人去办了。周一良《魏晋南北朝史札记·〈北齐书〉札记》“各立一省”条有详细论述。

赵行台顿

《北史》卷五十五《赵彦深传》：

出为东南道行台尚书，徐州刺史。为政尚恩信，为吏人所怀。多所降下，所营军处，士庶追思，号“赵行台顿”。

《北齐书》卷三十八《赵彦深传》所载文字与《北史》相同。

赵彦深（507—576），名隐，字彦深，避齐讳以字行。自言南阳宛（今河南南阳）人。齐神武高欢崩时，为防止有变，高澄自己亲抚河南，而将后事托付给赵彦深。从征颍川，高澄令赵彦深入城降西魏将王思政。高洋受禅，是为文宣帝，赵彦深仍典机密，晋爵为侯。河清元年（562），晋爵安乐公，累迁尚书左仆射、齐州大中正、监国史，迁尚书令，为特进，封宜阳王。赵彦深历事累朝，常参机近，温柔谨慎。齐朝宰相，善始善终者只有赵彦深一人而已。

齐立国后不久，赵彦深出为东南道行台尚书，徐州刺史。在州为政广树恩信，为吏民所爱戴。后来，人们怀念赵彦深，就把他的军营曾经止宿之处称为“赵行台顿”。“顿”，通“屯”“村”，止宿的地方。《宋书》卷六《孝武帝纪》：“王畿下贫之家，与近行顿所由，并蠲租一年。”《隋书·炀帝纪》：“每至一所，辄数道置顿。”

三才　魏收惊蛱蝶　秽史　大邢小魏　两邢二魏

《北史》卷五十六《魏收传》：

寻兼中书舍人，与济阴温子升、河间邢子才齐誉，世号“三才”。

收昔在京洛，轻薄尤甚，人号云“魏收惊蛱蝶”。

于是众口喧然，号为“秽史”，投牒者相次，收无以抗之。

初，河间邢子才、子明及季景与收，并以文章业显，世称“大邢小魏”，言尤俊也。

《北齐书》卷三十七《魏收传》所载文字与《北史》相同。

又，《北齐书·魏季景传》：

季景少孤，清苦自立，博学有文才，弱冠有名京师。时邢子明称有才学，殆与子才相侔，季景与收相亚，洛中号“两邢二魏”。

魏收（506—572），字伯起，巨鹿下曲阳（今河北晋县）人。魏节闵帝时，迁散骑侍郎，典起居注并修国史，兼中书侍郎。孝静帝武定二年（544），除正常侍，领兼中书侍郎。北齐孝昭帝高演时，兼侍中、右光禄大夫，武成帝高湛河清二年（563）兼右仆射。魏收出自世家，勤于读书，年十五颇已属文，其文以华丽著称。在北魏孝武帝时期，北方文学之士以邢劭、温子升与魏收三人最知名，故有“三才”之称。

魏收为人不护细行，乐于寻花问柳。兴和元年(539)，魏收使梁，买吴女入使馆，甚至连他手下人买来的女子也不放过。北魏没有分为东、西魏之前，首都是洛阳，其时魏收行为轻薄，为京师人所共知，都称他为“魏收惊蛱蝶”，意思是魏收疏狂，连舞花蝴蝶也惊叹弗如。

魏收在北齐天保二年(551)奉诏撰魏史，至天保五年奏上。北魏以游牧之人而入主中原，著史本为其所不擅长之事业，史书多出汉人如崔鸿、崔浩等之手。但元魏于汉人著史心存戒备，故北朝修史实为一大危险工作。魏收著《魏史》，也是风波不断，为北魏文化史一大公案。《北齐书》魏收本传：

> 时论既言收著史不平，文宣诏收于尚书省与诸家子孙共加论讨，前后投诉百有余人，云“遗其家世职位”，或云“其家不见记录”，或云“妄有非毁”。收皆随状答之。范阳卢斐父同附出族祖玄传下，顿丘李庶家传称其本是梁国家人，斐、庶讥议云“史书不直”。收性急，不胜其愤，启诬其欲加屠害。帝大怒，亲自诘责。斐曰：“臣父仕魏，位至仪同，功业显著，名闻天下，与收无亲，遂不立传。博陵崔绰，位止本郡功曹，更无事迹，是收外亲，乃为《传》首。”收曰：“绰虽无位，名义可嘉，所以合传。”帝曰：“卿何由知其好人？”收曰：“高允曾为绰赞，称有道德。”帝曰：“司空才士，为人作赞，正应称扬。亦如卿为人作文章，道其好者岂能皆实？”收无以对，战栗而已。但帝先重收才，不欲加罪。时太原王松年亦谤史，及斐、庶并获罪，各被鞭配甲坊，或因以致死，卢思道亦抵罪。然犹以群口沸腾，敕魏史且勿施行，令群官博议，听有家事者入署，不实者陈牒。于是众口喧然，号为“秽史”，投牒者相次，收无以抗之。

从以上记载可以看出，当时魏收著《魏史》，的确得罪了不少人，也给自己招来了许多非议。但这并不能说明《魏史》就是“秽史”，也不能说明魏收没有秉笔直书。当时的尚书陆操就曾说：“魏收《魏书》可谓博物宏才，有大功于魏室。”可知众口腾嚣，未必就不是出于私心。魏收为人的确亏于君子之风，但不可因人废言。

南北朝时期门第意识强烈，品评门第优劣更是常有之事。其时，邢家有邢子才与邢子明，魏家有魏收与魏季景，均以文学擅名，但时论认为魏家不如邢家，故有“大邢小魏”之称。四人又被时人称为“两邢二魏”。邢昕

(？—538),字子明,魏孝武帝太昌初(532)为中书侍郎,永熙末(533),入为侍读,与温子升、魏收共掌文诰。魏季景(生卒年不详),魏收族叔,博学有文才。元象初(538),兼给事黄门侍郎,以文才,尝使梁。

双凤

《北史》卷五十六《魏饷传》:

子景义、景礼并有才行,乡人呼为"双凤",早卒。

魏饷(生卒年不详),字孝衡,魏兰根孙。魏兰根(475—535),字兰根,魏收族叔。魏兰根博览群书,通《左氏春秋》《周易》。起家北海王国侍郎,后为司空、司徒府记室参军。孝昌初(525),转岐州刺史,颇得西土人之心,加持节、假平西将军、都督泾岐东秦南岐四州军事,兼四州行台尚书。依附高欢,太昌初(532),除仪同三司,加开府,封巨鹿县侯。

魏饷有二子景义、景礼,因才行卓异被乡人称为"双凤",二人不幸早卒。

洛生王

《北史》卷五十七《周宗室·莒庄公洛生传》:

莒庄公洛生,少任侠,好施爱士,北州贤俊皆与之游,而才能多出其下。及葛荣破鲜于修礼,以洛生为渔阳王,仍领德皇帝余众,时人皆呼为"洛生王"。

《周书》卷十《莒庄公洛生传》所载文字与《北史》相同。

宇文洛生(生卒年不详),德皇帝宇文肱第三子,宇文泰兄。初,宇文肱纠合乡里为部众,避地中山,陷于鲜于修礼军,战殁。及葛荣破鲜于修礼,以洛生为渔阳王,领宇文肱部众。宇文洛生善抚将士,作战骁勇,人称"洛生王"。后没尔朱荣虏中,为尔朱荣所害。保定初(561),追赠使持节、太保、柱国大将军、大冢宰、大宗伯、大都督、并州等十州诸军事、并州刺史;封莒国公,谥曰庄。

宇文三郎

《北史》卷五十七《周宗室·宇文皛传》：

协弟皛，字婆罗门，大业中养于宫内，后为千牛左右。炀帝甚亲昵之，每有游宴，必侍从。至于出入卧内，伺察六宫，往来不限门禁。时人号为“宇文三郎”。

宇文皛（生卒年不详），字婆罗门，宇文庆孙。宇文庆为宇文泰族子。宇文皛与隋炀帝杨广亲昵，出入宫禁，与宫人淫乱。人称“宇文三郎”。宇文化及构逆，宇文皛死于乱军。如同称美丽女子为“娘”一样，“郎”是对俊美男人的爱称。史上称“三郎”者更是不乏其人，如隋杨瓒称为“杨三郎”、唐玄宗称为“李三郎”。

独孤郎

《北史》卷六十一《独孤信传》：

信既少年，自修饰服章，军中号为“独孤郎”。

《周书》卷十六《独孤信传》：

信既少年，好自修饰，服章有殊于众，军中号为“独孤郎”。

独孤信（503—557），云中（今山西大同）人。正光末（525），与贺拔度等同斩卫可瑰而知名，后为葛荣所获。及尔朱荣破葛荣，以独孤信为别将。建明初（530）出为荆州新野镇将，带新野郡守。及孝武帝西迁，信单骑追及，晋爵浮洋郡公。与东魏争夺三荆有功，拜车骑大将军、仪同三司。从周太祖宇文泰复弘农、破沙苑，改封河内郡公，寻除陇右十州大都督、秦州刺史。周立国，迁太保、大宗伯，进封魏国公，邑万户。大统十四年（549）进位柱国大将军，成为后来“八柱国家”之一。独孤信长女、第四女均为周明帝皇后，第七女为隋文帝皇后。当时外戚之家，荣幸莫比。

军中称独孤信为“独孤郎”，是因为他喜欢把自己打扮得很出众。古人爱称外表出众的男人为“郎”。

五贵

《北史》卷六十三《苏威传》：

岁余，复为纳言，与左翊卫大将军宇文述、黄门侍郎裴矩、御史大夫裴蕴、内史侍郎虞世基参掌朝政，时人称为“五贵”。

《隋书》卷四十一《苏威传》：

帝以威先朝旧臣，渐加委任。后岁余，复为纳言。与左翊卫大将军宇文述、黄门侍郎裴矩、御史大夫裴蕴、内史侍郎虞世基参掌朝政，时人称为“五贵”。

苏威(542—623)，字无畏，京兆武功(今陕西武功)人，父绰。大冢宰宇文护以女妻之。隋受禅，拜太子少保，兼纳言，未几拜刑部尚书，解去少保、御史大夫官。炀帝嗣位，拜右光禄大夫，复为纳言，与宇文述、裴矩、裴蕴及虞世基同为炀帝身边亲信、权臣，时号“五贵”。宇文化及弑炀帝，以苏威为光禄大夫、开府仪同三司。入唐，卒于家。苏威为人清简，以谦退见称，故能长期处于朝廷而不败。

宇文述(？—616)，字伯通，代郡武川(今内蒙古武川县)人。北周武帝时，以父功起家拜开府。隋开皇初，拜右卫大将军。宇文述与晋王广亲善，劝说广倾太子位，并助其夺宗。炀帝嗣位，拜左卫大将军，改封许国公。后与苏威长典选举，参与朝政，渐至权倾朝廷。子宇文化及弑炀帝。宇文述传见《北史》卷七十九、《隋书》卷六十一。

裴蕴(？—618)，河东闻喜(今山西闻喜)人。初仕陈，因父亲在北朝，阴奉表隋文帝请为内应，陈平，拜开府仪同三司。裴蕴善于伺察人主微意，于是曲法顺情以媚炀帝。未几，与裴矩、苏威等人参掌机密，为“五贵”之一。宇文化及构逆，裴蕴与子沛愔同日被杀。裴矩(548？—627)，字弘大，河东闻喜人。隋文帝时以军功拜开府，赐爵闻喜县公。炀帝好大喜功，矩设法厌之。《隋书》裴矩本传：

及帝西巡，次燕支山，高昌王、伊吾设等及西蕃胡二十七国，谒于道左。皆令佩金玉，被锦罽，焚香奏乐，歌儛喧噪。复令武威、张掖士女盛饰纵观，骑乘填咽，周亘数十里，以示中国之盛。帝见而大悦。

裴矩借此进位银青光禄大夫，成为“五贵”中人。《隋书》又说：

其冬，帝至东都，矩以蛮夷朝贡者多，讽帝令都下大戏。征四方奇技异艺，陈于端门街，衣锦绮、珥金翠者以十数万。又勒百官及民士女列坐棚阁而纵观焉。皆被服鲜丽，终月乃罢。又令三市店肆皆设帷帐，盛列酒食，遣掌蕃率蛮夷与民贸易，所至之处，悉令邀延就坐，醉饱而散。蛮夷嗟叹，谓中国为神仙。帝称其至诚，顾谓宇文述、牛弘曰：“裴矩大识朕意，凡所陈奏，皆朕之成算。未发之顷，矩辄以闻。自非奉国用心，孰能若是！”

隋亡，裴矩入唐为民部尚书。虞世基（552？—618），字茂世（《北史》作懋世），会稽余姚（今浙江余姚）人。博学有高才，善草隶。徐陵比之为潘、陆。仕陈为中庶子、散骑常侍、尚书左丞。陈灭入隋，拜内史舍人。炀帝重其才，与苏威、宇文述等专典机密，参掌朝政，为“五贵”之一，后死于宇文化及之乱。

“五贵”之中，苏威以前代名臣为炀帝所重，宇文述则因为佐炀帝夺宗而成为心腹，二裴只不过以迎合人主心意而得到亲昵，虞世基则以才学为炀帝所任用。

二苏

《北史》卷六十三《苏亮传》：

亮少与从弟绰俱知名，然绰文章稍不逮亮，至于经画进趣，亮又减之。故世称“二苏”焉。

《周书》卷三十六《苏亮传》所载文字与《北史》相同。

苏亮（？—550），字景顺，京兆武功（今陕西武功）人，苏绰从兄。苏亮通敏博学，好属文，尤其善于奏章。魏孝武帝西迁，除吏部郎中，加卫将军、右光禄大夫。大统八年（542），迁都官尚书、使持节、行北华州刺史，封临泾县子。除中书监，领著作，修国史。所著文笔数十篇，颇行于世。苏亮与苏绰同时以文学著名，人称“二苏”。

连璧

《北史》卷六十四《韦孝宽传》：

> 普泰中，以都督从荆州刺史源子恭镇穰城，以功除淅阳郡守。时独孤信为新野郡守，同隶荆州，与孝宽情好款密，政术俱美，荆部吏人号为“连璧”。

《周书》卷三十一《韦孝宽传》：

> 普泰中，以都督从荆州刺史源子恭镇襄城，以功除析阳郡守。时独孤信为新野郡守，同隶荆州，与孝宽情好款密，政术俱美，荆部吏人号为“连璧”。

韦孝宽（508—579），名叔裕，字孝宽，京兆杜陵（今陕西西安）人。韦孝宽为人沉敏和正，涉猎经史，长于军事。他御边历经战斗，屡建功勋，虽在军中，不废披阅文史。大象元年（579），韦孝宽除徐兖等十一州十五镇诸军事、徐州总管。薨，赠太傅、十二州诸军事、雍州牧。《周书》卷十六《独孤信传》：“建明初，出为荆州新野镇将，带新野郡守。寻迁荆州防城大都督，带南乡守。频典二部，皆有声绩。”与韦传所说“政术俱美”吻合。两人都是吏治很有成绩的地方官。

《北史》作“淅阳”而《周书》作“析阳”，《周书》本卷“校勘记”据张元济、张森楷辩正，以为“析”字是。“析阳”今河南内乡县，与新野密迩，同属荆州。韦孝宽与独孤信同理荆州，且俱有政绩，故时人称二人为“连璧”，“连璧”即双璧。

着翅人

《北史》卷六十五《韩果传》：

胡地险阻，人迹罕至，果进兵穷讨，散其种落。稽胡惮果劲勇矫捷，号为着翅人。太祖闻之，笑曰："着翅之名，宁减飞将。"

《周书》卷二十七《韩果传》：

胡地险阻，人迹罕至，果进兵穷讨，散其种落。稽胡惮果劲健，号为着翅人。太祖闻之，笑曰："着翅之名，宁减飞将。"

韩果（？—572），字阿六拔，代武川（今内蒙古武川）人。膂力绝伦，披甲荷戈爬山越岭，如履平地，人称为"着翅人"，意为"长着翅膀的人"。韩果记忆力强，善于侦查军情。他登高望远，怀疑有敌人偷偷侦察的地方，往必有获。从周太祖宇文泰破沙苑，战河桥，并有功，授抚军将军、银青光禄大夫。保定三年（563），韩果拜少师，进位柱国。

稽胡，是北朝后期出现的一种杂胡，全名为步落稽。《周书》卷四十九《异域·稽胡》：

稽胡，一曰步落稽，盖匈奴别种，刘元海五部之苗裔也。或云山戎赤狄之后。自离石以西，安定以东，方七八百里，居山谷间，种落繁炽。其俗土著，亦知种田。

唐长孺先生有专文论述"稽胡"，见其《魏晋南北朝史论丛》。

六俊

《北史》卷六十七《唐瑾传》：

以父忧去职，寻起令视事。时六尚书皆一时之秀，周文自谓得人，号为“六俊”，然瑾尤见器重。

《周书》卷三十二《唐瑾传》所载文字与《北史》相同。

唐瑾（生卒年不详），字附璘，北海平寿（今山东潍坊）人。唐瑾博涉经史，雅好属文。宇文泰闻其名，召为尚书员外郎、相府记室参军，晋爵临淄县伯。后他转吏部尚书，铨选人物，有知人之鉴。当时“六尚书”究为哪些人物，已难以考实。

四贵

《北史》卷六十八《杨雄传》：

雄时贵宠，冠绝一时，与高颎、虞庆则、苏威称为“四贵”。

《隋书》卷四十三《观德王雄传》所载文字与《北史》相同。

杨雄（542—612），隋文帝杨坚族子。杨雄美姿仪，有气度，雍容闲雅。隋受禅，除左卫将军，兼宗正卿。俄迁右卫大将军，参与朝政。大业初，杨雄授太子太傅。炀帝发兵高丽，杨雄检校左翊卫大将军，军次泸河镇，遘疾薨。

杨雄为皇室成员，又深得高祖知赏，与高颎、虞庆则以及苏威共为文帝亲信，是为“四贵”。高颎（542—607），字昭玄，渤海蓨（今河北景县）人。颎文武皆备，多计略。杨坚当政，引为相府司录。高颎平尉迟迥有大功，进位柱国，改封义宁县公，迁相府司马，益受杨坚倚重。隋受禅，拜尚书左仆射，进封渤海郡公，宠遇益隆，朝臣莫比。他平江南之役有功，与虞庆则、苏威等为文帝身边权臣。传见《隋书》卷四十一、《北史》卷七十二。虞庆则（？—597），京兆栎阳（今陕西西安）人，本姓鱼。身长八尺，有胆气，能左右驰射。开皇元年（581），进位大将军，迁内史监、吏部尚书、京兆尹，封彭城郡公，营新都总监。后使突厥，突厥畏服。高祖曰：“高颎平江南，虞庆则降突厥，可谓茂公矣。”后被人告知谋反，伏诛。

小儿学士

《北史》卷七十《宗懔传》：

懔少聪敏，好读书，昼夜不倦。语辄引古事，乡里呼为“小儿学士”。

《周书》卷四十二《宗懔传》所载文字与《北史》相同。

宗懔（500？—563？），字元懔，南阳涅阳（今河南邓县）人。梁元帝镇荆州，长史刘之遴荐为记室。梁江陵失陷后，懔与王褒、殷不害等一同入魏。魏下江陵在承圣三年（554）十二月，宗懔入魏或在555年。宗懔一生主要是在南方度过的。宗懔在梁官至五兵尚书、吏部尚书。北周时，宗懔拜车骑大将军、仪同三司。宗懔撰《荆楚岁时记》，今有传本。

宗懔从小勤于阅读，博学多闻，这从他著《荆楚岁时记》一书也可以看得出来。年少时就被人称为“小儿学士”，非虚名也。

杨三郎

《北史》卷七十一《隋宗室·滕穆王瓒传》：

瓒贵公子，又尚公主，美姿容，好书爱士，甚有当时誉，时人号曰“杨三郎”。

《隋书》卷四十四《滕穆王瓒传》：

瓒贵公子，又尚公主，美姿仪，好书爱士，甚有令名于当时，时人号曰“杨三郎”。

杨瓒（547或550—591）[1]，字恒生，高祖杨坚母弟。尚北周武帝宇文邕

[1] 《北史》本传载杨于开皇十一年暴薨，时年四十四，《隋书》本传说时年四十二。两史卷后“校勘记”均没作辨正，未知孰是。

妹顺阳公主。杨瓒为人俊美,时人称为“杨三郎”。

七贵

《北史》卷七十一《隋宗室·越王侗传》:

以段达为纳言、右翊卫大将军、摄礼部尚书,王世充为纳言、左翊卫大将军、摄吏部尚书,元文都为内史令、左骁卫大将军,卢楚亦内史令,皇甫无逸为兵部尚书、右武卫大将军,郭文懿为内史侍郎,赵长文为黄门侍郎,委以机务,为金书铁券,藏之宫掖。于时洛阳称段达等为“七贵”。

《隋书》卷五十九《炀三子·越王侗传》所载文字与《北史》相同。

杨侗(604—619),字仁谨,炀帝元德太子杨昭之子。杨侗美容仪,为人宽厚。大业三年(607),立为越王。

炀帝好巡幸,每以杨侗为东都留守。大业十三年(617),炀帝幸江都,杨侗留守洛阳,同时为留守的还有金紫光禄大夫段达、太府卿元文都、摄民部尚书韦津、右武卫将军皇甫无逸等人。隋大业十四年,宇文化及弑杀炀帝于江都,元文都等人立杨侗继统,改元皇泰。段达等七人一直就是越王的亲信,越王被立杨为皇帝后,便以七人居要职,是为“七贵”。其时天下分崩离析,人心惶惶,“七贵”各怀鬼胎。《隋书》杨侗本传:

“七贵”颇不协,阴有相图之计。未几,元文都、卢楚、郭文懿、赵长文等为世充所杀,皇甫无逸遁归长安。

杨侗后来利用王世充平宇文化及之乱,自己最终也被王世充所杀。段达传见《北史》卷七十九、《隋书》卷八十五;王世充传见《北史》卷七十九、《隋书》卷八十五;元文都传见《隋书》卷七十一《诚节》;皇甫无逸、卢楚传仅见《隋书》卷七十一《诚节》。郭文懿、赵长文,《隋书》及《北史》均无传。

黄沛

《北史》卷七十四《刘昉传》：

文帝以昉有定策功，拜上大将军，封黄国公，与沛国公郑译皆为心膂。前后赏赐巨万，出入以甲士自卫，朝野倾瞩，称为“黄沛”。

《隋书》卷三十八《刘昉传》：

高祖以昉有定策之功，拜上大将军，封黄国公，与沛国公郑译皆为心膂。前后赏赐巨万，出入以甲士自卫，朝野倾瞩，称为“黄沛”。

刘昉（生卒年不详），博陵望都（今河北保定）人。刘昉为人轻狡，善于使奸。北周宣帝时，以技佞见狎，出入宫掖，宠冠一时。宣帝崩，静帝幼冲，刘昉与郑译阴谋，引杨坚辅政，杨坚自此渐渐得势，最终篡得周位。《周书》卷三十五《郑译传》：“及宣帝大渐，御正下大夫刘昉乃与译谋，以随公受遗辅少主。”“随公”即杨坚，封随国公。杨坚以刘、郑二人有定策之功，遂封刘昉为黄国公，郑译为沛国公，一时朝野侧目，称为“黄沛”。时语曰：“刘昉牵前，郑译推后。”然而，杨坚在受禅后并没有重用刘昉，刘昉常为之怏怏自失。刘昉认为自己姓是“卯金刀”，名是“一万日”，应该贵为天子，便与宇文忻、梁士彦等人谋反。后伏诛，籍没其家。刘昉为人贪得无厌，家中财货盈积。被杀后数日，文帝把刘昉、宇文忻与梁士彦等三家财产堆积在一起，让大臣们任意射取，以为鉴戒。

郑译的下场比刘昉好。郑译（540—591），字正义，荥阳开封（今河南开封）人。为北周国戚，周武帝时起家给事中士，拜银青光禄大夫，转左侍上士。郑译与隋文帝有同学之旧，于是倾心相结。文帝受禅，郑译有佐命之功。郑译为人轻险，无他才能，唯聚敛为务。以疾卒官，时年五十二。传见《隋书》卷三十八、《周书》卷三十五。

肉飞仙

《北史》卷七十八《沈光传》：

光因取索口衔，拍竿而上，直至龙头。系绳毕，手足皆放，透空而下，以掌拓地，倒行十余步。观者骇悦，莫不嗟异，时人号为“肉飞仙”。

《隋书》卷六十四《沈光传》：

光以口衔索，拍竿而上，直至龙头。系绳毕，手足皆放，透空而下，以掌拒地，倒行十余步。观者骇悦，莫不嗟异，时人号为“肉飞仙”。

沈光(491—518)，字总持，吴兴(今浙江湖州)人。父仕陈，陈灭，随家至长安。大业中，炀帝伐辽，招骁勇之士，沈光入伍。沈光本吴人，习于南方崇山峻岭，登高涉远，身手敏捷。《隋书》本传：

及从帝攻辽东，以冲梯击城，竿长十五丈，光升其端，临城与贼战，短兵接，杀十数人。贼竞击之而坠，未及于地，适遇竿有垂絙，光接而复上。帝望见，壮异之，驰召与语，大悦，即日拜朝请大夫，赐宝刀良马，恒致左右，亲顾渐密。未几，以为折冲郎将，赏遇优重。

沈光自以受国恩深重，故宇文化及构逆时，他与孟才、钱杰等谋杀宇文化及，事败被杀。

“肉飞仙”与“着翅人”“飞将军”意思相仿佛。时人用此称呼来说明沈光在战场上身轻如燕、健步如飞。

许公缺势　许公帕势

《北史》卷七十九《云定兴传》：

定兴为制马鞯，于后角上缺方三寸，以露白色，世轻薄者率仿学之，谓为“许公缺势”。又遇天寒，定兴曰：“入内宿卫，必当耳冷。”述曰：“然。”乃制袷头巾，令深帕耳，人又学之，名为“许公帕势”。

《隋书》卷六十一《云定兴传》所载文字与《北史》相同。

云定兴（生卒年不详），不知何许人。女儿为太子杨勇昭训，太子废，定兴依附宇文述。云定兴是一位能工巧匠，宇文述推荐云定兴监造兵器，颇为炀帝欣赏。大业十一年（615），云定兴授左屯卫大将军。

为了讨好宇文述，云定兴把当年女儿送给自己的明珠络帐送给了他。云定兴自己喜欢着奇装异服，并替宇文述设计、制作了款式新颖奇怪的马鞍衬垫、头巾等。他制作的马鞍衬垫缺一角以便露出白色的马鞍，头巾较一般头巾为深，可以护住耳朵不受寒冷。宇文述用了云定兴为他制作的马鞍衬垫、戴了云定兴为他制作的头巾后，很多人觉得好看，称这种样式的马鞍衬垫为“许公缺势”，头巾为“许公帕势”。“势”即式，款式的意思。文帝时，宇文述封褒国公，炀帝嗣位后改封许国公。

段姥

《北史》卷七十九《段达传》：

帝征辽东，平原郝孝德、清河张金称等并起为盗，帝令达击之，数为金称等所挫，诸贼轻之，号为“段姥”。

《隋书》卷八十五《段达传》：

帝征辽东，百姓苦役，平原祁孝德、清河张金称等并聚众为群盗，攻陷城邑，郡县不能御。帝令达击之，数为金称等所挫，亡失甚多。诸贼轻之，号为“段姥”。

段达（？—621），武威姑臧（今甘肃武威）人。三岁，袭爵为北周襄垣县公。隋文帝为丞相，以段达为大都督，领亲信兵。隋受禅，迁车骑将军，督晋王府军事。大业初，以藩邸之旧，很受炀帝眷顾，拜左翊卫将军。大业十一年（615），炀帝幸江都，越王侗、段达、元文都等人为留守。炀帝崩，段达等拥立杨侗为皇帝,为“七贵”之一。段达本来身无长技,打仗只能节节败退,连农民起义军都看不起他,称他为“段姥”,比之为女人,辱称之也。

八贵 三佞

《北史》卷八十《外戚·胡长粲传》:

> 武成崩,与领军娄定远、录尚书赵彦深、左仆射和士开、高文遥、领军綦连猛、高阿那肱、右仆射唐邕,同知朝政,时人号为“八贵”。

又,《胡长仁传》:

> 孝裕屏人私语,朝退亦相随,仁惠、元亮又伺间而往,停断公事,人号为“三佞”。长仁私游仄密,处处追寻。

《北齐书》卷四十八《胡长仁传》所载文字与《北史》相同。又,《胡长粲传》:

> 世祖崩,与领军娄定远、录尚书赵彦深、和士开、高文遥、领军綦连猛、高阿那肱、仆射唐邕,同知朝政,时人号为“八贵”。

胡长粲(生卒年不详),安定临泾(今甘肃镇原)人。胡太后族孙,父胡虔,为孝静皇帝舅氏。胡长粲为政清静,不避权贵。天统元年(565),武成帝高湛传位给太子高纬即后主,胡长粲与黄门冯子琮出入禁中,专典奏疏。天统四年,武成帝崩于邺城,时后主年仅十四,胡长粲与娄定远等七人同主朝政,时人称为“八贵”。后为从祖弟长仁所谮,出为赵州刺史,在州存心政事,为人吏所敬爱。中风,卒于州。

“八贵”中,除胡长粲以外,赵彦深、和士开、高文遥、唐邕已见。娄定远(生卒年不详),代郡平城(今山西大同)人。父娄昭,齐神武明皇后母弟。为武成所狎爱,别封临淮郡王。武成大渐,受顾命,为“八贵”之一。史书没说娄定远为领军在何年。娄定远为人贪鄙,后为穆提婆诬告连通高思好作乱,自缢死。传见《北齐书》卷十五、《北史》卷五十四。綦连猛(生卒年不详),

字武儿，代人。先人出塞至祁连山，因以“祁连”为姓，讹为“綦连”。他为人志气勇猛，从神武出河阳、战邙山，以军功封广兴县开国君。天统元年(565)，迁右卫大将军，奉武成敕辅佐后主，兼知内外机要之事；三年，为中领军；四年，为领军将军，是年武成崩，猛为“八贵”之一；五年，除并州省尚书左仆射，余如故，进除并省尚书令、领军大将军，封山阳王。传见《北史》卷五十三、《北齐书》卷四十一。高阿那肱(？—581)，善无(今山西右玉)人。齐天保四年(553)，从破契丹、蠕蠕，以作战矫捷知名。太宁初(561)，除假仪同三司、武卫将军。高阿那肱才技庸劣，不涉文史，唯便僻且善于事人而得武成宠幸，又谄悦和士开。天统初，武成传位给后主，加高阿那肱开府，除侍中、骠骑大将军、领军，别封昌国县侯，为“八贵”之一。后降周，从王谦于蜀起兵作乱，伏诛。传见《北齐书》卷五十《恩幸传》及《北史》卷九十二《恩幸传》。

胡长仁(？—569？)，字孝隆，胡长粲从祖弟，武成皇后之兄。武成崩，封长仁陇东王，参与朝政。左丞郦孝裕[1]、郎中陆仁惠、卢元亮，人称“三佞”，竭力巴结胡长仁，怂恿他进取高位，以便给他们自己带来好处。和士开对“三佞”深恶痛绝，外放郦孝裕为章武郡守，卢元亮为淮南郡守，陆仁惠为幽州长史。后来，“三佞”又献计长仁装病，等和士开来探病时乘机杀之。和士开知后，徙孝裕为北营州建德郡守，寻机徙贬胡长仁为齐州刺史。胡长仁令刺客李揩墙刺杀和士开，和士开知道后，行敕赐胡长仁死于齐州。“三佞”传不见《北齐书》《北史》。

二张博士

《北史》卷八十一《儒林·张彫武传》：

> 以景仁宗室，自托于其亲何洪珍，公私之事，彫武常为其指南。与张景仁号二张博士。

---

① 《北齐书》卷四十八“胡长仁”传作“邹孝裕”，疑误，《北齐书》本卷“校勘记”有辨证。

张彫武[①](519—573)，中山北平(今北京)人。少好学，遍通“五经”，尤邃于“三传”。高欢招入府内，与其诸子讲学。武成即位，以师恩除直通散骑常侍。后为后主侍读，与张景仁并被尊礼，同入华元殿，共读《春秋》。加国子祭酒、假仪同三司，待诏《文林馆》。

张景仁与何洪珍是亲戚，张彫武以同宗与景仁一起结托于洪珍。其时，穆提婆、韩长鸾与洪珍同侍武成帷幄，为武成宠臣。穆提婆、韩长鸾知道张彫武与景仁常替洪珍出谋划策，忌恨之。时后主欲车驾晋阳，崔季舒与张彫武等联名上书劝谏。季舒与韩长鸾平时为水火，于是韩长鸾奏曰：“汉儿文官联名总署，声云谏止向并，其实未必不反，宜加诛戮。”遂死。

张彫武自贱微而至大位，凡事励精，有匪躬之节。张彫武曾为琅玡王高俨王府博士，武成遂尊称张彫武“博士”而不呼其名，尊之也。惜乎张彫武最终成为权利斗争的牺牲品。

张景仁(生卒年不详)，济北(山东长清)人。传见《北齐书》卷四十四、《北史》卷八十一。以学书为业，遂工于草隶。后主在东宫时，世宗高澄为其选择侍书，张景仁遂被引荐。后主知赏之，称为“博士”，与侍读张彫武同被时人称为“二张博士”。“博士”在南北朝时期既可以指称官衔，也可以是俗称，即“老师”的意思[②]。张彫武曾任琅琊王高俨的王府博士。后主称二张为“博士”，因为二人都做过他的老师。

盖将

《北史》卷八十一《儒林·郭遵传》：

> 帝家人有盖丰洛者，典知家务，号曰“盖将”。

郭遵(生卒年不详)，巨鹿(今河北巨鹿)人。当年，齐文宣帝高洋还是太原公的时候，郭遵为高洋常侍，而盖丰洛是高洋家务总管。人称盖丰洛为

---

① 《北齐书》卷四十四“如林”本传作“张雕”，其人本名“张雕虎”，避唐讳改。参看《北齐书》卷后“校勘记”。

② 参看周一良《魏晋南北朝史札记·〈北齐书〉札记》“博士”条，中华书局，1985年版，第417页。

“盖将”，谓其权力之大也。郭遵曾经抗拒盖的摆布，并因此得到高德正的赏识。齐立国后，郭因此被擢升为主书，专门负责访察百官。后擢为黄门侍郎，被诛。高德正(生卒年不详)，《北齐书》卷三十本传(“正”作“政”)：“显祖(高洋)引为开府参军，知管记事，甚相亲狎。”说的应该是高洋开府太原时事，因而得与盖丰洛同在王府。盖丰洛，其人不详。

四大

《北史》卷八十二《儒林·熊安生传》：

> 冀州人为之语曰：“显公钟，宋公鼓，宗道晖屐，李洛姬肚。”谓之四大。显公，沙门也，宋公，安德太守也；洛姬，妇人也。

熊安生(498？—578)，字植之，长乐阜城(今河北阜城)人。传又见《周书》卷四十五《儒林》。熊安生博通“五经”，专以“三礼”教授门徒。当时受其业，而擅名于后世者有刘焯、刘炫等。撰《周礼义疏》二十卷、《礼记义疏》四十卷、《孝经义疏》一卷，并行于世。

熊安生食古不化，有人拿他开玩笑说：一村庄有古墓，乃晋时河南将军熊光的墓，并说熊光是熊家七十二代祖宗，墓本来有碑，被村人埋藏了。熊安生当真，挖墓碑不得，诉讼到州府，长史郑大欢说：“上去七十二代都到羲皇时代了，再说晋代也没有河南将军一职。不接受诉讼！”熊安生带领族人对坟墓大哭了一场，才算了事。与熊安生同郡的宗道晖，同样以儒学著称，也是个好古的人，喜欢头戴高翅帽，脚着大屐，自拟为三公。当时，冀州人把宗道晖的大屐与和尚显公庙里的钟、安德太守宋公衙门口的鼓、妇女李氏的大肚子并称为“四大”，讥之也。

五经库

《北史》卷八十二《儒林·房晖远传》：

> 隋文帝受禅，迁太常博士。太常卿牛弘每称为“五经库”。

《隋书》卷七十五《房晖远传》：

及高祖受禅，迁太常博士。太常卿牛弘每称为“五经库”。

房晖远(532？—603?)，字崇儒，恒山真定(今河北正定)人。世传儒学，治“三礼”“春秋三传”、《诗》《书》《周易》，以教授为务。周武帝平齐，访求儒学，授房晖远小学下士。隋文帝受禅，迁太常博士。历史上人们常以“库”比喻一个人专业知识丰富，如杜预被人称为“杜武库”，人称房晖远“五经库”，是称赞他经学知识丰富。

六儒

《北史》卷八十二《儒林·马光传》：

隋开皇初，征山东义学之士，光与张仲让、孔笼、窦仕荣、张黑奴、刘祖仁等俱至，并授太学博士，时人号为“六儒”。

《隋书》卷七十五《马光传》：

开皇初，高祖征山东义学之士，光与张仲让、孔笼、窦仕荣、张黑奴、刘祖仁等俱至，并授太学博士，时人号为“六儒”。

马光(生卒年不详)，字荣伯，武安(今河北武安市)人。明“三礼”，北方学“三礼”者，熊安生后唯宗马光一人。以疾卒于家，年七十三。其余五儒，传不见诸史。

二刘

《北史》卷八十二《儒林·刘焯传》：

刘炫聪明博学，名亚于焯，故时人称“二刘”焉。

《隋书·刘焯传》所载文字与《北史》相同。

刘焯(444—610),字士元,信都昌亭(今河北冀州市)人。与刘炫为友,同受《诗》于同郡刘轨思,受《左传》于广平郭懋当,问《礼》于阜城熊安生。后就读于武强刘智海家,积十多年。入隋,举秀才,射策甲科。开皇六年(586),移洛阳石经至长安,文字漫灭,刘焯与刘炫共同考定之。炀帝即位,迁太学博士。

刘炫(546?—613?),字光伯,河间景城(今河北景县)人。与刘焯闭门读书,十年不出。隋开皇中,奉敕与著作佐郎王劭同修国史。时搜求天下遗书,刘炫伪造《鲁史记》《连山易》,取赏而去。《隋书》本传载:"炫性躁竞,颇俳谐,多自矜伐,好轻侮当世,为执政所丑,由是宦途不遂。著《论语述议》十卷,《春秋攻昧》十卷,《五经正名》十二卷,《孝经述议》五卷,《春秋述议》四十卷,《尚书述议》二十卷,《毛诗述议》四十卷,《注诗序》一卷,《算术》一卷,并行于世。"刘焯、刘炫以经学闻名当时,并称"二刘"。

徐庾体

《北史》卷八十三《文苑·庾信传》:

> 摛子陵及信并为抄撰学士。父子在东宫,出入禁闼,恩礼莫与比隆。既文并绮艳,故世号为"徐庾体"焉。

《周书》卷四十一《庾信传》:

> 摛子陵及信并为抄撰学士。父子在东宫,出入禁闼,恩礼莫与比隆。既有盛才,文并绮艳,故世号为"徐庾体"焉。

庾肩吾(487—551),字子慎,祖籍南阳新野(今河南新野),庾肩吾子信(513—581),字子山。梁中大通三年(531),萧纲立为太子,庾肩吾随纲入都,兼东宫通事舍人。先是,庾信曾为太子萧统东宫侍读,此时庾信与徐氏父子俱为萧纲东宫抄撰学士。齐梁时期,正是诗体发生重要变化的时代,即由古体诗向今体诗开始转变的时代。这种新的诗体,加上以萧纲为中心的宫廷文人的艳丽诗风,就是时人所说的"宫体"诗,"宫"即东宫。因为徐氏及庾氏父子是“宫体”诗的代表作家，所以又称为“徐庾体”。“宫体”诗以“绮艳”为特征。

梁承圣三年(554)，庾信奉命出使西魏，从此稽留并终老北方。仕魏右金紫光禄大夫、车骑将军、仪同三司。北周时，庾信出为弘农太守，迁骠骑大将军、开府仪同三司等。隋文帝开皇元年卒。庾信为南北朝时期著名诗人，在南朝以“宫体”诗显称，入北朝后，诗风变得沉郁苍凉，如杜甫所说“庾信文章老更成”。明张溥《汉魏六朝百三家集题辞·庾开府集》：“史评庾诗绮艳，杜工部又称其清新老成，此六字者，诗家难兼，子山备之，玉台琼楼，未易几及。”①

《汉》圣

《北史》卷八十三《文苑·刘臻传》：

> 精于两《汉书》，时人称为“《汉》圣”。

《隋书》卷七十六《文学·刘臻传》所载文字与《北史》相同。

刘臻(527—598)，字宣挚，沛国相(今安徽宿州)人。仕梁为中书舍人，入周为宇文护中外府记室，军书羽檄，多出其手。入隋，进位仪同三司。深邃两《汉书》，被称为“《汉》圣”。

冶葛

《北史》卷八十三《文苑·诸葛颍传》：

> 炀帝即位，迁著作佐郎，甚见亲幸，出入卧内。帝每赐之曲宴，辄与皇后嫔御连席共榻。颍因间隙，多所谮毁，是以时人谓之“冶葛”。

《隋书》卷七十六《文学·诸葛颍传》所载文字与《北史》同。

---

① [明]张溥：《汉魏六朝百三家集题辞》，中华书局，2007年版，第365页。

诸葛颖(535—611),字汉,丹阳建康(今江苏南京)人。八岁能属文。侯景之乱,诸葛颖奔齐,待诏文林馆。历太学博士、太子舍人。周武帝平齐,杜门不出十余年,习《周易》、仓雅、老庄等。入隋,授朝散大夫,加正议大夫。撰《銮驾北巡记》三卷、《幸江都道里记》一卷、《洛阳古今记》一卷、《名马录》二卷。今存诗六首,见今人逯钦立《先秦汉魏晋南北朝诗》。

诸葛颖深得炀帝宠幸,出入卧内,曲宴时杂侧皇后嫔御之中,又喜欢说长道短,如同长舌妇。时人视他为女人,称为"冶葛"即"女人诸葛颖"的意思,戏称中寓有轻视之意。

学生屋

《北史》卷八十六《循吏·苏琼传》:

> 每年春,总集大儒卫觊隆、田元凤等讲于郡学,朝吏文案之暇,悉令受书。时人指吏曹为"学生屋"。

《北齐书》卷四十六《循吏·苏琼传》所载文字与《北史》相同。

苏琼(?—581?),字珍之,武强(今河北武强)人。琼为人清慎,仕西魏为南清河太守,以德行威服民众。南北朝时期,世风浮华,祭祀及婚丧嫁娶动辄巨万,苏琼禁断淫祀,教令婚丧一切从简,只要达于礼仪便可。在郡六年,无一人诉讼,吏民怀恩。遭忧解职,故人赠遗,一无所受。

苏琼在郡,每年春天组织官吏在工作之余学习儒教,请大儒卫觊隆、田元凤在郡学校教授他们术业,学员就住在郡曹之内。时人开玩笑说,每年这时候整个郡曹就好像是学生宿舍了。

戴帽饧

《北史》卷八十六《循吏·梁彦光传》:

> 岁余,拜赵州刺史。彦光曰:"臣前待罪相州,百姓呼为'戴帽饧'。臣自分废黜,无复衣冠之望,不谓天恩复垂收采。请复为相州,改弦易调,庶有以变其风俗。"上从之,复为相州刺史。

《隋书》卷七十三《循吏·梁彦光传》:

岁余,拜赵州刺史。彦光言于上曰:"臣前待罪相州,百姓呼为'戴帽饧'。臣自分废黜,无复衣冠之望,不谓天恩复垂收采。请复为相州,改弦易调,庶有以变其风俗,上答隆恩。"上从之,复为相州刺史。

梁彦光(生卒年不详),字修芝,安定乌氏(今甘肃泾川县)人。年十七,释褐仕魏秘书郎;周受禅,迁舍人上士。从周武帝平齐,以功授开府、阳城县公。入隋,为岐州刺史,甚有惠政,后转相州刺史。相州承齐亡之后,各色人等如商贩、乐户等皆聚拢于此,人情险恶,梁彦光不能理,人称"戴帽饧",意谓彦光虽身穿官服、头戴冠帽却软弱如糖稀,毫无干练之才。罢官后不久,拜赵州刺史,梁彦光自陈欲再临相州,以展才能,隋文帝同意了他的请求。梁彦光在州,于每乡立学校,延山东大儒施教,大兴儒学,终成一方之治。后数岁,卒于官,时年六十。

书库

《北史》卷八十六《循吏·公孙景茂传》:

稍迁太常博士,多所损益,时人称为"书库"。

《隋书》卷七十三《循吏·公孙景茂传》:

迁太常博士,多所损益,时人称为"书库"。

公孙景茂(519—605),字元蔚,河间阜城(今河北阜城)人。少好学,博涉经史,人称"书库",赞誉他知识很丰富。入隋,为息州刺史,时值平陈之役,征人在路途有疾病饥饿者,公孙景茂自减俸禄,为饘粥汤药赈济之,赖之全活者数千人。转道州刺史,他用自己俸禄买牛犊鸡猪散发给孤、弱不能自存者;治内有过恶者,加以训导而不彰示。身死之日,赴丧者数以千计。

慈母

《北史》卷八十六《循吏·辛公义传》:

从军平陈,以功除岷州刺史。土俗畏病,若一人有疾,即合家避之,父子夫妻,不相看养,孝义道绝。由是病者多死。公义患之,欲变其俗。因分遣官人,巡检部内,凡有疾病,皆以床轝来,安置厅事。暑月疫时,病人或至数百,厅廊悉满。公义亲设一榻,独坐其间,终日连夕,对之理事。所得秩俸,尽用市药,迎医疗之,躬劝其饮食,于是悉差。方召其亲戚而喻之曰:"死生由命,不关相著,前汝弃之,所以死耳。今我聚病者,坐卧其间,若言相染,那得不死?病儿复差,汝等勿复信之。"诸病家子孙,惭谢而去。后人有遇疾者,争就使君,其家亲属,固留养之。始相慈爱,此风遂革,合境之内,呼为"慈母"。

辛公义(生卒年不详),陇西狄道(今甘肃天水)人。早孤,为母氏所养,亲授书传。周天和(566—572)中,入为太学生,以勤苦知名。开皇元年,除主客侍郎,摄内史舍人事。观辛公义任岷州刺史时改变对待病人习俗,其被百姓呼为"慈母",宜矣!《北史》卷三十九《房彦谦传》:"以秩满,迁长葛县令,甚有惠化,百姓号为慈父。"百姓对于那些能替他们谋福利的地方官尊敬爱戴,称为"父母官"。辛公义传又见《隋书》卷七十三《循吏》。

崔李

《北史》卷八十八《隐逸·崔廓传》:

与赵郡李士谦为忘言友,时称"崔李"。

《隋书》卷七十七《隐逸·崔廓传》所载文字与《北史》相同。

崔廓(生卒年不详),字士玄,博陵平安(今山东桓台县)人。初仕齐为司马,屡遭屈辱,逃入山中为隐士。后博览群书,山东学者多宗之;还乡,不应辟命,与李士谦友好,时称"崔李"。

李士谦(523—588),字子约,赵郡平棘(今河北赵县)人。年十二,魏广平王元赞辟为开府参军。母死,终生不仕。李士谦家富于财,乐善好施。传见《隋书》卷七十七《隐逸》。

王太原

《北史》卷九十二《恩幸·王椿传》:

初,椿于宅构起厅事,极为高壮。时人忽云:"此乃太原王宅,岂是王太原宅?"椿往为本郡,世皆呼为"王太原"。

《魏书》卷九十三《恩幸·王椿传》所载文字与《北史》相同。

王椿(479—540),字元寿,太原晋阳(今山西太原)人,魏文成帝文明太后宠臣王叡之子。王椿有巧思,善于营制。王椿为自己所营造房宅,极为宏伟高大,别人开玩笑说:"你这房子应该是被封为太原王的人才能住,哪是你们太原王家能住的?"古人往往称别人郡望以示尊敬,"王太原"即"太原王家"的意思。有意思的是,这房子后来尔朱荣住过,尔朱荣被封太原王。王椿两次做过太原太守,第一次做太原太守是在正始(504—508)年中,第二次是在孝昌年中。用所临官的地方名称称呼别人也是一种尊称,如南朝的顾宪之做过衡阳内史,人称"顾衡阳",人称王椿"王太原",是表示尊敬。文中"岂是王太原宅"是就郡望言,而"世皆呼为王太原"是就所临官的地方名称言。

二赵

《北史》卷九十二《恩幸·赵邕传》:

宣武每出入郊庙,脩恒以常侍兼侍中陪乘,而邕兼奉车都尉,执辔同载。时人窃论,号为"二赵"。

《魏书》卷九十三《恩幸·赵邕传》:

世宗每出入郊庙,脩恒以常侍、侍中陪乘,而邕兼奉车都尉,执辔同载。时人窃论,号为"二赵"。

赵邕(？—525),字令和,南阳(今河南南阳)人。因为受到司徒李冲的赏识,成为李氏家庭宠臣,出入其家,勤于犬马之劳。巴结李冲的人,往往是通过赵邕而结识李冲的。魏孝文帝太和(477—499)中,官至殿中监,宣武继位,仍居本官。

赵邕与赵脩结为同宗,宣武有事于郊庙,赵邕与赵脩前后相随,时人讥称"二赵"。

赵脩(生卒年不详),字景业,赵郡房子(今河北高邑)人。有膂力,能剧饮,受魏宣武帝元恪宠幸,旬月间官位频频转授。赵脩本起自微贱,暴富之后,奢傲无礼,父死送葬时,于道路嬉戏,甚至奸掠妇女而裸观之,从者莫不畏而恶之。后遭权臣王显、高肇、甄琛纠摘,构成其罪,有诏令鞭一百,高肇、甄琛监刑,必置之死地而后快,乃召力士五人,轮流抽鞭三百,不死,置之马上狂奔八十里乃死。传见《北史》卷九十二《恩幸》,《魏书》卷九十三《恩幸》。

徐郑

《北史》卷九十二《恩幸·徐纥传》:

> 纥既处腹心,参断机密,势倾一时,远近填凑。与郑俨、李神轨宠任相亚,时称"徐郑"焉。

《魏书》卷九十三《徐纥传》所载文字与《北史》相同。

徐纥(生卒年不详),字武伯,乐安博昌(今山东博兴)人。少好学,以文词见称于时,太傅、清河王元怿以文翰待之。徐纥先是巴结赵脩,后谄事元叉,大得元叉意。元叉失权,又曲事郑俨。迁给事黄门侍郎,总摄中书门下事,军国诏命,莫不由之。后得罪尔朱荣,尔朱荣启求诛之;尔朱荣入洛阳,徐纥东走兖州,奔梁。

郑俨(生卒年不详),字季然,荥阳(今河南荥阳)人。初为胡国珍行军参军,因容貌魁伟被胡太后所幸,迁员外散骑侍郎,直后。胡太后反正,对郑俨更是宠爱有加,拜谏议大夫、中书舍人,领尝食典御。昼夜禁中,郑俨每次放沐浴假回家,太后派阉童跟随,与妻子只能言家事而已。郑俨与徐纥同为舍人,郑俨利用徐纥的智数出谋划策,徐纥利用郑俨的宠幸以巩固自己在朝廷中的地位,两人狼狈为奸,时称"徐郑"。尔朱荣入洛,以清除"徐郑"为借口,郑俨走归乡里,欲与从兄郑仲明起兵,为郑仲明部下所杀,郑俨与郑仲明传首洛阳。传见《魏书》卷九十三《恩幸》。

三贵

《北史》卷九十二《恩幸·韩凤传》:

> 东西巡幸,及山水游戏射猎,独在御傍。与高阿那肱、穆提婆共处衡轴,号曰"三贵"。损国害政日月滋甚。

《北齐书》卷五十《恩幸·韩凤传》:

> 军国要密,无不经手,与高阿那肱、穆提婆共处衡轴,号曰"三贵"。损国害政日月滋甚。

韩凤(生卒年不详),字长鸾,昌黎(今辽宁义县)人。韩凤因为有膂力,齐武成帝选为后主侍卫。袭爵高密郡公,位开府仪同三司。后主即位,累迁侍中、领军,总知内省机要。与高阿那肱、穆提婆共掌朝政,时称"三贵"。身为力士,韩凤仇视文士,亲于武职,经常说:"文士令人厌烦,杀掉才好!"后随后主逃亡至青州,为周军所获。入隋,官至陇州刺史。

后主践祚之初,娄定远、赵彦深、和士开、高文遥、綦连猛、高阿那肱以及唐邕为"八贵";稍后,韩凤、高阿那肱及穆提婆为"三贵"。

高阿那肱已见"八贵"条。穆提婆(生卒年不详),汉阳(今甘肃天水)人。父亲以谋反罪伏诛,母亲陆令萱配入掖庭,因鞠养后主,被胡后亲昵。陆令萱奸巧机辩,取媚百端,独擅威福。天统初(565),陆令萱引穆婆提入侍后主,大被后主亲狎。穆婆提本姓骆,陆令萱被后主穆昭仪奉养为母,故改姓穆氏。自武平(570—577)之后,陆令萱母子势倾内外。齐军晋州大败,穆婆提投奔周,陆令萱自杀,子孙大小皆弃市,籍没其家。

解卸厅

《北史》卷九十二《恩幸·齐诸宦者传》:

犹以波斯狗为仪同、郡君，分其干禄。神兽门外，有朝贵憩息之所，时人号为“解卸厅”。诸阉或在内多日，暂放归休，所乘之马，牵至神兽门阶，然后升骑。飞鞭竞走，十数为群，马尘必坌诸贵，爰至唐、赵、韩、骆，皆隐厅趋避，不敢为言。

《北齐书》卷五十《恩幸·韩宝业等传》所载文字与《北史》相同。

此段文字所论，乃北齐宦官受到宠幸而气焰嚣张之状况。神兽门当为齐都邺城内宫廷之门，为廷臣入朝之前暂时休息的地方，故称为“解卸厅”，即解卸随身装备准备入见之意。“解卸厅”后被宦官强占使用，权贵如唐邕、赵彦深、韩凤、穆提婆等人也不敢言语，足见宦官猖獗之程度。

白脚师

《魏书》卷一百一十四《释老·惠始传》：

或时跣行，虽履泥尘，初不汙足，色愈鲜白，世号之曰“白脚师”。

北魏世祖拓跋焘时期，有沙门惠始（生卒年不详）者，本张姓，清河人。惠始听说长安的鸠摩罗什翻译出了新的经书，便来到长安，昼则入城听讲，夜则还处静坐，关中得道者多拜惠始为师宗。世祖始光四年（427），平赫连昌，惠始来到京师平城（今大同），世祖每加敬礼。

惠始从入沙门至于没世，共五十多年，这期间，从未寝卧。有时，赤脚行走，虽入污泥而脚洁白，时人称之为“白脚师”。“师”是对和尚的尊称。太延（435—440）中，惠始终于京师八角寺。

《新唐书》

八柱国家

《新唐书》卷一《高祖本纪》：

天赐生虎，西魏时，赐姓大野氏，官至太尉，与李弼等八人佐周代魏有功，皆为柱国，号"八柱国家"。

《旧唐书》卷一《高祖本纪》：

皇祖讳虎，后魏左仆射，封陇西郡公，与周文帝及太保李弼、大司马独孤信等以功参佐命，当时称为"八柱国家"，仍赐姓大野氏。

《周书》卷十六"史臣曰"：

当时荣盛，莫与为比。故今之称门阀者，咸推"八柱国家"云。

《周书》卷十六卷"史臣曰"：北魏孝庄帝时（528—530），尔朱荣有翊戴之功而拜"柱国大将军"，后尔朱荣败灭，"柱国大将军"名号随之废除。西魏文帝元宝炬大统三年（537），宇文泰有翊戴之功，授予柱国大将军。自大统三年到十六年，除了宇文泰以外还有七人居"柱国大将军"之职，这就是后来所谓"八柱国家"。《周书》载其他七人是：李虎、元欣、李弼、独孤信、赵贵、于谨、侯莫陈崇。如同宇文泰有翊戴之功而被授予柱国大将军一样，此七人也是因为翊戴宇文泰有功而被被授予柱国大将军一职。北周时，"八柱国家"为功臣之家，权势显赫。到唐代初年，"八柱国家"仍是门阀兴盛之家。

《新唐书》卷九十五《窦威传》：

帝语裴寂曰："威，今之叔孙通也。"武德元年，授内史令。每论政事得失，必陈古为谕，帝益亲暱，尝引入卧内，谓曰："昔周有八柱国，吾与公家是也。今我为天子，而公为内史令，事固有不等耶？"

窦威的父亲窦炽拜柱国大将军在武成二年（560），比李虎晚，并不在"八柱国"之列。李渊说窦炽为"八柱国"，乃泛论之，是为了鼓励窦威而已。"窦炽"见《周书》卷三十、《北史》卷六十一。

娘子　雄狐

《新唐书》卷七六《后妃·杨贵妃传》：

帝大悦，遂专房宴，宫中号"娘子"。而虢国素与国忠乱，颇为人知，不耻也。每入谒，并驱道中，从监、侍姆百余骑，炬蜜如昼，靓妆盈里，不施帏障，时人谓为"雄狐"。

《旧唐书》卷五十一《后妃上》：

宫中呼为"娘子"，礼数实同皇后。

而国忠私于虢国而不避"雄狐"之刺，每入朝或联镳方驾，不施帷幔。

清赵翼《陔余丛考》卷三十八"娘子"条："杨贵妃初入宫，有宠，宫中号曰娘子。"又引《韵会》："娘字本少女之称。"认为杨玉环被称为"娘子"是由于她年轻。《北史》卷四十七《祖珽传》：

又与寡妇王氏奸通，每人前相闻往复。裴让之与珽早狎，于众中嘲珽曰："卿那得如此诡异，老马年十岁，犹号骝驹，奸耳顺，尚称娘子。"于时喧然传之。

"娘子"与"耳顺"对言，也是年轻女子的意思。蒋礼鸿先生《敦煌变文字义通释》："主母又叫'娘子'。"如此，贵妃是因为地位崇高而被称为"娘子”。《旧唐书》卷一百《裴宽传》:“令子婿以五百金赂于贵妃姊杨三娘。”

《诗经·齐风·南山》:“南山崔崔,雄狐绥绥。”诗序:“刺襄公淫其妹,而鲁不能禁也。”《左传·僖公十五年》:“晋侯烝于贾君,又不纳群公子,是以穆姬怨之。”又:“千乘三去,三去之余,获其雄狐。”杨伯峻注:“此曰雄狐,犹《尚书·牧誓》之牝鸡。”时人称虢国为“雄狐”,讥笑其与杨国忠关系暧昧。《南史》卷二十四《王准之传》:“准之尝作五言诗,范泰嘲之:‘卿唯解弹事耳。’准之正色答:‘犹差卿世载雄狐。’”范泰为范晔父,《宋书》卷六十九《范晔传》:“晔素有闺庭论议,朝野所知,故门胄虽华,而国家不与姻娶。”《北史》卷三十九《毕义云传》:“闺门秽杂,声偏朝野。为郎时,与左丞宋游道因公事愤竞。游道廷辱之云:‘《雄狐》之诗,千载为汝。’义云一无所答。”可知,很久以来,“雄狐”一直都是闺门污秽的代名词。

天孙墓

《新唐书》卷七九《高祖诸子·江安王元祥传》:

皎子丛,以幼流死岭表,葬安南,人号其冢为“天孙墓”。

李丛(生卒年不详),为江安王李元祥孙,武阳王李皎之子。李元祥(626—680),高祖第二十子,太宗异母弟。初封许王,后徙封江王,死后谥“安”,称“江安王”。

江安王有恶行,与滕王李元婴、虢王李凤、蒋王李恽贪暴,当时流传:“宁向儋、崖、振、白,不事江、滕、蒋、虢。”儋州、崖州、振州、白州唐时属岭南道,地处边远,北方人流放岭南,多病死,故云。武后时期,为了树立武氏党羽而诛杀李家后裔,李丛年幼而流死于岭南,葬在南安即今云南楚雄。“天孙”即皇孙。

纪越

《新唐书》卷八十《太宗诸子·纪王慎传》:

慎少好学,善星步,与越王齐名,当世号“纪越”。

《旧唐书》卷七十六《太宗诸子·纪王慎传》：

慎少好学，长于文史，皇族中与越王贞齐名，时人号为“纪越”。

纪王李慎(628—689)，太宗第十子，贞观十年(636)，封纪王。越王李贞(627—688)，太宗第八子，贞观十年，封越王。

武后垂拱四年(688)，李贞长子、博州刺史、琅玡王李冲起兵反，越王、纪王以兵相应；当年兵败，越王父子死，纪王于次年死于流放途中。

《旧唐书》卷七十六《太宗诸子·越王贞传》：“颇涉文史，兼有吏干。所在或偏受谗言，官僚有正直者多被贬退，又纵诸童竖侵暴部人，由是人伏其才而鄙其行。”《新唐书》评纪王：“贞观中，迁襄州刺史，以治当最，天子玺书劳勉，人为立石颂德。”纪王与越王在吏治与为人方面迥异，但都好学、通文史，所以被时人称为“纪越”。大概当时皇族子弟中好学者少，二人为其中之佼佼者。

斜封官　三无坐处

《新唐书》卷八三《安乐公主传》：

与太平等七公主皆开府，而主府官属尤滥，皆出屠贩，纳訾售官，降墨敕斜封授之，故号“斜封官”。

安乐公主(684—710)，中宗最幼女，母亲为韦后。安乐公主出生于中宗、韦后贬黜房陵时，出生时中宗以自己的衣服裹之，故名裹儿。大概是出生于中宗夫妇最艰难时期，安乐公主深得父母宠爱。嫁武崇训，再嫁武延秀。

唐代皇帝任命官员，由门下省出、纳帝命，且必须经过吏部。中宗反正后，其朝政由韦皇后、武三思把持。安乐公主恃宠而骄，不仅开府置官，而且疯狂卖官鬻狱。《资治通鉴》卷二百九：

安乐、长宁公主及皇后妹郕国夫人、上官婕妤、婕妤母沛国夫人郑氏、尚宫柴氏、贺娄氏、女巫第五英儿、陇西夫人赵氏，皆依势用事，请谒受赇，虽屠沽臧获，用钱三十万，则别降墨敕除官，斜封付中书，时人谓之“斜封官”。

“墨敕”为皇帝制敕，“斜封付中书”即皇帝特别任命而没有经过吏部、门下省，“时斜封官皆不由两省而授，两省莫敢执奏，即宣示所司”[①]《旧唐书》卷五十一《后妃》：

时上官昭容与其母郑氏及尚宫柴氏、贺娄氏树用亲党，广纳货赂，别降墨敕斜封授官，或出臧获屠贩之类，累居荣秩。又引女巫赵氏出入禁中，封为陇西夫人，势与上官氏比。

《新唐书》卷一百二十九《李朝隐传》：“时政出权幸，不关两省而内授官，但斜封其状付中书，即宣所司。”卷一百一十六《陆馀庆传》：“初，武后时，酷吏用事，中宗朝，幸臣贵主斜封大行，蹈利畜祸之人，与相乾没，虽极贵骤用，而戮不反踵。”卖官鬻爵的结果是国家官员的泛滥成灾。唐张鷟《朝野佥载》卷一：

景龙中，斜封得官者二百人，从屠贩而践高位。景云践祚，尚书宋璟、御史大夫毕构奏停斜封人官。璟、构出，后见鬼人彭君卿受斜封人贿赂，奏云见孝和，怒曰：“我与人官，何因夺却！”于是斜封皆复旧职。伪周革命之际，十道使人天下选残明经、进士及下村教童蒙博士，皆被搜扬，不曾试练，并与美职。尘黩士人之品，诱悦愚夫之心，庸才者得官以为荣，有才者得官以为辱。昔赵王伦之篡也，天下孝廉秀才茂异，并不简试，雷同与官，市道屠沽、亡命不轨，皆封侯略尽。太府之铜不供铸印，至有白版侯者。朝会之服，貂者大半，故谣云“貂不足，狗尾续”。小人多幸，君子耻之。无道之朝，一何连类也，惜哉！

景龙为中宗年号，所说即安乐公主斜封官事。张鷟认为唐代中宗时的官员臃肿与晋惠帝时没什么两样，多到天下之铜不足以铸官印，天下貂皮不足

---

① [宋]司马光：《资治通鉴》，中华书局，2007年版，第2559页。

以制官服。《晋书》卷五十九《赵王伦传》:

是岁,贤良方正、直言、秀才、孝廉、良将皆不试;计吏及四方使命之在京邑者,太学生年十六以上及在学二十年,皆署吏;郡县二千石令长赦日在职者,皆封侯;郡纲纪并为孝廉,县纲纪为廉吏。以世子荂为太子,馥为侍中、大司农、领护军、京兆王,虔为侍中、大将军领军、广平王,诩为侍中、抚军将军、霸城王,孙秀为侍中、中书监、骠骑将军、仪同三司,张林等诸党皆登卿将,并列大封。其余同谋者咸超阶越次,不可胜纪,至于奴卒斯役亦加以爵位。每朝会,貂蝉盈坐,时人为之颜曰:"貂不足,狗尾续。"而以苟且之惠取悦人情,府库之储不充于赐,金银冶铸不给于印,故有白版之侯,君子耻服其章,百姓亦知其不终矣。

《新唐书》卷四十五《选举》:

中宗时,韦后及太平、安乐公主用事,于侧门降墨敕斜封授官,号"斜封官",凡数千员。内外盈溢,无听事以居,当时谓之"三无坐处",言宰相、御史及员外郎也。

其时宰相、御史与员外郎人员太多,无事可做,也没有在朝廷听政的机会。汉代光武帝在诏见御史中丞、司隶校尉、尚书令时,特地下诏让他们三人分席独坐,而不是像以往那样三人连席而坐,时人称为"三独坐"。唐人反其意而用之,称为"三无坐处",以讽刺官员人满为患。

飞将

《新唐书》卷八四《单雄信传》:

单雄信,曹州济阴人。与翟让友善。能马上用枪,密军中号"飞将"。

《旧唐书》卷五十三《单雄信传》:

少骁健,尤能马上用枪,密军号为“飞将”。

单雄信(?—620),曹州济阴(今山东曹县)人。单雄信与翟让友善,后从李密,李密败后,投靠王世充,李世民平洛阳,单雄信被杀。

汉代李广能从匈奴战马间一跃而起以致逃脱被称为“飞将军”;三国时期的吕布也因为身手敏捷而被称为“飞将”。单雄信既能马上用枪,其矫健可知,因此被李密军中称为“飞将”。冷兵器时代,作战时,身手敏捷者尤其多用武之地。《新唐书》卷八五《窦建德传》:“上谷贼王须拔自号‘漫天王’,以兵略幽州,战死。其下魏刀儿号‘历山飞’,壁深泽,众十万。建德以计袭取之,并有其地。”所谓“漫天王”“历山飞”者,也就是行动迅速的意思。

摸羊公

《新唐书》卷八五《窦建德传》:

建德为招亡兵及民无产者数百,使安祖率之,入高鸡为盗,安祖号“摸羊公”。

窦建德(573—621),贝州漳南(今河北故城)人。隋大业七年(611),征兵讨高丽,窦建德因为骁勇,选为军中二百人长。建德同县人孙安祖,因为盗羊为县令辱笞,孙安祖杀县令后亡投建德。窦建德为之招募无产业者数百人,令孙安祖率之,逃亡高鸡水泊之中,聚众为盗,同伙称孙安祖为“摸羊公”。据《旧唐书》记载,孙安祖是因为贫穷不能应征,自己向漳南县令陈说,被县令辱笞而投奔窦建德的,与《新唐书》所记不同。孙安祖后被另一武装首领张金称所杀,其部下数千人归窦建德。唐武德四年(621),窦建德兵败,秦王李世民执窦建德至京师长安,斩之。

温李　三十六体

《新唐书》卷九一《温彦博传》:

彦博裔孙庭筠,少敏悟,工为辞章,与李商隐皆有名,号“温李”。

《新唐书》卷二百三《文艺下·李商隐传》：

商隐初为文瑰迈奇古，及在令狐楚府，楚本工章奏，因授其学。商隐俪偶长短，而繁缛过之。时温庭筠、段成式俱用是相夸，号“三十六体”。

《旧唐书》卷一百九十(下)《文苑下·李商隐传》：

商隐能为古文，不喜偶对。从事令狐楚幕，楚能章奏，遂以其道授商隐，自是始为今体章奏。博学强记，下笔不能自休，尤善为诔奠之辞。与太原温庭筠、南郡段成式齐名，时号“三十六”。文思清丽，庭筠过之。

温彦博(575—637)，字大临，并州祁(今山西祁县)人。隋开皇末，对策高第，授文林郎，直内史省。入唐，官至宰相。温庭筠(812？—870？)，字飞卿，温彦博孙。

李商隐(813？—858)，字义山，怀州河内(今河南沁阳)人；段成式(？—863)，字柯古，临淄邹平(今山东邹平)人，著《酉阳杂俎》。晚唐时期，温庭筠与李商隐、段成式以擅长骈文著名，三人均排行十六，时号所著骈文为“三十六体”。岑仲勉《唐人行第录》“又段十六成式”：“字柯古，旧一六七、新八九有传。旧李商隐传：‘与太原温庭筠、南郡段成式齐名，时号三十六’，谓三人俱行十六也。新商隐传改为‘号三十六体。’遂滋误会，拙著玉溪生年谱会笺平质(丁)项下已辨之。”[①]晚唐骈文是唐代骈文创作的又一次高峰，影响到宋初的“太学体”以及“西昆体”，直到欧阳修领导的宋代诗文革新运动才渐渐走下坡路。

时人“温李”并称，是因为温、李二人诗歌方面的共同特点。《旧唐书·温庭筠传》：“大中初，应进士。苦心砚席，尤长于诗赋。初至京师，人士翕然推重。然士行尘杂，不修边幅，能逐弦吹之音，为侧艳之词。”《全唐诗》卷五百七十五《温庭筠传》：

① 岑仲勉：《唐人行第录》，中华书局，1962年版，第78页。

本名岐，字飞卿，太原人。宰相彦博裔孙。少敏悟，才思艳丽，韵格清拔。工为词章小赋，与李商隐皆有名，称“温李”。

《唐才子传》载：

庭筠，字飞卿，旧名岐，并州人，宰相彦博之孙也。少敏悟天才，能走笔成万言。善鼓琴吹笛，云：“有弦即弹，有孔即吹，何必爨桐与柯亭也。”侧词绝曲，与李商隐齐名，时号“温李”。才情绮丽，尤工律赋。

《全唐诗》存温庭筠诗共九卷，内有不少乐府体诗，仿照李贺诗而来，如《晓仙谣》：

玉妃唤月归海宫，月色澹白涵春空。银河欲转星靥靥，碧浪叠山埋早红。宫花有露如新泪，小苑丛丛入寒翠。绮阁空传唱漏声，网轩未辨凌云字。遥遥珠帐连湘烟，鹤扇如霜金骨仙。碧箫曲尽彩霞动，下视九州皆悄然。秦王女骑红尾凤，半空回首晨鸡弄。雾盖狂尘亿兆家，世人犹作牵情梦。

温庭筠诗学李贺诗的痕迹非常明显，他的这些诗与李贺、李商隐的诗歌都是典型的中晚唐“侧艳”诗。所谓“才思艳丽”“侧词绝曲”，大概有两个方面的含义，一是有男女之情的内容，一是频繁运用有色彩感的词汇。

温庭筠因为相貌奇丑，又有“温钟馗”之称；因为才思敏捷，押官韵作赋，往往八叉手而八韵成，故又被时人称为“温八叉”或“温八吟”。唐代科举试赋，要求八韵，所用韵为官定。温庭筠善于此道，并常代别人考试。

三少

《新唐书》卷九一《李嗣真传》：

贺兰敏之修撰东台，表嗣真直弘文馆，与学士刘献臣、徐昭皆少有名，号“三少”。

《旧唐书》卷一百九十一《方伎·李嗣真传》：

> 时左侍极贺兰敏之受诏于东台修撰，奏嗣真弘文馆参预其事。嗣真与同时学士刘献臣、徐昭俱称少俊，馆中号为“三少”。

李嗣真（？—696），字承胄，赵州柏人（今河北隆尧）人。他明经及第，累调许州司功参军。高宗调露初（679），李嗣真为始平令。武后永昌（689）中，他拜右御史大夫、知大夫事。后因他反对酷吏来俊臣，出为潞州刺史。被诬，流藤州，征还途中卒。

刘献臣、徐昭两《唐书》均无传。清代徐松《登科记考》卷二“麟德三年（664）”“幽素科十二人”中有徐昭，当是此人。

“三少”之名，源于《晋书》卷八十《王羲之传》：

> 及长，辩赡，以骨鲠称，尤善隶书，为古今之冠，论者称其笔势，以为飘若浮云，矫若惊龙。深为从伯敦、导所器重。时陈留阮裕有重名，为敦主簿。敦尝谓羲之曰：“汝是吾家佳子弟，当不减阮主簿。”裕亦目羲之与王承、王悦为王氏三少。

王羲之、王承、王悦因为书法而称为“三少”。李嗣真、刘献臣、徐昭三人既任职弘文馆，当以文章而被时人称为“三少”。《新唐书·李嗣真传》：“撰《明堂新礼》十卷，《孝经指要》《诗品》《书品》《画品》各一卷。”

《新唐书》卷四十七《百官二·弘文馆》：“学士，掌详正图籍，教授生徒；朝廷制度沿革、礼仪轻重，皆参议焉。”《新唐书》卷二百六《外戚·武士彟传》：“后取贺兰敏之为士彟后，赐氏武，袭封，擢累左侍极、兰台太史令，与名儒李嗣真等参与刊撰。”《新唐书》李嗣真与温大雅、皇甫无逸、李袭志、姜謩、崔善同传，为文学人物；《旧唐书》李嗣真传见卷一百九十一“方技”，说李嗣真能“自筮死日”，则为道流人物。

忽律贼

《新唐书》卷九二《张士贵传》：

隋大业末，起为盗，攻剽城邑，当时患之，号“忽㣲贼”。

《旧唐书》卷八十三《张士贵传》：

大业末，聚众为盗，攻剽城邑，远近患之，号为“忽㣲贼”。

张士贵(586—657)，虢州卢氏(今河南卢氏)人。隋末，聚众起事，后归顺李渊。张士贵膂力过人，善骑射，作战时往往冒矢石先登，屡立战功。官至右光禄大夫、右屯卫大将军、左领军大将军等，死后陪葬昭陵。

张士贵本名忽㣲。《水浒传》第十一回：“小人是王头领手下耳目，姓朱，名贵，原是沂州沂水县人氏，江湖上但叫小弟做旱地忽律。”既说“旱地忽律”，指的当然是水中的动物。又第二十三回：“那两个人手里各拿着一条五股叉，见了武松，吃一惊道：‘你那人吃了忽律心、豹子肝、狮子腿，胆倒包着身躯，如何敢独自一个，昏黑将夜，又没器械，走过冈子来！不知你是人是鬼？’”与豹子、狮子并列，指的当然是吃人的动物。商务印书馆出版《现代汉语词典》解释“忽律”即鳄鱼。人称张士贵“忽㣲贼”，一方面是因为他名忽㣲，另一方面则是因为他骁勇善战，令人望而生畏。

鸟贼

《新唐书》卷九三《李靖传》附《李客师传》：

善骑射，喜驰猎，虽老犹未衰。自京南属山，西际沣水，鸟鹊皆识之，每出，从之翔噪，人谓之“鸟贼”。

《旧唐书》卷六十七《李靖传》附《李客师传》：

有别业在昆明池南，自京城之外，西际沣水，鸟兽皆识之，每出则鸟鹊随逐而噪，野人谓之“鸟贼”。

李靖(571—649)，字药师，京兆三原(今陕西三原)人。李靖由隋入唐，是唐初大将，在与王世充以及后来与突厥人的战斗中屡建大功。唐太宗曾经说:“李陵以步卒五千绝漠,然卒降匈奴,其功尚得书竹帛。靖以骑三千,蹀血虏庭,遂取定襄,古未有辈,足澡吾渭水之耻矣!”太宗所说的“渭水之耻”指的是唐高祖武德九年八月,突厥南侵至渭水便桥,唐朝被迫接受城下之盟的事。《新唐书》卷二《太宗本纪》:“癸未,突厥寇便桥。乙酉,及突厥颉利盟于便桥。”《三辅决录》曰:“长安城西门曰便门,桥北与门对,因号便桥。”同卷贞观四年“三月甲午,李靖俘突厥颉利可汗以献”。

如同汉初有许多功臣在长安终南山脚下建立庄园一样,唐初的许多功臣在那也有自己的庄园,其地山水映带,风景优美。李客师是李靖的弟弟,李家在长安南面有他们的庄园即“别业”。李客师爱鸟成癖,不仅驯服这些鸟,还把它们都做了记号;外出的时候鸟兽随之而行,李客师自己置身噪声的交响乐中,并认为是人生一大快事。

小杜公

《新唐书》卷九六《杜审权传》:

> 与杜悰俱位将相,悰先进,故世谓审权为“小杜公”。

杜审权(生卒年不详),字殷衡,京兆(今陕西西安)人,杜如晦六世孙。进士第,中拔萃科,为右拾遗。宣宗时,入为翰林学士,累迁兵部侍郎、学士承旨。懿宗时,进同中书门下平章事。杜审权处宰衡之重,为人长厚,且居官谨慎,从不泄露禁近语,俨然君子风度。

杜悰(794—873),字永裕,京兆(今陕西西安)人。《新唐书》卷一百六十六杜悰本传载:“帝以悰有大臣体,乃诏罢所进伎,有意役悰为相矣。逾年,召拜检校尚书右仆射、同中书门下平章事。”杜悰为相在前,杜审权为相在后,所以人称杜审权为“小杜公”。

河东三凤

《新唐书》卷九八《薛元敬传》:

> 元敬,隋选部郎迈之子,与薛收及收族兄德音齐名,世称“河东三

凤”。收为长离，德音为鹙鹭，元敬年最少，为鹓雏。

《旧唐书》卷七十三《薛元敬传》：

元敬，隋选部侍郎迈之子也。有文学，少与收及收族兄德音齐名，时人谓之“三凤”。收为长离，德音为鹙鹭，元敬以年最小年最少为鹓雏。

薛元敬（生卒年不详），蒲州汾阴（今山西万荣）人。父薛迈，隋选部郎。唐武德中，为秘书郎、天策府参军、直记室、文学馆学士。秦王为皇太子，元敬为舍人，掌文翰。

薛收（592—624），字伯褒。薛道衡之子。受知于秦王李世民，授王府主簿、天策府记室参军。从秦王平刘黑闼有功，封汾阴县男，死后陪葬昭陵。薛德音，生卒年、字号均不详。《隋书》卷五十七《薛道衡传》：“道衡兄子迈，官至选部郎，从父弟道实，官至礼部侍郎、离石太守，并知名于世。从子德音，有隽才，起家为游骑尉。”薛元敬、薛收与薛德音三人为从兄弟。

薛氏为河东著族、文学世家。薛道衡（540—609），字玄卿。《隋书》本转载道衡“每至构文，必隐坐空斋，蹋壁而卧，闻户外有人便怒，其沉思如此”，“有集七十卷，行于世”。“河东三凤”并以文学见长。薛收为秦王文学馆“十八学士”之一。《全唐文》卷一三三收文三篇。《隋书》卷五十七载：薛德音“佐魏澹修《魏史》，史成，迁著作佐郎。及越王侗称制东都，王世充之僭号也，军书羽檄，皆出其手”。逯钦立《先秦汉魏晋南北朝诗》载其《悼亡诗》一首：“凤楼箫曲断，桂帐瑟弦空。画梁才照日，银烛已随风。苔生履迹处，花没镜尘中。唯余长簟月，永夜向朦胧。”触景生情，沉重缠绵，不失为一首好诗。

以龙、凤赞誉后进是古人常用的手法。《晋书》卷五十四《陆云传》：“幼时吴尚书广陵闵鸿见而奇之，曰：‘此儿若非龙驹，当是凤雏。’”[①]长离、鹙鹭、鹓雏都是凤凰的别称。《汉书·司马相如传下》：“左玄冥而右黔雷兮，前长离而后矞皇。”颜师古注曰：“长离，灵鸟也。”《国语·周语》：“周之兴也，鹙鹭鸣于岐山。”《庄子·秋水》：“夫鹓雏，发于南海，而飞于北海，非梧桐不上，非

① ［唐］房玄龄：《晋书》，中华书局，1974年版，第1481页。

练实不食，非醴泉不饮。”

解事仆射

《新唐书》卷九九《戴至德传》：

> 迁尚书右仆射。时刘仁轨为左，人有所诉，率优容之；至德乃诘究本末，理直者密为奏，终不显私恩。由是，当时多称仁轨者，号仁轨为“解事仆射”。

戴至德（？—679），相州安阳（今河南安阳）人。高宗乾封（666—668）中，累迁西台侍郎、同东西台三品，寻转户部尚书。迁尚书右仆射，时刘仁轨为左仆射。《通鉴》卷二百二《高宗》上元八月“戊戌，以戴至德为右仆射，庚子，以刘仁轨为左仆射，并同中书门下三品如故”。刘仁轨（601—685），字正则，汴州尉氏（今河南尉氏）人。刘仁轨在对东北高丽及西北吐蕃征伐中屡有建树，以疆埸之功而登相位。

唐代安史之乱前，左、右相共事融洽且卓有成效者，有太宗时的杜如晦与房玄龄、高宗前期的长孙无忌与褚遂良、玄宗时的姚崇与宋璟。戴至德与刘仁轨是高宗中期时的左、右相，两人彼此包容，工作作风虽迥异却能互补，刘仁轨凡事优容，戴至德则是非分明。《新唐书》卷九十九《戴至德传》对二人不同工作作风是这样说的：“时刘仁轨为左，人有所诉，率优容之；至德乃诘究本末，理直者密为奏，终不显私恩。”《旧唐书》也有同样的记载：“时刘仁轨为左仆射，每遇申诉怨滞者，辄美言许之，而至德先据理难诘，未尝与夺，若有理者，密为奏之，终不显己之断绝，由是时誉归于仁轨。”大致刘仁轨因为行伍出身，本不善文法，故凡事不作细求，这反而成就了自己的时誉。《通鉴》卷二百二：

> 刘仁轨、戴至德更日受牒诉，仁轨常以美言许之，至德必据理难诘，未尝与夺，实有冤结者，密为奏辨。由是时誉皆归仁轨。或问其故，至德曰：“威福者人主之柄，人臣安得盗取之！”上闻，深重之。有老妪欲诣仁轨陈牒，误诣至德，至德览之未终，妪曰：“本谓是解事仆射，乃不解事仆射邪！归我牒！”至德笑而授之。时人称其长者。

《通鉴》所记老妪事，见于《新唐书》戴至德本传，但不见于《旧唐书》。天下人皆知刘仁轨为“解事仆射”，然不解事；人皆以为戴至德不解事，然解事。戴至德细心办案，也不图回报，无意中成就了刘仁轨“解事仆射”的美名。了解戴至德的人称他为“长者”，原因就在这。

陈留八俊

《新唐书》卷一百二《格辅元传》：

> 辅元者，汴州浚仪人。父处仁，仕隋为剡丞，与同郡王孝逸，繁师元，靖郡亮，郑祖咸，郑师善，李行简，卢协皆有名，号“陈留八俊”。

《旧唐书》卷七十《格辅元传》：

> 格辅元者，汴州浚仪人也。伯父德仁，隋剡县丞，与同郡人齐王文学王孝逸、文林郎繁师玄、罗川郡户曹靖君亮、司隶从事郑祖咸、宣城县长郑师善、王世充中书舍人李行简、处士卢协等八人，以辞学擅名，当时号为“陈留八俊”。

格辅元（？—691），汴州浚仪（今河南开封）人。他擢明经及第，累迁殿中侍御史，历御史中丞、同凤阁鸾台平章事。《新唐书·宰相世系表（上）》：天授二年六月庚戌，“左肃政台御史大夫格辅元为地官尚书，并同凤阁鸾台平章事”。他后因反对武承嗣，被杀。

汉置陈留郡，隋废郡置汴州，唐复为陈留郡，继又改为汴州，所以说格辅元为汴州人，其父为陈留人，同地异名而已。《新唐书》说格辅元父亲处仁为“八俊”之一，而《旧唐书》说是其伯父格德仁而非其父格处仁，其中必有一误。《新唐书》避宋始祖玄朗讳，改玄为元。“八俊”不见《隋书》列传。

十八学士　登瀛洲

《新唐书》卷一百二《褚亮传》：

初，武德四年，太宗为天策上将军，寇乱稍平，乃向儒，宫城西作文学馆，收聘贤才，于是下教，以大行台司勋郎中杜如晦，记室考功郎中房玄龄及于志宁，军谘祭酒苏世长，天策府记室薛收，文学褚亮、姚思廉、太学博士陆德明、孔颖达，主簿李玄道，天策仓曹参军事李守素，王府记室参军事虞世南，参军事蔡允恭、颜相时，著作郎摄记室许敬宗、薛元敬，太学助教盖文达，军谘典签苏勖，并以本官为学士。七年，收卒，复召东虞州录事参军刘孝孙补之。凡分三番递宿于阁下，悉给珍膳。每暇日，访以政事，讨论坟籍，榷略前载，无常礼之间。命阎立本图象，使亮为之赞，题名字爵里，号“十八学士”，藏之书府，以章礼贤之重。方是时，在选中者，天下所慕向，谓之“登瀛洲”。

《旧唐书》卷七十二《褚亮传》：

始太宗既平寇乱，留意儒学，乃于宫城西起文学馆，以待四方文士。于是，以属大行台司勋郎中杜如晦，记室考功郎中房玄龄及于志宁，军谘祭酒苏世长，天策府记室薛收，文学褚亮、姚思廉，太学博士陆德明、孔颖达，主簿李玄道，天策仓曹李守素，记室参军虞世南，参军事蔡允恭、颜相时，著作佐郎摄记室许敬宗、薛元敬，太学助教盖文达，军谘典签苏勖，并以本官兼文学馆学士。及薛收卒，复征东虞州录事参军刘孝孙入馆。寻遣图其状貌，题其名字、爵里，乃命亮为之像赞，号《十八学士写真图》，藏之书府，以彰礼贤之重也。诸学士并给珍膳，分为三番，更直宿于阁下，每军国务静，参谒归休，即便引见，讨论坟籍，商略前载。预入馆者，时所倾慕，谓之“登瀛洲”。颜相时兄师古、苏勖兄子干。

唐太宗还是秦王时便置文学馆，其目的是收罗人才，以取得政治优势。“十八学士”实乃秦王为实现自己政治目的而招揽之人才集团，其中人物几乎包括了当时最为需要的专业人才。事实证明，这些人为后来李世民夺得皇位以及取得贞观之治都做出了贡献。

房玄龄(579—648)，名乔，以字行，齐州临淄(今山东淄博)人。杜如晦(585—630)，字克明，京兆杜陵(今陕西西安)人。薛收、薛元敬已见“河东三凤”条。陆德明(约550—630年)，名元朗，以字行，苏州吴(今江苏苏州)人。

孔颖达(574—648),字冲远(一作仲达、冲澹),冀州衡水(今河北衡水)人。于志宁(588—665),字仲谧,京兆高陵(今陕西高陵)人。《新唐书》本传:"高祖将入关,率群从于长春宫迎接,高祖以其有名于时,甚加礼遇,授青银光禄大夫。太宗为渭北道行军元帅,召补记室,与殷开山等参赞军谋。及太宗为秦王、天策上将,志宁累授天策府从事中郎,每侍从征伐,兼文学馆学士。"可见志宁与李氏父子交情深厚。《旧唐书》于志宁本传长篇累牍载了于的五篇奏疏,匡谏李世民父子,由此也可以知道志宁对李家王朝之忠心耿耿。

褚亮(555—647),字希明,杭州钱塘(今浙江杭州)人。高宗时名相褚遂良之父。《新唐书》本传载:"(秦)王每征伐,亮在军中,尝预密谋,有裨辅之益。"《旧唐书》卷七十二本传:"太宗每有征伐,亮常侍从,军中宴筵,必预欢赏,从容讽议,多所裨益。"虞世南(558—638),字伯施,越州余姚(今浙江慈溪)人。仕隋为秘书郎,编《北堂书钞》。作为文学侍臣,太宗称虞世南有"五绝":德行、忠直、博学、文词、书翰。虞世南居官能直言匡谏,体现臣子之拳拳之心。死后,太宗对儿子李泰说:"世南与我犹一体,拾遗补缺,无日忘之,盖当代名臣,人伦准的。"

姚思廉(557—637),字简之,吴兴武康(今浙江德清)人。南朝陈史学家姚察之子,入唐后卒成其父撰写梁、陈两代历史之业,成《梁书》《陈书》。《新唐书》卷一百二本传:"以藩邸恩,凡政事得失,许密以闻,思廉亦展尽无所讳。"《旧唐书》卷七十三本传所记与《新唐书》大同小异,也是兼有文学侍臣与谋士身份的人。李守素(生卒年不详),赵州(今河北赵县)人;李玄道(?—629?),郡王陇西(今甘肃秦安),世居郑州。两人都是李世民平王世充而得的文学侍从,生卒年字号不详,玄道为陇西人,守素为赵州人。大概他们都是擅长文书之人,尤其是李守素谙于族氏谱牒。

在"十八学士"之中,盖文达是儒生。新旧《唐书》所记载大同小异。《新唐书》卷一百九十八本传:"盖文达,冀州信都人。博涉前载,尤明《春秋》三家。……宗人文懿,亦以儒学称,当时号'二盖'。高祖于秘书省置学以教王公子,文懿为国子助教。"蔡允恭(561?—628?),字克让,荆州江陵(今湖北江陵)人。传见《新唐书》卷二百一《文艺》,《旧唐书》卷一百九十《文苑》,所载没大不同。《新唐书》:"美姿容,工为诗。"在隋为炀帝文学侍臣。颜相时(?—645),字睿,琅玡临沂(今山东临沂)人。颜师古弟,传见

《新唐书》卷 一百九十八《儒学》,不见于《旧唐书》。《新唐书》颜师古本传:“师古弟相时,字睿,亦以学闻。”

许敬宗(592—672),字延族,杭州新城(今浙江杭州)人。传见《旧唐书》卷八十二,《新唐书》入“奸臣”,见卷二百二十三。许敬宗当奸臣是在高宗时候的事,在太宗时期,是文臣,太宗正是闻其文名才招为学士的。本传载许氏以为修《武德实录》《贞观实录》而封爵高阳县男,并总成《五代史》《晋书》《东殿新书》《西域图志》《文思博要》《文馆词林》《累璧》《瑶山玉彩》《姓氏录》《新礼》等著作。苏勖(生卒年不详),字慎行,雍州武功(今陕西武功)人。《新唐书》卷一二五《苏瓌传》:“武德中,为秦王谘议、典签、文学馆学士,尚南康公主,拜驸马都尉。”

“瀛洲”与“昆仑”分别是中国古代东、西方两个神话的生发中心,也是传说中神仙住居的地方。“瀛洲”之名首见于《列子·汤问》:“其上台观皆金玉,其上禽兽皆纯缟。珠玕之树皆丛生,华实皆有滋味;食之皆不老不死。所居之人皆仙圣之种;一日一夕飞相往来者,不可数焉。”可知“登瀛洲”本意是成仙的意思,这里用来说明成为秦王文学馆学士,从此地位大大提高,各方面都高人一等了。唐代诗僧齐己《送刘秀才往东洛》:“羡子去东周,行行非旅游。烟霄有兄弟,事业尽曹刘。洛水清奔夏,嵩云白入秋。来年遂鹏化,一举上瀛洲。”诗歌是预言刘秀才到洛阳会得到亲友提携而腾达,从此获得殊荣。

肉谱

《新唐书》卷一百二《李守素传》:

李守素者,赵州人。王世充平,召署天策府仓曹参军,通氏姓学,世号“肉谱”。

《旧唐书》卷七十二《李守素传》:

守素尤工谱学,自晋宋已降,四海士流及诸勋贵,华戎阀阅,莫不详究,当时号为“行谱”。

李守素（生卒年不详），赵州（今河北赵县）人。李守素谙于族氏谱牒。《旧唐书》李守素本传：

守素尤工谱学，自晋宋已降，四海士流及诸勋贵，华戎阀阅，莫不详究，当时号为"行谱"。尝与虞世南共谈人物，言江左、山东，世南犹相酬对；及言北地诸侯，次第如流，显其世业，皆有援证，世南但抚掌而笑，不复能答，叹曰："行谱定可谓。"

唐代人有很强的门阀意识，与门阀意识联系在一起的是谱系的重要性，魏晋南北朝及至唐代都出现过许多通晓氏族谱系之人。唐代前期就曾经三次官修姓氏书①。《旧唐书》卷一百八十九《柳冲传》中记载其时唐代编写谱牒的经过：

初，贞观中太宗命学者撰《氏族志》百卷，以甄别士庶；至是向百年，而诸姓至有兴替，冲乃上表请改修氏族。中宗命冲与左仆射魏元忠及史官张锡、徐坚、刘宪等八人，依据《氏族志》，重加修撰。元忠等施功未半，相继而卒，乃迁为外职。至先天初，冲始与侍中魏知古、中书侍郎陆象先及徐坚、刘子玄、吴兢等撰成《姓族系录》二百卷奏上。冲后历太子詹事、太子宾客、宋王傅、昭文馆学士，以老疾致仕。开元二年，又敕冲及著作佐郎薛南金刊定《系录》，奏上，赐绢百匹。

谱系在唐代如此重要，深谙谱系的李守素自然是这方面的专门人才了。"行谱"，意思与"肉谱"同，就是"活家谱"的意思。

二盖

《新唐书》卷一九八《儒学·盖文达传》：

宗人文懿，亦以儒学称，当时号"二盖"。

---

① 参看唐长孺《魏晋南北朝隋唐史三论》第三篇第二节"唐代官私姓氏书的修纂"，中华书局，2011年版。

《旧唐书》卷一八九《儒学·盖文达传》：

其宗人文懿，亦以儒业知名，当时称为“二盖”焉。

盖文达（578—644），冀州信都（今河北冀县）人；盖文懿（生卒年不详），文达宗人。

盖文达明习《春秋》三传，武德中，授国子助教，为秦王文学馆直学士。贞观初，擢谏议大夫，兼弘文馆学士。盖文懿历国子助教、国子博士。二人并以儒学称著当时，号“二盖”。

凤鸣朝阳

《新唐书》卷一百五《韩瑗传》：

自瑗与遂良相继死，内外以言为讳将二十年。帝造奉天宫，御史李善感始上疏极言，时人喜之，谓为“凤鸣朝阳”。

韩瑗（605—658），字伯玉，京兆三原（今陕西三原）人。他为人负节行，博学。永徽三年（652），迁黄门侍郎，进侍中，兼太子宾客。韩瑗居官敢于直谏，得罪武后亲信许敬宗、李义府等人，告以与褚遂良共同谋反罪，死于振州贬所。自此而后，朝中无敢直谏之士。褚遂良、长孙无忌本为太宗时重臣，敢于匡谏。高宗时，政治环境改变，韩瑗、褚遂良及长孙无忌等人受到高宗、武后及其亲信许敬宗、李义府等人打压与谗害，褚遂良贬爱州刺史，长孙无忌自缢而亡，韩瑗死于被武后追杀之前，算是不幸中的万幸了。此后唐代政治进入高宗、武后时代。

《旧唐书》卷五《高宗本纪》：永淳元年（682）“秋七月乙亥，造奉天宫于嵩山之阳，仍置嵩阳县”。李善感“上疏极言”即在此时，已是。李善感两《唐书》无传。“凤鸣朝阳”或“朝阳凤鸣”出自《诗经·大雅·卷阿》：“凤皇鸣矣，于彼高冈；梧桐生矣，于彼朝阳。”后用来指称能以文章自鸣的佼佼者，尤其是年轻人。《晋书》卷九十二《文苑·褚陶传》：

张华见之,谓陆机曰:"君兄弟龙跃云津,顾彦先凤鸣朝阳,谓东南之宝已尽,不意复见褚生。"

"龙跃云津""凤鸣朝阳"互文成义,意为文坛杰出者。刘义庆《世说新语·赏誉》:"张华见褚陶,语陆平原曰:'君兄弟龙跃云津,顾彦先凤鸣朝阳。'"

上官体

《新唐书》卷一百五《上官仪传》:

仪工诗,其词绮错婉媚。及贵显,人多效之,谓为"上官体"。

《旧唐书》卷八十《上官仪传》:

本以词彩自达,工于五言诗,好以绮错婉媚为本。仪既贵显,故当时多有效其体者,时人谓为"上官体"。

上官仪(607?—664),字游韶,陕州陕县(今河南陕县)人。贞观初,上官仪举进士,授弘文馆直学士。上官仪是太宗、高宗时期的宫廷诗人,文学侍从的身份影响了他的诗作内容,多为应制诗与咏物诗,如《安德山池宴集》《八咏应制二首》《咏画障》等。诗中多妇女艳丽态度之描写,如"翠钗低舞席,文杏散歌尘"(《安德山池宴集》)、"罗荐已擘鸳鸯被,绮衣复有葡萄带。残红艳粉映帘中,戏蝶流莺聚窗外"(《八咏应制二首》)等,如此诗风,恐怕就是后人所说的"绮错婉媚"的根据。上官体诗"绮错婉媚"还表现在讲究声韵与对仗,既是其本人刻意努力同时也是受南朝诗影响的结果,如"晓树流莺满,春堤芳草积"(《早春桂林殿应诏》)、"密树风烟积,迴塘荷芰新"(《安德山池宴集》)等。这些诗句很优美,有画面感,与盛唐诗人写景诗句已经没什么两样了。换言之,上官仪的诗对盛唐诗的到来是有贡献的。他的代表作是《入朝洛堤步月》:"脉脉广川流,驱马历长洲。鹊飞山月曙,蝉噪野风秋。”[1]诗写的是真情实感，诗虽很短却具意境，风格上与一般的六朝诗不同，具有唐诗风味了。闻一多先生在《类书与诗》一文中说：

上官仪伏诛，算是强制的把“江左余风”收束了，同时新时代的先驱，四杰及杜审言，刚刚走进创作的年华，沈宋与陈子昂也先后诞生了，唐代文学这才扯开六朝的罩纱，露出自家的面目。所以我们要谈的这五十年，说是唐的头，倒不如说是六朝的尾。[2]

就是说，上官仪是诗坛上的过渡性人物，上联系到六朝，下联系到唐初。上面所列举的诗作也证明了这一点。上官仪地位显贵，所以周围人效法他写诗。另一方面，上官体的诗“绮错婉媚”，对宫廷文人来说，此类“绮错婉媚”诗风是很符合他们身份的。

孝义刘家

《新唐书》卷一百六《刘易从传》：

永昌中，为酷吏周兴诬构，坐死。将刑，百姓奔走，争解衣投地，曰：“为长史祈福。”有司平直，乃十余万。当时号“孝义刘家”。及从易以非祸死，天下冤之。

刘德威（581—652），徐州彭城（今江苏徐州）人。隋末大乱时，刘德威从李密，后李密归唐，刘德威也随之归唐。他从高祖擒窦建德、平王世充有大功。贞观时，刘德威出为绵州刺史，居官以廉平著称，治下百姓为之立碑歌颂。有一次，太宗问他：“近来刑法有些严酷，错在谁呢？”刘德威回答说：“错在你主上啊！你要是宽，下面就宽，你要是严，下面就严。根据以前法律：误判有罪，只减去三等罪；误判无罪，可以减去五等罪。现在正好相反，误判人有罪自己没有罪，误判人无罪自己反获大罪。于是官吏们宁愿深文周纳判有罪，不敢判无罪，原因就是怕获罪啊。希望陛下废除这些苛刻的法律条

① 本编中所引唐代诗歌均依据《全唐诗》，中华书局本，1960年版。
② 闻一多：《唐诗杂论》，江苏文艺出版社，2007年版，第1页。

文。"太宗认为刘德威说得很有道理。

刘德威的儿子刘审礼是个孝友之人,《新唐书》本传:"抚继母男延景,友爱甚笃,所得禄俸,皆送母处,以资延景之费;而审礼妻子处饥寒,晏然未尝介意。再从同居,家无异爨,合门二百余口,人无间言。"后来刘审礼讨吐蕃,军败,死于蕃中,刘审礼的儿子刘易从徒跣万里,扶柩回老家彭城。刘易从居官体恤百姓,遭构诬,临刑时百姓十多万人都解衣典值为他祈福。《新唐书》刘德威本传对他盖棺定论说:"德威于闺门友睦,为人宽平,生平所得俸禄,以分宗亲,无留藏。"时人称他们家为"孝义刘家",这与刘德威本人平时厚德风范是分不开的。

裴马

《新唐书》卷一百八《裴行俭传》:

迁礼部侍郎,与李敬玄、马载同典选,有能名,时号"裴马"。

《旧唐书》卷八十四《裴行俭传》:

咸亨初,官名复旧,改为吏部侍郎,与李敬玄为贰,同时典选十余年,甚有能名,时人称为"裴李"。

裴行俭(619—682),字守约,绛州闻喜(今山西闻喜)人。他屡次平定吐蕃及突厥人的叛乱,且多以智取而非强攻,以功封闻喜县公。裴行俭善于草书,高宗曾经命令他用素绢抄写《文选》一部,他自已说:"褚遂良非好笔好墨不书,只有我和虞世南虽没有好笔墨也写得很好。"著有《选谱》《草字杂体》。裴行俭在典选时期锐意改革选举制度。《新唐书》本传:"行俭始设长名榜、铨注等法,又定州县升降、资拟高下为故事。"《旧唐书》本传:"行俭始设长名姓历榜,引铨注等法,又定州县升降、官资高下,以为故事。"《新唐书·选举志(下)》:

已试而铨,察其身、言;已铨而注,询其便利而拟;已注而唱,不厌者得反通其辞,三唱而不厌,听冬集。厌者为甲,上于仆射,乃上门下省,给事中读之，黄门侍郎省之，侍中审之，然后以闻。

初，铨法简而任重。高宗总章二年，司列少常伯裴行俭始设长名榜，引铨注法，复定州县升降为八等，其三京、五府、都护、都督府，悉有差次，量官资授之。其后李敬玄为少常伯，委事于员外郎张仁祎，仁祎又造姓历，改状样、铨历等程式，而铨总之法密矣。

清王鸣盛《十七史商榷》卷八十七《新旧唐书十九》："所谓'长名榜'，言豫为长榜，具列其名，每遇全选，据此为定也。放言去之，不得留也。"可知"长名榜榜""铨注"乃选用官员手段：把合格的人姓名写在长单上，把不合格的人留到"冬集"也就是下次再全选；名单上合格的人如何选用就是"铨注"环节的事了。

李敬玄（615—682），亳州谯（今安徽亳州）人。传见《新唐书》卷一百六、《旧唐书》卷八十一。《新唐书》李敬玄本传："时员外郎张仁祎有敏才，敬玄委以曹事，仁祎为造姓历、状式、铨簿，钳键周密，病心太劳死。敬玄因其法，衡综有序。自永徽后，选员浸多，惟敬玄居职有能称。"李敬玄管理人事档案很在行，而人事档案是铨选的根据。

马载两《唐书》无传。裴行俭、李敬去、马载三人长期任选职，颇有能称，故时人号曰"裴马"或"裴李"。

三戟崔家

《新唐书》卷一百九《崔琳传》：

其群从数十人，自兴宁里谒大明宫，冠盖驺哄相望。每岁时宴于家，以一榻置笏，犹重积其上。琳与弟太子詹事珪、光禄卿瑶俱列棨戟，时号"三戟崔家"。

《旧唐书》卷七十七《崔琳传》：

东都私第门，琳与弟太子詹事珪、光禄卿瑶俱列棨戟，时号"三戟崔家"。琳位终太子少保。

崔琳(？—743)，贝州武城(今山东武城)人，御史大夫崔义玄之孙。崔义玄由隋入唐，以勋拜御史大夫，因协赞高宗立武后并依武后旨治长孙无忌罪，得以死后其家实封二百户，这也是崔家发迹的一个重要契机。崔义玄之子崔神庆，治理武后老家并州颇有政绩，赐爵魏县子。崔琳、崔珪、崔瑶为崔神庆子，崔琳位终太子少保，崔珪为太子詹事，崔瑶为光禄卿。宋王楙《野客丛书》卷二十七“唐阶官之制”条：“光禄大夫许门设棨戟。”[①]崔家三兄弟门口当然可以立戟了。

《北史》卷七十七《柳彧传》：“隋文帝受禅，历尚书虞部、屯田二侍郎。时制三品以上，门皆列戟。”《北史》卷三十六《薛道衡传》：“后帝谓杨素、牛弘曰：‘道衡老矣，驱使勤劳，宜使朱门陈戟。’于是进上开府，赐物百段。”《新唐书》卷一百五十九《卢坦传》：“旧制，官阶、勋三品始听立戟，后虽转四品官，非贬削者戟不夺。”《宋史》卷一五〇《舆服志》：

门戟。木为之而无刃，门设架而列之，谓之棨戟。天子宫殿门左右各十二，应天数也。宗庙门亦如之。国学、文宣王庙、武成王庙亦赐焉，惟武成王庙左右各八。臣下则诸州公门设焉，私门则府第恩赐者许之。

《文献》第十六辑载薛英群先生《汉简史籍参证举例》一文[②]，认为棨首先是一种宫门出入信物，“不仅显示着持棨者的地位与权力，而且也是一种荣耀，于是棨逐渐具有仪仗性质也是很自然的”，并引颜师古注说：“棨，有衣之戟也，其衣以赤黑缯为之。”又引《汉书·韩延寿传》曰：“延寿衣黄纨方领，驾四马傅总，建幢棨，植羽葆，鼓车、歌车，功曹引车，皆驾四马，载棨戟。”由棨而为棨戟，是两样东西变成了一件东西。唐代的棨戟显然只是象征身份的一种具有仪仗性质的物件了。文章又说：“棨，既成为一种仪仗，一种荣耀标志，当然可以成为皇帝的恩赐之物。”崔家门口所立就是这种象征身份的东西，所以时人荣之。

---

① [宋]王楙：《野客丛书》，中华书局，1987年版，第311页。

② 文见《文献》第十六辑，书目文献出版社，1983年版，第71页。

国爹

《新唐书》卷一百九《窦怀贞传》：

会岁除，中宗夜宴近臣，谓曰："闻卿丧妻，今欲继室可乎？"怀贞唯唯。俄而禁中宝扇鄣卫，有衣翟衣出者，已乃韦后乳媪王，所谓莒国夫人者，故蛮婢也。怀贞纳之不辞。又避后先讳，而以字称。世谓媪壻为阿爹，怀贞每谒见奏请，辄自署"皇后阿爹"，而人或谓为"国爹"，轩然不惭，以自媚于后。

《旧唐书》卷一百八十三《外戚·窦怀贞传》：

时韦庶人及安乐公主等干预朝政，怀贞每谄顺委曲取容，改名从一，以避后父之讳，自是名称日损。庶人微时乳母王氏，本蛮婢也，特封莒国夫人，嫁为怀贞妻。俗谓乳母之婿为阿爹，怀贞每因谒见之次及进表疏，列在官位，必曰"皇后阿爹"，时人或以"国爹"呼之，初无惭色。

窦怀贞（？—713），字从一，京兆始平（今陕西兴平）人。窦怀贞的伯父窦德明由隋入唐，从太宗击王世充有功，封显武男。父窦德玄官至左相。窦怀贞本是有才干之人，"所在皆以清干著称"①。唐中宗李显复辟后，韦皇后与安乐公主干预朝政，窦怀贞党附韦后，娶了韦后乳母王氏，成为"阿爹"，时人尊称"国爹"。

韦后败，窦怀贞斩妻王氏并献其首。他依附太平公主，累迁侍中、御史大夫、尚书左仆射并赐爵魏国公。太平公主败，窦怀贞畏罪投水而死，追戮尸骨，改其姓为毒氏。毒氏、虺氏是唐王朝常用的恶赐姓。窦怀贞生平所得俸禄，悉数散给亲族，自己毫无保留，败时，家中只有粗米数石而已。窦怀贞本非利益之徒，至靦颜屈附女主，盖政局动荡时期被挟裹也欤？

宋尤袤著《全唐诗话》卷一"李适"条："十二月晦，诸学士入阁守岁，以

① ［五代］刘昫：《旧唐书》，中华书局，1975年版，第4724页。

皇后乳母戏适御史大夫窦从一。”原注：“往来其家，遂有国爹之号。”①“国奢”作“国爹”。

万石张家

《新唐书》卷一百一十三《张文瓘传》：

四子：潜，为魏州刺史；沛，同州刺史；洽，卫尉卿；涉，殿中监。父子皆至三品，时谓“万石张家”。

《旧唐书》卷八十五《张文瓘传》：

四子：潜、沛、洽、涉。中宗时，潜官至魏州刺史，沛同州刺史，洽卫尉卿，涉殿中监。父子兄弟五人皆至三品，时人谓之“万石张家”。

张文瓘(605—677)，字稚珪，贝州武城(今河北清河)人。贞观初，他明经及第，补并州参军。乾封二年(667)，张文瓘迁东台侍郎、同东西台三品，与李勣同为宰相。张文瓘居官端正，勤恳务政，能从百姓利益出发而不徇私情，对唐高宗大兴土木、穷兵窦武都有所匡谏。《旧唐书》本传载其在任大理卿时：

决遣疑事四百余条，无不允当，自是人有抵罪者，皆无怨言。文瓘尝有疾，系囚相与斋祷，愿其视事。当时咸称其执法平恕，以比戴胄。上元二年，拜侍中，兼太子宾客。大理诸囚闻文瓘改官，一时恸哭，其感人心如此。

张文瓘为民请命，深得民心也如此。

《旧唐书》卷四十二《官职志一》“从第三品”条内有“大理卿”“卫尉卿”“殿中监”及“上州刺史”。张文瓘为大理卿，张洽为卫尉卿，张涉为殿中监都属于从三品。又据《新唐书》卷三十七《地理志一·关内道》：“同州冯翊郡，

① ［清］何文焕：《历代诗话》，中华书局，1981年版，第70页。

上辅。”及卷三十九《河北道》：“魏州魏郡，雄。”当时河北采访使即治魏州。可知同、魏均为上州。三品官俸禄二千石，故有“万石张家”之称，堪比后汉“万石君”。清俞樾《茶香室丛钞》（一）卷五“义居”条：“累世同居者，远则唐初张氏，近则明初郑氏最著。至宋之洪氏，知者鲜矣。”所指当是张文瓘家。

河东三绝

《新唐书》卷一百一十四《徐彦伯传》：

> 时司户韦暠善判，司士李亘工书，而彦伯属辞，时称“河东三绝”。

《旧唐书》卷九十四《徐彦伯传》：

> 时司户韦暠善判事，司士李亘工于翰札，而彦伯以文辞雅美，时人谓之“河中三绝”。

韦暠与李亘均不见两《唐书》列传。陶宗仪《书史会要》卷五《李豆》：“官蒲州司士，善书。时司户韦暠善判，参军徐彦伯善属辞，世称河东三绝。”“豆”为“亘”字之误。知李亘乃蒲州司士。徐彦伯（？—714），名洪，以字行，兖州瑕丘（今山东兖州）人。徐彦伯少以文章著名，薛元超表荐之，对策高第。景龙四年(710)，入为工部侍郎。《旧唐书》本传全载彦伯所著《枢机论》，论述言论的作用。以预修《则天实录》封高平县子。

两《唐书》都说到徐彦伯晚年为文“强涩”。宋计有功《唐诗纪事》：“彦伯为文，多变异求新，以凤阁为鹓阁，龙门为虬户，金谷为铣溪，玉山为琼岳，竹马为篆骖，月兔为魄兔。进士效之，谓之徐涩体。”传为宋尤袤著《全唐诗话》卷一“徐彦伯”条：“徐彦伯为文，多变异求新，以凤阁为鹓阁，龙门为虬户，金谷为铣溪，玉山为琼岳，竹马为篆骖，月兔为魄兔。进士效之，谓之‘涩体’。”根据《唐诗纪事》所举例子来看，所谓“涩体”就是因为用怪僻词汇而晦涩难懂。显然，“涩体”是针对他的文而言的，其实他的诗也有刻意求新反而变得拗峭干涩，也就是“强涩”。如《石淙》诗：“碧淀红涔崿嶂间，淙嵌洑岨洊成湾。琪树璿娟花未落，银芝窋咤露初还。八风行殿开仙榜，七景飞舆下石关。张茑席云平圃宴，焜煌金记蕴名山。”诗写得奇奇怪怪的，很有中唐诗人李贺的诗风。《全唐诗》收徐彦伯诗为一卷，见卷七十六。《全唐文》卷二六七存其文六篇。

臧励龢《中国古今地名大辞典》"蒲州府"条："北周置蒲州，隋为河东郡，唐复为蒲州，改河中府。……治所为今永济县。"则称为"河东""河中"理应没错。隋与唐初相去不久，旧名习用正属情理之中。《唐诗纪事》作"河东"，《全唐诗》卷七十六"徐彦伯"小传也作"河东"，当是承《新唐书》而来。

苏李　模棱手(苏模棱)

《新唐书》卷一百一十四《苏味道传》：

苏味道，赵州栾城人。九岁能属辞，与里人李峤俱以文翰显，时号"苏李"。

又：

味道练台阁故事，善占奏。然其为相，特具位，未尝有所发明，脂韦自营而已。常谓人曰："决事不欲明白，误则有悔，模棱持两端可也。"故世号"模棱手"。

《旧唐书》卷九十四《苏味道传》：

苏味道，赵州栾城人也。少与乡人李峤俱以文辞知名，时人谓之"苏李"。

味道善敷奏，多识台阁故事，然而前后居相位数载，竟不能有所发明，但脂韦其间，苟度取容而已。尝谓人曰："处事不欲决断明白，若有错误，必贻咎谴，但模棱以持两端可矣。"时人由是号为"苏模棱"。

苏味道(648—705)，赵州栾城(今河北栾城)人。进士第，累调咸阳尉。武后延载(694)年，以凤阁舍人检校侍郎、同凤阁鸾台平章事，岁余为真。圣历初(695)，复以凤阁侍郎、同凤阁鸾台三品，善属文。《新唐书》本传："吏部侍郎裴行俭才之,会征突厥,引管书记。裴居道为左金吾卫将军,倩味道作章,揽笔而具,闲彻清密,当时盛传。"《旧唐书》本传:"孝敬皇帝妃父裴居道再登左金吾将军,访当时才子为谢表,托于味道,援笔而成,辞理精密,盛传于代。"《全唐诗》收诗为一卷,见卷六十五。其诗多咏物、应制之作,谈不上什么风格。《正月十五夜》:"火树银花合,星桥铁锁开。暗尘随马去,明月逐人来。游伎皆秾李,行歌尽落梅。金吾不禁夜,玉漏莫相催。"是众作之上乘者,写上元夜景很生动。

李峤(645?—714?),字巨山,赵州赞皇(今河北赞皇)人。《新唐书》卷一百二十三本传:"时畿尉名文章者,骆宾王、刘光业,峤最少,与等夷。……久乃召为凤阁舍人,文册大号令,多主为之。"《旧唐书》卷九十四本传:"诏入,转凤阁舍人。则天深加接待,朝廷每有大手笔,皆特令峤为之。"《全唐诗》编其诗为五卷。时人"苏李"并称,不仅是因为二人同里,还因二人都著文名。汉代苏武、李陵,后人并称"苏李",唐人借此名号以称苏味道与李峤。《新唐书》卷一百二十五《苏颋传》:

> 时李乂对掌书命,帝曰:"前世李峤、苏味道文擅当时,号'苏李'。今朕得颋及乂,何愧前人哉!"

《旧唐书》卷八十八《苏颋传》略同。据此可知,"苏李"之称当时朝野流布。玄宗将苏颋、李乂并称,则是又一"苏李"。

苏味道身居要职却俯仰其间,无所作为。这是古来许多官吏恶习,其原因就是怕得罪人而至于官位不保,苏味道乃其中之一而已。脂韦即油脂与皮革,这两样东西都很滑溜,时人用来比喻苏味道处事圆滑,凡事不置可否。"模棱"本为木器棱角,两边一样即"模棱两可"。人称"苏模棱",是讽刺他凡事持两端以待观望的居官态度,如同棱角之两边。宋王谠《唐语林》卷五:"苏味道初拜相,门人问曰:'方事之殷,相公何以燮和?'味道但以手摸床棱而已。时谓'摸床棱宰相'。"苏味道每当应该建言的时候,却无所言语,只是坐在椅子上用手反复摸椅子腿而已。如此,则"模"字乃"摸"字音讹,"模棱手"应作"摸棱手"。

方外十友

《新唐书》卷一百一十六《陆馀庆传》：

> 雅善赵贞固、卢藏用、陈子昂、杜审言、宋之问、毕构、郭袭微、司马承祯、释怀一，时号“方外十友”。馀庆才不逮子昂等，而风流敏辩过之。

陆馀庆(生卒年不详)，苏州吴(今江苏苏州)人。苦读三年，以博学称。举制策科及第，补萧县尉。武后封禅嵩山，以备办之劳，擢监察御史。迁殿中侍御史、凤阁舍人。久之，封广平郡公、太子右庶子。《旧唐书》卷八十八《陆馀庆传》：“少与知名之士陈子昂、宋之问、卢藏用、道士司马承祯、道人法成等交游，虽才学不逮子昂等，而风流强辩过之。”不载“十友”之事。

唐代当武后时，政治恐怖，非谨慎不可以全身。陆馀庆为人端正，处世谨慎，不孜孜于名利；故虽处武后、中宗酷吏行事之朝却能全身而退。陆馀庆为陆元方从父，陆元方也是个非常谨慎的人。《新唐书》本传：“元方素清慎，在执政，每进退群臣，后必先访问，外秘莫知。”《旧唐书》卷八十八本传：“元方在官清慎，再为宰相，则天将有迁除，每先以访之，必密封以进，未尝露其私恩。”

赵贞固(生卒年不详)，名元，字贞固，河间人。传附《新唐书》卷一百七《陈子昂传》后，传言贞固“非公事不言，弹琴莳药，如隐者之操”。卢藏用(？—713？)，字子潜，幽州范阳(今北京市)人。善属文，半隐半仕。陈子昂(661—702)，字伯玉，梓州射洪(今四川射洪)人。《新唐书》卷一百七本传：“笃朋友，与陆馀庆、王无竞、房融、崔泰之、卢藏用、赵元最厚。”杜审言(645？—708)，字必简，祖籍襄阳。杜甫祖父，与李峤、崔融、苏味道为“文章四友”。《全唐诗》卷六十二收杜审言诗，集中有《和晋陵陆丞早春游望》一首，“陆丞”不知是陆馀庆否。另有《送崔融》一首、《赠崔融二十韵》一首、《赠苏味道》一首。宋之问(656？—712？)，字延清，汾州西河(今山西汾阴)人，一说虢州弘农(今河南灵宝)人。《旧唐书》卷一百九宋之问本传载：“景龙中，再转考功员外郎。时中宗增置修文馆学士，择朝中文学之士，之问与薛稷、杜审言等首膺其选，当时荣之。”知宋、杜二人为文学之交。毕构(？—716)，字隆择，河南偃师(今河南偃师)人。六岁能为文。睿宗称赞毕构“修絜独行,有古人风”。

郭袭微不见两《唐书》列传。司马承祯(633—721),字子微,河内温(今河南温县)人,道士。怀一(?—766),住锡福州楞伽寺。传见宋赞宁《宋高僧传》卷十九。

“方外”一词出《淮南子·俶真训》:“若乎真人则动溶于至虚,而游于灭亡之野,骑飞廉而从敦圄,驰于方外,休乎宇内,烛十日而使风雨,臣雷公,役夸父,妾宓妃,妻织女,天地之间,何以留其志?是故虚无者道之舍,平易者道之素。”所谓“方外”即天地之外,“方外之人”乃遗落人间一切名利纠葛而保真全性者。“十友”中人物,大致可以分为两类:或以文学见称于当时者,或以僧、道著名者。以文学著称者,其中有些人如卢藏用、毕构等具有隐逸情操,这大概就是此十人被称为“方外十友”的原因。

刘孟高郭

《新唐书》卷一百一十七《刘祎之传》:

> 祎之少与孟利贞、高智周、郭正一俱以文辞称,号“刘孟高郭”,并直昭文馆。

《旧唐书》卷八十七《刘祎之传》:

> 祎之少与孟利贞、高智周、郭正一俱以文藻知名,时人号为“刘孟高郭”。

刘祎之(631—678)字希美,常州晋陵人。《旧唐书》本传:“共撰《列女传》《臣轨》《百僚新诫》《乐书》,凡千余卷。”又说:“有集七十卷,传于时。”《新唐书·艺文志》《旧唐书·经籍志》著录《英国贞武公故事》四卷。《全唐诗》卷四十四录诗共五首。其《酬郑沁州》诗句“寒山敛轻霭,霁野澄初旭”,描写秋天早晨景色颇兴意象。

孟利贞(?—685),华州华阴(今陕西华阴)人。传见《旧唐书》卷一百九十《文苑上》。本传说:“受诏与少师许敬宗、崇贤馆学士郭瑜、顾胤、董思恭等撰《瑶山玉彩》五百卷,龙朔二年奏上之,高宗称善,加级赐物有差。利贞累转著作郎，加弘文馆学士。垂拱初卒。又撰《续文选》十三卷。”

高智周（602—683），常州晋陵（今武进县）人。传见《新唐书》卷一百六、《旧唐书》卷一百八十五《良吏上》。《旧唐书》本传：“寻授秘书郎、弘文馆直学士，预撰《瑶山玉彩》《文馆辞林》等，三迁兰台大夫。”

郭正一（？—689），定州鼓城（今河北晋县）人。传见《新唐书》卷一百六、《旧唐书》卷一百九十《文苑中》。《旧唐书》本传：“正一在中书累年，明习旧事，兼有词学，制敕多出其手，当时号为称职。……永昌元年，为酷吏所陷，流配岭南而死，家口籍没，文集多遗失。”四人当时同为词臣，都以文辞显名当世，故时人称其为“刘孟高郭”。

耐久朋

《新唐书》卷一百一十七《魏玄同传》：

玄同与裴炎缔交，能保终始，故号“耐久朋”。

《旧唐书》卷八十七《魏玄同传》：

玄同素与裴炎结交，能保终始，时人呼为“耐久朋”；而与酷吏周兴不协。

魏玄同（617—689），字和初，定州鼓城（今河北晋县）人。两《唐书》本传都全文载所撰《选举法弊疏》，文字虽有出入，意思大致相同。一是对魏晋以来的九品中正制度提出异议。文中说：“爰自魏、晋，始归吏部，递相祖袭，以迄于今。用刀笔以量才，案簿书而察行，法令之弊，其来自久。”认为应该的方法是经过多方面的考察然后录用，也就是回到汉代的察举制，他引南朝裴子野的话说：“居家视其孝友，乡党服其诚信，出入观其志义，忧难取其智谋。烦之以事，以观其能；临之以利，以察其廉。”但是魏氏似乎更重视实践能力，这与汉代察举制度还是有区别的。二是对门荫制度提出异议。文中说：“今贵戚子弟，例早求官，髫龀之年，已腰银艾，或童丱之岁，已袭朱紫。弘文崇贤之生，千牛辇脚之类，课试既浅，艺能亦薄，而门阀有素，资望自高。”认为解决的办法是“必裁诸学，修六礼以节其性，明七教以兴其德，齐八政以防其淫,举上贤以崇德,简不肖以黜恶。少则受业,长而出仕,并由德进,必以才升,然后可以利用宾王,移家事国”。在中国文化史上,选举制度的影响源远流长,对选举制度的不同理解不乏其人,魏玄同是比较早地发现自汉魏至唐代以来选举制度弊病的人之一。

两《唐书》中,裴炎、刘祎之、魏玄同、李昭德同传,以类相从也。裴炎、刘祎之、魏玄同、李昭德四人为人刚直,敢于匡谏,都敢于得罪酷吏。不幸的是,四人都成为黑暗权力斗争的牺牲品。裴炎与魏玄同交好,两人都先获封爵,裴封永清县男,魏封钜鹿县男;两人虽都受谗害而不得善终,但都能视死如归,不为苟活。临行前,有人劝他们:若逊言讨好,则可以获全。裴炎说:“自古以来,宰相一经收进监狱,哪有获生而出的?”魏玄说:“死在人手里与死在鬼手里有什么区别呢?”两人生时为好友,同时受诬被杀,临死都大义凛然。人称“耐久朋”。

三列宿

《新唐书》卷一一八《韦凑传》:

祖叔谐,贞观中为库部郎中,与弟吏部郎中叔谦、兄主爵郎中季武同省,时号“三列宿”。

韦凑(658—722[①]),字彦宗,京兆万年(今陕西西安)人。高宗永淳初(682),释褐婺州参军事,迁扬州法曹;睿宗立,授鸿胪少卿;玄宗时,先后为河南尹、太原尹,封彭城郡公。韦凑为人正直,为官敢于犯颜直谏,《旧唐书》本传载其关于改葬节愍太子、起金仙及玉真观、复孝敬庙为义宗三事的奏疏,多被采纳。

韦凑的祖父韦叔谐及其弟韦叔谦、韦季武三人今已不可考实。“宿”就是“宿直”也就是“值夜”的意思。唐白居易《初下汉江舟中作给两省给舍》

---

① 关于韦凑的生卒年,《新唐书》本传只说“卒,年六十五”,不记卒年;《旧唐书》本传:“十年,拜太原尹兼节度支度营田大使。其年卒官,年六十五。”接前文景龙“四年”纪年,似为景龙“十年”,但景龙只有四年。又,《新唐书》于韦凑卒前有“开元初”“玄宗谓曰”云云,知此处“十年”应为开元“十年”即722年。

诗:“晨无朝谒劳,夜无直宿勤。”《新唐书》卷四十六“百官志”(一)“尚书省”条:“吏部、户部、礼部,左丞总焉;兵部、刑部、工部,右丞总焉。郎中各一人,从五品上;员外郎各一人,从六品上。掌付诸司之务,举稽违,署符目,知宿直,为丞之贰。”《旧唐书》卷四十三“职官志”(二)“尚书都省”条:“左右司郎中各一员。左司郎中,副左丞所管诸司事,省署钞目,勘稽失,知省内宿直之事。”又:“凡尚书省官,每日一人宿直。”也就是说,按照规定凡郎中有“志宿直”也就是管理尚书省内值夜人员的责任。韦凑祖父辈弟兄三人韦叔谐、韦叔谦、韦季武都官位郎中且同在尚书省,三人都列名宿值。时人称“三列宿”,荣之也。

户部二妙　郎官家

《新唐书》卷一一八《韦维传》:

徙内江令,教民耕桑,县为刻颂。迁户部郎中,善裁剖,时员外宋之问善诗,故时称“户部二妙”。

初,维为郎,莳柳于廷,及虚心兄弟居郎省,对之辄敛容。自叔谦后,至郎中者数人,时号“郎官家”。

《旧唐书》卷一百一《韦虚心传》:

虚心父维,少习儒业,博涉文史,举进士。自大理丞累至户部郎中,善于剖判,时员外郎宋之问工于诗,时人以为户部有“二妙”。

季弟虚舟,亦以举孝廉,自御史累至户部、司勋、左司郎中,历荆州长史,洪、魏州刺史兼采访使,多著能政。入为刑部侍郎,终大理卿。家有礼则,父子兄弟更践郎署,时称“郎官家”。

韦维(生卒年不详),字文纪。少习儒业,博涉文史,举进士。武后时,迁户部郎中,善于裁判事理,同事宋之问善于诗歌,故当时有“二妙”之称。《晋书》卷三十六《卫瓘传》有“一台二妙”之称,“户部二妙”时号应当是承此而来。韦维子韦虚心、韦虚舟。景龙中，韦虚心入为工部尚书、东京留守，韦虚舟入为刑部侍郎。

韦氏为关中望族，世代官宦，所谓“长安韦杜，去天尺五”，也是就韦、杜二家向来权重势隆而言的。韦家祖孙三代为郎官，是名副其实的“郎官世家”。唐代重郎官，以为盛事。岑仲勉《郎官石柱题名新著录》：

《潜研堂金石文跋尾》云：“右《郎官题名石柱》……合之《御史台题名》，一代清流，姓名略备，未必非考史之一助也。”唐世重郎署，人咸趋之，故《元和姓纂》以四代五代入省为盛事，柱虽残缺，欲研究唐史人物者，要须首奉是碑也。[1]

因为是清流之地，能光大门户，所以为唐人所重视。

元白　刘白

《新唐书》卷一百一十九《白居易传》：

初，与元稹酬咏，故号“元白”；稹卒，又与刘禹锡齐名，号“刘白”。

《旧唐书》卷一百六十六《元稹传》：

稹聪警绝人，年少有才名，与太原白居易友善。工为诗，善状咏风态物色，当时言诗者称“元白”焉。

白居易（772—846），字乐天，下邽（今陕西渭南）人。白居易贞元十六年登进士第，十八年中书判拔萃科；元和元年授周至尉，次年任翰林学士；十年，贬江州司马。穆宗即位，白居易为主客郎中、知制诰；长庆元年，迁中书舍人；后刺杭州、宿州，晚年分司东都，定居洛阳。元稹（779—831），字微之，京兆万年（今陕西西安）人。贞元九年，他以明经及第。元和元年，登科，授左拾遗。穆宗即位，擢祠部郎中、知制诰。长庆二年，拜相。刘禹锡（772—

① 向群、万毅编：《岑仲勉文集》，中山大学出版社，2004年版，第205页。

842),字梦得,郡望彭城(今江苏徐州),洛阳人。贞元九年(793),登进士第,继登宏辞科。杜佑表为书记,入为监察御史。王叔文用事,擢屯田员外郎,判度支、盐铁案。王叔文败,贬朗州司马。为连州刺史,改夔州刺史。由和州刺史入为主客郎中,迁太子宾客。

时人称"元白"或"刘白",是因为白居易、元稹之间以及白居易、刘禹锡之间的诗歌唱和活动,这里面既有元、白及刘、白之间的私人交游背景原因,也与当时诗坛潮流有关。

据朱金城《白居易年谱》,元、白订交始在贞元十八年(802)或稍前,贞元十九年"春,与元稹、李复礼、吕颖、哥舒恒、崔玄亮同以书判拔萃科登第"①,元和元年(806),"应才识兼茂明于体用科,与元稹……萧睦同登第"②。自此二人情同手足,无论在同地还是异地为官,诗篇酬唱,至死不渝。开成元年(836),白居易为太子少傅分司东都,同年秋,刘禹锡也以太子宾客分司东都。此时,元稹离世已经五年,刘、白两人便成为诗歌酬唱伙伴,一直到842年刘禹锡死③。

诗歌赠答、酬唱活动,由来已久。魏晋南北朝时期已经是诗歌题材的大宗④,唐代赠答诗继承此传统,兴盛不衰。元、白及刘、白之间的诗歌赠答与酬唱只是其中两个突出的事例而已。这里面既有诗人技痒的因素,同时也是诗歌体式成熟后难以避免的事情。元、白之间的诗歌往来,尤其是长联次韵诗酬唱,彼此好奇斗胜,以呈技能,往往成为诗歌文字游戏。唐代在律体诗成熟后,诗人对用韵的追求,出现了中唐时期以元白为代表的次韵酬唱诗的泛滥;对用字的追求,出现了晚唐时期以"苦吟"诗人为代表的对"诗眼"的苦心经营。

对"元白"时称的理解,我们还可以参照元稹自己在白居易《长庆集序》中说的话:

> 予始与乐天同秘书,前后多以诗章相赠答。予谴掾江陵,乐天犹在翰林,寄予百韵律体及杂体前后数十章。是后,各佐江、通,复相酬寄。

---

① 朱金城:《白居易年谱》,上海古籍出版社,1982年版,第25页。

② 朱金城:《白居易年谱》,上海古籍出版社,1982年版,第36页。

③ 参看朱金城《白居易年谱》,开成元年(836)到会昌二年(842)谱文及笺文。

④ 梅家铃著《汉魏六朝文学新论——拟代与赠答诗》对汉魏赠答诗有具体统计,可以参看。

巴、蜀、江、楚间洎长安中少年,递相仿效,竞作新辞,自谓元和诗。而乐天《秦中吟》《贺雨》讽喻闲适等篇,时人罕能知者。然而二十年间,禁省观寺、邮候墙壁之上无不书,王公妾妇、牛童马走之口无不道。其缮写模勒、炫卖于市井,或因之以交酒茗者,处处皆是。其甚者有至盗窃名姓,苟求自售,杂乱间厕,无可奈何。予尝于平水市中,见村校诸童。竞习歌咏。召而问之,皆对曰:先生教我乐天、微之诗。固亦不知予为微之也。又鸡林贾人求市颇切。自云:本国宰相,每以一金换一篇,甚伪者,宰相辄能辨别之。自篇章已来,未有如是流传之广者。

元稹所说,不免夸大其词,有自我炫耀的成分在里面,但当时很多人知道元、白两人是很好的诗友应是事实。对于"刘白"时号,我们可以看白居易的诗《哭刘尚书梦得二首》,其一:

四海齐名白与刘,百年交分两绸缪。同贫同病退闲日,一死一生临老头。杯酒英雄君与操,文章微婉我知丘。贤豪虽殁精灵在,应共微之地下游。

因为"四海齐名白与刘",故时人称"刘白";又因为"同贫同病退闲日",同在洛阳因而有机会诗歌赠答。"君与操"切刘禹锡姓氏用刘、曹"煮酒论英雄"故实以赞美刘禹锡;"文章微婉"说的是白居易自己的讽喻诗如同左丘明的《左传》,能发扬儒家诗教作用。

尚书里行

《新唐书》卷一百二十一《崔日知传》:

日知俄授太常卿。自以处朝廷久,每入谒,必与尚书齿,时谓"尚书里行"。

《旧唐书》卷九十九《崔日知传》:

自以历任年久,每朝士参集,常与尚书同列,时人号为"尚书里行",

遂为口实。

崔日知(？—728？)，字子骏，滑州灵昌(今河南滑县)人。崔日知从弟崔日用(673—722)，先是结附武三思、武延秀与宗楚客，骤迁兵部侍郎兼修文馆学士，后巴结玄宗以倾韦后，以功授银青光禄大夫、黄门侍郎，参知机务，封齐国公，食实封二百户。《新唐书》本传："日用才辩绝人，而敏于事，皆乘机反祸取富贵。"崔日用自我总结官场经验说："我一生处事，就在能随时应变，而不是一根筋到底。的确做了不少亏心事，每每想到这些事就如芒刺在背。"

崔日知是崔日用从父兄，为宰相张说所知，由兵部员外郎而为洛州司马，进而为殿中少监、京兆尹，封安平县侯，迁左羽林大将军，终太常卿。太常寺为唐代九寺之一，"掌邦国礼乐、郊庙、社稷之事"①。太常卿属正三品，与六部尚书同品。崔日知历睿、玄二朝，虽不是尚书却与尚书同品第，倚老卖老，所以每当朝谒时，与尚书同列而行却自觉心安理得。但毕竟不是尚书，于是人们就讥日知为"尚书里行"，意思是"在尚书队列中行走的太常卿"。另外，"里行"也是官名，《旧唐书》卷四十四《职官三》"御史台"条"监察御史十员"注：

正八品上。贞观初，马周以布衣进用，太宗令于监察御史里行。自此因置里行之名。龙朔元年，以王本立为监察御史里行也。

唐刘肃《大唐新语》卷六"马周"条：

及薨，太宗为之恸，每思之甚，将假道术以求见，其恩遇如此。初，周以布衣直门下省，太宗就名监察里行，俄拜监察御史。"里行"之名，自周始也。

可知，"尚书里行"是一语双关。

---

① ［五代］刘昫：《旧唐书》，中华书局，1975年版，第1872页。

内宰相

《新唐书》卷一百二十一《王琚传》：

帝于琚眷委特异，豫大政事，时号“内宰相”。

《旧唐书》卷一百六《王琚传》：

琚在帷幄之侧，常参闻大政，时人谓之“内宰相”，无有比者。

王琚(685？—746)，怀州河内(今河南沁阳)人，是唐玄宗谋诛太平公主、登上皇位的谋士与得力助手。玄宗即位，擢王琚为中书侍郎，迁户部尚书，封赵国公。

《旧唐书》王琚本传：

先天元年七月，玄宗居尊位，在武德殿。八月，擢拜中书侍郎。时刘幽求、张暐并流于岭外，琚见事迫，请早为之计。二年七月三日，琚与岐王范、薛王业、姜皎、李令问、王毛仲、王守一并预诛逆，以铁骑至承天门。时睿宗闻鼓噪声，召郭元振升承天楼，宣诏下关，侍御史任知古召募数百人于朝堂，不得入。顷间，琚等从玄宗至楼上，诛萧至忠、岑义、窦怀贞、常元楷、李慈、李猷等。睿宗逊居百福殿。十日，拜琚银青光禄大夫、户部尚书，封赵国公，食实封五百户。

王琚又以炼丹得玄宗崇信，玄宗昵称之为“王十一”。王琚出入玄宗左右，参与机要，玄宗诸多决策都与之协议，俨然一宰相，所以时人称他为“内宰相”。

员推韦状　郇公五云体

《新唐书》卷一百二十二《韦陟传》：

李林甫恶其名高，恐逼己，出为襄阳太守，徙河南采访使，以判官员锡善讯覆，支使韦元甫工书奏，时号“员推韦状”，陟皆倚任之。

常以五彩笺为书记，使侍妾主之，其裁答受意而已，皆有楷法，陟唯署名，自谓所书“陟”字若五朵云，时人慕之，号“郇公五云体”。

《旧唐书》卷一百一十五《韦元甫传》：

元甫精于简牍，锡详于讯覆，涉推诚待之，时谓“员推韦状”。

韦陟(696—760)，字殷卿，京兆万年(今陕西西安)人。两《唐书》均作“韦陟”，唯《旧唐书》卷一百一十五《韦元甫传》作“韦涉”，应是形近而误。

韦陟为韦安石之子。韦安石历高宗、韦后、睿宗朝为宰相，为官清正。《新唐书》卷一百二十二本传：“安石性方重，不苟言笑，其政尚清严，吏民敬畏。”封郧国公，死后赠郇国公。神龙二年(706)，韦安石为中书令，韦陟时十岁，拜温王府东阁祭酒，加朝散大夫，累迁秘书太常丞。韦陟长于裁鉴，《新唐书》本传：“陟有风采，擿辨无不伏者，黜正数百员，铨综号为公平。”袭郇国公。他由于遭李林甫嫉恨，出为襄阳太守，兼本道采访使，改河南采访使。在任河南采访使时，韦元甫为滑州白马尉，因为吏术为韦陟所知赏，奏为支使。韦元甫精于处理奏章，同在韦陟幕府中的员锡善于推理判案，时人称为“员推韦状”。韦元甫(？—771)，京兆(今陕西西安)人；员锡无考。

韦陟有文采，善书法。元陶宗仪《书史会要》卷五“韦陟”条：

字安卿，京兆人。官至吏部尚书，风格方整。善真行书，常以五彩笺为书记，使侍妾主之，其裁答受意而已，皆有楷法，陟唯署名。自谓所署“陟”字若五朵云，时人慕之，谓之“郇公五云体”。吕捻评陟书谓：“如虫穿古木，鸟踏花枝。”①

韦陟把“陟”写得像五朵云，是花押体，也就是现在的花体签名。周一良《魏晋南北朝史札记·〈南史〉札记》“凤尾诺”条引宋叶梦得《石林燕语》四：

① [元]陶宗仪：《书史会要》，上海书店，1984年版，第176页。

“唐人初未有押字,但草书其名,以为私记。故号花书,韦陟五云体是也。”①韦陟之所以把自己的名字写得像五朵云不是因为他用“五彩笺”,而是因为他本是当时著名的书法家,所以能写字如作画。所谓“鸟踏花枝”就是摇曳多姿,有动感,飘逸如云了。

随驾隐士

《新唐书》卷一二三《卢藏用传》:

乃为《析滞论》以畅其方,世谓“知言”。子昂、贞固前死,藏用抚其孤有恩,人称能终始交。始隐山中时,有意当世,人目为“随驾隐士”。

《旧唐书》卷九十四《卢藏用传》:

然初隐居之时,有贞俭之操,往来于少室、终南二山,时人称为“随驾隐士”;及登朝,趑趄诡佞,专事权贵,奢靡淫纵,以此获讥于世。

卢藏用,已见“方外十友”条。正如其名称“藏用”所指示,是亦仕亦隐人物。学练气、辟谷,善于蓍龟九宫之术,是道流中人;心存魏阙,历吏部、黄门侍郎、修文馆学士,是官场人物。兼二者而居之,故时人讥称其为“随驾隐士”。道教主张享受养生,以期永年,所以卢藏用“奢靡淫纵”;官场少不了巴结,所以卢藏用不得不依附太平公主、“专事权贵”。少室、终南当时本是洛阳、长安二都权贵经常往来之地,卢藏用隐居少室、终南其目的也就是为了结交权贵。

与司马承祯比较起来,卢藏用的确不能算是真正的隐士。《新唐书》卢藏用本传:

司马承祯尝召至阙下,将还山,藏用指终南曰:“此中大有嘉处。”承祯徐曰:“以仆视之,仕宦之捷径耳。”藏用惭。

---

① 周一良:《魏晋南北朝史札记》,中华书局,2007年版,第469页。

这就是“终南捷径”一语的出处。与“山中宰相”陶弘景比较起来,“随驾隐士”意在“随驾”而不在“隐士”,而“山中宰相”则意在“山中”而不在“宰相”。

燕许大手笔

《新唐书》卷一百二十五《苏颋传》:

> 自景龙后,与张说以文章显,称望略等,故时号“燕许大手笔”。

苏颋(670—727),字廷硕,京兆武功(今陕西武功)人。苏瓌之子。历监察御史、起居郎、考功员外郎、考功郎中。玄宗时,袭父爵为许国公。善于文章,与李乂对掌文诰,玄宗称为“苏李”。《旧唐书》卷八十八苏颋本传:

> 时李乂为紫微侍郎,与颋对掌文诰。他日,上谓颋曰:“前朝有李峤、苏味道,谓之苏、李;今有卿及李乂,以不让之。卿所制文诰,可录一本封进,题云‘臣某撰’,朕要留中披览。”其礼遇如此。

李乂(657—716),字尚真,赵州房子(今河北临城)人。《新唐书》卷一百一十九、《旧唐书》卷一百一有传。《新唐书》本传:“乂事兄尚一、尚贞孝谨甚,又俱以文章自名,弟兄同为一集,号《李氏花萼集》,乂所著甚多。”知制诰凡数载,为人沉正方雅,有宰相风范。今《全唐文》卷二六六存文三篇。

张说(667—731),字道济,河东(今山西永济)人。《新唐书》卷一百二十五本传:“帝(玄宗)在东宫,所与秘谋密计甚众,后卒为宗臣。朝廷大述作多出其手,帝好文辞,有所为必使视草。”《旧唐书》卷九十七张说本传:

> 始玄宗在东宫,说已蒙礼遇,及太平用事,储位颇危,说独排其党,请太子监国,深谋密画,竟清内难,遂为开元宗臣。前后三秉大政,掌文学之任凡三十年。为文俊丽,用思精密,朝廷大手笔,皆特承中旨撰述,天下词人,咸讽诵之。尤长于碑文、墓志,当代无能及者。

据此,张说为玄宗宗臣就不仅仅是因为“为文俊丽,用思精密”,还因为张有佐命之功。玄宗即位,张说守中书令,封燕国公。开元十一年(723),正除中书令、右丞相。今《全唐文》录张说文为十四卷,录苏颋文为九卷。

"大手笔"一词来自《晋书》卷六十五《王珣传》:

时帝雅好典籍,珣与殷仲堪、徐邈、王恭、郗恢等并以才学文章见昵于帝。及王国宝自媚于会稽王道子,而与珣等不协,帝虑晏驾后怨隙必生,故出恭、恢为方伯,而委珣端右。珣梦人以大笔如椽与之,既觉,语人云:"此当有大手笔事。"俄而帝崩,哀册谥议,皆珣所草。[1]

"手笔"即普通的制诰文章。《南史》卷七十二《丘灵鞠传》:"建元元年,转中书郎,敕知东宫手笔。""大手笔"则是指重要的文书。《陈书》卷二十六《徐陵传》:"世祖、高宗之世,国家有大手笔,皆陵草之。其文颇变旧体,缉裁巧密,多有新意。"[2]《南史》卷四十八《陆琼传》:"陈天嘉中,以文学累迁尚书殿中郎。琼素有令名,深为陈文帝所赏。及讨周迪、陈宝应等,都官符及诸大手笔,并中敕付琼。"[3]"大手笔事"是指需要写重要的文诰,"大手笔"也就成了朝廷重要制命等的代名词了。又如《旧唐书》卷九十四《崔融传》:"融为文典丽,当时罕有其比,朝廷所须《洛出宝图颂》《则天哀册文》及诸大手笔,并手敕付融。"《新唐书》卷一百一十四《崔融传》作"大笔",则"大手笔"又可称为"大笔"。

伴食宰相

《新唐书》卷一百二十六《卢怀慎传》:

怀慎自以才不及崇,故事皆推而不专,时讥为"伴食宰相"。

《旧唐书》卷九十八《卢怀慎传》:

---

① [唐]房玄龄:《晋书》,中华书局,1974年版,第1756页。

② [唐]姚思廉:《陈书》,中华书局,1972年版,第335页。

③ [唐]李延寿:《南史》,中华书局,1975年版,第1201页。

怀慎与紫微令姚崇对掌枢密，怀慎自以为吏道不及崇，每事皆推让之，时人谓之“伴食宰相”。

卢怀慎（？—716），滑州灵昌（今河南滑县）人，第进士，历监察御史。中宗神龙中，他迁侍御使，迁右御史台中丞。后又迁黄门侍郎、渔阳县伯。开元元年，进同紫微黄门平章事。《旧唐书》本传载其陈时政得失的奏疏三篇，还载了一篇他的临终遗表，于中推荐宋璟、李杰、李朝隐、卢从愿等人的才干，可谓至死都在履行献潜可否的宰相职责，不是尸位素餐的庸官。卢怀慎为人清俭，不事产业，俸禄分散给亲友，家无担储，是一位清官。作为宰相，不专权柄，凡事礼让同为宰相的姚崇，体现了他的让贤胸怀，无意中也成就了姚崇贤相声名。

开元初，自苏颋为中书侍郎始，朝廷给食政事即“政事食”，大概类似于今天的工作餐。卢怀慎与姚崇同为宰相，朝廷给“政事食”。姚崇凡事积极，怀慎凡事谦让，唯“政事食”时陪位而已，人称“伴食宰相”。

三相张家　鸣珂里

《新唐书》卷一百二十七《张弘靖传》：

家聚书画，侔秘府。先第在东都思顺里，盛丽甲当时，历五世无所增葺，时号“三相张家”云。

又，《新唐书·张嘉祐传》：

嘉祐，嘉贞弟，有干略。方嘉贞为相时，任右金吾卫将军，昆弟每上朝，轩盖驺导盈闾巷，时号所居坊曰“鸣珂里”。

《旧唐书》卷一百二十九《张延赏传》：

延赏东都旧第在思顺里，亭馆之丽，甲于都成，子孙五代，无所加工，时号“三相张氏”云。

张弘靖(760—824),字元理,蒲州猗氏(今山西临猗)人。祖父张嘉贞(665—729),为人疏简,心胸豁达,好奖掖后进,荐苗延嗣、吕太一、员嘉静及崔训等四人。当时语曰:“令君四俊,苗、吕、崔、员。”玄宗时,至相位。张弘靖父张延赏(727—787),治蜀有功,德宗播流山南时,供奉尽忠,贞元元年(785)拜相。张延赏乃张嘉贞晚年所得独子,本名宝符,早孤。由受知于张嘉贞的韩朝宗荐举,玄宗召拜兵曹参军,并赐名延赏,取“赏延于世”之义。张弘靖以门荫为河南参军,献赋,得德宗赞赏。宪宗朝时,张弘靖对平定藩镇屡有建言。元和中,拜刑部尚书、同中书门下平章事。张嘉贞、张延赏、张弘靖祖孙三代为相,故称“三相张家”。

张嘉贞与弟弟张嘉祐一起上朝时,华盖相接,车马喧阗。唐代本来极重视门阀,张家门庭显赫,自然令世人羡慕不已,称他们住居的街区叫“鸣珂里”。珂,似玉美石,权贵多用来缀饰马首,行走时发出响声以醒人耳目,后来成了贵族的代名词。南朝梁何逊《车中见新林分别甚盛》诗:“隔林望行幰,下阪听鸣珂。”宋王辟之《渑水燕谈录·先兆》:“寻尚主,拜驸马都尉,鸣珂锵玉,出入禁挞,良田甲第,珍宝奇玩,豪华富贵,冠于一时。”

学直

《新唐书》卷一百二十七《裴耀卿传》:

数岁能属文,擢童子举,稍迁秘书省正字、相王府典签,与掾丘悦、文学韦利器更直,备顾问,府中号“学直”。

《旧唐书》卷九十八《裴耀卿传》:

时睿宗在藩,甚重之,令与掾丘悦、文学韦利器更直府中,以备顾问,府中成为“学直”。

裴耀卿(681—743),字焕之,河东闻喜(今山西闻喜)人。他八岁以神童擢第,天宝元年(742),改为尚书右仆射,转左仆射。裴耀卿学识渊博,编纂《崔液集》。

唐时,宫中有“宿直”制度(参看“三列宿”条),时人借以称呼裴耀卿为

"学直",意在称赞他知识博学,堪任相王顾问之职。此相王即睿宗李旦,于高宗上元二年(675)徙封相王。唐制:王府置文学一人,从六品上,掌校府中典籍;掾一人,通判府中功曹、仓曹与户曹事务,正六品上;典签二人,宣传书教,从八品下。

丘悦传见《旧唐书》卷一百九十(中)《员半千传》后,全文:"丘悦者,河南陆浑人也。亦有学业。景龙中,为相王府掾,与文学韦利器、典签裴耀卿俱为王府直学士。睿宗在藩甚重之,官至岐王傅。开元初卒。撰《三国典略》三十卷,行于世。"韦利器,无考。

毕李

《新唐书》卷一百二十八《毕构传》:

时李杰为河南尹,与构皆一时选,时谓"毕李"。

毕构已见"方外十友"条。李杰(? —718),本名务光,相州滏阳(今河北磁县)人。两人都官至御史大夫,为官清廉,不徇私枉法。《新唐书》卷四十八《百官三》"御史台"条:"大夫一人,正三品;中丞二人,正四品下。大夫掌以刑法典章纠正百官之罪恶,中丞为之贰。"御史大夫为国家最高司法官。

毕构为御史大夫在中宗景龙末年(710),其时韦后新败,许多高官大臣都被牵连。毕构治韦案,能从实情出发,不深文周纳,也不徇情屈挠。当时李杰为河南尹,《新唐书》卷四十九(下)《百官四下》"外官"条:"京兆、河南牧,大都督,大都护,皆亲王遥领。两府之政,以尹主之。"可知,李杰当时是河南府的最高司法长官。毕、李两人东西遥相呼应,执法严明,时人尊称二人为"毕李"。

李杰是在开元初(713)为河南尹的,不久就代替宋璟为御史大夫。《旧唐书》本传载:"杰既勤于听理,每有诉列,虽衢路当食,无废处断,由是官无留事,人吏爱之。"因为秉公办事而遭到皇后妹夫长孙昕及其妹夫杨仙玉的殴打,玄宗特诏将二人斩立决。卢怀慎临终表荐李杰说:"李杰勤苦绝伦,贞介独立,公家之事,知无不为,干时之材,众议推许。"①李杰确实是一位好官。

① [五代]刘昫:《旧唐书》,中华书局,1975年版,第3068页。

解事舍人

《新唐书》卷一百二十八《齐澣传》：

开元初，姚崇复相，用为给事中、中书舍人。论驳及诰诏皆援准古谊，朝廷大政必谘之，时号"解事舍人"。

齐澣(675—746)，字洗心，定州义丰(今河北安国)人。《旧唐书》齐澣入《文苑传》，见卷一百九十(中)。弱冠以制科登第，释褐蒲州司法参军。姚崇为宰相时，迁齐澣为中书舍人。终平阳太守。秘书监马怀素、右常侍元行冲受诏编次四库群书，齐澣为编修使。《全唐文》卷三五三录文二篇，《全唐诗》卷九四录其诗二首。

宋钱易《南部新书》(乙)："凡中书有军国重事，则中书舍人各执所见，杂署其名，谓(原文作调，误)之'五花判事'。其舍人中选一人明练政事者，专典机密，谓之'解事舍人'。"①中书舍人为中书省属官，六员，正五品上，掌侍奉进奏，参议表章。两《唐书·官职志》均不载有"解事舍人"一职。《资治通鉴》卷一九三"贞观三年"："故事：凡军国大事，则中书舍人各执所见，杂署其名，谓之五花判事。"也不提"解事舍人"事。若"解事舍人"本为职称，则不得说为时号。两《唐书·官职志》：中书省有通事舍人十六人，从六品上，掌朝见引纳、殿庭通奏。又，高宗时期的宰相刘仁轨被时人称为"解事仆射"。时号"解事舍人"应当是时人撮合"通事舍人"与"解事仆射"而成，用来称赞齐澣的学识渊博。

霹雳手　碧鹳雀

《新唐书》卷一百三十《裴漼传》：

父琰之，永徽中为同州司户参军，年甚少，不主曹务，刺史李崇义内轻之，镌谕曰："同，三辅，吏事繁，子盍求便官？毋留此！"琰之唯唯。

---

① ［宋］钱易：《南部新书》，中华书局，2002年版，第17页。

吏白积案数百，崇义让使趣断，琰之曰："何至逼人？"乃命吏连纸进笔为省决，一日毕，既与夺当理，而笔词劲妙。崇义惊曰："自何自晦，成吾过耶？"由是名动一州，号"霹雳手"。

又，《新唐书·裴宽传》：

宽时衣碧，瘠而长，既入，族人皆笑，呼为"碧鹳雀"。

《旧唐书》卷一百《裴漼传》：

父琰之，永徽中，为同州司户参军，时年少，美容仪，刺史李崇义初甚轻之。先是，州中有积年旧案数百道，崇义促琰之使断之，琰之命书吏数人，连纸进笔，斯须剖断并毕，文翰俱美，且尽与夺之理。崇义大惊，谢曰："公何忍藏锋以成鄙夫之过！"由是大知名，号为"霹雳手"。

裴琰之（生卒年不详），绛州闻喜（今山西闻喜）人。子裴漼（？—736），擢明经，调陈留主簿，迁监察御史。累迁中书舍人，开元五年（717），为吏部侍郎，拜御史大夫，终吏部尚书。任监察御史时，治崔湜、郑愔贪墨案，能不顾安乐公主与上官昭容的阻挠，秉公执法，难能可贵。

裴琰之为官有惠政，老百姓为之立碑赞颂，是个好官。"霹雳"本指闪电，多用来比喻动作之快。文中时人号琰之为"霹雳手"，也是称赞他办案神速。明代于谦《昼夜昼夜长短》诗："诉牒旁午来，剖断不留宿。虽非霹雳手，遇事颇神速。"所本当是此事。

裴宽（681—755），漼从祖弟。举拔萃科，为河南丞，迁长安尉。迁河南尹。天宝三载，为户部尚书，兼御史大夫。迁东海太守，入为礼部尚书。任河南尹时，不附权贵，体恤百姓又敢于揭发奸吏隐私，玄宗皇帝题诗赞叹："德比岱云布，心如晋水清。"裴宽以清简为政，所到之处为民爱戴。

裴宽在任润州参军时，刺史韦诜想把自己的女儿嫁给他。迎亲那天，又高又瘦的裴宽穿着一身灰白色的衣服，看起来就像一只灰白色的鹳，韦诜家族亲人就给裴宽起了外号"碧鹳雀"。韦诜老婆对未来的女婿不太满意，韦诜就说："你要是真爱女儿，就把她嫁给贤良之人，哪能以貌取人呢？"还是把女儿嫁给了裴宽。

八砖学士

《新唐书》卷一百三十一《李程传》：

学士入署，常视日影为候，称性懒，日过八砖乃至，时号“八砖学士”。

李程(766—842)，字表臣，陇西(今甘肃陇西)人。贞元二十年(784)，充翰林学士。敬宗即位，为宰相。两《唐书》本传都说李程为人放荡，不修仪检。在翰林院时，冬天总是迟到。当时学士们工作的地方在学士院的北厅，厅前有一条花砖铺成的通道，阳光照到第五块砖的时候，大家就都到了。李程要到第八块才能来，大家都称呼他为“八砖学士”。宋陈大昌《雍录》卷四“大明宫右银台门翰林院学士院说”条：

翰林院在大明宫右银台门内，稍退北有门，榜曰翰林之门，其制高大重复，号为胡门。门盖东向，入门直西为学士院。院有两厅，南北相沓，而各自为门，旁有板廊，自南厅可通北厅，又皆南向，院各五间。北厅从东来第一间为承旨阁，馀皆学士居之，厅前阶砌花砖为道。[①]

又《雍录》卷四“北厅花砖”条：

李肇曰：“学士院北厅前有花砖道，冬中日及五砖为入直之候。李程性懒好晚入，常过八砖乃至，众呼为‘八砖学士’。”[②]

李程善于词赋。今本《全唐文》录其文一卷，《全唐诗》卷三六八录诗五首。如《春台晴望》：

曲台送春目，景物丽新晴。霭霭烟收翠，忻忻木向荣。静看迟日

① [宋]陈大昌撰、黄永年点校：《雍录》，中华书局，2002年版，第73页。
② [宋]陈大昌撰、黄永年点校：《雍录》，中华书局，2002年版，第76页。

上，闲爱野云平。风慢游丝转，天开远水明。登高尘虑息，观徼道心清。更有迁乔意，翩翩出谷莺。

《全唐诗》“目”下注一作“日”。据诗中描写初夏景象，似“日”字是。前四联扣住“望”字，极目所至，移步换景，是一首好诗。

蒋氏日历

《新唐诗》卷一百三十二《蒋乂传》附《蒋偕传》：

蒋氏世禅儒，唯伸及係子兆能以辞章取进士第，然不为文士所多。三世踵修国史，世称良笔，咸云“蒋氏日历”，天下多藏焉。

《旧唐书》卷一百四十九《蒋乂传》附《蒋偕传》：

蒋氏世以儒史称，不以文藻为事，唯伸及係子兆有文才，登进士第，然不为文士所誉。与柳氏、沈氏父子相继修国史实录，时推良史，京师云“蒋氏日历”，士族靡不家藏焉。

蒋乂(747—821)，字德源，常州义兴(今江苏宜兴)人。著名史学家吴兢外甥，长于史才。贞元九年(793)，转右拾遗，充史馆修撰。元和二年(807)，奉诏与独孤郁、韦处厚同修《德宗实录》。《旧唐书》本传：“乂居史任二十年，所著《大唐宰辅录》七十卷、《凌烟阁功臣》《秦府十八学士》《史臣等传》四十卷。”

蒋乂的儿子蒋係、蒋偕有乃父风范。蒋係(生卒年不详)，大和二年(828)拜右拾遗、史馆修撰，与沈传师、郑澣、陈夷行、李汉等受诏撰《宪宗实录》。蒋偕(生卒年不详)，以父荫历官左拾遗、史馆修撰。唐懿宗咸通(860—874)中，与卢耽、牛丛等受诏修《文宗实录》。

唐德宗、顺宗、宪宗时期，是唐代宦官势力逐渐膨胀以至于任意废立皇帝的时期，其三朝实录的书写也纠缠着其时的政治斗争。陈寅恪先生《顺宗实录与续玄怪录》一文已证成此说。蒋係、李汉都是韩愈的女婿，韩愈与宦官俱文珍有连，得宫中实情，书之于《顺宗实录》①。蒋係、李汉能以韩愈为榜样，秉笔直书，在当时条件下实属不易。

“日历”，古人指记录每日情况的流水账，详细而真实。这里用来说明蒋家世代所修《实录》之不虚美、不隐恶特点。

曳白

《新唐书》卷一百四十《苗晋卿传》：

> 安禄山因间言之，帝为御花萼楼覆核，中裁十一二，奭持纸终日，笔不下，人谓之“曳白”。

《旧唐书》卷一百一十三《苗晋卿传》：

> 玄宗大集登科人，御花萼楼亲试，登第者十无一二；而奭手持试纸，竟日不下一字，时谓之“曳白”。

苗晋卿（689—765），字元辅，上党壶关（今山西长治）人。苗晋卿进士及第，调为修武尉，累迁吏部郎中、中书舍人，知吏部选事。天宝二年（743），苗晋卿为主考官，录取六十四人，分甲、乙、丙三科。苗晋卿为了讨好当时深得玄宗宠信的御史中丞张倚，就把他的儿子张奭名列第一。张奭本为不学无术之徒，于是举子们一片哗然。当时李林甫为宰相，苗晋卿依附李林甫，而安禄山与李林甫向来如同水火，于是安禄山把这事悄悄告诉了玄宗皇帝。就像历史上很多次科场舞弊案一样，最后的结果是只得皇帝自己亲自考试。这次考试地点在花萼楼，结果只有十分之一二的人重考合格。张奭一天下来，试卷上没写一个字。玄宗皇帝大怒，把苗晋卿贬为安康太守，另一个主考官宋遥被贬为武当太守，而张倚被贬为淮阳太守。

其实，苗晋卿为人宽厚，做地方官也是一位好官。就在被贬为安康太守的第二年，苗晋卿徙魏郡太守，行政大化。《新唐书》本传说“魏人为营生祠，

① 参看陈寅恪《顺宗实录与续玄怪录》一文，文见《金明馆丛稿二编》，北京三联书店，2001年版。

立石颂美”，这是中国古代老百姓所能给予父母官最高的荣誉了。《旧唐书》本传也说：“晋卿宽厚廉谨，为政举大纲，不问小过，所到有惠化。”科举作弊，大概是一时糊涂了。

“曳白”也作“拽白”“拽帛”，考试交白卷的意思。王定保《唐摭言》卷十五“没用处”条：“天宝二年，吏部侍郎宋遥、苗晋卿等主试，禄山请重试，制举人第一等十无二。御史中丞张倚之子奭，手持试纸，竟日不下一字，时人谓之拽帛。”清昭梿《啸亭杂录》卷八“张文端代作诗”条：“王文简公士祯诗名重于当时，浮沉粉署。张文端公英时值南书房，代为延誉。仁皇帝召入面试，渔洋诗思本迟滞，加以部曹小臣乍睹天颜，战栗不能成一字。文端代作诗草，撮为墨丸置案侧，渔洋得以完卷，因改官词林，得至高位。渔洋感激文端终身，曰：‘是日微张某，余作曳白人矣。’”知“曳白”一词，至清代还在用。

来嚼铁

《新唐书》卷一百四十四《来瑱传》：

> 贼使降将毕思琛招之，父故将也，拜城下，泣且吊，瑱不应，前后俘杀甚众。贼惧，目为“来嚼铁”。

《旧唐书》卷一百一十四《来瑱传》：

> 贼使降将毕思琛招瑱，琛即瑱父曜故将，城下拜泣吊瑱，瑱不应。前后杀贼颇众，咸呼瑱为“来嚼铁”。

来瑱（？—762年），邠州永寿（今陕西永寿）人。天宝初，累迁殿中侍御史、伊西北庭行军司马。安禄山反，拜汝南太守，改颍川太守。叛军久攻颍川不下，派降将毕思琛劝降，毕思琛过去为来瑱父亲的属将，此时来瑱父亲已死，毕思琛便以吊唁为名，乘机劝降。来瑱不为所动，不加理会，杀敌众多，叛军为之胆怯，称来瑱为“来嚼铁”，即铁石心肠、不讲情面的意思。

在平定安史之乱过程中，为自我保护，许多军阀乘机扩大自己势力而为割据藩镇。来瑱也有留镇襄、汉以壮大自己力量的打算，因此受到吕諲、王仲升、裴茙、程元振等人诬陷，加上肃宗、代宗的猜忌，最终被赐死、抄家。一代名将如此下场，悲夫！

常杨

《新唐书》卷一百四十五《杨炎传》：

与常衮同时知制诰。衮长于除书，而炎善德音，自开元后言制诏者，称"常杨"云。

《旧唐书》卷一百一十八《杨炎传》：

迁中书舍人，与常衮并掌纶诰，衮长于除书，炎善为德音，自开元已来，言诏制之美者，时称"常杨"焉。

《旧唐书》卷一百一十九《常衮传》：

永泰元年，迁中书舍人。衮文章俊拔，当时推重，与杨炎同为舍人，时称为"常杨"。

杨炎(727—781)，字公南，凤翔天兴(今陕西凤翔)人。河西节度使吕崇贲辟为书记。迁中书舍人。大历十四年，为宰相，建中元年(780)，废租庸调制，定两税法。常衮见"黯伯"条。

杨炎长于诗文，今《全唐诗》卷一二一存诗两首，《全唐文》卷四二一、二存文两卷。杨炎为中书舍人时，常衮也是中书舍人，与常衮同掌知诰。《新唐书》卷四十七《百官二》"中书省"条："舍人六人，正五品上。掌侍进奏，参议表章。凡诏旨制敕、玺书册命，皆起草进画；既下，则署行。"《旧唐书》卷四十三《职官二》"中书省"条同。所谓"善为德音"即善于安抚的意思，是与常衮"长于除书"相对而言的；"除书"即制令某人上任做某官的诏书，当然不必安抚，若贬谪、赐死等诏书则唯有婉转安慰为感人。

唐代中书舍人所传诏敕，自上而下流布于朝野，其书写风格往往影响当时文坛。很多中书舍人也因为其所撰写制诏风格独特而获名当时，如张说、苏颋都曾历凤阁舍人、中书舍人，其所撰写制敕被当时称为"大手笔"。开元后,以杨炎与常衮所作知诰最为善美,故时人称为“常杨”。

喜鹊

《新唐书》卷一百四十五《窦参传》:

申,其族子也,为给事中,参亲爱,每除吏多访申,申因得招赂,漏禁密语,故申所至,人目为“喜鹊”。

《旧唐书》卷一百三十六《窦参传》:

窦申者,参之族子。累迁至京兆少尹,转给事中。参特爱之,每议除授,多访于申,申或泄之,以招权受赂。申所至,人目之为“喜鹊”。

窦参(733?—792?),字时中,岐州平陆(今山西平陆)人。窦参以门荫累迁为万年尉。进大理司直,入为御史中丞。进户部侍郎。

德宗时,窦参官至宰相,参与机密。窦参宠爱族子窦申,窦申好搬弄口舌,人称“喜鹊”。窦申常常把窦参给他讲的朝廷机密泄露出来,违背了官场“官不容针,私通车马”这一规则。加之窦参本是不学无术且好专权之人,又喜欢拉帮结派,结果可想而知。先是宰相陆贽发难,说窦参的不是,接着是湖南观察史李巽告发窦参受贿,再加上许多宦官的诽谤,窦参最终赐死于邕州,窦申被杖杀。

敦煌词《鹊踏枝》:“叵耐灵鹊多慢语。”“灵鹊”即喜鹊,喜欢叽叽喳喳不停地叫。人们多用喜鹊来比喻絮絮叨叨的人。

安邑李丞相

《新唐书》卷一四六《李吉甫传》:

初,政事堂会食,有巨床,相传徙者宰相辄罢,不敢迁,吉甫笑曰:“世俗禁忌,何足疑邪?”彻而新之。吉甫居安邑里,时号“安邑李丞相”。

李吉甫(758—814),字弘宪,赵郡赞皇(今河北赞皇)人。李栖筠之子。在唐代历史上,李吉甫算是一位好官、好宰相。他任饶州刺史时,因为前任四位刺史相继死亡,当地人都认为是虎怪变异,吉甫不信邪,剪除荒草荆榛而居之。他任淮南节度使时,在高邮县筑堤为塘,灌溉田亩无数,当地人大受其益。他任宰相时,反对为和尚免税,阻止义阳、义章二公主在墓侧大建祠堂。安西北,平淮西,李吉甫皆有功,辅佐宪宗实现"元和中兴"。李吉甫是一位做实事的人,终成一代名相。虽身居宰辅,李吉甫著作丰富,今唯存《元和郡县图志》残存三十四卷,《全唐诗》卷三一八存诗四首,《全唐文》卷五一二存文二十六篇。

《旧唐书》卷一百四十八李吉甫本传:"京师一宅之外,无他第墅,公论以此重之。""京师一宅"当即位于安邑里的住宅。清徐松《唐两京城坊考》卷三《西京》:"朱雀门街东第四街,街东从北第一长乐坊。……次南安邑坊。……次东,金吾大将军杨执一宅。中书侍郎、同中书门下平章事、赵国公李吉甫宅。"[①]唐康骈《剧谈录》卷下"李相国宅"条:"朱崖李相国德裕宅,在安邑坊东南隅,桑道茂谓为玉碗。"[②]李德裕为李吉甫之子。《新唐书》卷一百八十《李德裕传》:"所居安邑里,有院号起草,亭曰精思,每计大事,则处其中,虽左右侍御不得豫。"李氏世居安邑里,人称吉甫"安邑李丞相"。

李书楼

《新唐书》卷一四六《李磎传》:

> 磎好学,家有书至万卷,世号"李书楼"。所著文章及注解诸书传甚多。

《旧唐书》卷一百五十七《李磎传》:

> 磎自在台省,聚书至多,手不释卷,时人号曰"李书楼"。所撰文章

① [清]徐松撰、李健超增订:《唐两京城坊考》,三秦出版社,2006年版,第130页。

② 上海古籍出版社编:《唐五代笔记小说大观》,上海古籍出版社,2000年版,第1480页。

及注解书传之阙疑，仅百余卷，经乱悉亡。

李磎（？—896），字景望，江夏（今湖北武汉）人。李鄘孙，李邕侄孙。《新唐书》李磎本传说他的父亲是李拭，《旧唐书》本传说是李柱，“拭”“柱”未知孰是。清钱大昕《廿二史考异》及王鸣盛《十七史商榷》均无涉及。黄巢攻陷洛阳的时候，李磎挟尚书八印而走河阳（今河南孟县南）。乾宁元年（894），李磎为宰相；同年五月，李茂贞、王行瑜陈兵阙下时，被王行瑜杀害。

李磎为唐代著名藏书家，人称“李书楼”。五代人孙光宪《北梦琐言》卷六“李磎行状”条：

司空图侍郎撰李公磎行状，以公有出伦之才，为时辈妒忌，罹于非横。其平生著文，有《百家著诸心要文集》三十卷、《品流志》五卷、《易之心要》三卷、《注论语》一部、《明无为》上下二篇、《义说》一篇，仓卒之辰，焚于贼火，时人无所闻也，惜哉！阳春白雪，世人寡和，岂虚言也！葆光子曰：“唐代韩愈、柳宗元，洎李翱、李观、皇甫湜数君子之文，陵轹荀、孟，糠秕颜、谢，其所宗仰者，唯梁浩补阙而已。乃诸人之龟鉴，而梁之声采寂寂，岂阳春白雪之流乎？是知俗誉喧喧者，宜鉴其滥吹也。”①

李磎不仅藏书多而且爱读书、写书。终生撰述不辍，著作丰富，有《百家著诸心要文集》三卷、《品流志》五卷、《易之心要》三卷、《注论语》一部等，均不存。

黯伯

《新唐书》卷一百五十《常衮传》：

惩元载败，窒卖官之路，然一切以公议格之，非文词者皆摈不用，故世称谓之“黯伯”，以其黯黯无贤不肖之辨云。

① 上海古籍出版社编：《唐五代笔记小说大观》，上海古籍出版社，2000年版，第1858页。

常衮(729—783),京兆(今陕西西安)人。他于宝应二年(763),为翰林学士、知制诰;永泰元年(765),为中书舍人。大历十二年(778),元载被杀后,常衮为宰相。常衮善于制诰,与杨炎并称"常杨"。作为宰相,常衮缺少应有的魄力与胸怀,并且很自私。太子文学一职例在太子洗马之下,因为自己的亲家任太子文学,常衮就把太子文学提到太子洗马之上;又因为自己是文学侍从出身,所以常衮在任宰相时,非文学者皆不用;常衮常把自己封闭起来以示尊大,等等。

常衮正是乘审理元载案之机才当上宰相的。但当上宰相后,常衮在革除元载时期弊端的同时,却事事讲原则,处处讲条文,"黯黯无贤不肖之辨",以致一事无成,被人称为"黯伯"。《旧唐书》卷一百一十九本传说:

> 既惩元载为政时公道梗涩,贿赂朋党大行,不以财势者无因入仕。衮一切杜绝之,中外百司奏请,皆执不与,权与匹夫等,尤排摈非文辞等科第者。虽室卖官之路,政事大致雍滞。

照《旧唐书》的说法,常衮是因为不作为以致政事瘫痪而被人称为"黯伯"的。"黯伯"一词来自《晋书》卷四十九《羊曼传》:

> 曼任达颓纵,好饮酒。温峤、庾亮、阮放、桓彝同志友善,并为中兴名士。时州里称陈留阮放为宏伯,高平郗鉴为方伯,泰山胡毋辅之为达伯,济阴卞壶为裁伯,陈留蔡谟为朗伯,阮孚为诞伯,高平刘绥为委伯,而曼为黯伯,凡八人,号"兖州八伯",盖拟古之"八儁"也。

《晋书》载:羊曼是个凡事都不努力的人,他知道王敦要谋反,不闻也不问,整天醉酒而已;又如,当年东晋政权刚建立,很多中原朝士南下,大家都在一起吃工作餐,其时,杨曼为丹阳尹,提供的伙食,不分贵贱,早来早吃,迟来迟吃,吃完就没了,敷衍塞责而已;苏峻叛乱时,杨曼带兵打仗,不进攻也不逃跑,终于被苏峻杀害。羊曼、常衮都是居官位而办事不努力的人,人称"黯伯",并没有冤枉他们。

内相

《新唐书》卷一五七《陆贽传》：

始，贽入翰林，年尚少，以材幸，天子常以辈行呼而不名。在奉天，朝夕进见，然小心精洁，未尝有过，由是帝亲倚，至解衣衣之，同类莫敢望。虽外有宰相主大议，而贽常居中参裁可否，时号"内相"。

《旧唐书》卷一百三十九《陆贽传》：

贽初入翰林，特承德宗异顾，歌诗戏狎，朝夕陪游。及出居艰阻之中，虽有宰臣，而谋猷参决，多出于贽，故当时目为"内相"。

陆贽(754—805)，字敬舆，苏州嘉兴(今浙江嘉兴)人。陆贽年十八，博学宏辞及第。补渭南尉，迁监察御史。兴元元年(784)，陆贽迁谏议大夫，改中书舍人。贞元八年(792)，拜相。陆贽长于文章，受德宗赏识，从此思以报效，于德宗尽忠尽义，德宗顾待益厚。建中四年(783)，朱泚作乱，陆贽扈从德宗至奉天，"时天下叛乱，机务填委，征发指踪，千端万绪，一日之内，诏书数百。贽挥翰起草，思如泉注，初若不经思虑，既成之后，莫不曲尽事情，中于机会，胥吏简札不暇，同舍皆伏其能"①。虽处艰难时期，君臣却相得益彰。此时，陆贽虽位不在宰辅，但为德宗出谋划策，为皇帝身边最亲信的人，所以被时人称为"内相"。此"内相"，与玄宗时期的王琚被称为"内宰相"是一个意思，与高宗时期为分宰相权力而置的翰林学士被称为"内相"则并不是一个意思。商务印书馆版《古代汉语词典》(1991年版)"内相"条：

翰林学士的别称，《新唐书·陆贽传》："虽外有宰相主大议，而贽常居中参裁可否，时号'内相'。"

这条解释不够全面，举陆贽为例更是张冠李戴。

---

① ［五代］刘昫：《旧唐书》，中华书局，1975年版，第3792页。

白望

《新唐书》卷一百五十八《张建封传》：

是时，宦者主宫市，置数十百人阅物廛左，谓之“白望”，无诏文验核，但称宫市，则莫敢谁何，大率与直十不偿一。

《旧唐书》卷一百四十《张建封传》：

时宦者主宫中市买，谓之宫市，抑买人物，稍不如本估。末年不复行文书，置白望数十百人于两市及要闹坊曲，阅人所卖物；但称宫市，则敛手付与，真伪不复可辨，无敢问所从来及论价之高下者。率用直百钱物买人直数千物，仍索进奉门户及脚价银。人将物诣市，至有空手而归者，名为宫市，其实夺之。

唐代中期以后，“宫市”成为一大京师街头弊病。当时的诗人如白居易等在诗歌中都有反映。所谓“宫市”，就是宦官上街买东西，问题是他们的买东西带有抢夺性质，起先还装模作样地有些文字凭证，即白居易在《卖炭翁》中所说的“手把文书口称敕”，后来干脆明火执仗地掠夺了。《资治通鉴》“德宗贞元十三年”：

先是，宫中市外间物，令官吏主之，随给其直。比岁以宦者为使，谓之宫市，抑买人物，稍不如本估。其后不复行文书，置白望数百人于两市及要闹坊曲，阅人所卖物，但称宫市，则敛手付与，真伪不复可辨，无敢问所从来及论价之高下者，率用直百钱物买人直数千物，多以红紫染故衣、败缯，尺寸裂而给之，仍索进奉门户及脚价钱。人将物诣市，至有空手而归者，名为宫市，其实夺之。①

据文义，“白望”是在街市探看但并不买货物之人。他们看好货物后向

① ［宋］司马光：《资治通鉴》，中华书局，2007 年版，第 2907 页。

宦者报告,接着宦者来强买。胡注"白望":"言使人于市中左右望,白取其物,不还本价也。"把"白"字解释为"白取其物",似望文生义,"白"乃"只看不买"之义。《晋书》卷七十一《陈頵传》"先白望而后实事",中"白望"的意思是"虚有其名声",与此处"白望"含义无涉。

张建封(735—800),字本立,邓州南阳(今属河南)人。贞元十三年(797),张建封进京,上奏德宗罢宫市。《资治通鉴》"德宗贞元十三年":

然宫市亦不为之改,谏官御史数谏,不听。建封入朝,具奏之,上颇嘉纳;以问户部侍郎判度支苏弁,弁希宦者意,对曰:"京师游手万家,无土著生业,仰宫市取给。"上信之,故凡言宫市者皆不听。

张建封虽为武将而擅长文学。镇徐州十年,礼贤下士,天下名士向风延颈,文人如徐孟容、韩愈等,皆为之从事。《全唐诗》卷二七八存诗二首。

鲍谢

《新唐书》卷一百五十九《鲍防传》:

防于诗尤工,有所感发,以讥切时弊,当时称之。与中书舍人谢良弼友善,时号"鲍谢"。

鲍防(723—790),字子慎,襄阳(今湖北襄阳)人。有志于学,善于辞章,第进士。为职方员外郎。从德总狩奉天,进礼部侍郎,封东海郡公。

关于鲍防,两《唐书》载两件事:一是兴元元年至贞元二年(784—786),知贡举时能知人,一是被宰相窦参报复感愤而终。这说明他是一位好官,但却不能善终。

《新唐书》本传、《唐才子传》《唐诗纪事》《全唐诗》小传都说鲍防"尤工于诗",但今本《全唐诗》存其诗八首,只有三首确定是其作品,不能窥全豹。《唐诗纪事》卷四十七载崔子向《上鲍大夫》:"行尽江南塞北时,无人不颂鲍家诗。东堂桂树何年折,直到如今少一枝。"显然是鲍防为主考官时崔氏为了讨好他而作。《新唐书》说鲍防的诗"有所感发,以讥切世弊,当时称之",就他的《杂感》一诗来看,是不错的。

汉家海内承平久，万国戎王皆稽首。天马常衔苜蓿花，胡人岁献葡萄酒。五月荔枝初破颜，朝离象郡夕函关。雁飞不到桂阳岭，马走先过林邑山。甘泉御果垂仙阁，日暮无人香自落。远物皆重近皆轻，鸡虽有德不如鹤。

此诗语句平易易懂，指摘时弊而词旨微婉。今《全唐文》卷四三七存鲍防文两篇。

据《中国文学家大辞典》陈尚君先生所撰“谢良弼”条，知谢良弼为谢良辅之兄，官至中书舍人，唐代中书舍人类能文。代宗大历年间，谢良弼在越州时，与严维、吕渭、鲍防等三十余人唱和，有《大历年浙东联唱集》。鲍与谢二人为诗友可知，所以时人称“鲍谢”。南朝时期，鲍照和谢朓两人并称“鲍谢”，鲍照和谢灵运两人也并称“鲍谢”。唐人称谢良弼、鲍防为“鲍谢”，当是承此而来。时号本是口语，讲求便利，拈成语而用之，这也是时号形成的一条规则。

《旧唐书》卷一百四十六《鲍防传》不载其与谢良弼的关系，也不载“鲍防”时号。

三杨　杨穆许李　杨家三喜

《新唐书》卷一百六十《杨凭传》：

杨凭字虚受，一字嗣仁，虢州弘农人。少孤，其母训道有方。长善文辞，与弟凝、凌皆有名，大历中，踵擢进士第，时号“三杨”。凭重交游，尚气节然诺，与穆质、许孟容、李鄘相友善，一时歆慕，号“杨穆许李”。

又，《新唐书》卷一百六十《杨凭传》附《杨敬之传》：

文宗尚儒术，以宰相郑覃兼国子祭酒，俄以敬之代。未几，兼太常少卿。是日，二子戎、戴登科，时号“杨家三喜”。

《旧唐书》卷一百四十六《杨凭传》：

重交游，尚然诺，与穆质、许孟容、李鄘、王仲舒为友，故时人称“杨穆许李”之友①，仲舒以后进慕而入焉。

杨凭（生卒年不详），字虚受，虢州弘农（今河南灵宝）人。杨凝（？—803），字懋功，杨凌（？—790？），字恭履，杨凭、杨凝、杨凌为兄弟。三人先后于大历九年（774）、十一年、十三年登进士第，杨凭、杨凝为状元。家族功名之荣耀，莫此为甚，于是有“三杨”之称。“三杨”皆有文名，柳宗元《唐故兵部郎中杨君墓碣》称赞杨氏兄弟文曰：“东薄海、岱，南极衡、巫，文学者皆知诵其词，而以为模准。进修者率用歌其行，而有所矜式。”②今《全唐诗》卷二八九存杨凭诗一卷，卷二九一存杨凌诗一卷，卷二九〇存杨凝诗一卷；《全唐文》卷四七八存杨凭文两篇。

穆质（生卒年不详），怀州河内（今河南沁阳）人。穆宁之子，穆宁大历初为监察御史，三迁检校秘书少监、兼和州刺史，德宗时以秘书监致仕。穆家家风严谨，世以儒闻。穆质举贤良方正，应制策入第三等，官至给事中。元和时改为太子左庶子，因为与杨凭友善，被贬为开州刺史，卒。穆宁弟兄四人，都很和粹，有声誉，当时人用“滋味”比喻四人：穆赞为“酪”，穆质为“酥”，穆员为“醍醐”，穆赏为“乳腐”。

许孟容（743—818），字公范，京兆长安（今陕西西安）人。他少以文词知名，官至吏部侍郎。《旧唐书》卷一百五十四本传：“方劲，富有文学。其折中礼法考详训典甚坚正，论者称焉。而又好推毂，乐善拔士，士多归之。”两《唐书》许孟容本传不载其与杨凭、穆质、李鄘等人之友善关系，但通过许孟容与权德舆的关系及权德舆与杨凭的关系，可以隐约知道许孟容与杨凭的相友善关系。贞元十九年大旱，许孟容与权德舆两人都上疏陈政，两人都反对宰相裴延龄；《全唐诗》卷三三零载孟容诗《答权载之离合诗》。《新唐书·杨凭传》：

凭所善客徐晦者，字大章，第进士、贤良方正，擢栎阳尉。凭得罪，

---

① 《旧唐书》本卷“时人称杨穆许李之友”“校勘记”：《御览》卷四〇八“友”作“交”。

② ［唐］柳宗元：《柳河东集》，上海人民出版社，1974 年版，第 134 页。

> 姻友惮累，无往候者，独晦至蓝田慰饯。宰相权德舆谓曰："君送临贺诚厚，无乃为累乎？"晦曰："方布衣时，临贺知我，今忍遽弃邪？有如公异时为奸邪谮斥，又可尔乎？"德舆叹其直，称之朝。

临贺即杨凭，杨曾任临贺尉。李鄘（？—820），字建侯，江夏（今湖北武汉）人。李邕从孙。进士第，又以书判高等补秘书省正字。官至宰相。两《唐书》都说他"强直无私，与杨凭、穆质、徐孟容、王仲舒友善，皆以气自任"。当时之所以有"杨穆许李"时号，一方面是因为四人都"以气自任"也就是有个性、敢作敢为；另一方面四人都善于文章。

杨敬之（生卒年不详），字茂孝。杨凌之子。所作《华山赋》，为韩愈、李德裕等欣赏。父拜官，同日二子登科，乃家族喜事，人称"杨家三喜"。据清徐松《登科记考》，杨戴登进士、杨戎登三史制科在文宗开成二年（837），知贡举为吏部侍郎高锴。

青钱学士

《新唐书》卷一百六十一《张荐传》：

> 员外郎员半千数为公卿称"鷟文辞犹青铜钱，万选万中"，时号鷟"青钱学士"。

《旧唐书》卷一百四十九《张荐传》：

> 员外郎员半千谓人曰："张子之文如青钱，万简万中，未闻退时。"时流重之，目为"青钱学士"。

张荐（744—804），字孝举。深州陆泽（今河北深县）人。代宗大历中，授左司御率府兵曹参军。贞元十一年，拜谏议大夫；二十年，为工部侍郎、兼御史大夫。期间二十年，皆兼史馆修撰。有文集三十卷及所撰《五服图》《宰辅略》《灵怪集》《江左寓居录》等。祖张鷟（658？—730），字文成。登进士第，授岐王府参军。凡应八举，皆登甲科；凡四参选，判策为铨府之最。授长安尉，迁鸿胪丞。

唐代刘肃《大唐新语》有关于张鷟科第历程以及文学天才的记录，今逐录如下：

张文成，以词学知名，应下笔成章、才高位下、词摽文苑等三入科，俱登上第，转洛阳尉。故有《咏燕》诗，其末章云："变石身犹重，衔泥力尚微。从来赴甲第，两起一双飞。"时人无不讽咏。累迁司门员外。文成凡七应举，四参选，其判策皆登甲第科。员半千谓人曰："张子之文如青铜钱，万拣万中，未闻退时。"故人号"青铜学士"。久视中，太官令马仙童陷默啜，问："张文成何在？"仙童曰："自御史贬官。"默啜曰："此人何不见用也？"后暹罗、日本使入朝咸使人就写文章而去。其才远播如此。

《旧唐书》本传："鷟下笔敏速，著述尤多，言颇诙谐。是时天下知名，无贤不屑，皆记诵其文。"《新唐书》本传："鷟属文下笔辄成，浮艳少理致，其论著率诋诮芜猥，然大行一时，晚进莫不传记。"张鷟著述流传至今的有《朝野佥载》六卷、《龙筋凤髓判》四卷及传奇《游仙窟》。

"青铜钱"或简称"青钱"，其义有二：一是现钱的意思，杜诗《逼仄行赠毕四曜》："速宜相就饮一斗，恰有三百青铜钱。"仇兆鳌引张远注："唐人以现钱为青钱。按张鷟文如万选青钱，则又非现之谓矣。"①另一个意思，是与质地差的"恶钱"相对的"好钱"。《旧唐书》卷四十八《食货上》：

则天长安中，又令悬样于市，令百姓依样用钱。俄又简择艰难，交易留滞。又降敕非铁锡、铜荡、穿穴者，并许行用。其有熟铜、排斗、沙涩、厚大者，皆不许简。自是盗铸蜂起，滥恶益众。

时江淮钱尤滥恶，有官炉、偏炉、棱钱、时钱等数色。璟乃遣监察御史萧隐之充江淮使。隐之乃令率户出钱，务加督责。百姓乃以上青钱充恶钱纳之，其小恶者或沉之于江湖，以免罪戾。于是市井不通，物价腾起，流闻京师。隐之贬官，璟因之罢相，乃以张嘉贞知政事。嘉贞乃弛其禁，人乃安之。

---

① ［清］仇兆鳌：《杜诗详注》，中华书局，1979年版，第468页。

“皆不许简”就是“不许挑选使用”的意思，与“万简万中”之“简”义同。“百姓乃以上青钱充恶钱纳之”这里“青钱”与“恶钱”对文成义，也就是好钱的意思。用“青钱”来比喻张鷟的文，也就是说他写的作品篇篇优秀，没有不好的文章。唐代通称读书人为“学士”。

京师高訾

《新唐书》卷一百六十四《胡证传》：

> 广有舶贝奇宝，证厚殖财自奉，养奴数百人，营第修行里，弥亘闾陌，车服器用珍侈，遂号“京师高訾”。

胡证(758—828)，字启中，河东(今山西永济)人。登进士第，自殿中侍御史授太子舍人。入迁左谏议大夫。敬宗即位，检校户部尚书，守京兆尹。胡证有安边之才，宝历二年(826)，检校兵部尚书、广州刺史，充岭南节度使。期间，搜括巨额财产，归，人称“京师高訾”。

南土物产丰富，尤其是广州、交趾占水陆之利，且地处遥远，朝廷难于控制，北方官员一旦莅位岭南，往往不能敛手，以至于有“贪泉”之说。此即史书所谓“岭南之弊”。《晋书》卷九十《良吏·吴隐之传》：

> 广州包带山海，珍异所出，一箧之宝，可资数世，故前后刺史皆多黩货。朝廷欲革岭南之弊，以隐之广州刺史。未至州二十里，地名石门，有水曰贪泉，饮者怀无厌之欲。隐之既至，语其亲人曰：“不见可欲，使心不乱。越岭丧清，吾知之矣。”乃至泉所，酌而饮之，因赋诗曰：“古人云此水，一歃怀千金。试使夷齐饮，终当不易心。”及在州，清操逾厉，常食不过菜及干鱼而已，帷帐器服皆付外库，时人颇谓其矫，然亦终始不易。

周一良《魏晋南北朝史讲义·〈宋史〉札记》“南俸”条：“南俸乃任广州刺史时之俸禄及其他在当地剥削榨取之收入。”[①]仅就《南史》记载，“岭南之

---

① 周一良：《魏晋南北朝史札记》，中华书局，1985年版，第169页。

弊”可以说是数不胜数。列举数端,以见一斑。《南史》卷二十四《王镇之传》:

出为建威将军、平越中郎将、广州刺史,加都督。宋武帝谓人曰:“镇之少著清绩,必将继美吴隐,岭南弊俗,非此不康也。”在镇不受俸禄,萧然无营,去官之日,不异初至。

《南史》卷二十三《王华传》附《王琨传》:

出为平越中郎将、广州刺史,加都督。南土沃实,在任者常致巨富。世云广州刺史经城门一过,便得三千万。琨无所取纳,表献禄俸之半。

又,《南史·王彧传》附《王劢传》:

时河东王为广州刺史,乃以劢为冠军河东王长史、南海太守。王至岭南,多所侵掠,因惧罪称疾,委州还朝,劢行州府事。越中饶沃,前后守宰,例多贪纵,劢独以清白著闻。

《南史》卷二十五《垣护之传》附《垣闳传》也有关于“岭南之弊”及“南资”“西资”的记录:

闳,字叔通,荣祖从父也。父遵,位员外常侍。闳为宋孝武帝南中郎参军。孝武帝即位,以为交州刺史。时交土全实,闳罢州还,资财巨万。孝武末年贪欲,刺史二千石罢任还都,必限使献奉,又以蒱戏取之,要令罄尽乃止。闳还至南州,而孝武晏驾,拥南资为富人。明帝初,以为司州刺史。北破薛道摽,封乐乡县男。出为益州刺史。蜀还之货,亦数千金,先送献物,倾西资之半,明帝犹嫌其少。及闳至都,诣廷尉自簿,先诏狱官留闳,于是悉送资财,然后被遣。凡蛮夷不受鞭罚,输财赎罪,谓之赕。时人谓闳被赕刺史。

《南史》卷二十六《袁昂传》:“时尚书令王晏弟诩为广州,多纳赇货,昂依事劾奏,不惮权贵,当时号为正直。”卷二十八《褚裕之传》:

(卢)循南走,武帝板行广州刺史,加督,建威将军,领平越中郎将。在任四年,广营赀货,资财丰积,坐免官,禁锢终身。还至都,凡诸亲旧及一面之款,无不厚加赠遗。……永初三年,出为雍州刺史,领宁蛮校尉。在任三年,以清简致称。

《南史》卷三十一《张裕传》:"出为都督、广州刺史、平越中郎将,绥静百越,岭外安之。……茂度(张裕字茂度)内足于财,自绝人事,经始本县之华山为居止。"张裕之所以"内足于财",当然也是他做广州刺史搜得巨大数额财产的缘故。

《旧唐书》卷一百六十三胡证本传不载"京师高訾"时称,但有与此内容相关的记载:

广州有海舶之利,货贝狎至。证善蓄积,务华侈,厚自奉养,童奴数百,于京城修行里起第,连亘吕巷。领表奇货,道途不绝,京邑推为富家。

"訾"与"赀"通,"高訾"就是资财多的意思,为汉唐以来习语。《汉书》卷二十四《食货》:"长安丹王君房、豉樊少翁、王孙大卿,为天下高訾。"又卷二十八《地理》:"后世世徙吏二千石、高訾富人及豪杰并兼之家于诸陵。盖亦以强干弱支,非独为奉山园也。"《南齐书》卷三《武帝纪》:"高赀不在例。孤老六疾,人谷五斛。"

清徐松《唐两京城坊考》卷三《西京》:"朱雀门街东第四街,街东从北第一长乐坊。……次南修行坊。……岭南节度使胡证宅。"①当胡证之子胡溵时,胡家财产在"甘露之变"中一日荡尽,并引来杀身之祸。《旧唐书》胡证本传:"证素与贾餗善,及李训事败,禁军利其财,称证子溵匿餗,乃破其家。一日之内,家财并尽。军人执溵入左军,仇士良命斩之以徇。"

① [清]徐松撰、李健超增订:《唐两京城坊考》,三秦出版社,2006年版,第140页。

南郑相　北郑相　二郑

《新唐书》卷一百六十五《郑馀庆传》：

与从父絪家昭国坊，絪第在南，馀庆第在北，世谓“南郑相”“北郑相”云。

又，《新唐书·郑从谠传》：

时郑畋以宰相镇凤翔，移檄讨贼，两人以忠义相提衡，贼尤惮之，号“二郑”云。

《旧唐书》卷一百五十八《郑从谠传》：

广明首唱仗义，断贼首尾，逆徒名为“二郑”。国威复振，二儒帅之功也。

郑馀庆（746—820），字居业，郑州荥阳（今河南荥阳）人，第进士。郑馀庆于贞元初，擢库部郎中，为翰林学士，以工部侍郎知吏部选。贞元十四年，拜中书侍郎、同中书门下平章事。《旧唐书》本传：“馀庆砥名砺行，不失儒者之道，清俭率素，终始不渝。四朝居将相之任，出入垂五十年，禄赐所得，分给亲党，其家颇类寒素。”

郑絪（752—829），字文明。郑馀庆从父。进士第，中宏辞科。入为起居郎、翰林学士，累迁中书舍人。宪宗即位，拜中书侍郎、同中书门下平章事，迁门下侍郎。《旧唐书》卷一百五十九本传：“絪以文学进，恬淡，践历华显，出入中外者逾四十年。所居虽无赫奕之称，而守道敦笃，耽悦坟典，与当时博闻好古之士，为讲论名理之游，时人皆仰其耆德焉。”昭国坊，徐松《唐两京城坊考》卷三《西京》：“朱雀街东第三街，街东从北第一翊善坊。……次南昭国坊。……南门内，太子太傅致仕郑絪宅。检校司徒、兼太子少师郑馀庆宅。”[①]注引宋王谠《唐语林》：“司徒郑贞公与其宗叔太子太傅絪居昭国坊，太傅第在南，司徒第在北，时人谓之南郑相、北郑相。”

郑从谠（？—887 年），字正求。郑澣子，郑馀庆孙。郑从谠进士及第，补校书郎，累迁左补阙。懿宗咸通中，为吏部侍郎。僖宗立，召为刑部主事，擢同中书门下平章事，进门下侍郎。僖宗广明元年十二月，黄巢军侵犯长安，僖宗被迫逃亡梁、汉间，僖宗诏从谠派军勤王。同时沙陀出身的李克用以入援为借口，纵兵肆掠，企图乘机入侵中原。从谠与驻扎在凤翔的宗人、宰相郑畋相呼应，不仅打退了沙陀军，同时遏退黄巢军。时人称郑从谠、郑畋为“二郑”。其实，平定黄巢军，保障唐代政权及社会暂时稳定，“二郑”有很大贡献。郑畋（825—883），字台文，系出荥阳，第进士。中书判拔萃科，调渭南尉。入为刑部员外郎。黄巢事起，郑畋为凤翔陇西节度使，僖宗乾符元年（874），拜相。宋王谠《唐语林》卷五：

> 司徒郑贞公，每在方镇，公厅陈设，器用无不精备，宴犒未尝刻薄。其平居奉身过于俭素，中外婚嫁甚多，礼物皆经处画。公与其宗叔太子太傅絪居昭国坊。太傅第在南，出自南祖；司徒第在北，出自北祖：时人谓之“南郑相”“北郑相”。司徒堂兄文宪公，前后相德宗，亦谓之“大郑相”“小郑相”焉。

郑贞公即郑馀庆，谥曰贞；“文宪公”即郑珣瑜[②]。郑珣瑜（738—805），字元伯，河南荥泽（今河南郑州）人。大历中，中讽谏主文科，授大理评事，调翟阳丞。入为谏议大夫，迁吏部侍郎，进门下侍郎、同中书门下平章事。郑珣瑜与郑馀庆又被时人称为“大郑相”“小郑相”。

秃角犀　小杜

《新唐书》卷一百六十六《杜悰传》：

> 悰于大议论往往有所合，然才不周用。虽出入将相，而厚自奉养，

---

① ［清］徐松撰、李健超增订：《唐两京城坊考》，三秦出版社，2006 年版，第 106 页。

② 参见周勋初：《唐语林校证》，中华书局，1987 年版，第 522 页。

未尝荐进幽隐,佑之素风衰焉,故时号“秃角犀”。

又,《新唐书·杜牧传》:

牧于诗,情致豪迈,人号为“小杜”,以别杜甫云。

杜悰(794—873),字永裕,京兆万年(今陕西西安)人。杜佑孙。以门荫三迁为太子似议郎。武宗会昌初(841),为淮南节度使;逾年,召拜检校尚书右仆射、同中书门下平章事。虽出将入相,但杜悰并无将相之才。两《唐书》本传都说“悰无他才,常延接寒素,甘食窃位而已”。有两件事很能说明杜悰的平庸无能:其一是咸通九年(868)大旱,杜悰在往镇淮南的路上,当时漕运官米所经之处有遗落水中者,既大旱,水必不深,故饥民得漉而食之以偷生,饥民把在水中拾到的救命米称为“圣米”,悰竟然上报朝廷以为祥瑞;另一件事是在镇淮南时,狱中囚犯积数千百人,杜悰不闻不问,终日饮酒而已。“秃角犀”,没有角的犀牛。犀牛珍异在其角,无角犀牛虽则庞大,亦被视为无用之动物。杜悰出身名宦世家,且出入将相,虽有华贵地位然无政术,无用如同无角之犀牛。

杜牧(803—853),字牧之。杜从郁子,杜佑孙。官至考功郎中知制诰,迁中书舍人。杜牧为晚唐文学巨匠,长于诗、赋、古文。发挥、完善了李白等以来七绝诗的体式优点,与许浑共为晚唐七绝大家。杜牧诗歌风格豪迈,咏史诗往往于别一角度假设,婉转而有思致。人称“小杜”,以别于杜甫;与李商隐并称“小李杜”,以别于李白、杜甫。

白衣宰相

《新唐书》卷一百六十六《令狐滈传》:

诏下,左拾遗刘蜕、起居郎张云交疏指其恶,且言:“绹用李琢为安南都护,首乱南方,赃虐流著,使天下兵戈调敛不给。琢本进赂于滈,滈为人子,陷绹于恶,顾可为谏臣乎?”又劾:“绹,大臣,当调护国本,而大中时,乃引谏议大夫豆卢籍、刑部侍郎李邺为夔王等侍读,乱长幼序,使先帝贻厥之谋几不及陛下。且滈居当时,谓之‘白衣宰相’。滈未尝举进士，而妄言已解，使天下谓无解及第，不已罔乎？”

令狐滈（生卒年不详），敦煌（今甘肃敦煌）人。令狐绹子，令狐楚孙。令狐楚、令狐绹都官至宰相。

因为避嫌，令狐滈没有参加科举，也就没有了功名，没有功名的人称为“白衣”。官服有朱、紫颜色，没有功名即平民，平民衣服不准有颜色即白衣。令狐楚拜相是在宪宗时，宣宗时，令狐绹拜相。懿宗时，反对令狐家的人很多，令狐绹只得罢相。罢相后，令狐绹给懿宗上书，替儿子令狐滈说情，希望能得一第。其年，中书舍人裴坦主考，得第者三十人，中有故户部尚书郑澣之孙郑羲、故宰相裴休之子裴弘馀、故宰相魏扶之子魏筜、令狐绹之子令狐滈。谏议大夫崔瑄认为登第者都是权贵之裔，并无实才，上疏说：

令狐滈昨以父居相位，权在一门。求请者诡党风趋，妄动者群邪云集。每岁贡闱登第，在朝清列除官，事望虽出于绹，取舍全由于滈。喧然如市，旁若无人，权动寰中，势倾天下。及绹罢相作镇之日，便令滈纳卷贡闱。岂可以父在枢衡，独挠文柄？请下御史台按问文解日月者。①

所谓“事望虽出于绹，取舍全由于滈”，就是揭发在令狐绹当宰相时，他的儿子令狐滈虽是平民身份，却是幕后主事人，才是真正的“宰相”。这句话解释了为什么令狐滈被称为“白衣宰相”的原因。根据刘蜕、张云所说，其时肯定有人称令狐滈为“白衣宰相”，以讽刺令狐滈背后弄权。

当时仲尼　郎君谷　黄头军

卷一百六十七《王起传》：

帝题诗太子笏以赐，诏画像便殿，号“当时仲尼”，其宠遇如此。

又，《新唐书·王龟传》：

---

① ［五代］刘昫：《旧唐书》，中华书局，1975年版，第4468页。

侍父至河中，庐中条山，朔望一归省，州人号“郎君谷”，未始以人事自婴。

又，《新唐书·王式传》：

忠武戍卒服短后褐，以黄帽首，南方号“黄头军”，天下锐卒也。

《旧唐书》卷一百六十四《王龟传》：

及从父起在河中，于中条山谷中起草堂，与山人道士游，朔望一还府第，后人目为“郎君谷”。

王起（760—847），字举之，其先太原人，父王恕为扬州普仓曹参军，遂占籍扬州。进士及第，释褐校书郎，补蓝田尉。以殿中侍御史入兼集贤殿直学士。拜吏部侍郎。为尚书左丞，以户部尚书判度支。《旧唐书》卷一百六十四：“起僻于嗜学，虽官位崇重，耽玩无斁，夙夜孜孜，殆忘寝食，书无不览，经目靡遗。”乃饱学之士。唐文宗好古，其时郑覃以经术进，王起以敦博致显。王起深得文宗宠遇，诏画像便殿，不称其名但称“当世仲尼”，以志其深于儒道之学。清俞樾《茶香室四钞》卷六“以孔子名字取名”条：“《唐书》，王起字举之，文宗引入翰林，诏画像便殿，号当世仲尼。此中国君臣侮圣之尤者也。”

王龟（生卒年不详），字大年。王起子。王龟性喜安静，嫌光福坊的住宅太喧闹，移住永达坊，建“半隐亭”自娱自乐。任河中节度使时，独居山谷中，偶一省其父而已。人称其所居山谷为“郎君谷”，尊称也。

《新唐书》卷二〇八《宦官·田令孜传》：“初，成都募陈许兵三千，服黄帽，名‘黄头军’，以捍蛮。”臧励龢《中国古今地名大辞典》“忠武军”条：“唐置，治陈，今河南淮阳县治。先是乾元初置陈郑颍亳四州节度，宝应初又曰陈郑潞泽节度，寻赐号忠武。元和中移治许，今河南许昌县治，领陈、许、蔡等州。”[1]南方多水，战士着黄帽以象土，土以克水。

---

① 臧励龢：《中国古今地名大辞典》，商务印书馆，1931 年版，第 463—464 页。

二王刘柳　柳柳州

《新唐书》卷一百六十八《刘禹锡传》：

凡所进退，视爱怒轻重，人不敢指其名，号“二王刘柳”。

又，《新唐书·柳宗元传》：

南方为进士者，走数千里从宗元游，经指授者，为文辞皆有法，世号“柳柳州”。

《旧唐书》卷一百六十《刘禹锡传》：

韩皋凭籍贵门，不附叔文党，出为湖南观察使。既任喜怒凌人，京师人士不敢指名，道路以目，时号“二王刘柳”。

又，《旧唐书·柳宗元传》：

江岭间为进士者，不远数千里皆随宗元师法；凡经其门，必为名士。著述之盛，名动于时，时号“柳州”云。

刘禹锡，已见“刘白”条。柳宗元（773—819），字子厚，祖籍河东（今山西永济）。柳宗元登进士，中宏辞科，授校书郎、蓝田尉。贞元十九年，为监察御史。王叔文用事，为尚书礼部员外郎。王叔文败，柳宗元贬永州司马。元和十年，移柳州刺史。柳宗元《种柳戏题》：“柳州柳刺史，种柳柳江边。谈笑为故事，推移成昔年。垂阴当覆地，耸干会参天。好作思人树，惭无惠化传。”人称“柳柳州”，尊称也。

贞元二十一年（805），德宗崩，顺宗李诵即位。顺宗当年还是太子时，与王叔文、韦执谊等相善，践位后便重用王叔文、韦执谊等。顺宗在登位前一年就已经中风，口不能言，大权旁落在王叔文、韦执谊等人手中，这引起了宦官及其他大臣的不满。时日不长，顺宗逊位并且不久就驾崩了。宪宗李纯继位，王叔文、韦执谊等人被贬谪到外地。“二王”指王伾、王叔文；“刘柳”指刘禹锡、柳宗元。刘、柳二人由于结交二王，得以进入当时的权力中心。四人权倾一时，故有“二王刘柳”称号。《新唐书》卷一百六十八王叔文本传：“阴结天下有名士，而士之欲速进者，率皆附之，若韦执宜、陆质、吕温、李景俭、韩晔、韩泰、陈谏、柳宗元、刘禹锡为死友，而凌准、程异又因其党进，出入诡秘，外莫得其端。”

王叔文(753—806)，越州山阴(今浙江绍兴)人，始以棋艺待诏。王伾(？—806)，杭州人，始为翰林侍书待诏，累迁至正议大夫、殿中丞、皇太子侍书。

刮城门

《新唐书》卷一百七十《范希朝传》：

> 俄迁振武节度使。部有党项、室韦杂居，暴掠放肆，日入慝作，谓之“刮城门”。

《旧唐书》一百五十一《范希朝传》：

> 振武有党项、室韦，交居川阜，凌犯为盗，日入慝作，谓之“刮城门”。居人惧骇，鲜有宁日。

范希朝(？—814)，字致君，河中虞乡(今陕西虞乡)人。德宗建中中，事节度使韩游瓌为邠宁虞候。德宗幸奉天，范希朝护驾有功，累加兼中丞，为宁州刺史。后除振武军节度使，加检校礼部尚书。范希朝以太子太保致仕，为当时名将，尤其善于抚边，当时人比作汉代的赵充国。

臧励龢《中国古今地名大辞典》“振武军”条：“唐乾元初分朔方节度置振武军节度，属关内道。单于都督府治此，在今绥远和林格尔县，寻复属朔方。大历末又置，领绥、银、麟、胜等州，东中二受降城，及振武镇北等州军。今陕西绥德以北及绥远南部之地。中和以后属于河东。”①振武镇在绥远南。

① 臧励龢：《中国古今地名大辞典》，商务印书馆，1931年版，第702页。

地处边陲，汉夷杂处。党项、室韦部族向来凶悍。人烟稀少之地，城镇自然成为他们搜刮、抢掠首选目标。

大小大夫

《新唐书》卷一百七十一《李光进传》：

元和四年，王承宗反，范希朝引师救易定，表光进为都将。时光颜亦至大夫，军中呼"大小大夫"。

《旧唐书》卷一百六十一《李光进传》：

先是救易定之师，光进、光颜皆在其行，故军中呼光进为"大大夫"，光颜为"小大夫"。

李光进(751—815)，本河曲部落人，姓阿跌氏。唐肃宗灵武招兵勤王，李光进从郭子仪破叛军，收复两京，居功至伟，授代州刺史，御史大夫，封范阳郡公。上元初，郭子仪为朔方节度使讨北方，用李光进为都知兵马使。代宗永泰初，进封武威郡王。大历四年，检校户部尚书，转检校刑部尚书，兼太子太保。元和四年(809)，从范希朝平王承宗，李光进有功。累功，赐李姓。李光进天资骠健，在讨平李怀光、杨惠琳战役中屡建战功。在元和九年的讨伐蔡州吴元济战斗中，更是一马当先，虽身矢集如猬，仍挺刃向前。穆宗立，加同中书门下平章事；敬宗初，真拜司徒、河东节度使。李光颜(761—826)，字光远，李光进弟。李光颜为人勇健，从高崇文平蜀，搴旗斩将，出入如神，知名。元和以来，历授代、洺二州刺史、兼御史大夫。迁忠武军节度使、检校工部尚书。长庆初，迁凤翔节度使，依前检校司空、同中书门下平章事。敬宗即位，正拜司徒。

以赫赫战功，李光进、李光颜兄弟二人遍历军中职位，两人都曾兼带御史大夫之职，故军中分别称呼两人为"大大夫""小大夫"。

襄样节度

《新唐书》卷一百七十二《于頔传》:

俄擅以兵取邓州,天子未始谁何。初,襄有髹器,天下以为法。至頔骄蹇,故方帅不法者号"襄样节度"。

于頔(? —818),字允元,河南(今河南洛阳)人。于頔历长安县令、驾部郎中,出为湖州刺史。任苏州刺史的时,颇有所作为,但横暴一时。贞元十四年(818)于頔为襄州刺史,充山南东道节度观察使。襄州与蔡州相邻,在平定蔡州吴少诚叛乱过程中,渐渐坐大,广军籍,募战士,备器甲,俨然成为汉南之主。于頔又乘机向德宗请升襄州为大都督府,德宗本以姑息方镇为能事,只得听任之。于頔性本贪暴,于州内专以凌上威下为务,公然聚敛,动辄以军法从事。由于对判官薛正伦不满意,薛正伦死后尸骨未寒,就以军对围其宅,逼薛正伦嫡女嫁给自己的庶男。又,不顾朝廷命令,擅自进兵占据南阳,朝廷无可奈何。宪宗即位后,颇成中兴局面,于頔自觉风气有变,便以第四子于季友尚宪宗长女永昌公主,摇身一变为皇亲国戚,竟官至相位,终保仕禄。死后谥"厉"。

安史之乱时期,许多地方军阀乘平叛之机不断扩大势力,进而拥兵自重,朝廷也只得迁就而已。于頔是其中典型一例。当时,襄州漆器名播天下,为行业法则,人称襄州漆器为"襄样漆器"。于頔挟襄州之地,骄蹇横行,凌轹朝廷,时人依"襄样漆器"称于頔为"襄样节度",讥讽其不可一世也。"……样"在其时是一种口语句式,用来说明物件的款式。宋钱易《南部新书》"丙":"隋制桐木巾子,盖取便于事。武德初,使用丝麻为之,头初上平小。至则天时,内宴赐群臣高头巾子,号为'武家样'。后裴冕自创巾子,尤奇妙,长安谓之'仆射样'。"[①]裴冕官至宰相,故称"仆射样"。

① [宋]钱易:《南部新书》,中华书局,2002年版,第32页。

卢言京兆

《新唐书》卷一百七十二《杜中立传》：

京师恶少优戏道中，具驺唱珂卫，自谓“卢言京兆”，驱放自如。

杜中立（811—858），字无为，相州洹水（今河北魏县）人，以门荫为太子同事舍人。他尚文宗真源长公主，为左右金吾大将军。于时，长安街头不法横行，乃至恶少模仿朝廷卫仪，具驺唱珂卫，驱放自如，狂言自己是“卢言京兆”。杜中立遣从吏捕系，立箠死，少不假贷，京城无赖子为之敛手。

“京兆”即“京兆尹”，京师最高行政长官；“卢”，樗蒲博戏中“卢、枭、雉、犊、塞”为五彩，“卢”乃最高彩。恶少博戏街头，无所顾忌，以“卢”“京兆”自况，自称“卢言京兆”。

八关十六子

《新唐书》卷一百七十四《李逢吉传》：

郑注得幸于王守澄，逢吉遣从子训赂注，结守澄为奥援，自是肆志无所惮。其党有张又新、李续、张权舆、刘栖楚、李虞、程昔范、姜洽及训八人，而傅会者又八人，皆任要剧，故号“八关十六子”。有所求请，先赂关子，后达于逢吉，无不得所欲。

《新唐书》卷一百七十五《张友新传》：

又新与拾遗李续、刘栖楚等为逢吉搏吠所憎，故有“八关十六子”之目。

《旧唐书》卷一百六十七《李逢吉传》：

朝士代逢吉鸣吠者，张又新、李续之、张权舆、刘栖楚、李虞、程昔范、姜洽、李仲言，时号“八关十六子”。又新等八人居要剧，而胥附者又八人，有求于逢吉者，必先经此八人纳赂，无不如意者。

《旧唐书》卷一百七十六《李宗闵传》：

宝历初，李续之、张又新、苏景胤等，朋比奸险，几倾朝廷，时号“八关十六子”。

李逢吉(758—835)，字虚舟，陇西(今甘肃秦安)人。李逢吉登进士，释褐授振武节度掌书记。入为左拾遗、左补阙，改侍御使。李逢吉元和九年为中书舍人；十一年，加朝议大夫、门下侍郎、同平章事。李逢吉天性险恶，善于人事。穆宗时，以侍读之恩获宠，进而中伤宰相裴度、元稹，终代裴得践相位。敬宗时，结交宦官王守澄，更是如虎添翼；其时，敬宗年弱，被李逢吉逢吉与王守澄摆弄于手掌之中。于时，孜孜名利者竟奔于李、王门庭之不暇，又为李、王助长气焰，犬吠左右。著名者：张又新、李续之、张权舆、刘栖楚、李虞、程昔范、姜洽、李仲言，附会者又有八人，是为“八关十六子”。

张友新(生卒年不详)，字孔昭，深州陆泽(今河北深县)人。张鷟曾孙。辛文房《唐才子传》：“为京兆解头。元和九年，礼部侍郎韦贯之下状元及第，时号为‘张三头’。”终左司郎中。善于文辞。李续(生卒年不详)，郡望赵郡(今河北邯郸)。《旧唐书》李逢吉传称“李续之”，则似乎字续之。大中中，累迁同州刺史。善诗。《新唐书》卷七十二《宰相世系表》：“南祖之后有善权，后魏谯郡太守，徙居谯。生延观，徐梁二州刺史，生续。续，马头太守。”《资治通鉴·唐纪》“穆宗长庆四年”：“度支员外郎李续之等继上章言之。”则李续为“八关”之一时官位度支员外郎。不知是否为一人。

刘栖楚(？—827)，出身寒鄙，不知为何许人。刘栖楚性诡激，敢为怪行，以死谏敬宗，得谏议大夫官职。恃权怙宠以干进。李虞(生卒年不详)，亳州谯(今安徽亳州)人。《资治通鉴·唐纪》“穆宗长庆四年”：

绅族子虞颇以文学知名，自言不乐仕进，隐居华阳川。及从父耆为左拾遗，虞与耆书求荐，误达于绅；绅以书诮之，且以语于众人。虞深怨之，乃诣逢吉，悉以绅平日密论逢吉之语告之。

李虞为李绅族子，怨李绅而结托李逢吉。长庆四年，擢为拾遗；大和三年，任左补阙。善文。姜洽、张权舆、程昔范三人不见两《唐书》列传，唯《资治通鉴·唐纪》“穆宗长庆四年”：

乙未，以布衣姜洽为补阙，试大理评事陆洿、布衣李虞、刘坚为拾遗。时李逢吉用事，所亲厚者张又新、李仲言、李续之、李虞、刘栖楚、姜洽、及拾遗张权舆、程昔范，又有从而附丽之者，时人恶逢吉者，目之为八关、十六子。

从中可以知道三人大概。李训（？—835），本名仲言，字子训，后改名训，字子垂。李逢吉从子。结交宦官王守澄，王荐与文宗。文宗新即位，感愤于宦官之猖狂，决意剪除包括宦官在内的元和逆党。李训深得文宗信赖，便以清除阉寺为己任。他杖杀宦人陈弘志，鸩死王守澄，流放西川监军杨承和、淮南韦元素、河东王践言，剖棺鞭尸崔潭峻，元和逆党几尽。大和九年（836）冬，文宗与李训谋，乘宦官视察甘露之机，一网打尽之。由于准备不充分以及金吾街使韩约胆怯，反被宦官反扑，李训与宰相郑注、贾餗、舒元舆均被杀，相及死者六七百人。此后宦官愈加嚣张，直至唐亡。

据《旧唐书》卷一百七十六《李宗闵传》，则苏景胤为“八关”之一。《新唐书》卷五十八《艺文志》“《穆宗实录》二十卷”下注：“苏景胤、王彦威、杨汉公、苏涤、裴休撰，路隋监修。”

兰亭绝唱

《新唐书》卷一百七十四《元稹传》：

所论著甚多，行于世。在越时，辟窦巩。巩，天下工为诗，与之酬和，故镜湖、秦望之奇益传，时号“兰亭绝唱”。

《旧唐书》卷一百六十六《元稹传》：

在郡二年，改授越州刺史、兼御史大夫、浙东观察使。会稽山水奇秀，稹所辟幕职，皆当时文士，而镜湖、秦望之游，月三四焉。而讽咏诗什，动盈卷帙。副使窦巩，海内诗名，与稹酬唱最多，至今称“兰亭绝唱”。

元稹，已见“元白”条。穆宗长庆三年(823)，也就是在罢相后第二年，元稹出为越州刺史。唐代越州治今绍兴，秦望山在城南四十里，镜湖在城南两里，景物钟秀。五百年前的王羲之诸人雅集于此，为古来美谈。元稹刺越时，与窦巩等人徜徉山水吟咏唱酬，时称“兰亭绝唱”。“兰亭”就文人雅集而言，“绝唱”乃就吟咏而言。

《全唐诗》《元稹集》中不见元、窦二人在越州酬唱篇什，《全唐诗》卷二百七十一存窦巩诗三十九首，《江陵遇元九李六二侍御》诗：“自见人相爱，如君爱我稀。”可见二人友情之笃深。《南游感兴》：“伤心欲问前朝事，唯见江流去不回。日暮东风春草绿，鹧鸪飞上越王台。”是越地之作，当无疑。

玉笋

《新唐书》卷一百七十四《李宗闵传》：

俄复为中书舍人，典贡举，所取多知名士，若唐冲、薛庠、袁都等，世谓之“玉笋”。

李宗闵(？—846)，字损之，唐宗室。穆宗长庆四年(825)，知贡举；大和三年拜相。宗闵与牛僧孺友善，并借此而得相位，同与李德裕交恶，是为牛李党争。

清徐松《登科记考》卷十九“长庆四年”条，中书舍人李宗闵知贡举，本年进士三十三人，中有李甘，下注引唐赵璘《因话录》：“长庆以来李封州甘为文至精。甘出于李相国武都公门下，时以为得人。”有唐冲、薛庠、袁都，下注引宋王谠《唐语林》：“李相宗闵知贡举，门生多清雅俊茂，唐冲、薛庠、袁都，时谓之‘玉笋’。”李甘(？—835？)，字和鼎。大和二年，中贤良方正、能直言极谏科，为侍御使。因反对郑注，贬封州司马。杜牧作《李甘诗》：“平生负奇节，一旦如奴虏。”

魏晋时期，多用“玉人”来说明男人的外貌、意态之美；“竹笋”，比喻年轻人。“玉笋”用来比喻李宗闵知贡举所得人才既年轻又有才能。

嗫嚅翁

《新唐书》卷一百七十五《窦巩传》：

巩字友封，雅裕，有名于时。平居与人言若不出口，世号"嗫嚅翁"。

《旧唐书》卷一百五十五《窦巩传》：

性温雅，多不能持论，士友言议之际，吻动而不发，白居易等目为"嗫嚅翁"。

窦巩（771—830），字友封，京兆金城（今陕西兴平）人。官至侍御史、刑部郎中。窦巩与元稹交游颇有时日，元稹为浙东观察史时，奏窦巩为副使，元稹移镇武昌，窦又随之至武昌。白居易在给元稹的一封信中说：

当此之时，足下与兴有余力，且欲与仆悉还往中诗，取其尤长者，如张十八古乐府，李二十新歌行，卢、杨二秘书律诗，窦七、元八绝句，博搜精掇，编而次之，号为《元白往还集》。

白居易信中所说的张十八是张籍，李二十是李绅，卢、杨二秘书分别指卢拱、杨巨源，窦七即窦巩，元是元简宗。可以推测窦巩是当时元白酬唱圈子里的重要一员，所以《旧唐书》说"白居易等目为'嗫嚅翁'"就比《新唐书》笼统说世人号窦巩为"嗫嚅翁"更为精确。嗫嚅，欲言不言、不善言辞的样子。

唐范摅《云溪友议》"钱塘论"条："白为河南尹，李为河南令，道上相遇，尹乃乘马，令则肩舆，似乖趋事之礼。尝谓乐天为'嗫嚅公'，闻者皆笑，乐天之名稍减矣。"此称白居易为"嗫嚅翁"，大概是范摅涉于白居易等称窦巩为"嗫嚅翁"而误以为白为"嗫嚅公"。《云溪友议》本多"委巷流传，失于考证"[1]。周祖譔主编《中国文学家大辞典·唐五代卷》"窦巩"条："字友封，号

① 四库全书研究所整理本《四库全书总目提要》，中华书局，1997年版 第1841页。

嗫嚅翁,行七。”认为“嗫嚅翁”为其自号,误。

韩门弟子　韩文

《新唐书》卷一百七十六《韩愈传》:

愈性明锐,不诡随。与人交,终始不少变。成就后进士,往往知名。经愈指授,皆称“韩门弟子”,愈官显,稍谢遣。

《旧唐书》卷一百六十《韩愈传》:

常以为自魏、晋已还,为文者多拘对偶,而经诰之指归,迁、雄之气格,不复振起矣。故愈所为文,务反近体,抒意立言,自成一家新语。后学之士,取为师法。当时作者甚众,无以过之,故世称“韩文”焉。

韩愈(768—825),字退之,河阳(今河南孟县)人。官至吏部侍郎。韩愈为唐代著名文学家,政治家。韩愈作为文学家,尤其擅长于诗歌、古文;作为政治家,提倡重建儒家道统。苏轼《韩文公庙碑》称誉:“文起八代之衰,道济天下之溺。”也是对韩愈在文学、政治两方面成就的总结。

在文学史上,诸如曹丕、萧统、萧绎、陈叔宝、晏殊、欧阳修等人,不仅居高位而且善于文学。这些人多为同时代或后进所景仰,结果往往很容易在他们周围聚集一些文学之士而形成文学团体。韩愈也是如此,何况韩愈尤其喜欢奖掖后进。所谓“韩孟诗派”,就是以韩愈为中心聚拢了不少文学后进之士,也就是“韩门弟子”。孟郊、贾岛、卢仝、刘叉、李翱、李贺、张籍、皇甫湜等都是其中人物。

韩愈古文气势雄伟,与柳宗元并称“韩柳”,为唐宋八大家之首。杜牧《读韩杜集》:“杜诗韩笔愁来读,似倩麻姑痒处搔。”“韩笔”即韩文。宋代读书人说:“苏文生,吃草羹;苏文熟,吃羊肉。”知“韩文”“苏文”均为时人所推崇,后人评二人古文风格是“韩潮苏海”。

孝冯家

《新唐书》卷一百七十七《冯宿传》：

父子华，庐亲墓，有灵芝，白兔，号“孝冯家”。

典午当金运，色尚白，白色动物为吉祥之兆。《晋书》卷八十七《凉武昭王李玄盛传》：“是时白狼、白兔、白雀、白雉、白鸠皆栖其园囿，其群下以为白祥金精所诞。”南朝此说盛行，《南史》卷三十三《裴子野传》：“及居丧，每之墓所，草为之枯。有白兔白鸠驯扰其侧。”又卷四十五《张敬儿传》：“贼矢石既交，休范白服乘舆劳楼下。”又卷四十九《刘霁传》：“霁庐于墓，哀恸过礼，常有双白鹤循翔庐侧，处士阮孝绪致书抑譬焉。”又卷五十七《范云传》：

时进见齐高帝，会有献白乌，帝问此何瑞，云位卑最后答，曰：“臣闻王者敬宗庙则白乌至。”时谒庙始毕，帝曰：“卿言是也。感应之理，一至此乎。”

唐朝继承了南朝此种传说。《新唐书》卷一百九十五《孝友・许法慎传》：“后亲丧，常禄于茔，有甘露、嘉禾、灵芝、木连理、白兔之祥。”《林攒传》：“自埏甓作冢，庐其右，有白乌来，甘露降。”《旧唐书》卷一百八十八《裴敬彝传》：“母终，庐于墓侧，哭泣无节，目遂丧明。后有白乌巢于坟树。”

冯宿（767—837），字拱之，婺州（今浙江金华）人。官至兵部侍郎。长于赋文制诰。《旧唐书》卷一百六十八《冯宿传》：“冯宿，东阳人。丱岁随父子华庐祖墓，有灵芝白兔之祥。”此说父子同时庐墓，与《新唐书》只说父子华稍有异。

辱台　乐和李公

《新唐书》卷一百七十七《李景让传》：

世谓除大夫百日，有他官相者，谓之“辱台”。

元和后，大臣有德望者，以居里显，景让宅东都乐和里，世称清德者，号“乐和李公”云。

李景让(789？—860？)，字后已，太原文水(今山西文水)人。唐宣宗大中(847—859)中，官至御史大夫。《新唐书》本传：“清素寡欲，门无杂宾。”《旧唐书》卷一百八十七本传：“景让有大志，事亲以孝闻，正色立朝，言无避忌。”

李景让居御史大夫职三月，蒋伸辅政。此时宣宗欲选择宰相，李景让与蒋伸俱为人选，但李景让名望素来在蒋之上。宣宗怕得罪人，用抓阄的方法来决定人选，结果李景让落选。当时人们认为，御史大夫在任不满百日就被人超越而为宰相是一种轻辱。御史大夫为台官，所以时称“辱台”。李景让羞愧难当，宣宗为了息事宁人，只得又拜李景让为西川节度使。李景让居乐和里，人称“乐和李公”。唐代李姓为台官者繁夥，故常带居住地名以别之。清徐松《唐两京城坊考》卷五《东京·外廓城》：“定鼎门街东第二街，从南第一曰乐和坊。……吏部尚书李景让宅。”①

北司　南北司

《新唐书》卷一百七十八《刘蕡传》：

文宗即位，思洗元和宿耻，将翦落支党。方宦人握兵，横制海内，号曰“北司”，凶丑朋挺，外胁群臣，内掣侮天子，蕡常痛疾。

《旧唐书》卷一百九十(下)《刘蕡传》：

自元和末，阉寺权盛，握兵宫闱，横制天下，天子废立，由其可否，干扰庶政。当时目为“南北司”，爱恶相攻，有同水火。

刘蕡(？—842？)，字去华，幽州昌平(今属北京)人。刘蕡于宝历二年

① ［清］徐松撰、李健超增订：《唐两京城坊考》，三秦出版社，2006年版，第294页。

(826),登进士;大和二年(828),应制科,于对策文中痛陈宦官之弊,遭黜落。令狐楚、牛僧孺表为幕府,授秘书郎。刘蕡受宦官嫉妒,贬柳州,死于贬所。

刘蕡生于中唐宦官气焰极炽之时,成为宦官专权之牺牲品。唐代宦官之害可追溯至玄宗时代,玄宗设置九节度使,派宦官监军,这为后来宦官掌控军权埋下了种子。另外,宦官插手禁军,也是始于玄宗时期。等到宦官专掌神策军时,可以说皇帝、政府大权已经旁落,只能听任宦官专权了。

神策军本来只是陇右节度使下的边防部队,安史之乱后进入中原作战,由大宦官鱼朝恩指挥。后来中央与地方节度使之间关系恶化,皇帝便把神策军既当成了京师卫戍部队又当作对抗地方节度使的野战部队。德宗贞元十二年(792),设立神策中尉,以宦官窦文场为左神策护军中尉,霍仙鸣为右。自此,中尉为神策军名正言顺的长官。

宦官势力的膨胀必然与宰相形成矛盾的局面。宰相为外朝,其府衙中书、门下两省都在宫城南面,所以被称为"南司"或"南衙";宦官为内臣,相对被人称为"北司"。两方面势成对垒,互为水火。宦官与皇帝的关系既有相互依赖的一面,又有你死我活的互为不容的一面。而文宗大和九年(836)冬的"甘露之变",则是矛盾发展到极点的结果①。

鱼郑　水族

《新唐书》卷一百七十九《郑注传》:

> 注本姓鱼,冒为郑,故当时号"鱼郑",及用事,人廋谓曰"水族"。

《旧唐书》卷一百六十九《郑注传》:

> 本姓鱼,冒姓郑氏,故时号"鱼郑",注用事时,人目之为"水族"。

郑注(?—835),绛州翼城(今山西翼城)人。郑注为人诡谲阴狡,善于揣测人意。他出身世代微贱,只是以方术治节度使李愬阳痿病,李愬又荐给监军、宦官王守澄,深得中人信任。时王守澄专权且深得文宗信任。文宗大

① 参看黄永年著《唐史十二讲》第九讲"唐代的宦官",中华书局,2007年版。

和九年(835),拜太仆卿、兼御史大夫。李训此时也因王守澄荐举而为文宗所重用,李训、郑注二人因文宗旨意,决心共同剪除宦官。"甘露之变"时,郑注于扶风为外援,听到李训失败的消息,郑注手下魏弘节劝郑注杀宦官监军张仲清以及大将贾克中。郑注不听,反被张仲清所杀。

郑注贪得无厌,卖官射利,积资无算。死后抄得绢百万匹,其他可想而知。"鱼郑"之"鱼",有鱼肉别人的意思。郑注当权后,时人连"鱼郑"也不敢直说了,而是隐其义于"水族"名称之中。

雄边子弟

《新唐书》卷一百八十《李德裕传》:

> 率户二百取一人,使习战,贷勿事,缓则农,急则战,谓之"雄边子弟"。

李德裕(787—850),字文饶,赵州赞皇(今河北赞皇)人。大和七年(834)拜相。李德裕鄙薄进士出身之人,家不置《文选》,以实用为尚。他一生读书、著述不辍。奖掖后进,嫉恶如仇,为有唐一代名相。

发生在敬宗宝历二年(826)的"圣水"事件很能说明李德裕是办实事之人。《新唐书》本传:

> 时亳州浮屠诡言水可愈疾,号曰"圣水",转相流闻,南方之人,率十户僦一人使往汲。既行若饮,病者不敢近荤血,危老之人率多死。而水斗三十千,取者益它汲,转鬻于道,互相欺訹,往者日数十百人。

所谓"圣水"或"神水"可以治病,史不绝书,为妖言惑众,乃僧徒或道士牟利常用手法。李德裕以儒家传统经国致用为己任,敢于揭露江湖骗术,上奏说:

> 臣访闻此水,本因妖僧诳惑,狡计丐钱。数月已来,江南之人,奔走塞路。每三二十家,都顾一人取水。拟取之时,疾者断食荤血,既饮之后,又二七日蔬飧,危疾之人,俟之愈病。其水斗价三贯,而取者益之他

水，沿路转以市人，老疾饮之，多至危笃。昨点两浙、福建百姓渡江者，日三五十人。臣于蒜山渡已加捉搦。若不绝其根本，终无益黎氓。昔吴时有圣水，宋、齐有圣火，事皆妖妄，古人所非。乞下本道观察使令狐楚，速令填塞，以绝妖源。

从李的奏折中可以看得出，当时事态发展已经非常严重，被欺骗地方的范围已经达及沿海。李不仅揭露了所谓“圣水”的真相，同时还采取了有效的措施以制止事态的进一步发展。就这件事来看，李德裕绝非夸夸其谈、漠视民生的文臣官僚所能比拟。

李德裕的边防措施也很能说明他的实用吏治态度。文宗大和四年(830)，李德裕为剑南西川节度使，在此之前的节度使韦皋、郭钊，治蜀无方，不能很好地处理与吐蕃、南诏的关系，蜀地以致到了民不聊生的地步。李德裕到任后，建筹边楼，绘制边区山川地形图，凡事做到胸有成竹。同时，精简边防队伍，让老者回家，招引能征善战的年轻人包括獠人入伍。李德裕还从安定、河中、浙西等地请来能工巧匠，制作铠甲、弓、弩等，蜀地自此有了精良的武器。又以户为单位，按户出人，再把这些当地人组织起来，成为了“边雄子弟”；又分这些“边雄子弟”为精兵部队、骑士部队等共十一军。有了这些防备措施，军队战斗力自然大大增强了。

短李　三俊

《新唐书》卷一百八十一《李绅传》：

为人短小精悍，于诗最有名，时号“短李”。

穆宗召伟右拾遗，翰林学士，与李德裕、元稹同时，号“三俊”。

《旧唐书》卷一百七十三《李绅传》：

岁余，穆宗召为翰林学士，与李德裕、元稹同在禁署，时称“三俊”，情意相善。

李绅（772—846），字公垂，润州无锡（今江苏无锡）人。会昌元年（841），拜宰相。李绅为中唐著名诗人，其《乐府新题二十首》是中唐新乐府诗歌的开风气之作，白居易、元稹更是借此推波助澜，发展成为"新乐府运动"。今本《全唐诗》卷四八〇至四八三收李绅诗为四卷。古人常用"短小精悍"来称赞短矮而灵敏的人，"短李"是李绅朋友包括白居易等人给他的雅称。

李绅、元稹、李德裕差不多都是在穆宗即位之初即长庆元年（821）同为翰林学士的，即文中所谓"同在禁署"。唐代翰林学士都擅长文书、制诰，李绅、元稹、李德裕也不例外，所谓"三俊"正是就这个意义上说的。《新唐书》卷一百八十李德裕本传："帝在东宫，素闻吉甫之名，既见德裕，尤重之。禁中书诏，大手笔多诏德裕草之。"《新唐书》卷一百七十四元稹本传："稹之谪江陵，善监军崔潭峻。长庆初，潭峻方亲幸，以稹歌词数十篇奏御，帝大悦。问稹今安在，曰：'为南宫散郎。'即擢祠部郎中，知制诰。变诏书体，务纯厚明切，盛传一时。""三俊"，是说三人为当时文笔之精英者。

拍弹　曹毕

《新唐书》卷一百八十一《曹确传》：

时帝薄于德，昵宠优人李可及。可及者，能新声，自度曲，辞调凄折，京师偷薄少年争慕之，号为"拍弹"。

始，毕諴与确同宰相，俱有雅望，世谓"曹毕"云。

《旧唐书》卷一百七十七《曹确传》：

可及善音律，尤能转喉为新声，音辞曲折，听者忘倦。京师屠沽效之，呼为"拍弹"。

确与毕諴俱以儒术进用，及居相位，廉俭贞苦，君子多之，称为"曹毕"。

唐苏鹗《杜阳杂编》卷下:“可及善转喉舌,对至尊弄媚眼,作头脑,连声作词,唱新声曲,须臾即百数方休。”①已经不是单纯的徐缓的丝竹演奏,而是人声歌唱并且有很快的节拍。因为节奏急速,所以演唱者不得不摇头晃脑。“拍”“弹”为音乐节奏,“拍弹”深受时人喜爱,很快成为了音乐潮流。《太平广记》卷二〇四“米嘉荣”条:“元和中,国乐有米嘉荣、何戡,近有陈不嫌、不嫌子意奴。一二十年来,绝不闻善唱,盛以拍弹行于世。”宋钱易《南部新书》卷丙:“大和中,乐工尉迟璋左能啭喉为新声,京师屠沽效,呼为‘拍弹’。”似乎是自大和年间以来,一直流行的一种快节奏歌唱方式。

曹確(生卒年不详),字刚中,河南河南(今河南洛阳)人。懿宗时官至宰相。毕諴(803—864),字存之,郓州须昌(今山东东平)人。懿宗时官至宰相。曹、毕二人处相位勤勤恳恳,均有雅望,故时人称为“曹毕”。时懿宗沉湎于“拍弹”,曹確屡谏之。

郑五歇后体

《新唐书》卷一百八十三《郑綮传》:

> 綮本善诗,其语多俳谐,故使落调,世共号“郑五歇后体”。

《旧唐书》卷一百七十九《郑綮传》:

> 綮善为诗,多侮剧刺时,故落格调,时号“郑五歇后体”。

郑綮(？—899),字蕴武,籍贯不详。郑綮善诗,也很能理解什么是诗。《唐诗纪事》卷六十五:“或曰:‘相国近为新诗否?’对曰:‘诗思在灞桥风雪中驴子上,此处何以得之?’”很形象地说明了诗歌的源泉只能来自诗人对社会、自然的感悟,而不是凭空杜撰。

郑綮是个很有幽默感的人。因为太穷,郑綮想到地方上去做官,挣点薪水,结果让他去遥远偏僻落后的南方庐州,他不想去,但还是去了。到了庐

① 上海古籍出版社编:《唐五代笔记小说大观》,上海古籍出版社,2000年版,第1397页。

州，郑綮倒非常关心当地人民的生活。黄巢剽掠南方时，郑綮写信给黄巢请求他不要残害庐州，黄巢竟然觉得郑綮很是特别，就真的绕过庐州了。郑綮离任时，临行作诗与郡人别："唯有两行公廨泪，一时洒向渡头风。"南方为水乡泽国，多行船，故郑綮有此说。昭宗让他做宰相，他说："即使天下没有一个读书人，也轮不到我啊。"《资治通鉴》记叙此事：

以右散骑常侍郑綮为礼部侍郎、同平章事。綮好诙谐，多为歇后诗，讥嘲时事；上以为有所蕴，手注班簿，命以为相，闻者大惊。堂吏往告之，綮笑曰："诸君大误，使天下更无人，未至郑綮！"吏曰："特出圣意。"綮曰："果如是，奈人笑何！"既耳贺客至，綮搔首言曰："歇后郑五作宰相，时事可知矣！"累让不获，乃视事。

《新唐书》说，因为郑綮的诗很"俳谐"，所以格调不高；《旧唐书》说，因为他的诗喜欢丑化、讽刺时事而没有格调。无论是"俳谐"还是丑化、讽刺都与郑綮风趣的个性有关。今本《全唐诗》存郑诗四首，其中《题中书壁》诗见卷八百七十"谐谑"类："侧坡蛆蜫蝓，蚁子竞来拖。一朝白雨中，无钝无喽啰。"此是喻体诗，字面是一层意思，背后是另一层意思。郑綮行五。

三使相

《新唐书》卷一百八十三《韩偓传》：

初，李继昭等以功皆进同中书门下平章事，时谓"三使相"，后稍稍更附韩全诲、周敬容，皆忌胤。

《新唐书》卷二百八《宦官·刘季述传》：

以德昭检校太保、静海军节度使，从实检校司徒、容管节度使，并同中书门下平章事，赐李氏，曰继昭，曰彦弼。承宗亦检校司徒、邕管节度使，视宰相秩。皆号"扶倾济难忠烈功臣"，图形凌烟阁，留宿卫凡十日乃休，竭内库珍宝赐之。当时号"三使相"，人臣无比。

《新五代史》卷四十三《孙德昭传》：

> 德昭迫锁出昭宗，御丹凤楼反正，以功拜静海军节度使，赐李姓，号“扶倾济难忠烈功臣”，与承诲等皆拜节度使、同中书门下平章事，图形凌烟阁，俱留京师，号“三使相”，恩宠无比。

中唐过后，宦官祸害日甚一日。当时有志于清除宦官者有三人：一是王叔文，二是唐文宗，三是崔胤[①]。崔胤于昭宗大顺（890—891）中拜相，由于获得朱全忠的支持，诛宦官中尉宋道弼、景务修。崔胤的所作所为引起宦官刘季述、王仲先等人不满，他们勾结外藩，幽禁昭宗，奉太子监国。刘季述得势后，便想诛杀百官，崔胤联合都将孙德昭、董从实、别将周承诲、京兆尹郑元规等，伏甲士于安福门，斩王仲先，执刘季述、王彦范等并夷其三族。昭宗复位，赐孙德昭、董从实两人李姓。以孙德昭为静海军节度使，董从实为容管节度使，周承诲为邕管节度使。孙德昭、董从实二人并拜相，周承诲虽未拜相，却视宰相秩，故时人称三人为“三使相”。《资治通鉴》卷二百六十二《唐纪七》“昭宗天复元年”：

> 庚寅，以周承诲为岭南西道节度使，赐姓名李继诲，董彦弼为宁远节度，赐姓李，并同平章事；与李继昭俱留宿卫，十日乃出还家，赏赐倾府库，时人谓之“三使相”。

孙德昭（生卒年不详），盐州五原（今陕西定边）人。以父任为神策军指挥使。昭宗被朱温劫持往洛阳，拜德昭左威卫上将军。梁末帝立，拜左金吾大将军以卒。光化三年（900），宦官韩全诲劫持昭宗幸凤翔，董从实及周承诲皆从。至凤翔，二人与宦官一起为朱温所杀。韩偓（842—914？[②]），字致光，京兆万年（今陕西西安）人。韩偓进士第，佐河中幕府。迁左谏议大夫。王溥荐为翰林学士，迁中书舍人。与崔胤定策诛宦官刘季述，昭宗反正。昭

---

① 参看岑仲勉《隋唐史·唐史》之第三十五节“宦官之祸”，河北教育出版社，2002年版。

② 此据周祖譔撰《中国文学家大辞典·唐五代卷》“韩偓”条，清吴任臣撰《十国春秋》：“龙德三年，卒于南安龙兴寺，葬葵山之麓。”则死于923年。

宗幸凤翔，迁兵部侍郎，进承旨。后领族人南依王审知，卒。

牛头阿旁

《新唐书》卷一百八十四《路岩传》：

> 俄与韦保衡同党国，二人势动天下，时目其党为“牛头阿旁”，言如鬼阴恶可畏也。

路岩（827—873），字鲁瞻，魏州冠氏（今山东冠县）人。路岩进士及第，懿宗咸通二年（861），入为翰林学士，迁中书舍人，三年，拜相。路岩在相位八年，贪得无厌。宋钱易《南部新书》卷甲：“曹確、杨收、徐商、路岩同秉政，外有嘲之曰：‘確確无余事，钱财总被收。商人都不管，货路几时休？’”同时有另一位宰相韦保衡，为懿宗女婿。韦、路二人有恃无恐，互相倾轧，朝廷为之侧目，把他们比喻为阴间的鬼卒，令人恐惧。《南部新书》卷癸：“韦保衡、路岩作相，势动天地。附其势者，有‘牛头阿旁’‘夜叉捷疾’之号。二相败，以累谴者数十人。”

“阿旁”为音译，狱鬼的意思。出自《五苦经》，因为是牛头、人手、牛蹄形状，所以又称为“牛头阿旁”。《法苑珠林》卷八四引《罪业报应教化地狱经》：“牛头阿傍，以三股铁叉，叉人内着镬汤中，煮之令烂。”宋洪迈《夷坚乙志·李孝寿》：“贵人就坐，女妓环列左右，忽拊掌一声，悉变为牛头阿旁之属，奇形丑貌，可怖可愕。”梵语“夜叉”意译“捷疾鬼”，因为他喜欢吃人的血肉，而且能比飞空疾行。唐张鷟《朝野佥载》卷二：

> 周秋官侍郎周兴推劾残忍，法外苦楚，无所不为，时人号“牛头阿婆”，百姓怨谤。兴乃榜门判曰：“被告之人，问皆称枉。斩决之后，咸悉无言。”①

“牛头阿旁”又作“牛头阿婆”。

---

① 上海古籍出版社编：《唐五代笔记小说大观》，上海古籍出版社，2000年版，第21页。

凤阁王氏

《新唐书》卷一百八十五《王徽传》：

曾祖择从，昆弟四人，曰易从、朋从、言从，皆擢进士第。至凤阁舍人者三人，故号“凤阁王氏”。

《旧唐书》卷一百七十八《王徽传》：

曾祖择从兄易从，天后朝登进士第。从弟明从、言从，睿宗朝并以进士擢第。昆仲四人，开元中三至凤阁舍人，故时号“凤阁王家”。

王徽（？—890），字昭文，京兆（今陕西西安）人。王徽于僖宗广明元年（880），拜相，拜相后一日京师遭黄巢之乱，奔赴行在时夜坠崖，落黄巢军中。后杂贩人中，逃之河中，派人奉绢表入蜀，僖宗诏授光禄大夫，守兵部尚书。收复京师有功，加尚书右仆射。

从王徽的曾祖王择从到王徽这一代，历时一百八十年间，王家登进士第者有十八人，官至台省及牧守者的有三十一人。尤其是王择从兄弟四人，均进士及第且有三人官至凤阁舍人，人称“凤阁王氏”，家族荣耀，无与相侔者。武后光宅元年（684），改中书省为凤阁，凤阁舍人即中书舍人。凤阁舍人正五品上，掌侍进奏，参议表章，凡诏旨制敕、玺书册命，皆起草进画。

通肠

《新唐书》卷一百八十六《陈儒传》：

瓌固垒二岁，樵苏皆尽，米斗钱四十千，计抔而食，号为“通肠”。

陈儒（生卒年不详），江陵（今湖北江陵）人。广明元年（880），黄巢陷京师，僖宗奔蜀，以段彦谟代郑绍业为荆南节度使。监军朱敬玫杀段彦谟，成为蜀地军事实际掌控者。朱敬玫以陈儒为节度使作幌子，横行残暴，僖宗只能忍声吞气。后来，军阀张瓌入蜀，张瓌贪图朱敬玫财产，派人刺杀他，成为蜀地最有军事实力者。秦宗言入寇蜀地，陈儒属下赵匡想趁机与陈儒一起逃离张瓌。张瓌为稳定军心，杀赵匡，囚禁并断绝陈儒饮食。张瓌被秦宗言围困两年，粮尽，人相食。人们乃至把死尸悬挂在窗外作干肉，以备将来。每天只有一点点食物通过肠道，聊胜于无，权以疗饥而已。

李摩云

《新唐书》卷一百八十七《李罕之传》：

先是，蒲、绛民壁摩云山避乱，群贼往攻不克，罕之以百人径拔之，众号“李摩云”。

《新五代史》卷四十二《杂传·李罕之传》：

罕之留其子颀事晋，乃之泽州，日以兵钞怀、孟间，啖人为食。居民屯聚摩云山，罕之悉攻杀之，立栅其上，时人号曰李摩云。

李罕之（842—899），陈州项城（今河南项城）人。李罕之为人骁勇，力大过人。生逢晚唐乱世，由佛徒而为乞丐而为劫匪。他随黄巢渡江，后投降唐将高骈。此后，反复依违在李克用与朱全忠之间，总算保全了自己不大的势力与性命。暴疾卒。《资治通鉴·唐纪》卷七十三：“河中、绛州之间有摩云山，绝高，民保聚其上，寇盗莫能近，罕之攻拔之，时人谓之‘李摩云’。”“摩云”语涉双关，一是说李罕之身手矫捷，力大无比，腾身可以手摩云，一是说其骁勇，能攻拔摩云山。

鸦儿　闲子

《新唐书》卷一百八十九《高仁厚传》：

贼号蜀兵为“鸦儿”，每战，辄戒曰：“毋与鸦儿斗。”

先是，京师有不肖子，皆着叠带帽，持梃剽闾里，号“闲子”。

广明元年(880)，黄巢之乱，僖宗奔蜀。剑南西川节度使陈敬瑄派遣黄头军部将李铤、巩咸镇守兴平(今四川广元)，阻击并数次大败黄巢军。黄头军本起于蜀地，蜀人作战向来剽悍、勇敢，黄巢军为之胆寒，称他们为“鸦儿”。后来陈敬瑄选了两千蜀兵交由高仁厚指挥，为平定蜀地动乱建功不少。《新五代史》卷四《唐本纪》:“克用少骁勇，军中号曰‘李鸦儿’，其一目眇，及其贵也，又号‘独眼龙’，其威名盖于代北。”

“鸦”即乌鸦，在很多地方被认为是邪恶而好斗的鸟，所以黄巢军用来称呼蜀兵。“闲子”即游手好闲之徒，“子”是词缀，唐人多用之，如“狗子”“驴子”等是。

八床主人　蔡贼

《新唐书》卷一百九十《刘建锋传》:

郁又教殷铸铅铁钱，十当铜钱一；民得自摘山，收茗算，募高户置邸阁居茗，号“八床主人”。岁入算数十万，用度遂饶。

殷与建锋同里人，凡宗权党散为盗者，皆以酷烈相矜，时通名“蔡贼”云。

刘建锋(生卒年不详)，字锐端，蔡州朗山(今河南确山)人。在唐末混战中，他先是与同是蔡州人的马殷攻下洪州、虔州，后来又取得潭州，自称节度留后。刘建锋因为与自己马夫的老婆通奸，被马夫用藏在袖中的铁棒活活打死。刘建锋死后，马殷成为节度留后，有乘天下大乱之机称霸南楚之志。马殷听取手下人高郁的建议，一面巴结朱全忠以获得朝廷的承认，成为了湖南节度兵马留后；一面发展自己势力范围内的经济。马殷发展经济手法之一，便是允许人们自由上山采摘山货包括茶叶，官方收税。

欧阳修《新五代史》卷六十六《楚世家》:“郁又讽殷铸铅铁钱，以十当铜钱一。又令民自造茶以通商旅，而收其算，岁入万计。”清吴任臣《十国春秋》卷六十七《楚世家》:

（梁开平）秋七月，王奏梁于汴、荆、襄、唐、郢、复诸州置回图务，运茶河之南北，以易缯纩、战马，仍岁贡茶二十五万斤，梁主诏曰“可”。由是属内民皆得摘山算茗算，募户置邸阁以居，茗号曰“八床主人”，岁收数十万，国用遂足。①

两相对照，《新唐书》意思清楚明白，吴文却不好理解，“摘山算茗算”不辞，“茗号曰‘八床主人’”是茶叶名称“八床主人”，不合事理。可能是点校有误，也未可知。对照高郁建议马殷的原话“公若置邸京师，归天子职贡，王人来锡命，四方畏服，然后按兵讨不廷，霸业可成”，可知上贡是马殷取得朱全忠信任的重要手段。湖南多茶，茶叶是所贡物产之一。马殷允许山民自由采茶，委托大户建仓收集茶叶。这些大户被称为“八床主人”。

刘建锋、马殷早期时候跟随秦宗权，秦宗权也是蔡州人。秦宗权先是附和黄巢，巢死，宗权收集残兵，“所至屠老孺，焚屋庐，城府穷为荆莱，自关中薄青、齐，南缭荆、郢，北亘卫、滑，皆麋骇雉伏，至千里无舍烟。”②秦宗权后为朱全忠所败。秦宗权、刘建锋、马殷等率领的蔡军一向以残酷著名，故时人号为“蔡贼”。

后唐天成二年（927），封马殷为楚国王，正式建立楚国或称南楚国，首府长沙。武穆王马殷在位二十三年，传六主，共五十六年。

北韩南郭

《新唐书》卷一百九十《成汭传》：

时镇国节度使韩建亦以治显，号“北韩南郭”。

《新五代史》卷四十《韩建传》：

是时，天下已乱，诸镇皆武夫，独建抚绥兵民，又好学。荆南成汭时

① ［清］吴任臣：《十国春秋》，中华书局，2010 年版，第 937 页。

② ［宋］欧阳修：《新唐书》，中华书局，1975 年版，第 6465 页。

冒姓郭，亦善缉荆楚。当时号为“北韩南郭”。

成汭（？—903），青州（今山东青州）人。《旧五代史》卷十七汭本传说是淮西（泛指淮河以西一带）人。成汭年轻时醉酒杀人，因而落发为僧，亡命入“蔡贼”中，为其帅养子，更名为郭禹。“蔡贼”散亡后，郭禹结千人入峡，袭归州，自称刺史，招兵买马，训练士卒，得兵三千。昭宗拜为荆南节度留后，改名汭，复故姓。他善于吏治，任用贤人贺隐，所以境内大治，民口大增。又强取了榷盐权，境内殷实，故能畜兵至五万。

韩建（855—912），字佐时，许州长社（今河南许昌）人。黄巢之乱时，从杨复光攻黄巢于长安，杨复光战死，韩建奔蜀。时唐僖宗避乱在蜀地，以韩建为金吾卫将军。僖宗还长安，韩建为潼关防御使、华州刺史。韩建出身贱微，能体恤民生疾苦。他在任华州刺史时，习农事，披荆棘，督民耕植。华州久经战火，一派萧条，经韩建治理，出现生机。韩建本文盲，公事之余，学习文字。先是让别人在自己的生活用品、床榻上写上名称，渐渐乃略知文书，后自学《玉篇》，便能通音韵声偶。

时值晚唐，天下兵荒马乱，成汭（郭禹）与韩建两人都能保一方治理，造福于民，也是很难得的事，所以时人称“北韩南郭”。

白马将军

《新唐书》卷一百九十《王潮传》：

> 审知乘白马履行阵，望者披靡，号“白马将军”。

《新五代史》卷六十八《王审知传》：

> 审知为人状而雄伟，隆准方口，常乘白马，军中号“白马三郎”。

王潮（？—897），字信臣，光州固始（今河南固始）人。唐末大乱，王潮与弟审邽、审知从寿春人王绪、刘行全，据寿州，略浔阳、赣水，取汀州。后攻下福州，尽有五州之地。王绪为部下所杀，王潮统帅该部。景福二年九月，唐以王潮为福建观察使。乾宁三年（896），唐升福建为威武军，拜王潮节度使、检校尚书左仆射。

王审知(862—925),字信通。王潮弟,王潮死,王审知接任。王氏偏安一隅,后奉后梁、唐正朔,朝贡不绝。王辚于后唐长兴四年(933)称帝,国号大闽。尊王审知为太祖。《十国春秋》卷第九十《闽·太祖世家》:"太祖名审知,字信通,潮季弟也。身长七尺六寸,紫色,方口隆准,常乘白马,军中号'三郎'。"王氏三兄弟,审知为季,故称"三郎"。

地癖

《新唐书》卷一百九十一《忠义上·李憕传》:

憕通《左氏春秋》,颇殖产伊川,占膏腴,自都至阙口,畴野弥望,时谓"地癖"。

《旧唐书》卷一百八十七(下)《李憕传》:

憕丰于产业,伊川膏腴,水陆上田,修竹茂树,自城及阙口,别业相望,与吏部侍郎李彭年皆有"地癖"。

李憕(?—755),并州文水(今山西文水)人。他举明经及第,授成安尉。官至京兆尹,改为光禄卿、东京留守。安史之乱中,李憕与留台御史中丞卢弈、河南尹达奚珣修缮洛阳城垒,积极备战。他与卢弈共同誓约:为保卫洛阳战斗到死。许多官员乘夜间缒去,李憕、卢弈守城直至城破被杀。

李憕贪财,并有强烈的土地占有欲。自洛阳城到阙口一带都是他的田产。占地之广,可见一斑。阙口即伊阙,位于洛阳城南。

一龙　关中曾子

《新唐书》卷一九二《贾循传》:

父会,有高节,尝称疾不答辟署,里中号"一龙"。亲亡,负土成墓,庐其左,手莳松柏,时号"关中曾子"。

贾循(生卒年不详),京兆华原(今陕西铜川)人。他是唐代名将,礼部尚书苏颋许之为廉颇、李牧。以功擢游击将军、榆关守捉使。贾循本为安禄山部将,安史之乱中,颜杲之与之谋,准备联合以倾覆安禄山巢穴,为人揭发而遭安禄山缢杀。

诸葛亮因为隐居南阳而被称为"卧龙",贾会也是因为守节不仕而被人称为"一龙"。孔门中人,曾子以孝著名;贾循因为孝道而被称为"关中曾子"。华原属关中。

陆家姑　双庙

《新唐书》卷一百九十二《张巡传》:

巨之走临淮,巡有姊嫁陆氏,遮王劝勿行,不纳,赐百缣,弗受,为巡补缝行间,军中号"陆家姑",先巡被害。

大中时,图巡、远、霁云于凌烟阁。睢阳至今祠享,号"双庙"云。

张巡(709—757),字巡,邓州南阳(今河南南阳)人,《旧唐书》说是蒲州河东(今山西永济)人。安史之乱中,坚守睢阳(今河南商丘)以屏蔽江淮,终因内无粮草,外无救兵,城破,与许远、南霁云等同被执而壮烈牺牲。

初,嗣虢王、河南节度使李巨屯驻彭城(今江苏徐州),担负保卫江淮的任务,张巡是李巨的部下。在叛军攻下齐鲁一带时,济阴太守高承义投降,李巨弃城东走。临行时,张巡的姐姐拦住李巨,劝他不要走;李巨没有听她的话,赐给她百匹丝绸,张巡的姐姐拒绝了。张巡的姐姐在张巡军中为战士们缝缝补补,夫家姓陆,战士们称呼她为"陆家姑",先于张巡牺牲。

唐肃宗时,下诏睢阳立张巡、许远、南霁云庙,岁时致祭。宣宗大中初,图功臣像于凌烟阁,张巡、许远、南霁云在焉。张巡、许远为当地两大英雄,睢阳人称张巡、许远庙为"双庙"。安史之乱中,有许多可歌可泣的事迹,张巡、许远为其中最为突出者。韩愈《张中丞传后序》:"愈尝从事于汴、徐二府,屡道于两府间,亲祭于其所谓'双庙'者。"可知"双庙"拜祭者甚众。

义门裴氏　甘露顶

《新唐书》卷一百九十五《裴敬彝传》：

敬彝七岁能文章，性谨敏，宗族重之，号“甘露顶”。

《旧唐书》卷一百八十八《裴敬彝传》：

敬彝少聪敏，七岁解属文，性又端谨，宗族咸重之，号为“甘露顶”。

裴敬彝(生卒年不详)，绛州闻喜(今山西闻喜)人。隋开皇中，为大中大夫。裴敬彝的曾祖父裴子通，隋朝官至大中大夫，母亲去世时，庐于墓侧，哀恸至于失明。更难得的是裴子通兄弟八人均以友悌著名于乡里，所以裴家被称为“义门裴氏”。

“孝”为儒家道德中最高观念之一，表现为家族后辈对先辈的绝对服从与义务。旌表孝义是封建统治者发扬孝道的传统手法，“旌表制度形成于汉代，完善于隋唐，集大成于两宋，到明清时期达到顶峰亦随之走向了僵化”[①]。旌表方式有匾表其墓、匾表其门、树碑立传、建立牌坊、建立祠庙甚至修建观阙等等。旌表人家往往可以免除一切徭役，也是名利双收之举了。匾上书写旌表文字。《新唐书》同卷《陈饶奴传》：

陈饶奴，饶州人。年十二，亲并亡，窭弱居丧，又岁饥，或教其分弟妹可全性命。饶奴流涕，身丐诉相全养。刺史李复异之，给资储，署其门曰“孝友童子”。

“署其门”即旌表其门。又《新唐书·王博武传》：

王博武，许州人。会昌中，侍母之广州，及沙涌口，暴风，母溺死，博

① 韩帅：《以孝励人——孝与古代旌表制度》，中国国际广播出版社，2014 年版，第 7 页。

武自投于水。岭南节度使卢贞俾吏沉罟，获二尸焉，乃葬之，表其墓曰“孝子墓”。诏为刻石。

这是旌表孝子之墓。颁发旌表者可以是地方官如刺史、节度使，也可以是皇帝。

佛家认为，读佛经如同甘露灌顶即佛语所说“醍醐灌顶”，会获得智慧。裴敬彝年少聪颖，七岁会写文章，所以族人呼之为“甘露顶”，夸赞他的聪明。

阙下林家

《新唐书》卷一百九十五《林攒传》：

诏作二阙于母墓前，又表其闾，蠲徭役，时号“阙下林家”。

林攒（生卒年不详），泉州莆田（今福建莆田）人。《旧唐书》卷一百八十八《孝友》无林攒传。《新唐书》林传全文如下：

林攒，泉州莆田人。贞元初，仕为福唐尉。母羸老，未及迎而病。攒闻，弃官还。及母亡，水浆不入口五日。自埏甓作冢，庐其右，有白乌来，甘露降。观察使李若初遣官属验实，会露晞，里人失色，攒哭曰：“天所降露，祸我邪？”俄而露复集，乌亦回翔。诏作二阙于母墓前，又表其闾，蠲徭役，时号“阙下林家”。

除去荒诞不经的成分以外，这段文字有不少的认识价值：其一，旌表须有确实的依据，官方派人核查孝子行为是否属实；其二，被旌表的孝子官方免除徭役；其三，旌表可以是多重的，林攒不仅得阙表母墓，还得到署表其闾。

阙，周代已有，主要作为瞭望之用，所以又称为观。有单阙，有双阙，双阙之间可连也可不连。大概是因为高大，可以动人耳目，所以后来就被用来旌表。立阙旌表最迟在汉代就有了[①]。建阙旌表本是很难得、很荣耀的事。林攒得此殊荣，自认被乡人羡慕，称他们家为"阙下林家"。

斗酒学士　东皋子

《新唐书》卷一百九十六《王绩传》：

故事，官给酒日三升，或问："待诏何乐邪？"答曰："良酝可恋耳！"侍中陈叔达闻之，日给一斗，时称"斗酒学士"。

王绩(590—644)，字无功，绛州龙门(今山西河津)人。他以儒学著称，钟情儒家经典，仿古经作《六经》，又仿《论语》作《中说》。隋末，以隐士闻名。王绩也是隋唐之际著名的诗人，《四库全书总目提要·东皋子集》："如《石竹咏》，意境高古；《薛记室收过庄见寻诗》二十四韵，气格遒健，皆能涤初唐俳偶板滞之习，置之开元、天宝间，弗能别也。"[②]《野望》诗描写田园，清新温馨，为人传诵。

王绩性嗜酒。唐高祖时，王绩待诏门下省修文馆为学士，其时官府每天给酒三升，王绩说他正是为了这三升酒才来的。他的朋友、诗人陈叔达(？—635)听他这么说，干脆就每天送给他一斗酒，故时人称王绩为"斗酒学士"。

《旧唐书》不载王绩"斗酒学士"时号，但有时号"东皋子"的记载："绩尝躬耕于东皋，故时人号东皋子。"则"东皋子"是王绩的又一时称。东皋为王绩故乡隐居地点，《新唐书》本传"游北山东皋，著书自号东皋子"，臧励龢《中国古今地名大辞典》"东皋村"条："在山西河津县，唐王绩居此，自号东皋子。"[③]则为自号。

---

① 参看韩帅著《以孝励人——孝与古代旌表制度》第二章"旌表孝行的方式"，中国国际广播出版社，2014年版。

② 四库全书研究所整理：《钦定四库全书总目》，中华书局，1997年版，第1990页。

③ 臧励龢：《中国古今地名大辞典》，商务印书馆，1931年版，第488页。

郁林石

《新唐书》卷一百九十六《陆龟蒙传》：

陆氏在姑苏，其门有巨石，远祖绩尝事吴为郁林太守，罢归无装，舟轻不可越海，取石为重，人称其廉，号“郁林石”，世保其居云。

陆龟蒙（？—881？），字鲁望，苏州吴（今江苏苏州）人。举进士不第，遂隐居松江甫里。与皮日休诗歌唱和，有《松陵集》《笠泽丛书》。陆绩（188—219），字公纪。《三国志》卷五十七陆绩本传载：“孙权统事，辟为奏事掾，以直道见惮，出为郁林太守，加偏将军，给兵二千人。”不载“郁林石”故事。

汉魏以来，地方长官罢官回故里，将再任期间所搜括来的财物以及临别时所赠之物带回家，这就是“还资”。《南史》卷二十二《王昙首传》：“寻出为临海太守，在郡侵刻，还资有芒鞋两舫，他物称是。”卷二十三《王华传》附《王琨传》：“及罢任，孝武知其清，问还资多少？琨曰：‘臣买宅百三十万，余物称之。’帝悦其对。”卷二十五《垣昙深传》：“为临城县，罢归，得钱十万，以买宅奉兄，退无私蓄。”卷二十五《张欣泰传》：“宋元徽中，世兴在家，拥雍州还资见钱三十万，苍梧王自领人劫之，一夜垂尽，世兴忧惧病卒。欣泰兄欣华时为安成郡，欣泰悉封余财以待之。”卷二十七《孔琇之传》：“出为临海太守，在任清约。罢郡还，献干姜二千斤，齐武帝嫌其少，及知琇之清，乃叹息。”卷二十八《褚炫传》：“罢江夏郡还，得钱十七万，于石头并分与亲族。”尤其是交、广官吏，因两地物产丰富，还资都很巨大。陆绩因为廉洁，虽由郁林罢官，却没有财产，所以压船只能用石头了。郁林，今广西贵港。《南史》卷六十《江革传》：

乃除都官尚书。将还，赠遗一无所受，送故依旧订舫，革并不纳，唯乘台所给一舸。舸艚偏欹，不得安卧。或请济江徙重物以迮轻艚，革既无物，乃于西陵岸取石十余片以实之。其清贫如此。

南朝梁时的江革，以都官尚书罢职回家，资产太少，也是只得用石头压船。传载江革死时，家徒四壁。

铛脚刺史　常棣碑

《新唐书》卷一百九十七《薛大鼎传》：

是时，郑德本在瀛洲，贾敦颐为冀州，皆有治名，故河北称“铛脚刺史”。

《旧唐书》卷一百八十五（上）《薛大鼎传》：

时与瀛洲刺史贾敦颐、曹州刺史郑德本，俱有美政，河北称为“铛脚刺史”。

又《旧唐书》同卷《贾敦颐传》：

始，洛人为敦颐刻碑大市旁，及敦实入为太子右庶子，人复为立碑其侧，故号“常棣碑”。

薛大鼎（？—654），字重臣，蒲州汾阴（今山西万荣）人。隋末，谒见唐高祖，授大将军府察非掾，迁浩州刺史，累迁沧州刺史。永徽中，迁银青光禄大夫，行荆州大都督长史。薛大鼎任沧州刺史时，无棣渠淤塞，他疏通以达大海，商贾流行渠中，民为之歌曰：“新沟通，舟楫利。属沧海，鱼盐至。昔徒行，今骋驷。美哉薛公德滂被！”后来他又疏治长芦渠、漳水、衡水，变患为利。

贾敦颐（？—654），曹州冤朐（今山东菏泽）人。贞观时，他数历州刺史。为官廉洁，所乘羸马没有缰绳，只用草绳代替，走在路上谁也不知道他就是刺史大人。为瀛州刺史的时候，州内滹沱河、滱水常常泛滥成灾，贾敦颐率民修坝，百姓利之。在任洛州刺史时，豪右强占田地，贾敦颐收田三千多顷，分给贫民。郑德本，两《唐书》无传。

铛，古代温酒、茶的器皿，有三只脚。《南史》卷六十一《陈暄传》：“何水曹眼不识杯铛，吾口不离瓢杓汝宁与何同日而醒，与吾同日而醉乎？”即酒铛。其时，郑德本、薛大鼎、贾敦颐分别刺史瀛州、冀州与沧州，皆位于黄河北，三人都能为民利益着想，有善政，时人比之“鋋脚”。“鋋脚政”后来就成为善政的代名词，唐白居易《自到郡斋题二十四韵兼寄常州贾舍人湖州崔郎中仍呈吴中诸客》：“愧无鋋脚政，徒忝犬牙邻。”

贾敦实（？—688），贾敦颐弟。任洛州长史时，洛令杨德幹为政酷烈，常常杀人以显示威风。贾敦实说：“为政在于养人而不在杀人！”主张宽惠于民。《诗经·小雅·常棣》序：“周公燕兄弟也。”洛人称贾敦颐、贾敦实二人碑为“常棣碑”，颂兄弟二人德政也。

大小欧阳体

《新唐书》卷一百九十八《欧阳询传》附《欧阳通传》：

> 通早孤，母徐教以父书，惧其惰，尝遗钱使市父遗迹，通乃刻意临仿以求售，数年，书亚于询，父子齐名，号“大小欧阳体”。

欧阳询（557—641），字信本，潭州临湘（今湖南长沙）人。欧阳询仕隋为太常博士。入唐，累迁给事中，贞观初，为太子率更令、弘文馆学士，封渤海县男。善书法，

元陶宗仪《书史会要》卷五“欧阳询”：“晚年笔力益刚健，有执法面折廷争之风。或比之草里蛇惊、云间电发，金刚之瞋目、力士之挥拳。至其笔画工巧、意态精密俊逸处而人复比之孤峰崛起，四面削成。皆非虚誉也。”

欧阳通（625—691），字通师。欧阳询子。他于高宗仪凤中，累迁中书舍人。累迁殿中监，封渤海子。天授初，转司农卿，判纳言事。欧阳通早孤，母教以父书法。《书史会要》卷五“欧阳通”：“行草得询之险劲盘结，分布意态则有所未及，亦不失为名书也。”父子相承而又有变化，人称“大小欧阳体”，为有唐一代著名书法世家。

句直平配

《新唐书》卷一百九十八《儒学·许子儒传》：

> 子儒，长寿中，历天官侍郎，弘文馆学士，封颍川县男，以选事委令

史句直,日偃卧不下笔,时人语曰"句直平配"。既而补授失序,传为口实。

《旧唐书》卷一百八十九《儒学·许子儒传》:

子儒居选部,不以藻鉴为意,委令史句直,以为腹心,注官之次,子儒但高枕而卧,时云"句直平配"。

许子儒(生卒年不详),字文举,润州句容(今江苏句容)人。父许叔牙(?—649),字延基,明于《诗》《礼》。许子儒秉承家风,谙于儒家经典。武则天长寿年间,许子儒官至天官侍郎、弘文馆学士。许子儒掌选事,但自己无所事事,终日高卧而已,一切吏事都交给令史句直去办,并导致用人不当。人称许子儒、句直二人为"句直平配",有两层含义:一是指句直办事而许子儒整天平卧睡觉,一是句直用人不加选择,平等授官,乃至授受失序,讽刺二人居官在职,却碌碌无为。

大秦君　小秦君

《新唐书》卷一百九十八《儒学·秦景通传》:

景通者,晋陵人。与弟暐俱有名,皆精《汉书》,号"大秦君""小秦君"。当时治《汉书》,非其授者,以为无法云。

《旧唐书》卷一百八十九《儒学·秦景通传》:

秦景通,常州晋陵人也。与弟暐尤精《汉书》,当时习《汉书》者皆宗师之,常称景通为"大秦君",暐为"小秦君"。若不经其兄弟指授,则谓之"不经师匠,无足采也"。

秦景通(生卒年不详)、秦暐(生卒年不详)兄弟,常州晋陵(今江苏常州)人,与刘伯庄、敬播、刘讷言等为唐代著名《汉书》研究者。人称秦景通、秦暐兄弟为"大秦君""小秦君"。敬播(?一663年),蒲州河东(今山西永济)人。太宗时,与令狐德芬等人撰《晋书》,多发凡起例;高宗时,节《汉书》颜注为四十篇。刘伯庄(生卒年不详),徐州彭城(今江苏徐州)人。龙朔中,兼授崇贤馆学士。撰《汉书音义》二十卷。刘讷言(生卒年里不详),乾封元年举幽素科及第,除都水监主簿。以《汉书》授沛王李贤。

《汉书》在唐代尤其为学者所重视,成为专门学问即"《汉书》学"。王树民著《史部要籍解题》:

> 自《汉书》著成后,以纪、表、志、传为主要形式并且断代为史的史书体例便发展完成,后世修史者以此为标准形式,但表、志二部分编写较为困难,所修史书或缺此二部分,尤多缺表,而以本纪和列传为必须具有者,故此体通称为纪传体。

这或许是《汉书》在唐代受重视的原因。

孙孔

《新唐书》卷一百九十九《儒学·孔若思传》:

> 祖绍安,与兄绍新早知名。陈亡,客居鄠,励志于学。外兄虞世南曰:"本朝沦覆,吾分湮灭,有弟若此,知不亡矣。"绍安与孙万寿皆以文辞称,时谓"孙孔"。

《旧唐书》卷一百九十《文苑(上)·孔绍安传》:

> 时有词人孙万寿,与绍安笃忘年之好,时人称为"孙孔"。

孔绍安(577—618?),越州山阴(今浙江绍兴)人。陈亡入隋,徙居京兆鄠县。武德中,以中书舍人与崔善为、萧德言撰《梁史》,未就而卒。有文集五十卷。《全唐诗》卷三十八存其诗七首,应制诗《咏石榴》:"可惜庭中树,移根逐汉臣。只为来时晚,花开不及春。"颇为时人称道。

孙万寿(559? —611?),字仙期,一字遐年,信都武强(今河北武强)人。北齐武平中,为奉朝请。隋开皇中,滕王杨瓒引为文学;炀帝时,为齐王文学。逯钦立《先秦汉魏晋南北朝诗》收孙万寿诗九首。孙万寿、孔绍安二人俱以文词著名当时，人称“孙孔”。孙万寿比孔绍安差不多年长十八岁，二人为忘年交。

阮咸

《新唐书》卷二百《元行冲传》：

> 有人破古冢得铜器似琵琶，身正圆，人莫能辨。行冲曰：“此阮咸所作器也。”命易以木，弦之，其声亮雅，乐家遂谓之“阮咸”。

元行冲(651—729)，字行冲，河南(今河南洛阳)人。《旧唐书》卷一百二本传：“博学多通，尤善音律及训诂之书。”

阮咸，字仲容，阮籍侄。“竹林七贤”之一。《晋书》卷四十九《阮咸传》：“咸妙解音律，善弹琵琶。”《旧唐书》卷二十九《音乐志》：“阮咸，亦秦琵琶也，而项长过于今制，列十有三柱。武太后时，蜀人蒯朗于古墓中得之，晋《竹林七贤图》阮咸所弹与此类，因谓之阮咸。”元行冲看到的就是蒯朗在古墓中得到的。“是一种圆形共鸣箱、直柄四弦的乐器”①，与后来由龟兹传来的乐器琵琶及现代的琵琶都不同。安赭著《纸上乐坊》：

> 在现代，阮的改革和演奏艺术又得到进一步发展。现代阮具有高音、中音、次中音和低音4个声部。四弦都为金属弦，调音方便，音域扩展到三个八度以上，音量增大。半音俱全，可任意转调。②

“阮咸”也可简称“阮”。

李诗谢赋

《新唐书》卷二百一《谢偃传》：

---

① 殷伟：《中国琴史演义》，云南人民出版社，2001年版，第103页。

② 安赭：《纸上乐坊》，中国画报出版社，2006年版，第47页。

时李百药工诗，而偃善赋，时人称“李诗谢赋”。

《旧唐书》卷一百九十（上）《谢偃传》：

时李百药工为五言诗，而偃善作赋，时人称为“李诗谢赋”焉。

谢偃（？—643），卫州卫（今河南浚县）人，本姓直勒氏，改姓谢。太宗初即位，献《惟皇诫德赋》，后为弘文馆直学士，作《尘赋》《影赋》，太宗称善。

李百药（565—648），字重规，定州安平（今河北安平）人。李百药与父李德林、子李安期三世掌制诰，李氏为文学名门。太宗尝赞叹李百药为文：“卿何身之老而才之壮，何齿之宿而意之新乎！”《新唐书》卷一百二本传：“翰藻沉郁，诗尤其所长，樵厮皆能讽之。”《全唐诗》卷四三存诗一卷，皆五言。“柳色迎三月，梅花隔二年”（《奉和初春出游应令》）一联颇为后人喜爱。李百药、谢偃二人各以诗、赋见长，人称“李诗谢赋”。

崔李苏杜　文章四友

《新唐书》卷二百一《杜审言传》：

少与李峤、崔融、苏味道，为文章四友，世号“崔李苏杜”。

杜审言（645？—708），字必简，巩（今河南巩义）人。杜甫祖父。善于五言诗，工书翰。崔融（653—706），字安成，齐州全节（今山东济南）人。《旧唐书》卷九十四《崔融传》：“融为文典丽，当时罕有其比，朝廷所须《洛出宝图颂》《则天哀册文》及诸大手笔，并手敕付融。”

对于崔融、李峤、苏味道、杜审言四人之间的关系，两《唐书》有不少记载。《新唐书》卷一百二十三《李峤传》：“然其仕前与王勃、杨盈川接，中与崔融、苏味道齐名，晚诸人没，而为文章宿老，一时学者取法焉。”《新唐书》卷一百一十四《崔融传》：“张易之兄弟颇延文学士，融与李峤、苏味道、麟台少监王绍宗降节佞附。”《旧唐书》杜审言本传：“神龙初，坐与张易之兄弟交往，配流岭外。”《新唐书》：“神龙初，坐交通张易之，流峰州。入为国子监主簿、修文馆直学士，卒。大学士李峤等奏请加赠，诏赠著作郎。”苏味道、李峤被时人称为“苏李”，已见“苏李”条。另外，两《唐书》都说到杜审言受知于崔融，崔融死后，杜审言为之服缌。无论就四人文学才能来说，还是他们都附会张易之兄弟来说，四人共同被时人关注当是事实，也是被称为“崔李苏杜”或“文章四友”的原因。宋计有功《唐诗纪事》卷六“杜审言”条：“与李峤、崔融、苏味道为文章四友。”

李杜

《新唐书》卷二百一《杜甫传》：

甫旷放不自检，好论天下大事，高而不切。少与李白齐名，时号“李杜”。

《旧唐书》卷一百九十(下)《杜甫传》：

是时山东人李白，亦以文奇取称，时人谓之“李杜”。

杜甫(712—770)，字子美，祖籍襄阳，巩县(今河南巩义)人。唐代诗人。《全唐诗》编诗为十九卷。李白(701—762)，字太白，祖籍陇西成纪(今甘肃秦安)。唐代诗人。《全唐诗》编诗为二十五卷。

李白、杜甫并称“李杜”，此人皆知之。宋洪迈《容斋四笔》卷十五记载共有“四李杜”，汉代有三：顺帝时的李固、杜乔，以守正被梁冀所杀；桓帝时的李云、杜众以忠谏获罪死于狱中；灵帝时的李膺、杜密也是以忠义而死。其时另一位忠臣范滂受诛，他的母亲说：“汝今与李、杜齐名，死亦何恨。”“四李杜”得名原因非一，李白、杜甫以诗歌而取称千古，韩愈《调张籍》：“李杜文章在，光焰万丈长。”

三株树　王杨卢骆　四杰

《新唐诗》卷二百一《王勃传》：

初，勔、勮、勃皆有才名，故杜易简称“三株树”，其后助、劼又以文显。

勃与杨炯、卢照邻、骆宾王皆以文章齐名，天下称“王杨卢骆”，号“四杰”。

《旧唐书》卷一百九十（上）《王勃传》：

勃六岁解属文，构思无滞，词情英迈，与兄勔、勮，才藻相类。父友杜易简常称之曰：“此王氏三珠树也。”

《旧唐书》同卷《杨炯传》：

炯与王勃、卢照邻、骆宾王以文词齐名，海内称为“王杨卢骆”，亦号为“四杰”。

王勃（650—676?），王勔（？—697），王勮（？—697）兄弟，绛州龙门（今山西河津）人。以文学称名当时。

“三株树（或作珠）”一语见《山海经·海外南经》：

厌火国在其国南，兽身黑色，生火出其口中。一曰在讙朱东。三珠树在厌火北，生赤水上，其为树如柏，叶皆为珠。一曰其为树若彗。

陶渊明《读山海经》：“粲粲三珠树，寄生赤水阴。亭亭凌风桂，八干共成林。灵凤抚云舞，神鸾调玉音。虽非世上宝，爰得王母心。”用赤水、桂林、灵凤、神鸾来烘托三珠树的美好。后用作比喻优秀的年轻人。科举进士前三名也称为“三株树”，清袁枚《胪唱》诗：“一声胪唱九天闻，最是三株树出群。”

两《唐书》杨炯传都有杨“愧在卢前，耻居王后”的话，这就是说当时“王杨卢骆”之称已口耳流传。稍后的杜甫也说：“王杨卢骆当时体，轻薄为文哂未休。尔曹身与名俱灭，不废江河万古流。”就文献来看，“王杨卢骆”“四杰”之名号最早见于郗云卿《骆宾王文集序》，“郗云卿是受唐中宗之命编辑这个集子的。从他的叙述中,也可见‘初唐四杰’在当时已名扬海内”[1]。

杨炯(650—693?),华州华阴(今陕西)人;卢照邻(634?—686?),字升之,幽州范阳(今河北涿州)人;骆宾王(627?—684?),字观光,婺州义乌(今浙江义乌)人。“王杨卢骆”以文学著称于时,对唐代诗歌的健康发展,为盛唐诗歌的到来有贡献。四人在世年龄都不长,“年少而才高,官小而名大”[2],正是由于这种人生体验的矛盾,他们在诗歌中往往能做到有感而发。他们冲破了盛行一时的上官体的牢笼,摆脱了宫体的羁绊,开拓了诗歌题材,完善、发展了诗歌形式。大体而言,卢骆喜作五、七言长篇,尤擅七言歌行一体;王杨则以五言律、绝取胜。杨炯《王勃集序》:

> 尝以龙朔初载,文场变体,争构纤微,竞为雕刻。糅之金玉龙凤,乱之朱紫青黄。影带以徇其功,假对以称其美。骨气都尽,刚健不闻;思革其弊,用光志业。薛令公朝右文宗,托末契而推一变;卢照邻人间才杰,览清规而辍九攻。知音与之矣,知己从之矣。于是鼓舞其心,发泄其用。八纮驰骋于思绪,万代出没于毫端。契将往而必融,防未来而先制。动摇文律,宫商有奔命之劳;沃荡词源,河海无息肩之地。以兹伟鉴,取其雄伯,壮而不虚,刚而能润,雕而不碎,按而弥坚。大则用之以时,小则施之有序。徒纵横以取势,非鼓怒以为资。长风一振,众萌自偃。遂使繁综浅术,无藩篱之固;纷绘小才,失金汤之险。积年绮碎,一朝清廓;翰苑豁如,词林增峻。反诸宏博,君之力焉;矫枉过正,文之权也。后进之士,翕然景慕。久倦樊笼,咸思自释。

这段话可以用来说明“四杰”在唐代诗歌史上的地位。

邓渴

《旧唐书》卷一百九十(上)《邓玄挺传》:

> 又患消渴之疾,选人目为“邓渴”,为榜于衢路。

① 倪木兴:《初唐四杰诗选》,人民文学出版社,2001年版,“前言”第1页。
② 闻一多:《唐诗杂论》,凤凰传媒出版集团,2007年版,第23页。

邓玄挺(？—689),避讳或作元挺,雍州蓝田(今陕西蓝田)人。善谑,他的玩笑话常常传为话柄,弄得别人很难堪。武则天时,邓玄挺任吏部侍郎,吏部侍郎的职责是替皇帝选择人才,事关重大,但邓玄挺很不称职。邓玄挺患有消渴病(糖尿病),选人背后都称他为“邓渴”,还把这两个字写在木头上,竖在路旁。不过,邓玄挺是一个很好的地方官,在任顿丘(今河南清丰)令以及澧州(今湖南澧县)刺史时,很有名声。仅就这点来说,比起那些昏庸无能,只知搜括百姓的地方官吏来,不啻霄壤了。

邓玄挺少善属文,与上官仪相善。《旧唐书·经籍志》《新唐书·艺文志》著录《邓玄挺集》十卷,已佚。

北门学士

《新唐书》卷二百一《元万顷传》:

至朝廷疑议表疏皆密使参处,以分宰相权,故时谓“北门学士”。

《新唐书》卷一百一十七《刘祎之传》:

上元中,与元万顷等偕召入禁中,论次新书凡千余篇。高宗又密与参决时政,以分宰相权,时谓“北门学士”。

《旧唐书》卷一百九十《文苑中·元万顷传》:

朝廷疑议及百司表疏,皆密令万顷等参决,以分宰相之权,时人谓之“北门学士”。

《旧唐书》卷八十七《刘祎之传》:

时又密令参决,以分宰相之权,时人谓之“北门学士”。

元万顷(？—689),洛阳人。起家通事舍人,为著作郎。武后劝高宗召纳论撰词臣,万顷当选。元万顷撰《列女传》《臣轨》《百僚新诫》《乐书》等。

唐代制度,皇帝身边必须有备顾问之人,他们知识渊博,具有文词、经学乃至医卜、技艺等专门知识。起初,这些人并不起草诏书诰令,文书诏告仍由中书舍人掌管,到了太宗时期,开始让他们草制诏书。之前,太宗身边有“十八学士”替他起草文书,当上皇帝后,旧习未改,仍然让备顾问的这些人替他起草诏告,这些人也就是“十八学士”的继续。高宗继承乃父作风,《旧唐书》卷四十三《职官二》:

乾封中,刘懿之刘祎之兄弟、周思茂、元万顷、范履冰,皆以文词召入待诏,常于北门候进止,时号“北门学士”。

宋程大昌《雍录》卷四“南北学士”条:

若夫乾封间号为北门学士者,第从翰林院待诏中选取能文之士,特使草制,故借学士之名,以为雅称,其实此时翰林未置学士,未得与弘文、集贤齿也,故曰“北门学士”,言其居处在弘文、集贤之北也。[①]

据《旧唐书》,是因为这些人在宫城北门等候皇帝召用,被时人称为“北门学士”,依程大昌,则是因为这些人居处在弘文、集贤之北而被称为“北门学士”。玄宗时,这些人被称为“翰林待诏”。“翰”,毛笔,用来指代读书人,“翰林”即“学士”,这以后就有了翰林院。

太宗让身边顾问制草,并不是有意“分宰相权”。高宗时期,武后却是有意而为之了。当时武后为了对抗宰相,借撰制为名,拉拢后进,以为羽翼。到玄宗时期,已成旧习了。《新唐书》卷四十六《百官一》“学士之职”条:

开元二十六年,又改翰林供奉为学士,别置学士院,专掌内命。凡拜免将相、号令征伐,皆用白麻。其后,选用益重,而礼遇益重,至号为“内相”,又以为天子私人。凡充其职者无定员,自诸曹尚书下至校书郎,皆得与选。

---

① [宋]程大昌:《雍录》,中华书局,2002年版,第74页。

翰林学士草制“凡拜免将相、号令征伐”诏书，其权力与地位已与外府之宰相相侔，故人称“内相”。

沈宋　三绝

《新唐书》卷二百二《宋之问传》：

魏建安后讫江左，诗律屡变，至沈约、庾信，以音韵相婉附，属对精密。及之问、沈佺期，又加靡丽，回忌声病，约句准篇，如锦绣成文。学者宗之，号为“沈宋”，语曰“苏李居前，沈宋并肩”，谓苏武、李陵也。

初，之问父令文，富文辞，且工书，有力绝人，世称“三绝”。

《旧唐书》卷一百九十（中）《沈佺期传》：

佺期善属文，尤长七言之作，与宋之问齐名，时人称为“沈宋”。

《旧唐书》同卷《宋之问传》：

世人以之问父为“三绝”，之问以文词知名，弟之悌有勇力，之逊善书，议者云各得父之一绝。

宋之问，已见“方外十友”条。沈佺期（？—713?），字云卿，相州内黄（今河南内黄）人。进士及第，授协律郎。武后长安间，迁通事舍人。善属文，尤其擅长七言诗，与宋之问齐名，人称“沈宋”。对律体诗的成熟有很大影响，元稹《唐故工部员外郎杜君墓系铭》：“沈、宋之流，研练精切，稳顺声势，谓之为律诗。”①

宋令文（生卒年不详），之问父。高宗时，任左骁卫郎将，后任东台详正学士。有勇力，工书，善属文，时称为“三绝”。宋令文任左骁卫郎将，盖其有勇力之故。

① ［清］董诰等编：《全唐文》，中华书局，1983年版，第6649页。

北京三杰　吴富体

《新唐书》卷二百二《富嘉谟传》:

嘉谟,武功人,举进士,长安中,累转晋阳尉;少微,新安人,亦尉晋阳,尤相友善,有魏谷倚者,为太原主簿。并负文辞,时称"北京三杰"。天下文章尚徐、庾,浮俚不竞,独嘉谟、少微本经术,雅厚雄迈,人争慕之,号"吴富体"。

《旧唐书》卷一百九十(中)《富嘉谟传》:

先是,文士撰碑颂,皆以徐、庾为宗,气调渐劣;嘉谟与少微属词,皆以经典为本,时人钦慕之,文体一变,称为"富吴体"。

《旧唐书》同卷附《吴少微传》:

嘉谟与少微在晋阳,魏郡谷倚为太原主簿,皆以文词著名,时人谓之"北京三杰"。

富嘉谟(？—706),雍州武功(今陕西武功)人。他进士及第,武后长安中,为晋阳尉。预修《三教珠英》。宋计有功《唐诗纪事》引张说评论其文说:"如孤峰绝岸,壁立万仞,浓云郁兴,震雷俱发,诚可畏也。若施于廊庙,骇矣。"①吴少微(？—706),新安(今安徽歙县)人,晋阳尉。谷倚,魏郡(今河北大名)人,晋阳尉。三人友善,并以文章获名当时,三人都为晋阳尉,故称"北京三杰"。晋阳(今山西太原)乃李唐发祥地,为唐时北都。

岑仲勉《陈子昂及其文集之事迹》:"唐文起八代之衰者,断应推子昂为第一人。后此而张说、张九龄、吴少微、富嘉谟(即富吴体)、李华、萧颖士、独孤及、李翰、梁肃符载辈以散文鸣世,皆子昂为之导师。"②既将吴、富二人与

① ［宋］计有功:《唐诗纪事》,上海古籍出版社,2008 年版,第 80 页。
② 向群、万毅编:《岑仲勉文集》,中山大学出版社,2004 年版,第 328 页。

张说等辈并称，则“吴富体”或“富吴体”总体上是单行散体文无疑。但就两《唐书》所论而言，“吴富体”或“富吴体”的特点在于根柢经术，不作浮靡游谈，风格雄迈。

书簏

《新唐书》卷二百二《李邕传》：

父善，有雅行，淹贯古今，不能属辞，故人号“书簏”。

李邕（678—747），字泰和，扬州江都（今江苏扬州）人。他以碑文、书法闻名天下。陶宗仪《书史会要》卷五“李邕”：

精于翰墨，行草之名尤著。初学变王羲之行法，顿剉起伏，既得其妙，复乃摆脱旧习，笔力一新。李阳冰谓之“书中仙手”。①

当时贵官达旦、闻人名流多持金帛以求其文。李邕为人不护细行，刚毅忠烈，又贪财自纵，终招杀身之祸。官终北海太守，时称“李北海”。

李善（？—689），李邕父。初师曹宪学《文选》，后寓居汴、郑间，以讲授《文选》为业，并注《文选》。从学者甚众，传其学业，成为专门之学“《文选》学”。唐代举子习《文选》，时谚：“《文选》烂，秀才半。”李德裕不喜夸夸其谈之书生，对功名之人很是反感，自称“家不置《文选》”，这从反面也证明了《文选》对博取功名的价值。诗人多以《文选》为诗才，杜甫《宗武生日》诗说：“诗是吾家事，人传世上情。熟精文选理，休觅彩衣轻。”应该是他自己的心得。“对《文选》的研究和注释成了一项专门学问——《文选》学，萧统的《文选音》开了先河，曹宪以教授《文选》学著名，许淹、李善、公孙罗继承了曹宪的衣钵，使《文选》学在唐初即盛行于世，《文选李善注》更是一部集大成的著作”②。

“簏”，竹篾编制的箱子，“书簏”，比喻读书之富。《晋书》卷六十一《刘

① [元]陶宗仪：《书史会要》，上海书店，1984年版，第137—138页。

② [南朝梁]萧统编、[唐]李善注：《文选》，中华书局，1977年版，“出版说明”语。

柳传》:“时右丞傅迪好广读书而不解其义,柳唯读《老子》而已,迪每轻之。柳云:‘卿读书虽多,而无所解,可谓书簏矣。’时人重其言。”唐李商隐《咏怀寄秘阁旧僚二十六韵》:“自哂成书簏,终当祝酒卮。”李善遍读群书,非如此不能注《文选》。李善《上〈文选注〉表》:“握玩斯文,载移凉燠,有欣永日,实未通津。故勉十舍之劳,寄三余之暇,弋钓书部。愿言注缉,合成六十卷。”[1]可见其读书之勤奋,宜乎时人称他为“书簏”了。李善所注《文选》,今天仍为人所重视。

连锦书　花鸟使

《新唐书》卷二百二《吕向传》:

> 工草隶,能一笔环写百字,若萦发然,世号“连锦书”。

> 玄宗开元十年,召入翰林,兼集贤院校理,侍太子及诸王为文章。时帝岁遣使采择天下姝好,内之后宫,号“花鸟使”。

吕向(生卒年不详),字子回,东平(今山东东平)人,一说泾州(今甘肃平凉)人。开元十年,召入翰林,兼集贤院校理。迁中书舍人,改工部侍郎。善书法。元陶宗仪《书史会要》卷五:

> 强志于学,书体钟欧相杂,自是一调。工草隶,小楷尤妙,能以一笔环写百字,若莹发然,世号“连绵书”。[2]

此作“连绵书”,据“若萦发然”文义,似以“连绵书”为是,盖百字如乱发缠绕,连绵不断。

“花鸟使”事不见两《唐书·玄宗纪》。宋王谠《唐语林》卷五:“天宝中,天下无事。选六宫风流艳态者,名‘花鸟使’,主饮宴。”周校“天宝中”:“《南

---

① [南朝梁]萧统编、[唐]李善注:《文选》,中华书局,1977年版,第3页。

② [元]陶宗仪:《书史会要》,上海书店出版社,1984年版,第186页。

部新书》作‘天宝四年’。”[①]宋钱易《南部新书》“庚”：“天宝末，有密采艳色者，当时号为‘花鸟使’，吕向献《美人赋》以讽之。”[②]则事在天宝末。具体年月已不可考，在天宝年间当是无疑。大概因为是“密采艳色”，所以不见《玄宗纪》，后来纪事者也难以知道确切时间了。

梁萧统编《文选》，先有李善注本，后来又有“五臣”注本。“五臣”即吕向、吕延济、刘良、张铣、李周翰。吕延祚上“五臣注表”在开元六年（718），后来又有人把李注与五臣注合编而成“六臣注”本。

竹溪六逸　酒八仙人

《新唐书》卷二百二《李白传》：

> 更客任城，与孔巢父、韩准、裴政、张叔明、陶沔居徂徕山，日沉饮，号“竹溪六逸”。

> 与知章、李适之、汝阳王琎、崔宗之、苏晋、张旭、焦遂为“酒八仙人”。

《旧唐书》卷一百九十（下）《李白传》：

> 少与鲁中诸生孔巢父、韩沔、裴政、张叔明、陶沔等隐于徂徕山，酣歌纵酒，时号“竹溪六逸”。

《旧唐书》卷一百五十四《孔巢父传》：

> 巢父早勤文史，少时与韩准、裴政、李白、张叔明、陶沔隐居于徂徕山，时号“竹溪六逸”。

李白，已见“李杜”条。清王琦《李太白年谱》“开元二十三年”：“太白游

---

① ［宋］王谠撰、周勋初校证：《唐语林校证》，中华书局，1987年版，第486页。
② ［宋］钱易撰、黄寿成点校：《南部新书》，中华书局，2002年版，第100页。

太原……已而去之齐、鲁，寓家任城，与孔巢父、韩准、裴政、张叔明、陶沔会徂徕山，酣饮纵酒，号‘竹溪六逸’。”①是年李白三十四岁，不得说是“少与鲁中诸生”。所谓李白“少与鲁中诸生”云云，也就是“山东李白”公案，前人多有论说。清钱大昕《廿二史考异》卷十六：“‘山东’非唐时州县之名。杜甫诗虽有‘山东李白’之称，不可以入史也。白既家任城，即当云任城人矣。《李珙传》云‘山东甲姓’，《卢士玫》传云‘山东右族’，其失与此同。”又《旧唐书》李白本传校勘记：

> 《新书》卷二〇二《李白传》作：“其先隋末以罪徙西域，神龙初（公元七〇五年）遁还，客巴西。”范传正《唐左拾遗翰林学士李公新墓碑文》谓“其先陇西成纪人，隋末被窜于碎叶”。李阳冰《草堂集序》所述大抵相同。据郭沫若《李白与杜甫》考证，李白原籍陇西成纪，隋末其先人迁居中亚碎叶（今巴尔喀什湖南面的楚河流域），公元七〇一年他在那里出生。李白中年时曾在山东住过，故杜甫诗中有“汝与山东李白好”之句，元稹《杜子美墓系铭》遂以李白为山东人，《旧唐书》沿袭了这一错误。②

是李白于开元二十三年东游时结识孔巢父等人。孔巢父（？—784），字弱翁，冀州（今河北冀州）人。他从德宗幸奉天，官至给事中、河中陕华等州招讨使。韩准，裴政、张叔明、陶沔四人不可考。李白有《送韩准裴政孔巢父还山》诗，其中说：“韩生信英彦，裴子含清真。孔侯复秀出，俱与云霞亲。”《旧唐书》此作“韩沔”，误。杜甫《酒中八仙歌》：

> 知章骑马似乘船，眼花落井水底眠。汝阳三斗始朝天，道逢曲车口流涎，恨不移封向酒泉。左相日兴费万钱，饮如长鲸吸百川，衔杯乐圣称避贤。宗之潇洒美少年，举觞白眼望青天，皎如玉树临风前。苏晋长斋绣佛前，醉中往往爱逃禅。李白斗酒诗百篇，长安市上酒家眠，天子呼来不上船，自称臣是酒中仙。张旭三杯草圣传，脱帽露顶王公前，挥毫落纸如云烟。焦遂五斗方卓然，高谈雄辩惊四筵。

---

① 瞿蜕园、朱金城：《李白集校注》，上海古籍出版社，1980年版，第1752页。

② ［五代］刘昫：《旧唐书》，中华书局，1975年版，第5085页。

清仇兆鳌《杜诗详注》认为此诗是杜甫"天宝间追忆旧事而赋之"①，并引清蔡梦弼的话说：据范传正《李白新墓碑》"八仙"中有裴周南。今人浦江清《八仙考》："在唐前后，八仙观念是道家的，而且非常空泛。随时随地可以八人实之。杜甫的《饮中八仙歌》是因为李白、贺知章等自谓八仙之游，所以歌咏了。而此组'酒八仙'的名录也有出入。"②当时应该有"酒八仙人"时号流行，杜甫有感此"酒八仙"，写了这首诗。

贺知章（659—744），字季真，越州永兴（今浙江萧山）人。李适之（？—747），唐宗室。两《唐书》都说他"雅好宾客，饮酒至斗余不乱。夜宴娱，昼决事，案无留辞"，的确是善饮之人了。李琎（？—750），让皇帝李宪之子。《旧唐书》卷九十五《睿宗诸子》："历太仆卿，与贺知章、褚庭诲为诗酒之友。"崔宗之（？—751），滑州灵昌（今河南滑县）人。崔日用子。《新唐书》卷一百二十一《崔日用传》："子宗之，袭封。亦好学，宽博有风检，与李白、杜甫以文相知者。"《新唐书》李白本传："时侍御史崔宗之谪官金陵，与白诗酒唱和。"苏晋（676—734），进士及第。先天中，为中书舍人，历户部、吏部侍郎，出为汝州刺史，迁魏州刺史，终太子左庶子。传见《新唐书》卷一二八、《旧唐书》卷一百。两书均未及苏晋善饮事。张旭（生卒年不详），字伯高，苏州吴（今江苏苏州）人。善草书，嗜酒，人称"张颠"。焦遂（生卒年不详），唐袁郊《甘泽谣》"陶岘"条说焦遂是一介布衣，"天宝中为长安饮徒"③。裴周南，无考。

张颠

《新唐书》卷二百二《李白传》附《张旭传》：

> 旭，苏州吴人。嗜酒，每大醉，呼叫狂走，乃下笔，或以头濡墨而书，既醒自视，以为神，不可复得也，世呼"张颠"。

---

① ［清］仇兆鳌：《杜诗详注》，中华书局，1979 年版，第 81 页。

② 浦江清：《浦江清文录》，人民文学出版社，1958 年版，第 4 页。

③ 上海古籍出版社编：《唐五代笔记小说大观》，上海古籍出版社，2000 年版，第 538 页。

《旧唐书》卷一百九十(中)《贺知章传》附《张旭传》:

旭善草书,而好酒,每醉后号呼狂走,索笔挥洒,变化无穷,若有神助,时人号为"张颠"。

张旭,已见"酒八仙人"条。善草书,唐文宗尝诏书,以李白诗歌、裴旻剑舞及张旭草书为"三绝"。元陶宗仪《书史会要》卷五:"其名本以颠,草而至于小楷、行书又复不减草字之妙。其草字虽奇怪百出,而求其源流无一点画不该规矩者,或谓张颠不颠,是也!"①《新唐书》说他"以头濡墨",《书史会要》:"喜酒,叫呼狂走方落笔。一日,酒醉以发濡墨作大字。既醒,视之,自以为神。"《旧唐书》:"好酒,每醉后号呼狂走,索笔挥洒。"据此,所谓"张颠"即酒与书法合二为一,乃至醉后必挥洒笔墨,如有神助。

张旭善诗,《全唐诗》卷一百一十四包融小传:"开元初,与贺知章、张旭、张若虚皆有名,号吴中四士。"今本《全唐诗》卷一百一十七收张旭诗六首。

郑广文

《新唐书》卷二百二《郑虔传》:

虔学长于地理,山川险易,方隅物产,兵戍众寡无不详。尝为《天宝军防录》,言典事该。诸儒服其善著述,时号"郑广文"。

郑虔(685? —764?),字若齐,郑州荥阳(今河南荥阳)人。善于书、画,曾自题画以献玄宗,玄宗称为"郑虔三绝"。玄宗爱惜郑虔才艺,把他留在自己身边却无所事事,于是别置广文馆,以郑虔为博士。后来屋舍遭雨水破坏,广文馆并入国子监,广文馆也就没了。郑虔是唐代广文馆唯一的博士。唯其如此,时人称郑虔为"郑广文",尊之也。

---

① [元]陶宗仪:《书史会要》,上海书店,1984年版,第158页。

萧夫子　萧功曹　萧李　四绝碑

《新唐书》卷二百二《萧颖士传》：

于是，尹徵、王恒、卢异、卢士式、贾邕、赵匡、阎士和、柳并等皆执弟子礼，以次授业，号“萧夫子”。

独华与齐名，世号“萧李”。

颖士乐闻人善，以推引后进为己任，如李阳、李幼卿、皇甫冉、陆渭等数十人，由奖目，皆为名士。天下推知人，称“萧功曹”。

《旧唐书》卷一百九十（下）《李华传》：

华尝为《鲁山令元德秀墓碑》，颜真卿书，李阳冰篆额，后人争模写之，号为“四绝碑”。

萧颖士（709—760），字茂挺，南朝梁室后裔。进士及第，释褐金坛尉。天宝中，为集贤校理。后历任广陵府参军录事、河南府参军事、扬州功曹参军等幕职。

萧颖士是唐代古文运动的先声，他在《赠韦司业书》中说：“平生属文，格不近俗，凡所拟议，必希古文。魏晋以来，未尝留意，又况区区咫尺之判，曷足牵丈夫壮志哉？”①“格不近俗”就是不作当时风靡的骈文而作单行散体的“古文”，“魏晋以来，未尝留意”即不学魏晋以来的骈文。他又说“经术之外，略不婴心”②，说明萧颖士写古文在于阐发儒家之道统，即后来韩柳所提出的“文以明道”。东汉以来，儒道沦丧；骈文大盛，文风凋敝。萧颖士主张重新建立儒家道统、文统，时人称他为“萧夫子”，一方面以示尊重，另一方面多少有把他与孔夫子相并论的意思。《新唐书》萧颖士本传：

---

① ［清］董诰等编：《全唐文》，中华书局，1983 年版，第 3276 页。
② ［清］董诰等编：《全唐文》，中华书局，1983 年版，第 3277 页。

尝谓："仲尼作《春秋》，为百王不易法，而司马迁作本纪、书、表、世家、列传，叙事依违，失褒贬体，不足以训。"乃起汉元年讫隋义宁编年，依《春秋》义类为传百篇。在魏书高贵崩，曰："司马昭弑帝于南阙。"在梁书陈受禅，曰："陈霸先反。"又自以梁枝孙，而宣帝逆取顺守，故武帝得血食三纪；昔曲沃篡晋，而文公为五伯，仲尼弗贬也。乃黜陈闰隋，以唐土德承梁火德，皆自断，诸儒不与论也。有太原王绪者，僧辩裔孙，撰《永宁公辅梁书》，黜陈不帝，颖士佐之，亦著《梁萧史谱》及作《梁不禅陈论》以发绪义例，使光明云。

这段文字也可以用来解释时人尊称萧为"夫子"原因。《旧唐书》卷一百九十(下)萧颖士本传载："是时外夷亦知颖士之名，新罗使人入朝，言国人愿得萧夫子为师，其名动华夷若此。"可见"萧夫子"之号流布当时海内外人之口。《全唐文》卷三二二收其文为一卷，《全唐诗》卷一五四编诗为一卷。

萧颖士爱奖抱后进之士，待人以诚，所与游者，往往亦师亦友。曾兄事当时大贤元德秀，友于殷寅、颜真卿、柳芳、陆据、李华、邵轸、赵骅，当时人称"殷、颜、柳、陆，李、萧、邵、赵"。萧与这些人友情不渝，交情有始有终。人称"萧功曹"，也是对他的尊重。萧颖士曾任扬州功曹参军，称官衔以示尊敬，自古已然。

李华(715—766)，字遐叔，赵州赞皇(今河北赞皇)人。第进士，中辞科。天宝十一载，迁监察御史。李华与萧颖士齐名，并称"萧李"，一是二人同为唐代古文运动先驱人物，二是两人都喜欢奖抱后进之士。《新唐书》卷二百二李华本传："华爱奖士类，名随以重，若独孤及、韩云卿、韩会、李纾、柳识、崔祐甫、皇甫冉、谢良弼、朱巨川，后至执政显官。"《全唐文》编李华文为八卷，其《吊古战场文》为古文名篇。作《鲁山令元德秀墓碑》，当时著名书法家颜真卿、李阳冰分别书写碑文与篆额，人称"四绝"。"四绝"者，元德秀其人、李华碑文、颜真卿书与李阳冰篆。

李益疾　文章李益

《新唐书》卷二百三《李益传》：

少痴而忌可，防闲妻妾苛严，世谓妒为“李益疾”。

时又有太子庶子李益同在朝，故世言“文章李益”以辨云。

《旧唐书》卷一百三十七《李益传》：

然少有痴病，而多猜忌，防闲妻妾，过为苛酷，而有散灰扃户之谭闻于时，故时谓妒痴为“李益疾”；以是久之不调，而流辈皆居显位。

李益（748—827?），字君虞，郑州（今河南郑州）人。李益大历四年（769）登进士第，六年，中讽谏主文科。宪宗时，李益为秘书少监、集贤殿学士；俄复用为秘书监，迁太子宾客、集贤学士判院事。转右散骑常侍，以礼部尚书致仕。

李益以诗著名，时人称为“文章李益”。明胡应麟《诗薮》推其七言绝句诗为中唐第一。其《夜上受降城闻笛》被认为是唐代七绝压卷之作之一。今本《全唐诗》卷二百八十二至二百八十三收诗为两卷。唐赵璘撰《因话录》：“李尚书益，有宗人庶子同名，俱出于姑臧公。时人谓尚书为文章李益，庶子为门户李益，而尚书亦兼门第焉。”[①]

唐代蒋防撰传奇《霍小玉传》，记陇西李十郎李益者，因负情霍王小女小玉，小玉死后为厉鬼，自此家中妻妾不宁，“大凡生所见妇人，辄加猜忌，至于三娶，率皆如初焉”[②]。汪辟疆校录《唐人小说》，论曰：

本传李十郎，当为君虞。李肇《国史补》卷中云：“散骑常侍李益少有疑病。”《唐书》亦云：“益少痴而忌克，防闲妻妾苛严，世谓妒痴为李益疾。”据此，则是本传所称，猜忌万端，夫妇之间无聊生者，或为当日流传之实事。[③]

所说应是切中肯綮之论。

---

① 上海古籍出版社编：《唐五代笔记小说大观》，2000年版，第842页。
② 鲁迅校录：《唐宋传奇集》，齐鲁书社出版社，1997年版，第47页。
③ 汪辟疆校录：《唐人小说》，上海古籍出版社，1978年版，第99页。

大历十才子　钱郎

《新唐书》卷二百三《卢纶传》：

> 纶与吉中孚、韩翃、钱起、司空曙、苗发、崔峒、耿沣、夏侯审、李端皆能诗齐名，号“大历十才子”。

《旧唐书》卷一百六十三《李虞仲传》附《李端传》：

> 父端，登进士第，工诗。大历中，与韩翃、钱起、卢纶等文咏唱和，驰名都下，号“大历十才子”。

《旧唐书》卷一百六十八《钱徽传》附《钱起传》：

> 大历中，与韩翃、李端辈十人，俱以能诗，出入贵游之门，时号“十才子”，形于图画。

卢纶（生卒年不详），字允言，蒲州（今山西永济）人。进士不第，元载以其文荐于朝，补阌乡尉。累迁监察御史、检校户部郎中。

《旧唐书》卷一百六十三《卢简辞传》：“父纶，天宝末举进士，遇乱不第，奉亲避地与鄱阳，与郡人吉中孚为林泉之友。”卢纶作《怀旧诗》五十韵，叙其事曰：“吾与吉侍郎中孚、司空郎中曙、苗员外发、崔补缺峒、耿拾遗沣、李校书端，风尘追游，向三十载。”这是卢纶自已对“十才子”交游的记载。晚唐诗人姚合编《极玄集》，于“李端”名下注：“与卢纶、吉中孚、韩翃、钱起、司空曙、苗发、崔峒、耿沣、夏侯审唱和，号十才子。”

《旧唐书》卷一百六十三《李虞仲传》：“时郭尚父少子暧尚代宗女升平公主，贤明有才思，尤喜诗人，而端等十人，多在暧门下。每宴集赋诗，公主坐视帘中，诗人美者，赏百缣。”又同卷《卢简辞传》：“大历初，还京师，宰相王缙奏为集贤学士、秘书省校书郎。王缙兄弟有诗名于世，缙既官重，凡所延辟，皆辞人名士，以纶能诗，礼待逾厚。”这大概就是《钱起传》中所说的“出入贵游之门”。文人依附于权贵，帮闲以得名利，自古而然。这些结合在贵族门下的文人往往容易发展成为文学团体，如建安“七子”、南朝“二十四友”等。“十才子”也是时人对郭门中这些文人的称呼。

钱起与同时代诗人郎士元齐名，称为“钱郎”。《新唐书·卢纶传》附《钱起传》记时人语曰：“前有沈宋，后有钱郎。”

《新唐书·卢纶传》后附“十才子”中其他九人小传，但过于简略。傅璇琮先生《唐代诗人丛考》对“十才子”有详细考索，可以参看。

龙虎榜

《新唐书》卷二百三《欧阳詹传》：

> 举进士，与韩愈、李观、李绛、崔群、王涯、冯宿、庾承宣联第，皆天下选，时称“龙虎榜”。

欧阳詹（757—802），字行周，泉州晋江（今福建晋江）人。为闽地进士第一人。四历吏部铨选，授国子监四门助教。詹善于文辞，本传称：“其文章切深，回复明辩。”今本《全唐诗》卷三百四十九存诗一卷，《全唐文》卷五百九十五至五百九十八存文四卷。

清徐松《登科记考》卷十三“贞元八年”：陆贽知贡举，得进士二十三人、诸科八人。进士中有欧阳詹、韩愈、李观、李绛、崔群、王涯、冯宿、庾承宣等，诸科中有李观、裴度等。《登科记考》引《唐会要》话说：“然一岁选士才十四五，数年之内居省台清近者十余人。”来说明本年科举得人。若仅以“居省台清近”为标准，则贞元八年榜的确可称为“龙虎榜”。举例来说：韩愈（768—825），贞元十八年迁监察御史；李观（766—794），同年举博学宏词科，授太子校书郎；李绛（764—830），同年举博学宏词科，授秘书省校书郎；崔群（772—832），十年中能言极谏科，授秘书省校书郎；王涯（763？—835），十八年登博学宏词科，二十年为翰林学士，元和九年拜相；冯宿，官至兵部侍郎；裴度（765—839），十年复登能言极谏科，迁监察御史，元和十年拜相，后平淮西，封晋国公。文武人才皆有之，故称“龙虎榜”。

三思五狗

《新唐书》卷二百六《外戚传·武三思传》：

逮染五王，而崔湜遣周利贞就杀之，故祖雍与御史姚绍之等五人，号“三思五狗”。

《旧唐书》一百八十三《外戚传·武三思传》：

侍御史周利用、冉祖雍，太仆丞李悛，光禄丞宋之逊，监察御史姚绍之等五人，常为其耳目，时人呼为“三思五狗”。

《旧唐书》作“用”，目录作“贞”，当是“贞”字之误。武三思（？—707），并州文水（今山西文水）人，父元庆，祖士彟。三思为则天侄。

武则天革命，树立亲信以清除李氏等异己势力，武三思为其爪牙。武三思倚恃则天争宠夺权，同时勾结则天宠幸的张易之、张宗昌兄弟，以及韦庶人、上官昭容等，以巩固自己在朝廷中的权势。不仅如此，武三思还罗织文人为自己声张，李峤、苏味道、沈佺期、宋之问等著名文人皆为其所用。“五狗”为其更低级之打手而已。武三思曾说：“我不知道谁是好人，拥护我的人就是好人。”当时凡是对武三思不满的人没有一个有好下场。武三思终因谋废节愍太子李重俊，反被太子所杀。太子后来虽也兵败被杀，但敢于起兵反对武家，也算是对武氏势力的一次重创。

“五狗”之周利贞（？—712），不知何许人。神龙初为侍御使，出为嘉州司马。玄宗即位，赐死桂州驿。姚绍之（生卒年不详），湖州武康（今江苏宜兴）人。以鸾台典仪累迁监察御史，擢左台侍御使。驸马都尉王同皎与张仲之等谋诛武三思，为宋之问告发，姚绍之审讯，以谋反罪族诛王、张二家。宋之逊（生卒年不详），宋之问弟。兄弟俱为武三思党人。宋之逊善书，陶宗仪《书史会要》卷五“宋之逊”：“之问弟，精草书。”①冉祖雍、李悛，无考。

---

① ［元］陶宗仪：《书史会要》，上海书店出版社，1984年版，第169页。

入地牢

《新唐书》卷二百七《宦官·鱼朝恩传》:

希暹讽朝恩置狱北军,阴纵恶少年横捕富人付吏考讯,因中以法,录赀产入之军,皆诬服冤死,故市人号"入地牢"。

《旧唐书》卷一百八十四《刘希暹传》:

讽朝恩于北军置狱,召坊市凶恶少年,罗织城内富人,诬以违法,捕置狱中,忍酷考讯,录其家产,并没于军。或有举选之士,财货稍殷,客于旅舍,遇横死者非一。坊市苦之,谓之"入地牢"。

鱼朝恩(722—770),泸州泸川(今四川泸县)人。天宝末,以宦者入内侍省。肃宗至德时,常令监军事。刘希暹(?—770),不知何许人。刘希暹本人并不是宦官,因为善于骑射,为鱼朝恩所赏识,任为神策军都虞候,封交河郡王。又因为善于迎合鱼朝恩的旨意,官至太仆卿,与兵马使王驾鹤同掌禁兵。

中唐以后,宦官由于取得军权而飞扬跋扈。玄宗设置九节度使,出于对节度使的控制,委派自己的家奴宦官去充当监军,这是宦官掌控地方军权的开始。宦官插手禁军则始于玄宗时候的高力士,安史之乱以后,肃宗朝的李辅国及代宗时期的程元振都曾正式掌控禁兵。到鱼朝恩时候,宦官不仅完全掌握了禁兵,而且由于掌控了神策军而对地方军队都有极大的震慑作用。这样,宦官可以为所欲为了。《新唐书》鱼朝恩本传:

天宝末,以品官给事黄门,内阴黠,善宣纳诏令。至德初,监李光进军。京师平,为三宫检责使,以左监门卫将军知内侍省事。九节度围贼相州,以朝恩为观军容、宣慰、处置使。观军容使自朝恩始。

又,《旧唐书》卷四十四《官职三》"左右神策军"条:

上元中，以北衙军使卫伯玉为神策军节度使，镇陕州，以拒东寇，以中使鱼朝恩为观军容使，监伯玉军。及伯玉入为羽林帅，出为荆南节度使，朝恩专统神策军，镇陕。广德元年，吐蕃犯京师，代宗避狄幸陕，朝恩以神策军迎扈。及永泰元年，吐蕃犯京畿，朝恩以神策兵屯于苑中。自是，神策军恒以中官为帅。建中末，盗发京师，窦文场以神策军扈跸山南。及还京师，赏劳无比。贞元中，特置神策军护军中尉，以中官为之，时号两军中尉。贞元已后，中尉之权倾于天下，人主废立，皆出其可否，事见《宦者传》也。

因为迎扈有功，代宗把以鱼朝恩为长官的神策军升格为禁军。“这支禁军和过去的禁军相比较在性质上已起了变化，它不仅负责京师的巩卫，而且如上所说成了皇帝的直属野战部队，把京西北的好畤、麟游、普润、兴平、武功、扶风、天兴等地划归它驻防，称为‘神策行营’，实际上是以京城为中心设置了一个直属皇帝的节度使级管区。”[①]唐朝羽林军统称北衙六军即北军，因此后来宦官所领之禁兵也被称为北军。

鱼朝恩因为掌控了神策禁军，他的权力也到了为所欲为的地步。他可以在国家法律之外，于自己军中设立刑狱，另行司法；目的是借此敲诈勒索，掠夺财物，而且失去财物的人无处申诉，称之为“入地牢”。地牢即地狱的意思。

来索

《新唐书》卷二百九《酷吏·索元礼传》：

后数引见赏赐，以张其威，故论杀最多。是时来俊臣、周兴踵而奋，天下谓之“来索”。

《旧唐书》卷一八十六(上)《酷吏·索元礼传》：

于是周兴、来俊臣之徒，效之而起矣。时有诸州告密人，皆给公乘，

① 黄永年：《唐史十二讲》，中华书局，2007年版，第176—177页。

州县护送至阙下，于宾馆以廪之。稍称旨，必授以爵赏以诱之，贵以威于远近。元礼寻以酷毒转甚，则天收人望而杀之。天下之人谓之“来索”，言酷毒之极，又首按制狱也。

索元礼（？—691），胡人，不知何许人。他善于迎合武则天旨意，为其打手，残酷打压所有反对武则天的人。擢游击将军，为推使。索元礼发明一种套住人头颅的铁笼，在铁笼周边加木楔，一直到人头颅开裂；又发明了一种名叫“晒翅”的刑具，把人手足绑在木棒上，旋转木棒，断折手足。索元礼收薛怀义为假子，为其帮凶。由于过于酷毒，又大肆收受贿赂，连武则天也看不下去了，同时也是为了暂时平息众怒，就把索元礼下狱治罪了。在狱中，索元礼不服，狱吏说：“拿索公铁笼来！”索元礼服罪，死在狱中。索元礼与另一酷吏来俊臣并称“来索”。

罗织　例竟门

《新唐书》卷二百九《酷吏·来俊臣传》：

每摘一事，千里同时辄发，契验不差，时号为“罗织”。

诏于丽景门别置狱，敕来俊臣等专按事，百不一贷。弘义戏谓丽景门为“例竟”，谓入者例皆尽也。

《新唐书》卷一二四《姚崇传》：

崇曰：“自垂拱后，被告者类自诬。当是时，以告言为功，故天下号曰‘罗织’，甚于汉之钩党。”

《旧唐书》卷一百八十六（上）《酷吏·来俊臣传》：

则天于是于丽景门别置推事院，俊臣推勘必获，专令俊臣等按鞫，亦号为新开门。但入新开门者，百不全一。弘义戏谓丽景门为“例竟门”，言入此门者，例皆竟也。

来俊臣(651—697),京兆万年(今陕西西安)人。为人残忍。来俊臣生当武后剪除李氏之时,拜左台御史中丞,隐纵其残毒,前后夷千余族。来手下有侯思止、王弘义、郭弘霸、李仁敬、康玮、卫遂忠等人为帮凶,遍布天下。他们制造流言飞语污蔑政治异己,蓄意告发大臣公卿谋反。方法是:先由一人捏造证据,各地帮凶便异口同声,煞有其事。《旧唐书》来俊臣本传:"欲诬陷一人,即数处别告,皆是事状不异,以惑上下。"此所谓"罗织"罪名。如此锻炼成狱,何求不得?

武则天在丽景门另设推事院,实即法外行法,私设公堂。推事院由来俊臣掌控,入丽景门者照例只有死路一条,人称丽景门为"例竟门"。

来俊臣为酷之烈,千载之下,犹令人悚然。制造大枷十,名"定百脉""喘不得""突地吼""著即臣""失魂胆""实同反""反是实""死猪愁""求即死""求破家",仅仅这些大枷的名称就令人毛发上竖了。唐张鷟《朝野佥载》卷二:

> 周侍御史侯思止,醴泉卖饼食人也,罗告准例酬五品。于上前索御史,上曰:"卿不识字。"对曰:"獬豸岂识字但为国触罪人而已。"遂授之。凡推勘,杀戮甚众,更无余语,但谓囚徒曰:"不用你书言笔语,但还我白司马。若不肯来俊,即与你孟青。"横遭苦楚非命者,不可胜数。白司马者,北邙山白司马坂也;来俊者,中丞来俊臣也;孟青者,将军孟青棒也。后坐私蓄锦,朝堂决杀之。

由此可知来俊臣之恶名流于遐迩,天下为之战栗。《太平广记》卷一二一"周兴"条:

> 唐秋官侍郎周兴,与来俊臣对推事,俊臣别奉进止鞫兴,兴,不之知也。及同食,谓兴曰:"囚多不肯承,若为作法?"兴曰:"甚易也。取大瓮,以炭四面炙之,令囚人处之其中,何事不吐!"即索大瓮,以火围之,起谓兴曰:"有内状勘老兄,请兄入此瓮。"兴惶恐叩头,咸即款伏。[①]

---

① [宋]李昉等编:《太平广记》,中华书局,1961年版,第852页。

这就是“请君入瓮”成语的本事，虽说的是周兴的凶狠，也很能说明来俊臣不仅残忍而且阴险毒辣。

来俊臣因为得罪了诸武、张宗昌以及太平公主等权贵，最终斩于长安西市。听到来俊臣被斩的消息，人们纷纷涌来，抠他的眼珠，掏他的心肝，割他的肉回家做酱，一会儿只剩下一副骨头，人们又驱马踏骨，须臾殆尽，家产也被充公。人们终于松了一口气，说：“夜里可以好好睡上一觉了。”酷吏之毒于民，民恨而不敢言，于此聊出一口怨气，宜矣。

四其御史

《新唐书》卷二百九《酷吏·郭弘霸传》：

天授中，由革命举，得召见，自陈：“往讨徐敬业，臣誓抽其筋，食其肉，饮其血，绝其髓。”武后大悦，授左台监察御史，时号“四其御史”。

《旧唐书》卷一百八十六(上)《酷吏上·郭霸传》：

初举集，召见，于则天前自陈忠鲠云：“往年征徐敬业，臣愿抽其筋，食其肉，饮其血，绝其髓。”则天悦，故拜焉，时人号为“四其御史”。

郭弘霸(？—699？)，舒州同安(今安徽桐城)人。徐敬业在南方起兵讨伐武则天时，郭为宁陵丞。为了讨好武则天，郭说自己不仅愿意去讨平徐敬业，还发誓“抽其筋，食其肉，饮其血，绝其髓”。武则天听了很高兴，授郭弘霸左台监察御史。自此，人称郭弘霸为“四其御史”。郭弘霸趋炎附势，为人酷毒。御史中丞魏元忠生病时，下属都去看他，郭弘霸后到，觉得很愧疚。于是，他请求亲尝魏元忠的粪便，然后说：“粪便若是甜的，病就没治了，可大人的粪便是苦的，没事！”说完还一脸的得意，连魏元忠自己都觉得很汗颜。这使人想起汉朝的邓通，邓通给汉文帝吮吸疮脓，文帝觉得他比自己儿子太子还好。郭弘霸死那年，武后问天下有没有什么好听的消息，司勋郎中张元一说：“有三大好事：旱而雨，洛桥成，弘霸死。”可见天下人恨之入骨矣。

郭弘霸只是一势利小人而已。但身处当时，也有不得已的因素。人没有与生俱来的品性，有什么样的环境就有什么样的人格。《旧唐书》卷一百八十六(上)论此时的政治环境是：

逮则天以女主临朝，大臣未附；委政狱吏，剪除宗枝。于是来俊臣、索元礼、万国俊、周兴、丘神勣、侯思止、郭霸、王弘义之属，纷纷而出。然后起告密之刑，制罗织之狱，生人屏息，莫能自固。至于怀忠蹈义，连颈就戮者，不可胜言。武后因之坐移唐鼎，天网一举，而卒笼八荒；酷之为用，斯害也已。遂使酷吏之党，横噬于朝，制公卿之死命，擅王者之威力。贵从其欲，毒侈其心，天诛发于唇吻，国柄秉于掌握。凶慝之士，荣而慕之，身赴鼎镬，死而无悔。若是者，何哉？要时希旨，见利忘义也！

在武后统治时期，献祥瑞的人多，献赋颂德的文人多，歹毒构怨的人多，口是心非的人多。处如此官场，势利之徒无论做什么，就一点也不值得大惊小怪了。

《旧唐书》作"郭霸"，当不是避讳，因为本卷前传是"王弘义"，陈垣《史讳举例》"五代"也无"弘"讳。或者，霸字弘霸。《旧唐书》作"庐江人"，与《新唐书》异。唐李泰《括地志》卷四"舒州"有"庐江""同安"两县。

三豹

《新唐书》卷二百九《酷吏传 · 王旭传》：

时监察御史李嵩、李全交皆严酷，取名与旭相埒，京师号"三豹"，嵩为赤，全交为白，旭为黑。里闾至相诅曰："若违教，值三豹。"

王旭(？—718？)，太原祁(今山西永济)人。王旭释褐鸿州参军，传兖州兵曹，累迁左台侍御使。开元五年，迁左司郎中，带侍御使。

在武后末年的权力斗争中，王旭站在李家一边，献张易之兄张昌仪首于东都，又斩韦后党人周仁轨并献首长安，于开元二年(714)，迁左台侍御史。王旭为人酷毒，令后世发指的有两件事：一是当崔湜因为依附太平公主而失败时，崔湜的岳父卢崇道由岭南潜回，为人告发，王旭惨楚穷治，卢崇道及其三子皆死，并卢崇道门人亲故均被牵连而遭流放；另一件事是，王旭见纪希虬哥哥的妻子很美艳，为霸占纪妻，杀害纪希虬的哥哥并吞并其百万家产。

纪希虬时为宋王李宪王府属掾。但王旭最终也因此而付出代价，纪希虬遭此家庭灾难后，派遣家奴深入王旭家中多年，掌握他贪赃枉法证据，并诉于宋王李宪，告到皇帝那里，结果王旭贬龙川尉，忧愤而死。

李嵩、李全交二人两《唐书》无传，不外王旭酷吏之流也。唐张鷟《朝野佥载》卷二：

监察御史李嵩、李全交，殿中王旭，京师号为“三豹”。嵩为赤黧豹，交为白额豹，旭为黑豹。皆狼戾不轨，鸩毒无仪，体性狂疏，精神惨刻。每讯囚，必铺棘卧体，削竹签指，方梁压踝，碎瓦搘膝，遣仙人献果、玉女登梯、犊子悬驹、驴儿拔橛、凤凰晒翅、狝猴钻火、上麦索、下阑单，人不聊生，囚皆乞死。肆情锻炼，证是为非，任意指麾，傅空为实。周公、孔子，请伏杀人；伯夷、叔齐，求其劫罪。讯劾干堑，水必有期；推鞫湿泥，尘非不久。来俊臣乞为弟子，索元礼求作门生。被追者皆相谓曰：“牵牛付虎，未有出期；缚鼠与猫，终无脱日。妻子永别，友朋长辞。”京中人相要，作咒曰：“若违心负教，横遭三豹。”其毒害也如此。[①]

人们常用“虎”“豹”等比喻人特别是官吏的凶狠，如南朝的“颜彪”“杜彪”等。“违教”，不听话的意思。

罗钳吉网

《新唐书》卷二百九《酷吏·吉温传》：

是时，温与希奭相勖以虐，号“罗钳吉网”。公卿见者，莫敢偶语。

《旧唐书》卷一百八十六（下）《罗希奭传》：

自韦坚、皇甫惟明、李适之、柳勣、裴敦复、李邕、邬元昌、杨慎矜、赵奉璋下狱事，皆与温锻炼，故时称“罗钳吉网”，恶其深刻也。

① 上海古籍出版社编：《唐五代笔记小说大观》，上海古籍出版社，2000年版，第22—23页。

吉温(？—755),洛州河南(今河南洛阳)人。天宝初,为新丰丞,擢户部郎中兼侍御使。罗希奭(生卒年不详),本是杭州人,后家于洛阳,是鸿胪少卿张博济的堂外甥,与右相李林甫是姻娅,自御史台主簿迁为殿中侍御史,持法深刻。

萧炅为京兆尹时,吉温为万年尉,二人是上下级的关系,又都是高力士的亲信。李林甫与左相李适之、驸马张垍有隙,想倾倒两人,苦于没有借口。吉温便用杀鸡儆猴的办法让许多人自诬,很快锻炼成狱。从此以后,李林甫对吉温刮目相看,吉温也没有辜负李的厚意,曾说:“若得到大人撑腰,南山恶虎我也可以替你捆来!”此后,李林甫与罗希奭一起,深文周纳,屡兴冤狱。特别是杨慎矜一案,杨氏兄弟皆赐死,株连数十族,天下为之寒心。《资治通鉴·唐纪》“天宝四载”:

> 及林甫欲除不附己者,求治狱吏,炅荐温于林甫;林甫得之,大喜。温常曰:“若遇知己,南山白额虎不足缚也。”时又有杭州人罗希奭,为吏深刻,林甫引之,自御史台主簿再迁殿中侍御史。二人皆随林甫所欲深浅,锻炼成狱,无能自脱者,时人谓之“罗钳吉网”。

《旧唐书》卷九十九《李适之传》:

> 后御史罗希奭奉使杀韦坚、卢幼临、裴敦复、李邕等于贬所,州县且闻希奭到,无不惶骇。希奭过宜春郡,适之闻其来,仰药而死。

酷吏惨祸,天下人为之丧胆。在杨国忠与安禄山的明争暗斗中,吉温更偏向于安禄山,想借安禄山的势力倾轧李林甫以取而代之,终因得罪杨国忠而受到杨国忠的打击报复,被贬为端溪尉。不久,李林甫死,吉温及张博济、韦陟、韦诫奢、李从一、员锡等同党都被杖杀,罗希奭也被敕贬为海康尉员外置。

毛敬裴毕

《新唐书》卷二百九《酷吏·敬羽传》:

羽与毛若虚、裴升、毕曜同时为御史，皆暴忍，时称“毛敬裴毕”。

《旧唐书》卷一百八十六(下)《敬羽传》：

又有裴升、毕曜同为御史，皆酷毒，人之陷刑，当时有“毛敬裴毕”之称。

敬羽(？—762)，河中宝鼎(今山西荣和)人。补匡城尉。肃宗即位，为监察御史。累迁御史中丞、宗正卿。毛若虚(？—760)，绛州太平(今山西汾城)人。天宝末，为武功丞。肃宗收复两京后，除监察御史。敬羽、毛若虚两人都可以说是肃宗的爪牙。毛若虚为肃宗敛财，《旧唐书》卷一百八十六毛若虚本传：“每推一人，未鞫，即先收其家资，以定赃数，不满望，即摊征乡里近亲，峻其威权，人皆惧死，输纳不差晷刻。”敬羽为人，貌丑而险恶，为肃宗排除异己，穷凶极恶，作刑具大枷“鹨尾榆”及“肉馎饦”。《旧唐书》敬羽本传记载其治嗣岐王李珍一案：“羽召支党罗于廷，索鹨尾榆枷之，布栲讯之具以绕之，信宿成狱。珍坐死，右卫将军窦如玢、试都水使者崔昌等九人并斩，太子洗马赵非熊、陈王府长史陈闳、楚州司马张昴、左武卫兵曹参军焦自荣，前凤翔府郿县主簿李□、广文馆进士张敻等六人决杀，驸马都尉薛履谦赐自尽。”胡人康谦善于做生意，家财亿计，被人嫉妒，告发其私通史朝义。敬羽按治，康谦三尺髭须为之尽秃，脚跟、膝盖均被打碎，最终杀之而占有其财产。

周祖譔先生主编《中国文学家大辞典》，其中吴企明先生所撰“毕曜”条说：“史家未辨是非，附之于酷吏传。”毕曜(生卒年不详)，东平(今山东东平)人。开元末，为太常寺太祝。天宝十三载，任司经局正字。杜诗集中有《赠毕四曜》《逼仄行赠毕曜》等诗。裴升，两《唐书》无传。

白眼相公

《新唐书》卷二百一十二《藩镇·张公素传》：

性暴厉，眸子多白，燕人号“白眼相公”。

张公素(生卒年不详),范阳(今北京大兴)人。武宗会昌初,公素族人张仲武为雄武军使,后擢为节度留后。张仲武卒,子张直方袭为节度留后;张直方残酷,所为不法,恐为将卒所图,出奔京师。族人张允伸为节度留后,张允伸卒,张公素被推为节度留后。张公素为人残暴,白眼珠多,人称“白眼相公”。张公素后为军阀李茂勋所袭,奔京师,贬为复州司户参军。

窟头

《新唐书》卷二百一十二《藩镇·刘仁恭传》:

> 父晟,客范阳,为李可举新兴镇将,故仁恭事军中。从李全忠攻易州,号“窟头”,稍迁裨校。

《新五代史》卷三十九《刘守光传》:

> 其父仁恭,事幽州李可举,能穴地为道以攻城,军中号“刘窟头”。稍以功迁军校。

刘仁恭(?—914),深州(今河北深州)人。刘仁恭父亲刘晟,为李可举镇将,刘仁恭因此得事李可举军中,隶属可举票将李全忠。唐僖宗中和末(885),李可举与李克用交恶,派李全忠攻易州,久攻不下,刘仁恭穴地以入,终于攻下易州城。刘仁恭以此被人称为“刘窟头”。“窟头”,地道。

刘仁恭后归晋王李克用。唐昭宗乾宁二年(895),晋军破李匡俦,以刘仁恭为幽州留后,昭宗拜刘仁恭为检校司空、卢龙节度使[①]。刘仁恭与刘子守光、刘守文从此据幽、卢之地;但刘氏父子、兄弟之间不睦,刘守光烝刘仁恭爱妾罗氏而杀刘守文,囚刘仁恭。梁乾化元年(913),李存勖攻幽州,执刘仁恭、刘守光父子。来年,李存勖命人执刘氏父子至雁门,刺其心,血祭李克用墓,再斩之。

---

① 据《新五代史》卷三十九《刘守光传》,刘仁恭任卢龙节度使在乾宁元年(894)。

来李　笑中刀　人猫　勋格

《新唐书》卷二百二十三《奸臣上·李义府传》：

与司议郎来济俱以文翰显，时称“来李”。

义府貌柔恭，与人言，嬉怡微笑，而阴贼褊忌著于心，凡忤意者，皆中伤之，时号义府“笑中刀”。又以柔而害物，号曰“人猫”。

于是兵卒以军功进者，悉入书限，更号《姓氏录》，缙绅共嗤靳之，号为“勋格”。

《旧唐书》卷八十二《李义府传》：

及升春宫，除太子舍人，加崇贤馆直学士，与太子司议郎来济俱以文翰见知，时称“来李”。

义府貌状温恭，与人语必喜怡微笑，而褊忌阴贼。既处权要，欲人附己，微忤意者，辄加倾陷。故时人言义府“笑中有刀”，又以其柔而害物，亦谓之“李猫”。

于是兵卒以军功致五品者，尽入书限，更名为《姓氏录》。由是缙绅士大夫多耻被甄叙，皆号此书为“勋格”。

李义府（614—666），瀛洲饶阳（今河北饶阳）人。贞观八年，巡察大使李大亮荐举，对策擢第，补门下省典仪。迁监察御史，侍晋王即后来的唐高宗。晋王为太子，义府除太子舍人，加崇贤馆直学士。高宗即位，迁中书舍人。显庆元年，进爵为侯；二年，为中书令，兼检校御史大夫，寻加太子宾客，封河间郡公。来济（610—662），扬州江都（今江苏扬州）人。进士第。贞观中，为通事舍人，迁考功员外郎。贞观十八年，为太子司议郎，兼崇贤馆直学士。迁中书舍人。永徽二年，拜中书侍郎，四年，同中书门下三品，五年，封南阳县男。李义府太子舍人时，来济任太子司议郎，两人都因为善于文辞而为崇贤馆直学士，故时人称“来李”。

当唐高宗有意废王皇后而立武昭仪时，惮于长孙无忌等重臣不敢公言，李义府乘机上表请废后立昭仪。这是李义府官场发迹的开始。高宗永徽六年(656)，拜中书侍郎，同中书门下三品，封广平县男，可谓平步青云、踌躇满志。既得高宗、武后宠幸，李义府与许敬宗、王德俭、崔义玄等人互通声气，诛杀太宗时期骨鲠老臣，武后也因此得以肆志攘取权柄，终至窃国。

由于过于倚赖武后，甚至把高宗都不放在眼里，更由于自己欲望的过度膨胀，最终招致家庭的覆灭。李义府自己主持铨选时，以贿赂钱财多少来授官，甚至他的母亲、妻子、儿子都公开卖官市狱，以获钱财。高宗曾提醒李义府说：“听说你们家人都干了不少违法的事，我给你罩着，以后要收敛些。”李义府竟然反问高宗：“陛下你是怎么知道的?”高宗说：“这你就不要再问了。”李义府当时一点悔意都没有，就退下了，高宗从此也对他失去了好感。后来，李义府的三个儿子李洽、李洋、李津及女婿柳元贞被流放，人们比之古代“四凶”，传语曰：“今日巨唐年，还诛四凶族。”李义府初被流放隽州时，人们都担心他会卷土重来，直到听到他死的消息，才安下心来。

唐代开国不久，太宗便命吏部尚书高士廉、御史大夫韦挺、中书侍郎岑文本、礼部侍郎令狐德芬及天下谙于门阀的学者，编成《氏族志》，颁行天下，具有法律性质。当李义府为儿子向望族求婚时，被人拒绝，李义府怀恨在心，便想打乱既有氏族排列次序，借以报复。他找来礼部郎中孔志约、著作郎杨仁卿、太子洗马史玄道、太常丞吕才重修氏族序谱，不以南朝以来固有的传统氏族地位惯例为准，而是以官品为准则：凡是五品以上者，都算是士流望族，婚姻也以此为门当户对的标准。李义府的氏族谱修好后名为《姓氏录》，同时宣布以前的《氏族志》作废，并焚毁了其时天下其他的氏族谱书。当时许多旧贵族耻于同那些五品官员平起平坐，对《姓氏录》不屑一顾，讽刺称《姓氏录》为“勋格”，意思是按照官衔标准排列的谱序，没有家族体系深厚的传统背景。李德裕看不起以科举起家的新贵，也是这个心理。“格”，本指具有法律性质的文字，《新唐书》卷五十六“刑法”：“唐之刑书有四：曰律、令、格、式。”天下人必须遵照《姓氏录》来视氏族地位高低以及通婚，所以称之为“勋格”。

李义府一介书生，外貌谦恭如猫，脸上总是荡漾着笑意，心底里却褊忌阴险。《资治通鉴》卷二百：“中书侍郎李义府参知政事。义府容貌温恭，与人语,必喜怡微笑,而狡险忌克,故时人谓义府笑中有刀;又以其柔而害物,谓之李猫。”当是据两《唐书》而来的。

四时仕宦

《新唐书》卷二二三《奸臣·傅游艺传》:

初,游艺探后旨,诬杀宗室,复请发六道使,后卒用其言。万国俊等既出,天下被其酷。游艺起一岁,赐袍自青及紫,人号“四时仕宦”。

《旧唐书》卷一百八十六(上)《酷吏·傅游艺传》:

时人号为“四时仕宦”,言一年自青而绿,及于朱紫也。

傅游艺(生卒年不详),衡州汲(今河南汲县)人。载初初(690),由合宫县主簿迁左补阙。由于善于迎合武则天旨意而被赐武姓,又因为劝武则天革命,且帮助武则天杀了许多李唐宗室成员,得官给事中。有一次,傅游艺对别人说自己梦登湛露殿,为人举报而被杀头。短暂的一年之中,傅游艺因为口说符瑞得武后欢心,平步青云,由青而紫,又因为口出狂言而被杀头。《新唐书》本传:“然岁中即败,前古少其比云。”人称“四时仕宦”,一年之谓也。

崔四入

《新唐书》卷二二三《奸臣·崔胤传》:

胤次湖南,召还守司空、门下侍郎、平章事,兼领度支、盐铁、户部使,而赐搏死,并诛中尉宋道弼、景务脩,由是权震天下,虽宦官亦累息。至是,四拜宰相,世谓“崔四入”。

崔胤(854—904),清河人,宰相崔慎由之子。《新唐书》本传“字垂休”,《旧唐书》本传“字昌遐”,《新唐书》《宰相世系表》:“昌遐字贻休,太子宾客。

胤字垂休，相昭宗。”为兄弟两人。唐末朝廷政权混乱，又受制于宦官以及藩镇。在这种情况下，朝臣往往朝不保夕，崔胤能四拜宰相，可见其身处宦海的手腕。《新唐书》本传说他“喜阴计，附丽权强，其外自处若简重，而中险谲可畏”，这些性格恰恰是古代朝廷官场上最需要的东西。

崔胤在相位其实是五起五落，两《唐书·崔胤传》《昭宗纪》及《资治通鉴》对崔胤在相位的每次拜、罢有大概的记录，但都语焉不详，不过《新唐书·昭宗纪》对崔氏每次拜相、罢相的世间依次胪列，交代得很清楚。今对崔胤相位“五起五落”其事作一考述。

第一次，拜于景福二年（893）九月，罢于乾宁二年（895）三月。对于崔胤首次拜相的时间、背景，诸家多有说法，且有舛讹。《旧唐书》卷一百七十七崔胤本传说：

大顺中，历兵部、吏部二侍郎，寻以本官同平章事。时王室多故，南北司争权，咸树朋党，外结藩帅。胤长于阴计，巧于附丽；外示凝重而心险躁。自李茂贞、王行瑜怙乱，兵势不逊，杜让能、韦昭度继遭诛戮，而宰臣崔昭纬深结行瑜以自固；而待胤以宗人之分，屡加荐用，累迁中书侍郎，判户部事。

《新唐书》崔胤本传：

擢进士第，累迁中书舍人、御史中丞。喜阴计，附丽权强，其外自处若简重，而中险谲可畏。崔昭纬屡荐之，由户部侍郎同中书门下平章事。

《新唐书》卷十《昭宗纪》：

（九月）壬辰，东都留守、检校司徒韦昭度为司徒，御史中丞崔胤为户部侍郎，同中书门下平章事。

《资治通鉴》卷二百九十五《唐纪》“景福二年”：

壬辰，以东都留守韦昭度为司徒、门下侍郎、同平章事，御史中丞崔胤为户部侍郎、同平章事。胤,慎由之子也,外宽而内巧险,与崔昭纬深相结,故得为相。

对于崔胤能拜相的原因基本一致,一是自身的“喜阴计”性格,一是得宗人崔昭纬的屡次荐举;对于崔胤首次拜相的世间,两《唐书》本传语焉不详,当以《昭宗纪》《资治通鉴》为是。

崔胤第一次罢相的原因,《旧唐书》本传、《新唐书·昭宗纪》均未言及,《新唐书》本传:“方王珙兄弟争河中,以胤为节度使,不得赴,半岁,复以中书侍郎辅政。”《资治通鉴》:“王珙、王瑶请朝廷命河中帅,诏以中书侍郎、同平章事崔胤同平章事,充护国节度使;以户部侍郎、判户部王抟为中书侍郎、同平章事。”唐代护国军治蒲州(今山西永济),辖河中。就表面看来,出崔胤为节度使是为了调节王氏兄弟,其实是与王抟、李蹊等人争权夺利失败的结果,崔胤的罢相与王抟的取而代之以及后来崔胤报复王抟把他贬死蓝田关就是明证。这次外出并没成行,不久,崔氏第二次拜相。

第二次,拜于乾宁二年(895)七月,罢于乾宁三年(896)七月。崔胤在第一次罢相后不到半年再次拜相,《新唐书》本传“半岁,复以中书侍郎辅政”说的就是这件事。《新唐书·昭宗纪》:七月甲子,“次石门。前护国军节度使崔胤为中书侍郎、同中书门下平章事”,《资治通鉴》“乾宁二年”,七月“以前河中节度使崔胤为中书侍郎、同平章事”。

崔胤的第二次罢相,原因是该年六月李茂贞犯京师,昭宗被迫流亡华州,痛定思痛,认为罪在崔昭纬。崔昭纬与宰相杜让能、韦昭度、李蹊等争权,招李茂贞、王行瑜、韩建等陈兵阙下,昭宗不得已杀杜让能、韦昭度、李蹊。至此,昭宗因为痛恨崔昭纬而及于崔胤,于是罢免了他的相位,以陆扆代之。《旧唐书》:“三年,李茂贞犯京师,扈昭宗幸华州。帝复雪杜让能、韦昭度、李磎之枉,惩昭纬之前慝,罢胤政事,检校兵部尚书、广州刺史、岭南东道节度等使。”《新唐书·昭宗纪》:“七月癸巳,行在渭北。甲午,韩建来朝,次华州。乙巳,崔胤罢。”据文义,韩建的来朝很是刺激了昭宗,引起愤恨,于是第二天崔胤便罢相。《资治通鉴》“乾宁三年”七月“乙巳,以中书侍郎、同平章事崔胤同平章事,充武安节度使。上以胤崔昭纬之党也,故出之”。还有一个重要的原因是在这头一年即乾宁二年十一月王行瑜伏诛,本年五月崔昭纬赐死荆南,崔胤靠山荡然无存。武安军,“上元中曰湖南观察使,领潭、衡、永、邵、道、郴、连七州。今湖南南部及广东岭南道西北部之地。中和中升为钦化军节度使，光启初更号武安”①。《旧唐书》所说“广州刺史、岭南东道节度等使”即《资治通鉴》所说“充武安节度使”，二者辞异意同。

第三次，拜于乾宁三年(896)九月，罢于光化二年(899)正月。崔胤在第二次罢相后，便开始投靠强藩朱全忠，在朱全忠的扶持下，两个月后第三次登相位。朱全忠之所以扶持崔胤，也是有意在朝廷皇帝身边安插耳目，以便掌控朝廷。《新唐书·昭宗纪》：“九月乙未，武安军节度使崔胤为中书侍郎，翰林学士承旨、兵部侍郎崔远：同中书门下平章事。丁酉，贬陆扆为峡州刺史。”《旧唐书》本传：“时朱全忠方霸于关东，胤密致书全忠求援。全忠上疏理胤之功，不可离辅弼之地。胤已至湖南，复召拜平章事。”《新唐书》：“时王室不竞，南、北司各树党结藩镇，内相凌胁。胤素厚朱全忠，委心结之。全忠为言胤有功，不宜处外，故还相而逐扆。”《资治通鉴》卷二百六十《唐纪》“乾宁三年”：

> 崔胤出镇湖南，韩建之志也。胤密求援于朱全忠，且教之营东都宫阙，表迎车驾。全忠与河南尹张全义表请上迁都洛阳，全忠仍请以兵二万迎车驾，且言崔胤忠臣，不宜出外。韩建惧，复奏召胤为相，遣使谕全忠以且宜安静，全忠乃止。乙未，复以胤为中书侍郎、同平章事。

可知，崔胤第三次登相位，全依赖于朱全忠的强藩势力与朱的强横手段。

对于崔胤第三次罢相的原因，《旧唐书》《资治通鉴》《新唐书·昭宗纪》都没说，《新唐书》：“光化初，昭宗至自华，务安反侧，而胤阴为全忠地，俾擅兵四讨。帝丑其行，罢为吏部尚书，复倚扆为相。会清海无帅，因拜胤清海节度使。”昭宗对于崔胤勾结朱全忠而到处逞兵非常痛恨，就把他罢了。这大概是原因之一，《新唐书》《资治通鉴》在说到崔胤罢免时接着就说到以陆扆代替之，可见这里面还有崔胤与陆扆争宠的原因。清海军，开元中为岭南节度使，或称五府经略使，辖广、桂、容、邕、安南，治广州②。《资治通鉴》崔胤罢相在二月，与《新唐书·昭宗纪》小异。

第四次，拜于光化三年(900)六月，天复元年(901)夏被韩全诲奏罢。崔胤第三次罢相后，还是与朱全忠联手，以打击宦官为幌子，以宰相王抟为牺

① 臧励龢：《中国古今地名大辞典》，商务印书馆，1931年版，第907页。

② 参见臧励龢：《中国古今地名大辞典》，商务印书馆，1931年版，第832页。

牲,又一次登上权力高峰。《新唐书·昭宗纪》:光化三年,“六月丁卯,清海军节度使崔胤为尚书左仆射,兼门下侍郎、同中书门下平章事。王抟罢,己巳,杀之”。《新唐书》崔胤本传:

> 始,昭纬死,皆王抟等白发其奸,胤坐是赐罢,内衔憾。既与抟同宰相,胤议悉去中官,抟不助,请徐图之。及是不欲外除,即漏其语于全忠,令露劾抟交敕使共危国,罪当诛。胤次湖南,召还守司空、门下侍郎、平章事,兼领度支、盐铁、户部使,而赐抟死,并诛中尉宋道弼、景务修,繇是权震天下,虽宦官亦累息。至是,四拜宰相,世谓“崔四入”。

《资治通鉴》载:

> 及胤罢相,意抟排己,愈恨之。及出镇广州,遗朱全忠书,具道抟语,令全忠表论之。全忠上言:“胤不可离辅弼之地;抟与敕使相表里,同危社稷。”表连上不已。上虽察其情,迫于全忠,不得已,胤至湖南复召还。丁卯,以胤为司空、门下侍郎、同平章事,抟罢为工部侍郎。

军阀陆梁,一至如此。《旧唐书》本传:“光化中,贬抟溪州司马,赐死于蓝田驿。诛中尉宋道弼、景务修。自是朝廷权政,皆归于己,兼领三司使务。宦官侧目,不胜其忿。”说的就是崔胤第四次入相后的报复行为。

光化三年十一月,中尉刘季述发动宫廷政变,囚禁昭宗。崔胤联合朱全忠、神策军巡使孙德昭等诛刘季述,崔胤进位司空,兼领度支、盐铁、三司等使,权位更是登峰造极矣。

崔胤一直致力于废除宦官,这也很符合昭宗的想法。在崔胤帮助昭宗杀刘季述以后,昭宗便更加依赖崔胤彻底剪除宦官势力。天复元年(901)十月,中尉韩全诲迫于形势铤而走险,挟持昭宗出走凤翔。《旧唐书》崔胤本传:“中尉韩全诲以胤交结全忠,虑汴军逼京师,请罢知政事,落使务。其年冬,全诲挟帝幸凤翔。”《资治通鉴》:“胤时领三司使,全诲等教禁军对上喧噪,诉胤减损冬衣;上不得已,解胤盐铁使。”这时候昭宗对崔胤信任有加,就算没有罢崔相，崔还是迫于韩全诲当时的威力，离开昭宗寓居到华州去了①。

天复三年，李茂贞杀韩全诲，并与朱全忠通和，昭宗反正，崔胤官复原位。这可以说是崔胤的第五次登相位了。《新唐书·昭宗纪》：天复三年正月，“壬子，工部尚书崔胤为司空，兼门下侍郎、同中书门下平章事”。《旧唐书》本传：“及帝出凤翔，胤乃迎于中路，即日降制，复旧官，知政事，进位司徒，兼判六军诸卫事。”《新唐书》本传：“及帝出凤翔，幸全忠军，乃迎谒于道，复拜平章事，进位司徒，兼判六军诸卫事。”崔胤又一次迎来了人生的辉煌时期。崔胤这时与朱全忠联手已经完全控制了皇帝与朝廷，二人尽情屠杀宦官。《旧唐书》本传：“胤与全忠奏罢左右神策内诸司等使及诸道监军、副监、小使、内官三百余人，同日斩之于内侍省。诸道监军，随处斩首以闻。”《新唐书·昭宗纪》：天复三年，“庚午，崔胤及朱全忠杀中官七百余人”。《新唐书》本传：“于是中外宦官悉诛，天子传导诏命，只用宫人宠颜等。”安史之乱以来的宦官之蠹至此可以算是彻底解决了，但大唐帝国也走到了尽头。

同年十月，朱全忠在长安作为人质的爱子朱友伦击鞠坠马而死，朱全忠尽杀会鞠者并怀疑是崔胤在搞鬼，有意除之。第二年正月崔胤被贬为太子宾客，不久为朱全忠所杀。崔胤以朱全忠而立足朝廷，最终还是死于朱全忠之手。

崔胤在晚唐的政坛上是一个典型，很能说明当时皇帝、宰臣、藩镇三者之间利用、被利用以及控制、被控制的关系。宰臣结强藩以自固，藩镇借宰臣以掌控皇帝，皇帝听藩镇任免宰臣以讨好藩镇，这已经是唐末特别是僖、昭时代的权力制衡模式。这其中“人主若赘旒然”②，已然成为傀儡了；宰臣也不过是藩镇与皇帝手中的棋子而已。《旧唐书》崔胤本传：

> 初，朱全忠虽窃有河南方镇，惮河朔、河东，未萌问鼎之志。及得胤为向导，乃电击潼关，始谋移国。自古与盗合纵，覆亡宗社，无如胤之甚也。

《新唐书》崔胤本传：

---

① 据《旧唐书》崔胤本传：“及全忠攻凤翔，胤寓居华州，为全忠画图王至策。”可知，昭宗走凤翔后，崔胤就被迫离开昭宗了。

② [宋]欧阳修：《新唐书》，中华书局，1975年版，第6359页。

胤罢凡三日死，死十日，全忠胁帝迁洛，发长安居人悉东，彻屋木自渭循河下。老幼系路，啼号不绝，皆大骂曰："国贼崔胤导全忠卖社稷，使我及此！"先是，全忠虽据河南，顾强诸侯相持，未敢决移国。及胤间内隙，与相结，得梯其祸，取朝权以成强大，终亡天下，胤身屠宗灭。

《资治通鉴》卷二百六十三《唐纪》司马光评论曰：

是以袁绍行之于前而董卓弱汉，崔昌遐袭之于后而朱氏篡唐，虽快一时之忿而国随以亡。是犹恶衣之垢而焚之，患木之蠹而伐之，其为害岂不益多哉？

三家都把朱温篡唐之咎归于崔胤，未免太重视崔胤而轻视朱全忠了，正是本末倒置之论。朱温在唐末战争中壮大，天复四年(904)时其羽翼已经丰满，天下走向已经完全在他的把控之中，崔胤已经是多余的了，于是就把他杀了。

落雕侍御　鹞子

《新唐书》卷二百二十四(下)《叛臣下·高骈传》：

事朱叔明为司马。有二雕并飞，骈曰："我且贵，当中之。"一发贯二雕焉，众大惊，号"落雕侍御"。

《旧唐书》卷一百八十二《高骈传》附《毕师铎传》：

毕师铎者，曹州冤朐人也。乾符初，与里人王仙之啸聚为盗，相与陷曹、郓、荆、襄。师铎善骑射，其徒目为"鹞子"。

高骈(821—887)，字千里，幽州(今北京)人。初事朱叔明为司马，咸通中，懿宗召骈收复安南，大破南照蛮，授静海军节度使，兼诸道行营招讨使，加检校尚书右仆射。进检校司徒，封燕国公，徙荆南节度使。在平黄巢之乱中，他拥兵自重，逗留不前。光启三年(884)，他被部下毕师铎所杀。高骈虽武门出身,却颇善于文学。宋计有功《唐诗纪事》卷六十三:"骈好为诗,雅有奇藻。"并录《雪诗》:"六出花飘入户时,立看修竹变琼枝。逡巡好上高楼看,盖尽人间恶路岐。"虽无意境可言,但直抒胸臆,很符合其武人性格。

高骈"一箭双雕"的故事被传为佳话,其时高骈为朱叔明司马,而人称"落雕侍御"。"侍御"为"侍御史"省称,唐代御史台掌纠察推鞠,有侍御史四人、殿中侍御史六人。唐代州刺史下有司马,节度使下有行军司马。州司马多为贬谪人员充任,无所事事,行军司马有参谋之任。司马无称为"侍御"之例,这里称高骈为"落雕侍御"乃预期言之,以应高骈"我且贵"之卜。《北史》卷五十四《斛律光传》:"又尝从文襄于洹桥校猎,云表见一大鸟,射中其颈,形如车轮,旋转而下,乃雕也。丞相属邢子高叹曰:'此射雕手也。'当时号落雕都督。"事亦仿佛。

毕师铎(?—887),曹州冤朐(今山东曹县)人。僖宗乾符时,与王仙芝同啸聚为寇,王仙芝死后,毕投靠高骈,颇有战功。后来高骈惑于道人吕用之而疏远毕师铎,毕师铎爱妾又为吕用之所夺,毕师铎不自安,与戍将张神剑谋反,攻广陵,杀高骈。

鹞,似鹰而略小的猛禽。古人常用"鹞子"用来说明凶猛的人,如汉代酷吏郅都被时人称为"苍鹰"。

湿梢

《新唐书》卷二百二十五(中)《逆臣中·李希烈传》:

希烈资惨害,临战阵杀人,血流于前,而饮食自若也,以故人畏服,为尽死。乘襄城之捷,进攻汴州,入之,运土木治道,怒不如程,驱人填堑,号"湿梢"。

《旧唐书》卷一百四十五《李希烈传》:

希烈性惨毒酷,每对战阵杀人,流血盈前,而言笑饮馔自若,以此人畏而服从其教令,尽其死力。其攻汴州,驱百姓,令运木土筑垒道,又怒其未就,乃驱以填之,谓之"湿梢"。

李希烈(？—786年)，燕州辽西(今河北顺义)人。李希烈本为淮西节度使李忠臣裨将，后排击李忠臣而自代之，朝廷从此也对李希烈心存畏惧，不得不拉拢之。德宗建中二年(781)，加南平郡王，兼汉北都知诸兵马招抚处置使，讨平山南东道节度梁崇义，录功加检校右仆射、同平章事，赐实封五百户。自此，李希烈拥兵自重，进而胁迫朝廷。建中三年，军阀朱滔、田悦、王武俊、李纳各自称王；希烈自称建兴王、天下都元帅，恣意行凶，为害汝、陈、蔡、汴之间，屡败官军。四年，李希烈据汴州，称帝，国号楚，建元武成。贞元二年(786)，李希烈军败，为医人陈仙齐毒死。“陈仙齐”《旧唐书》作“陈仙甫”。

“湿梢”本义已不可考。商务印书馆《古代汉语词典》“湿”字下“湿梢”条解释为“活埋”，所举例即《唐书·李希烈传》，并无他证。

火迫酂侯　潜龙勿用

《新唐书》卷二百二十五(中)《逆贼·朱泚传》：

> (源休)与姚令言劝泚围奉天，昼夜为贼谋，二人争自比萧何，休顾令言曰：“成秦之业，无辈我者，我视萧何，子当曹参可矣。”即收图籍，贮府库，效何者，人皆笑谓为“火迫酂侯”。

> 泚未败，号其第为潜龙宫，徙珍宝实之，人谓“潜龙勿用”，亡兆也。

朱泚(742—784)，幽州昌平(今北京昌平)人。朱泚有力，轻财好施，因而颇能得众，这是当时成为成功军阀的一项有利条件。朱泚初为节度使李怀仙部下，当李怀仙被部下朱希彩杀害后，朱泚由于能得众而成为幽州、卢龙节度使。晚唐时期，朝廷对所有的军阀都畏服三分。为了让皇帝对自己放心，朱泚愿意留住京城。表面上看，朱泚此时已被德宗皇帝架空，但朱泚的弟弟朱滔仍手握重兵，为幽州节度留后。

建中四年(783)，泾原兵乱，德宗被迫流亡奉天。很多失意军阀乘机联合朱泚，以利用他的威望，东山再起。朱泚不失时机地登上皇帝宝座，称大秦皇帝，号应天元年。朱泚既称帝，便兴兵直指奉天，但最终兵败回到长安。建中五年五月，李晟、骆元光、尚可孤收复京师，朱泚与姚令言、源休等人西走，走投无路时，被左右所杀。

姚令言、源休乃朱泚身边两位谋士。出于自身利益考虑，同时也是为了迎合朱泚的意图，源休劝朱泚称帝，但这是朱走向失败的第一个陷阱；姚令言劝朱泚立即攻打奉天，这是朱走向灭亡的第二个陷阱。“皇位”未稳，部下争功，这是历史上常见的闹剧。姚令言、源休二人也不例外，自视功劳颇高，比拟萧何、曹参。《史记·萧相国世家》：“沛公至咸阳，诸将皆争走金帛财物之府分之，何独先入收秦丞相御史律令图书藏之。”又：“汉五年，既杀项羽，定天下，论功行封。群臣争功，岁余功不决。高祖以萧何功最盛，封为酂侯，所食邑多。”“火迫”语义双关，一是说源休刻意模酂侯仿萧何战火中收图书，二是说源休迫不及待地争功，如同迫于火烧。语义双关是时号的一个特征。《旧唐书》卷二百(下)：

泚自号其宅曰潜龙宫，悉移内库珍货瑰宝以实之。识者曰：“《易》称‘潜龙勿用’，此败征也。”无几，百姓剽夺其珍宝，泚不能禁止。

此处记载与《新唐书》所说略有差别。《新唐书》重在说明朱泚由于军败没来得及享受这些财宝，所以称为“潜龙勿用”；《旧唐书》则重在搜括来的财宝最终还是别人的，所以称为“潜龙勿用”。利用现成语句达到讽刺的目的，且有耳目一新之感，这也是时号的特点之一。

海东曾子

《新唐书》卷二百二十《东夷·百济传》：

义慈事亲孝，与兄弟友，时号“海东曾子”。

《旧唐书》卷一百九十九(上)《东夷·百济传》：

义慈事亲以孝行闻，友于兄弟，时人号“海东曾、闵”。及至京，数日而卒。

百济国位于今朝鲜半岛，南为倭国(今日本)，北高丽国，东新罗国。唐高祖武德四年(621),国王扶余璋开始遣使臣献果下马,从此始朝贡。高祖册扶余璋为带方郡王、百济王。贞观十五年(641),璋死,唐朝册其子义慈为柱国并继承王位。

圣人门中,曾子、闵子以孝闻。《史记》卷六十七《仲尼弟子列传》:“孔子曰:‘孝哉闵子骞!人不间于其父母昆弟之言。’”又:“孔子以为能通孝道,故授之业。作《孝经》。”义慈事亲以孝,处海东之地,故称“海东曾子”。

《新五代史》

沙陀军　李鸦儿　独眼龙

《新五代史》卷四《唐本纪》:

> 希朝徙镇太原,执宜从之,居之定襄神武传之新城。其部落万骑,皆骁勇善骑射,号“沙陀军”。

> 克用少骁勇,军中号曰“李鸦儿”,其一目眇,及其贵也,又号“独眼龙”,其威名盖于代北。

后唐李氏本西突厥人,为突厥之一支,姓朱邪,所居之地有大片砂砾名为沙陀,故称沙陀突厥。唐德宗贞元年间(785—805),朱邪尽忠与其子执宜被回鹘所迫,朱邪尽忠战死,执宜归顺唐朝。唐朝处之盐州(今宁夏盐池县),隶属河西节度使范希朝。这支突厥部落骁勇善战,长于骑射,被时人称为“沙陀军”。

唐懿宗咸通十年(859),这支部队由朱邪赤心率领,帮助唐大将军康承训讨徐州的庞勋有功,朱邪赤心赐姓名李国昌,拜单于大都护、振武军节度使。李国昌之子克用(856—908)更是有勇有谋,后来杀大同军防御使段文楚而据有云州,并不断发展势力,成为唐末能与朱温平分秋色的强大军阀,至其子李存勖终取代后梁而建立后唐。

“鸦儿”是当时习语,比喻骁勇善战且好斗之人。《新唐书》卷一百八十九《高仁厚传》:“贼号蜀兵为‘鸦儿’,每战,辄戒曰:‘毋与鸦儿斗。’”李克用因为勇猛被称为“李鸦儿”,他的“沙陀军”也被时人称为“鸦儿军”。独眼而称为“龙”,也是称道李克用的勇武。

李横冲

《新五代史》卷六《唐本纪》:

嗣源身中四矢,太祖解衣赐药以劳之,由是"李横冲"名重四方。

李嗣源(867—933),本自夷狄,无姓氏,以长于骑射从事李克用,李克用养为子,赐姓名为李嗣源。晋军在与梁军对垒期间,李嗣源屡有战功,李克用让李嗣源统领五百骑兵,号"横冲都"。"都"的意思是军队的分支。

光化三年(900),在与梁将葛从周的战斗中李嗣源帮助李嗣昭反败为胜,李嗣源身被四矢,自此时人称之为"李横冲"。天成元年(926),庄宗崩,李嗣源继位,是为后唐明宗。

夹寨夫人

《新五代史》卷十四《皇后刘氏传》:

先时,庄宗攻梁军于夹城,得符道昭妻侯氏,宠专诸宫,宫中谓之"夹寨夫人"。

符道昭(? —908?),蔡州人。他本为唐末节度使秦宗权骑将,宗权败,归李茂贞,与梁战,败归梁太祖朱温。开平元年(907),与康怀英攻潞州,蜿蜒筑夹城即复墙为壕堑围困潞州。夹城又称"夹寨",《新五代史》卷二十五《符存审传》:"存审与其子彦图力战,暮复败梁军于土山,遂取德胜,筑河南北为两城,晋人谓之'夹寨'。"卷三十二《王彦章传》也有同样的记载。符道昭困潞州,逾年不能下,晋兵反攻夹城,道昭战死。庄宗李存勖正是在这次战役中获得符道昭妻侯氏。侯氏专宠,又是来自破梁夹寨之战,所以时人称她为"夹寨夫人",谐音"压寨夫人"。

花见羞

《新五代史》卷十五《淑妃王氏传》：

> 淑妃王氏，邠州饼家子也，有美色，号“花见羞”。

明宗淑妃王氏，本为邠州买饼人家之女，有美色，卖与梁将刘鄩为侍儿。刘鄩死，李存勖亲信安重诲荐于李存勖，纳之，宠幸一时。李存勖即位，立为淑妃。王氏育后宫别人子为子，是为许王李从益。明帝崩，王氏母子势去。王淑妃后历唐、晋、汉三朝。在晋尝自请为尼而不得。汉高祖刘知远拥兵而南，从益遣人招高行周、武行德为卫。高祖闻之，遣郭从义杀淑妃母子，李从益死时年十七。

十阿父

《新五代史》卷二十《周世宗家人·柴守礼传》：

> 是时，王溥、王晏、王彦超、韩令坤等同时将相，皆有父在洛阳，与守礼朝夕往来，惟意所为，洛阳人多畏避之，号“十阿父”。

后周太祖郭威柴皇后无子，养其兄守礼子柴荣为子，这就是后来的周世宗。柴守礼(894—967)，字克让。因为是皇亲国戚，所以恣横而行，人避之唯恐不及。当时王溥、王晏、王彦超、韩令坤等十人的父亲也倚恃自己的儿子是将、相而为所欲为。洛阳人称他们为“十阿父”。王溥传见《宋史》卷二百四十九，王晏传见《宋史》卷二百五十二，王彦超传见《宋史》卷二百五十五，韩令坤传见《宋史》卷二百五十一。

陈野义(陈夜叉)

《新五代史》卷二十五《周德威传》：

有骁将陈章者，号"陈野义"，常乘白马被朱甲以自异，出入阵中，求周阳五，欲必生致之。

《旧五代史》卷五十六《周德威传》：

光化二年三月，汴将氏叔琮率众逼太原，有陈章者，以虓勇知名，众谓之"夜叉"，言于叔琮曰："晋人所恃者周阳五，愿擒之，请赏以郡。"

两相比较，《新五代史》号"野义"，其意难以索解，而薛史号"夜叉"则清楚明白。陈章因为"常乘白马被朱甲以自异"且作战骁勇，故被时人称为"夜叉"。

周德威（？—919），字镇远，朔州马邑（今山西朔州）人，小名阳五。为晋王李克用手下著名战将，善于用己之长功敌之短。李克用死，后来庄宗疆场多倚之取胜。天祐十五年（917），由于庄宗不用周德威策略，周德威父子同时战死于胡柳陂。庄宗即位，赠太师，明宗时赠太尉，配享庄宗庙。

还是在光化二年（899）的时候，周德威从李克用在太原抵御梁军。当时梁军布告：能生擒周德威者可得刺史一职。梁军有陈章者欲成其事。战前，李克用告诫周德威说："陈章一定要生捉你，你可要当心啊！"周德威说："陈章只会说大话而已。如果我捉了陈章，不是也可以捞到刺史一职吗？"战斗打响后，周德威告诉手下士兵看到穿红色铠甲骑着白马的梁兵就逃跑，他自己穿着小卒的衣服混杂在队伍之中。等陈章追赶晋兵的时候，周德威从旁边蹿出，用铁锤击打陈章，陈章落马被擒。

随年杖　合欢杖

《新五代史》卷三十《刘铢传》：

然铢用法，亦自为刻深。民有过者，问其年几何，对曰若干，即随其数杖之，谓之"随年杖"。每杖一人，必两杖俱下，谓之"合欢杖"。

《旧五代史》卷一百七《刘铢传》：

> 每亲事，小有忤旨，即令倒曳而出，至数百步外方止，肤体无完者。每杖人，遣双杖对下，谓之“合欢杖”。或杖人如其岁数，谓之“随年杖”。

刘铢（生卒年不详），陕州（今河南陕县）人。与后汉高祖刘知远有旧，天福六年（941）刘知远出镇太原，以刘铢为左都押衙。刘铢好杀成性，正是因为如此，后汉高祖才欣赏他。五代之中，后汉最为无道，于此也可见端倪。

刘铢于镇青州期间，贪求无止。离任时有私盐数屋，为掩人耳目，刘铢把这些盐杂以粪土，填进井中，再用土平好。因为屠杀周太祖郭威家人，等刘铢落到郭威手里的时候，郭威对刘铢说：“你屠杀我家人，虽说是奉命行事，也不至于如此酷毒啊！难道你没有家人吗？”就把他给杀了。

刘铢杖罚，用“合欢杖”“随年杖”，可谓别出心裁。说来也只有那些手握生杀大权且酷毒的官吏才能想得出来。

王铁枪

《新五代史》卷三十三《王彦章传》：

> 彦章为人骁勇有力，能跣足履棘行百步。持一铁枪，骑而驰突，奋疾如飞，而他人莫能举也，军中号“王铁枪”。

王彦章（863—923），字子明，郓城寿张（今山东东平）人。少年即从梁太祖朱温征战，以骁勇闻名军中。他善使铁枪作战，故军中称为“王铁枪”。

梁贞明元年①，魏博军乱，晋军乘机占领梁河北之地，自此晋、梁夹河对峙二十余年。期间，王彦章常为先锋。王彦章看不起晋王李克用，说：“李亚子斗鸡小儿，何足顾畏！”李克用有一次在黄河边遇到王彦章，说：“此人可畏，当避其锋。”

梁末帝时，朝政紊乱，赵岩、张汉杰等用事，正直大臣多被谗间。有一次，王彦章说：“等我得胜回朝，一定把小人奸臣杀得干干净净！”赵岩、张汉杰等人听了很害怕，于是与段凝一起陷害王彦章，并且说：“我们宁愿死在沙陀人手里，也不能死在王彦章手里！”龙德三年（923）四月，晋军取梁郓州，末

---

① 《新五代史》卷二十三《杨师厚传》在贞明三年。

帝以王彦章为招讨使，以段凝为副；七月，王彦章军不利，被夺兵权，以段凝为招讨使；九月晋兵攻兖州，末帝以王彦章为东路守捉使，但只给少量兵力，并派张汉杰监军。结果，王彦章兵败被擒。庄宗爱其骁勇，不欲杀之，王彦章不屈而死。王彦章为一介武夫，不知书，常说："豹死留皮，人死留名。"

肉台盘

《新五代史》卷三十三《孙晟传》：

> 晟事昪父子二十余年，官至司空，家益富骄，每食不设几案，使众妓各执一器，环立而侍，号"肉台盘"，时人多效之。

《旧五代史》卷一百三十一《孙晟传》：

> 晟以家妓甚众，每食不设食几，令众妓各执一食器，周侍于其侧，谓之"肉台盘"。

孙晟（？—956），密州（今山东诸城）人。他好学，长于诗歌。膺服贾岛，图其像挂于屋壁。孙晟谒唐庄宗李存勖于镇州，庄宗以为著作佐郎。后为朱守殷判官，守殷伏诛，孙晟亡命陈、宋之间，后投李昪。孙晟口吃，每坐定后便谈辩锋生，听者入迷。孙晟颇受李昪赏识，以为右仆射，与冯延巳同为相。但孙晟看不起冯延巳，说冯延巳是金碗盛狗屎。孙晟在南唐如鱼得水，生活富裕，"肉台盘"时号就是很生动的说明。斗富标异本是南朝习俗，南唐时期遗风犹存。后周南伐，孙晟奉表北方。他因为对南唐满怀感激之情而不与后周合作，被杀。临刑之际，整衣冠而南望，再拜曰："臣惟以死谢。"死节之臣也。

三高士

《新五代史》卷三十四《郑遨传》：

> 其后，遨闻华山有五粒松，脂沦入地，千岁化为药，能去三尸，因徙

居华阴，欲求之。与道士李道殷、罗隐之友善，世目以为“三高士”。

《旧五代史》卷九十三《郑云叟传》：

俄闻西岳有五鬣松沦脂千年，能去三尸，因居于华阴。与李道殷、罗隐友善，时人目为“三高士”。

郑遨(866—939)，字云叟，滑州白马(今河南滑县)人。罗隐之、李道殷，两人生卒年、行实俱不详。薛居正《旧五代史》郑本传记载：

与罗隐之朝夕游处，隐之以药术取利，云叟以山田自给，俱好酒能诗，善长啸。有大瓠，云可辟寒暑，置酒于其中，经时味不坏，日携就花木水石之间，一酌一咏。尝因酒酣联句，郑曰：“一壶天上有名物，两个世间无事人。”罗曰：“醉却隐之云叟外，不知何处是天真。”

“三尸”指道教的三尸神。上尸好华饰，中尸好滋味，下尸好淫欲。古代认为隐士、道士多是特行高士。

玉界尺

《新五代史》卷三十五《赵光逢传》：

光逢在唐以文行知名，时人称其方直温润，谓之“玉界尺”。

《旧五代史》卷五十八《赵光逢传》：

光逢幼嗜坟典，动守规检，议者目之为“玉界尺”。

赵光逢(生卒年不详)，字延吉，京兆奉天(今陕西乾县)人。唐僖宗时登进士第，官尚书左丞、翰林承旨。昭宗时为翰林承旨、御史中丞。唐亡，事梁为中书侍郎、同中书门下平章事，迁左仆射，以太子太保致仕。

综合薛、欧阳史二史而观之，时人称赵光逢为“玉界尺”，有两方面的原因：一是因为他为人端正温如玉，一是因为他的行为规范，如同界尺给人以法度可循。

八哥

《新五代史》卷三十七《伶官·景进传》：

庄宗遣进等出访民间，事无大小皆以闻。每进奏事殿中，左右皆屏退，军机国政皆与参决，三司使孔谦兄事之，呼为“八哥”。

后唐庄宗李存勖爱好音乐，喜欢戏剧、戏子，自己取艺名“李天下”，常常与俳优在家中演戏。等到李存勖做了皇帝，身边就有了更多的伶人，并逐渐跻身为权要。景进、史彦琼与郭门高三人为最。

景进行八，孔谦呼景进为“八哥”是为了巴结他。孔谦（？—926），魏州（今河北大名）人。为魏州孔目官。魏博本为梁有，晋乘魏军之乱占有之，庄宗以孔谦为度支使。孔谦为人倾巧，深得庄宗欢心，为庄宗成帝业立下大功。尝自请为租庸使，不得，后借景进为援终得之。孔谦在租庸使位，无他才能，唯以聚敛为事，民深受其苦。明宗立，下诏暴孔谦罪恶，斩于洛阳，籍没其家。传见《新五代史》卷二十六、《旧五代史》卷七十三。

朱落雁

《新五代史》卷四十五《朱汉宾传》：

太祖闻之，乃更选勇士数百人，号“落雁都”，以汉宾为指挥使。及汉宾贵，人犹以为“朱落雁”。

《旧五代史》卷六十四《朱汉宾传》：

梁祖闻之，亦选数百人，别为一军，号为“落雁都”。署汉宾为军使。当时目为“朱落雁”。

朱汉宾(872—935),字绩臣,亳州谯(今安徽亳州)人。父元礼为梁军校,战死于清口。梁太祖养朱汉宾为子。

唐僖宗中和三年(883),拜梁太祖为汴州刺史、宣武军节度使。其时,梁太祖受困于秦宗权,借兵于朱宣、朱瑾兄弟,当时朱宣为天平军节度使。当朱宣兄弟帮助朱全忠击破秦宗权回去后,朱全忠认为朱宣引诱并带走了自己的宣武兵,于是派朱珍攻打朱瑾,自己攻打郓州。朱瑾组织了一支敢死队,每人两边脸颊上都刺刻了大雁图形,名为“雁子都”,这边朱全忠也组织了一支敢死队,针锋相对地名为“落雁都”,以朱汉宾为指挥使。“都”,军队中的一支,当时习语。自此人称汉宾“朱落雁”。北方人以射落大雁为弓箭本领。梁灭,朱汉宾入晋,与权臣安重诲连接为婚姻,得为昭义军节度使。

护驾水

《新五代史》卷四十五《段凝传》:

> 是时,唐已下郓州,凝乃自酸枣决河东注郓,以隔绝唐军,号“护驾水”。

段凝(? —927),初名明远,开封人。凝为人佞巧,又以其妹纳梁太祖,妹有色,段凝因而格外得太祖宠幸。梁末帝时,晋、梁相拒于河上,梁名将王彦章为招讨使,却因为段凝谗害而被罢,段凝自己代之为招讨使。段凝本以奸邪进身,并无军事才能可言,梁军一再溃败。当晋军攻占下郓州(今山东郓城)后,梁都汴城(今河南开封)只剩下黄河一道屏障了。段凝在酸枣(属河南延津)决黄河东淹郓城,隔绝晋军,以保护汴城,这就是时人所称的“护驾水”。

后梁亡后,段凝入后唐,反奏明庄宗当年自己所倚恃的梁权臣赵岩、张汉杰为弄臣,要求庄宗族灭之。段凝自己出入唐朝廷而毫无羞愧。明宗即位,段凝被赐死。

拔钉钱

《新五代史》卷四十六《赵在礼传》:

在礼在宋州，人尤苦之；已而罢去，宋人喜而相谓曰："眼中拔钉，岂不乐哉！"既而复受诏居职，乃籍管内，口率钱一千，自号"拔钉钱"。

赵在礼(882—947)，字幹臣，涿州(今河北涿州)人。先事刘仁恭之子刘守文，后奔晋军。后唐明宗天成元年(926)，授滑州节度使、检校太保；清泰三年(936)，授宋州节度使，加检校太尉、同平章事。入石晋，移镇郓州，加检校太师，兼侍中，封卫国公。又先后进封楚国公、秦国公。赵在礼为人贪鄙。《旧五代史》卷九十《赵在礼传》：

在礼历十余镇，善治生殖货，积财巨万，两京及所莅藩镇，皆邸店罗列。在宋州日，值天下飞蝗为害，在礼使比户张幡帜，鸣鼙鼓，蝗皆越境而去，人亦服其智焉。凡聚敛所得，唯以奉权豪、崇释氏而已。

当他罢宋州节度使的时候，宋州人喜出望外，相互转告说："这下好了，总算拔掉这颗眼中钉了！"可是令宋州人没想到的是，赵在礼很快又受诏为宋州节度使。赵在礼下令在他管辖范围内，每人缴纳一千钱，说是"拔钉钱"。五代官僚恣肆横行，乃一至如此。正如很多贪得无厌于钱财的人一样，赵在礼最后还是死于自己贪来的钱财。契丹人入侵洛下，赵在礼望尘致敬，可是这没能打动契丹首领拽剌的心，拽剌向他索取货财，还对他倍加凌辱。赵在礼不胜愤慨，最后在郑州一个旅馆的马槽上用衣带自经而死。

地仙

《新五代史》卷四十七《张筠传》：

筠居洛阳，拥其赀，以酒色声妓自娱足者十余年，人谓之"地仙"。

《旧五代史》卷九十《张筠传》：

及罢归之后，第宅宏敞，花竹深邃，声乐饮膳，恣其所欲，十年之内，人谓"地仙"。

张筠(？—937)，海州(今江苏东海)人。商贾世家。梁末帝从魏博分相、澶、卫三州为德昭军，以张筠为节度使。后魏博军叛，攻张筠，张筠弃城走，后以为永平军节度使。

张筠梁亡入唐，为京兆尹。从郭崇韬伐蜀，为剑南两川安抚使。蜀平，拜河南尹，后镇兴元。五代是一个动荡不安的时代，很多人乘动乱而大捞钱财，张筠是其中典型的一个：(一)康怀英为永平军节度使，卒。张筠代之并尽掠得康家财产。(二)张筠在任京兆尹时，掘唐故宫，获得大量财宝。(三)张筠手下将领侯莫陈威盗唐陵，筠杀之，取其宝货。张筠的弟弟张篯也是贪鄙之徒，屡屡乘人之危以夺取财产：(一)唐魏王李继岌平蜀归来，至渭南遇乱死，张篯取其战利品。自古以来，蜀地、岭南为财物丰饶之地，李继岌平蜀所获财宝不在少数。(二)蜀主王衍归顺至秦川，庄宗遣宦官向延嗣杀之。明宗诛宦官，向延嗣亡命，张篯尽获向延嗣珍宝。

张筠拥千万财产以自我享乐，时人比之为天仙，称呼他为“地仙”。

白麻答

《新五代史》卷四十八《白再荣传》：

> 是时，李崧、和凝等皆随契丹留镇州，再荣以兵环其居，迫而求物，又欲害崧取其赀。李谷谓曰：“公等亲被契丹之苦，忧死不暇，然逐麻答者，乃众人所为，非独公力也。今才得生路，而遽杀宰相，此契丹尚或不为，然它日至京师，天子问宰相何在，何以对之？”再荣默然，乃止。而悉拘尝事麻答者取其财，镇人谓之“白麻答”。

《旧五代史》卷一百六《白再荣传》：

> 高祖以再荣为镇州留后，为政贪虐难状，镇人呼为“白麻答”。

白再荣(？—950)，字号世家并不详。唐、晋之间为护圣指挥使。晋开运三年(946)，契丹犯京师开封，灭晋。契丹灭晋后北归，掳走不少晋官员与民众，到达镇州(今河北正定)的时候，留下晋人，由麻答镇守。《新五代史》

卷七十三《四夷附录第二》：

麻答者，德光之从弟也。德光灭晋，以为邢州节度使，兀欲立，命守镇州。麻答尤酷虐，多略中国人，剥面，抉目，拔发，断腕而杀之，出入常以钳凿挑割之具自随，寝处前后挂人肝、胫、手、足，言笑自若，镇、定之人不胜其毒。麻答已去，冯道等乃南归。

镇州人不堪麻答残暴，不久，李筠、何福进等人驱逐麻答，拥白再荣为留后。赶走豺狼却来了虎豹，白再荣贪求无厌、残忍刻毒，与麻答不相上下，人称“白麻答”。李崧、和凝本为晋宰相，为契丹胁迫来到镇州，白再荣以军队围困他们的住宅以求财物；又把曾经在麻答身边做事的人抓来，拷打以求钱财。

刘知远建汉，以白再荣为义成军节度使，后罢还京师开封。周太祖郭威入开封，士兵攻白再荣宅，悉取其财产。还说：“白大人，我们以前都是你的部下，对你却如此无礼，这以后哪有脸面见你呢?”就把他给杀了。

没字碑

《新五代史》卷四十八《安叔千传》：

叔千状貌堂堂，而不通文字，所为鄙陋，人谓之“没字碑”。

《旧五代史》卷一百二十三《安叔千传》：

叔千鄙野而无文，当时谓之安没字，言若碑碣之无篆籀，但虚有其表耳。

安叔千(881—952)，沙陀人。善骑射，事唐庄宗为奉安指挥使。明宗时从讨王都，拜秦州刺史；从击匈奴，以功拜昭武军节度使。也是一骁勇善战之士。狄人本不会书，加上为人鄙陋，纵然相貌堂堂，也被人轻视。安叔千卑劣，两《五代史》都记载了一件事：

契丹入汴，百僚迎见于赤岗，契丹主登高冈驻马而抚谕汉官，叔千出班效国语，契丹主曰："尔是安没字否？卿比在邢州日，远输诚款，我至此，汝管取一吃饭处。"叔千拜谢而退，俄授镇国军节度使。

《新史》文大同小异。"效国语"，《新史》作"夷言"，用契丹语说话的意思，此见安叔千讨好契丹主之丑态。安叔千早早输款契丹，正见其背弃晋庭、见风使舵之卑鄙行径。卷二十八《任圜传》：

圜前争曰："重诲未谙朝廷人物，为人所卖。天下皆知崔协不识文字，而虚有仪表，号为'没字碑'。臣以陛下误加采擢，无功幸进，此不知书，以臣一人取笑足矣，相位有几，岂容更益笑端？"

崔协也是"不识文字，而虚有仪表"而被人称为"没字碑"的。盖当时习以为不识文字为"没字碑"也欤？

阎昆仑

《新五代史》卷五十三《慕容彦超传》：

慕容彦超，吐谷浑部人，汉高祖同产弟也。尝冒姓阎氏，彦超黑色胡髯，号"阎昆仑"。

《旧五代史》卷一百三十《慕容彦超传》：

尝冒姓阎氏，体黑麻面，故谓之"阎昆仑"。

慕容彦超（？—952），吐谷浑部人。与汉高祖刘知远是同产弟兄。钱大昕《考异》："异姓而称同产，当是同母异父弟。"①因为体黑被人称为"昆仑"（见"昆仑"条）。

946年，契丹灭晋，刘知远于太原起兵，以慕容彦超为镇宁军节度使。周

① ［清］钱大昕：《廿四史考异》，上海古籍出版社，2004年版，第921页。

太祖郭威称帝，慕容彦超心中惴惴不安。此时慕容彦超守兖州，当刘旻在太原称帝时，慕容彦超乘机谋反，坚守兖州，抗拒周师。952年，郭威亲征，兖州城破，慕容彦超夫妇投井死，被族灭。

慕容彦超为人奸诈而好聚敛。在兖州城中大肆搜刮民赀钱财，以用于军费。令判官崔周度去前陕州司马阎弘鲁家去监括财产，一无所获，慕容彦超并将周度与阎弘鲁下狱。阎弘鲁的母亲在泥中拾到一根金缠臂线，拿来献给慕容彦超，希望能赎出自己的儿子，不料慕容彦超大怒，笞杖阎弘鲁夫妇肉烂而死，斩周度于市。慕容彦超让人用铁为质，在外面包一层银子，以次充好，称为"铁胎钱"。被围困兖州的时候，他对手下士兵说："我有很多银子，是用来赏赐你们的！"士兵说："都是铁胎钱，有什么用呢！"终不为之战斗。

三不开

《新五代史》卷五十五《马胤孙传》：

胤孙临事多不能决，当时号为"三不开"，谓其不开口以论议，不开印以行事，不开门以延士大夫也。

《旧五代史》卷一百二十七《马裔孙传》：

文士哂裔孙堂判有"援据"二字，其中书百职，裔孙素未谙练，无能专决，但署名而已。又少见宾客，时人目之为"三不开"，谓口不开、印不开、门不开也。

《旧五代史》作"裔"，避宋讳，后未回改。马胤孙（？—953），字庆先，棣州商河（今山东商河）人。举进士，为唐潞王从李珂观察支使。李从珂即位，是为末帝，以马胤孙为户部郎中、翰林学士，后拜中书侍郎、同中书门下平章事。

马胤孙慕韩愈之为人，喜欢古文，也不喜佛事。但马胤孙没有理事能力，尤其是作为宰相所具备的遇事决断能力。当时冯道特拜为司空，有人说司空当参与大政，有的说司空只是在祭祀时洒扫而已，马胤孙不能决；祭祀时有行香礼仪(参看周一良《魏晋南北朝史札记·〈南史〉札记》中“行香与行酒”条),在行香时宰相与常侍的次序问题,大家莫衷一是,马胤孙也不能决。常常责令手下人“援据”办事,而五代时礼制大坏,往往无据可依。因为缺少吏事能力,后来干脆无所作为,“三不开”了。石敬瑭在太原起兵时,末帝在怀州(今河南沁阳),马胤孙在洛阳,君臣都指望宰相来献策纾难,马胤孙来到怀州,只是贡献了三百匹绫罗了事。

三十六英雄

《新五代史》卷六十一《徐温传》:

行密所与起事刘威、陶雅之徒,号“三十六英雄”,独温未尝有战功。

《十国春秋》卷十三《徐温传》:

时太祖劲兵数万,号其军为“黑云长剑”,所与举事者刘威、陶雅之徒,称“三十六英雄”,惟温未常有战功。

杨行密(852—905),字化源,庐州合淝(今安徽合肥)人。杨行密为人长大有力。唐末天下兵起,应募为州兵去戍朔方。岁满回来后,家乡军吏因为不喜欢他,派他继续去戍边。临行,军吏假惺惺地对杨行密说:“你去戍边,看还需要些什么?”杨行密说:“就需要大人您的头!”随即斩其首,聚兵为乱,攻占庐州。僖宗中和三年(883),唐拜扬行密为庐州刺史。《十国春秋》本传记载杨行密“居尝独处,必见黑人侍其侧,心窃异之”,故其军号“黑云长剑”。他的亲军以皂衣蒙甲,号“黑云都”。

杨氏后来以庐州为中心,逐渐发展自己的势力,建立吴国,史称杨氏为吴太祖。与杨行密开始一起起事的“三十六英雄”,现在已不可一一考实,但当时有这一称呼当是事实。清吴任臣《十国春秋》卷五、六“列传”所记人物大多是舒城、庐江人,刘威、陶雅名列其中,想必应该都是“三十六英雄”中人。

徐温(862—927),字敦美,海州朐山(今江苏东海)人。杨行密起事合肥,徐温事从麾下。后与杨行密共同谋杀朱延寿,受到杨行密重视。徐温工于心计，善于吏事，后来逐渐篡得杨氏政权，其养子徐知诰即后来的南唐先主李昪。

严骆

《新五代史》卷六十一《徐温传》：

温客尤见信者，惟骆知祥、严可求，可求善筹画，知祥长于财利，温尝以军旅问可求，国用问知祥，吴人谓之"严骆"。

《十国春秋》卷十《骆知祥传》：

天祐中，徐温秉国，知祥与严可求左右协力，可求任军旅，知祥司财赋，一时称之曰"严骆"。

骆知祥、严可求两人传同见清吴任臣《十国春秋》卷十。严可求（？—930），同州（今陕西大荔）人。骆知祥（生卒年不详），合肥人。可求长于计谋，杨行密假装有眼病骗朱延寿而杀之，就是由严可求谋划的。骆知祥"雅能治金谷，遇事辄办"[1]，就是说善于办理钱粮，做事干练。徐温得严、骆二人，可谓如鱼得水了。

五鬼

《新五代史》卷六十二《李景传》：

景以冯延巳、常梦锡为翰林学士，冯延鲁为中书舍人，陈觉为枢密使，魏岑、查文徽为副使。梦锡直宣政殿，专掌密命，而延巳等皆以邪佞用事，吴人谓之"五鬼"。

《十国春秋》卷二十六《冯延巳传》：

① ［清］吴任臣：《十国春秋》，中华书局，1983年版，第139页。

保大初，拜谏议大夫、翰林学士，迁户部侍郎、翰林学士承旨，又进中书侍郎，复与其弟延鲁交结魏岑、陈觉、查文徽，侵损时政，时人谓之“五鬼”。

南唐中主时期，围绕中主形成两党相争的局面，“当是时，齐丘、觉与冯延巳、延鲁、李徵古、魏岑、查文徽为一党，熙载与孙晟、常梦锡、萧俨、江文蔚、李德明为一党”①。

这时期派系的形成与宋齐丘直接有关。宋齐丘(887—959)，字子嵩，庐陵(今江西吉安)人。他与烈祖李昪为布衣之交，深得李昪信任。李昪为宋齐丘特地在水池中建立了一个小亭，两人在亭上密谈机宜；或半夜围绕火炉密谈，以铁棍在炉灰中指画，随即抹去。宋齐丘后来在自缢之前感叹说：“我当初为烈祖献阴谋，今天落得如此下场，也是报应啊！”宋齐丘为了巩固自己的势力，多植亲信。“五鬼”均由宋齐丘荐引，他们依附宋齐丘把持朝政并且为他推波助澜，甚至直接要求中主让权。《十国春秋》卷二十六《陈觉传》记载陈觉对中主说：“天位宜禅太弟，而以国事一委宋公。”又说：“天命如此，宜使宋公摄政，陛下深居禁中，臣时得入奉，从容闲谈释、老，俟国事定，归政未晚。”

“五鬼”中的冯延巳、冯延鲁为异母兄弟。冯延巳(903？—960)，字正中，广陵(今江苏扬州)人；冯延鲁(生卒年不详)，字叔文。冯延巳更以词人名于后世。《新五代史》卷三十三《孙晟传》：“晟轻延巳为人，常曰：‘金碗玉杯而盛狗屎可乎？’”孙晟如此看不起冯延巳，也是就冯延巳徒以词臣而干政而言的。《十国春秋》卷二十六《冯延巳传》：

延巳工诗，虽贵且老不废，如“宫瓦数行晓日，龙旗百尺春风”，识者谓有元和词人气格。尤喜为乐府词。元宗尝因曲宴内殿，从容谓：“‘吹皱一池春水’，何干卿事？”延巳对曰：“安得如陛下‘小楼吹彻玉笛寒’，特高妙也。”时衰败不支，稽首称臣于敌，以苟安岁月，而君臣相谑乃如此。

① [清]吴任臣：《十国春秋》，中华书局，1983年版，第295页。

陈觉(生卒年不详),泰州(今江苏泰州)人。魏岑(生卒年不详),郓州须城(今山东东平)人。查文徽(885—954),字光慎,歙州休宁(今安徽休宁)人。“五鬼”传同见《十国春秋》卷二十六。

宋齐丘带领“五鬼”把朝政弄得乌烟瘴气,必然引起朝中其他大臣的不满而形成反对党。《十国春秋》卷二十六《冯延巳传》:

延巳负其材艺,狎侮朝士,尝谓孙晟曰:“君有何所解而为丞郎?”晟愤然答曰:“仆山东书生,鸿笔藻丽,十不及君;诙谐饮酒,百不及君;谄佞险诈,累劫不及君。然上所以置君于王邸者,欲君以道规益,非遣君为声色狗马之友也。仆固无所解,君之所解者,适足以败国家耳。”延巳惭,不得对。

孙晟对冯反唇相讥,可谓痛快淋漓,很符合事实而并非只是使气骂街,也不仅仅是在骂冯延巳,而是指出了“五鬼”一派人共同的丑恶行径。

“五鬼”反对派的常梦锡(898—958),字孟图,扶风(今陕西西安)或京兆万年(今陕西西安)人。从李茂贞之子李从俨奔吴。李昪以为有识量,遂值中书省、参掌诏命,进给事中。梦锡为人厚重方雅,谙习前朝故事。因与宋齐丘及“五鬼”不协,贬池州判官、饶州团练副使。他以酒浇愁而得疾,中主怜之,留处东都(今江苏镇江)留守。南唐交泰元年(958),与客座谈时奄然而卒。常梦锡处群小之中,无能为力。当南唐日益忍辱苟且于北周之时,他曾说:“你们这些人,都说自己能辅佐皇帝,光大国家,国家今天怎么成为小朝廷了呢?”常梦锡死后,人人皆以为君子,就是其往日政敌仇人在这点上也无话可说。

仅从孙晟、常梦锡两人与“五鬼”的关系与态度,大概就可以知道冯延巳等人被时人称为“五鬼”是有道理的。

贼王八　随驾五都

《新五代史》卷六十三《王建传》:

少无赖,以屠牛、盗驴、贩私盐为事,里人谓之“贼王八”。

信宗即以晏弘为节度使，晏弘以建等八都头皆领属州刺史。已而晏弘拥众东归，陷陈、许，建与晋晖、韩建、张造、李师泰等各率一都，西奔于蜀。信宗得之大喜，号“随驾五都”，以属十军观军容使田令孜，令孜以建等为养子。

《十国春秋》卷三十五《前蜀本纪》：

建少年无赖，以屠牛、盗驴、贩私盐为事，里人谓之“贼王八”。

明年，建与晋晖、韩建、张造、李师泰等各率一都赴行在，僖宗得之大喜，以属十军观军容使田令孜，令孜养建等为假子，赐与巨万，拜诸卫将军，号“随驾五都”。

王建（847—918），字光图，许州舞阳（今河南舞阳）人。年少时期无恶不作，因姓王，排行第八，所以乡里称他为“贼王八”。

唐末天下大乱时期，王建入忠武军为卒。黄巢攻陷长安，忠武军将鹿晏弘分八千兵给杨复光讨黄巢，杨复光把这八千人分成八都。“都”即支队，为当时习语，如“添马都”“黑云都”“厅子都”“扈驾都”“雁子都”“落雁都”等；“都头”“都督”就是“都”的指挥官。王建就是这八都之一的都头。杨复光死后，鹿晏弘带领这八都部队以西迎僖宗为名，所到之处杀人剽掠。到达兴元（今陕西汉中）时，驱逐节度使牛丛，僖宗只好任命鹿宴弘为节度使。后来这支队伍分裂为二，鹿晏弘带领部分人马向东，王建与晋晖、韩建、张造、李师泰等各率一都向西去迎接僖宗，这就是“随驾五都”。

王建在蜀地不断扩大自已的势力。文德元年（888），分邛、蜀、黎、雅州为永平军，拜王建为节度使，拥旌节。昭宗时，王建接连赶走西川节度使韦昭度，攻下成都杀田令孜，又派兵扼守剑门关。蜀地尽在王建掌控之中。公元 908 年，王建在成都南郊祭天，然后大赦境内，改元武成。是为前蜀，王建即前蜀开国皇帝。

危脑帽　醉妆

《新五代史》卷六十三《王衍传》：

蜀人富而喜遨，当王氏晚年，俗竞为小帽，仅覆其顶，俯首即堕，谓之“危脑帽”。衍以为不祥，禁之。而衍好戴大帽，每微服出游民间，民间以大帽识之，因令国中皆戴大帽。又好裹尖巾，其状如锥。而后宫皆戴金莲花冠，衣道士服，酒酣免冠，其髻髽然，更施朱粉，号“醉妆”，国中之人皆效之。

《十国春秋》卷三十七《前蜀本纪》：

乾德六年春正月，禁民戴危脑帽。其制狭中，仅可覆额，俯首即坠，在位者以为不祥，多恶之。

三月，帝谒永陵，自为夹巾，其状如锥，民庶皆效之。还宴怡神亭，妃嫔皆戴金莲花冠，衣道士服。酒酣免冠，其髻髽然，更夹面连额，渥以朱粉，号“醉妆”。

王建死后，他的小儿子王衍继位，时年十八，是为前蜀后主。王衍(899—926)，字化源。喜好文学，《十国春秋》卷三十七载：“颇知学问，童年即能属文，甚有才思，尤酷好靡丽之辞，尝集艳体诗二百篇，号曰《烟花集》。”这一点与同样是亡国之君的南唐后主李煜很相似。王衍即位，不以国家前途为怀，一味玩乐享受。他自创一种超长的马车名为“流星辇”，有二十个车轮；喜欢踢球，球场周围用锦绣圈起来，球踢进去乃至到了街头而不知；霸占军使王承纲女儿，王承纲请求，流至茂州，王承纲女儿剪发赎父，不许，女自杀；与天雄节度使宦官王承休妻通，屡屡千里迢迢去秦州与之相会。

当时蜀人为了出门游玩方便，喜欢戴一种小帽，时称“危脑帽”。王衍沉湎于打猎，又怕被别人认识，于是戴大帽。乾德四年(922)三月，“命士民皆着大裁帽。蜀人富而喜遨，俗竞为小帽，而帝好戴大帽，酒肆娼家，无所不到，索笔题曰‘王一来’。恶人识之，故有是令”①。《旧五代史》卷一百三十六《僭伪列传第三》：

① [清]吴任臣：《十国春秋》，中华书局，1983年版，第537页。

秋九月,衍奉其母徐妃同游于青城山,驻于上清宫。时宫人皆衣道服,顶金莲花冠,衣画云霞,望之若神仙,及侍宴,酒酣,皆免冠而退,则其髻髽然。又构怡神亭,以佞臣韩昭等为狎客,杂以妇人,以恣荒宴,或自旦至暮,继之以烛。

记事较《新五代史》及《十国春秋》更为清楚明白。《新五代史》及《十国春秋》是将几件不相干的事夹杂在一起,反而不甚了了。其实,王衍"自为夹巾,其状如锥"是一件事;奉母在青城山,宫女着道服戴莲花冠,望之若神仙是另一件事;酒酣免冠,"其髻髽然",再施粉成"醉妆"又是一件事;而构怡神亭,与狎客嬉戏其中则又是一件事。四件事同样都说明后主的荒淫误国。

后唐魏王李继岌、郭崇韬伐蜀,虏王衍。行至秦川驿,被杀,时年二十八。前蜀亡。

世修降表李家

《新五代史》卷六十四《孟昶传》:

初,昊事王衍为翰林学士,衍之亡也,昊为草降表,至是又草焉,蜀人夜表其门曰"世修降表李家",当时传以为笑。

《十国春秋》卷五十二《李昊传》:

初,前蜀降唐,昊草其表,后主之降也,其表亦昊所为。蜀人潜署其门曰"世修降表李家",见者哂之。

前蜀灭亡以后,统治蜀地的是孟家,是为后蜀。后蜀历二主,先主孟知祥,后主孟昶。孟知祥(874—934),字保胤,邢州龙冈(今河北邢台)人。后唐灭前蜀后,以孟知祥为成都尹、剑南西川节度副大使。此后他凭借自己的才略经营蜀地,终成一方地主。后唐长兴四年(933),明宗崩,明年正月孟知祥即皇帝位,国号蜀,是为后蜀。孟知祥在位不到一年,其第三子孟昶(919—965)继位,是为后主。后主先是受制于旧臣,不能亲政。亲政后又务为自娱,不能励精图治,乐于偏安一隅。到了965年,宋太祖伐蜀,虏孟昶入汴京,不久死去。

李昊(892—966),字穹佐,自称为李绅之后。归泾州节度使刘知俊,并随之入蜀。前蜀后主时授彭州导江令,历中书舍人、翰林学士。前蜀咸康元年(925),后唐魏王李继岌军队到达绵州,后主命李昊草拟降表。后蜀高祖孟知祥在蜀,凡表奏书檄,皆出自李昊手。934 年孟知祥即皇帝位,以李昊为礼部侍郎、翰林学士。后主时,加尚书左丞,拜门下侍郎,兼户部尚书、同平章事,监修国史。集所代高祖书奏百卷为《经纬略》,与赵元拱等修成《前蜀书》四十卷。封赵国公,加司空。后蜀广政二十八年(965),王全斌率领赵宋军队到达汉州(今四川广汉),帝命李昊草降表,遣通奏使伊审徵诣全斌请降。今二表俱见清吴任臣《十国春秋》。

蜀人潜署李昊门曰"世修降表李家",并哂笑之。实所哂不在李昊本人,而在于感叹前、后蜀兴亡之速也。

衣锦将军　杭州八都　海龙王

《新五代史》卷六十七《钱镠传》:

> 昭宗诏镠图形凌烟阁,升衣锦营为衣锦城,石鉴山曰衣锦山,大官山曰功臣山。镠游衣锦城,宴故老,山林皆覆以锦,号其幼所尝戏大木曰"衣锦将军"。

《十国春秋》卷七十七《吴越世家》:

> 二月,王亲巡衣锦营,大会故老宾客,山林树木,皆覆以锦幄,号其幼所常戏大木曰"衣锦将军"。

《旧五代史》卷一百三十三《世袭列传第二》:

> 属天下丧乱,黄巢寇岭表,江、淮之盗贼群聚,大者攻州郡,小者剽闾里,董昌聚众,恣横于杭、越之间,杭州八县,每县召募千人为一都,时谓之"杭州八都",以遏黄巢之冲要。

镠尤恃崇盛，分两浙为数镇，其节制署而后奏。左右前后皆儿孙甥侄，轩陛服饰，比于王者，两浙里俗咸曰“海龙王”。

五代十国诸政权中，吴越国辖十三州，传五主，历七十二年，时间最久。国内政治安定，经济繁荣，文人荟萃。这与其创建者钱镠不无关系。

钱镠（852—932），字具美，杭州临安（今浙江杭州）人。广明元年（880），杭州始建八都以拒黄巢，余杭陈晟，于潜吴文举，盐官徐及，新城杜稜，唐山饶景，富阳文禹，龙泉凌文举，临安董昌即“杭州八都”。钱镠其时为董昌副将。景福中，唐以李铤为镇海军节度使，李铤不之军，朝廷便以钱镠代之。此后，钱镠数败杨行密，生擒徐绾，擒董昌以献，不断兼并浙东。天复二年（902），封越王，天祐元年（904），封吴王，梁开平元年（907），封吴越王。终成一方地主。

唐末藩镇割据一方，往往不听命于朝廷，钱氏却始终接受朝廷的封授，这便有了政治及舆论上的优势。唐亡，有人建议钱镠乘机拒绝梁命，钱镠笑着说：“我怎么能学孙权呢?”与中原正统政权互为声援，这让吴越国避免为四战之国，为国内稳定创造了外部条件。这可能是得益于他父亲的教诲，钱镠的父亲钱宽曾告诫他说：“吾家世田渔为事，未尝有贵达如此，尔今为十三州主，三面受敌，与人争利，恐祸及吾家，所以不忍见汝。”钱氏没有汲汲于称帝，而是以中原政权为正朔，甚至不畏海陆艰险，纳贡给中原。《旧五代史》本传：“镠虽季年荒恣，然自唐朝，于梁室，庄宗中兴以来，每来扬帆越海，贡奉无阙，故中朝亦以此善之。”

也正因为如此，还远在钱镠被封为越王之前，当朝廷改他所出生的村庄为“勋贵里”、他所居营为“衣锦营”的时候，这本是虚荣，钱镠却受宠若惊。这也是钱镠的智慧。后来“衣锦营”又改为“衣锦城”，再改为“衣锦军”。《新五代史》卷六十七《吴越世家》：“镠幼时与群儿戏木下，镠坐大石指挥群儿为队伍，号令颇有法，群儿皆惮之。”钱镠回到故乡，看见自己幼年在下面玩打仗游戏的那棵大树，便封为“衣锦将军”。梁开平四年（910），钱镠再回故乡，作《还乡歌》：“三节还乡兮挂锦衣，父老远来相追随。牛斗无孛人无欺，吴越一王驷马归。”表达了一国之君对政权稳定、人民和谐的向往。

钱氏在国内加强专制统治，巩固家族君临地位。其中一项重要措施是细化行政单位，分国内为数镇，委派家族成员管理，他们高高在上，被时人称为“海龙王”。

吴越国历五主：钱镠、钱元瓘、钱佐、钱倧、钱俶。《旧五代史》论曰："唯钱氏之守杭、越，逾八十年，盖事大勤王之节，与荆楚、湖湘不侔矣。"并非无柢游谈。

高赖子　万事休

《新五代史》卷六十九《高从诲传》：

俚俗语谓夺攘苟得无愧耻者为赖子，犹言无赖也，故诸国皆目为"高赖子"。

《十国春秋》卷一百一《荆南世家》：

其后，南汉与闽亦称帝，惟王所向称臣，利其赐予，故诸国贱之，皆目为"高赖子"，又曰"高无赖"。

《旧五代史》卷一百三十三《世袭列传第二》：

季兴在世时，或因事盛怒，左右不敢窃视，唯保勗一见，季兴则怒自解，故荆人目之为"万事休"。

五代十国之荆南国为高季兴创建。高季兴（858—929），字贻孙，陕州硖石（今河南三门峡）人。少年时候为汴州富人李让家童，李让后成为朱全忠养子即朱友让，季兴因而得在朱全忠军中。天复二年（902），梁军攻凤翔李茂贞，志在得昭宗以令诸侯。李茂贞坚壁不出，朱全忠欲还兵河中。高季兴与马景组织敢死队攻城，昭宗出。高季兴由此知名。

梁开平元年（907），拜高季兴荆南节度使；二年，加同中书门下平章事。自此，高季兴经营荆南，招缉绥抚，人士归之。后梁末帝时封高季兴渤海王。

荆南辖境狭小，只有荆、归、峡三州，但地理位置非常重要，为周围诸国缓冲地带，扼长江咽喉。由于国境局促，且处于大国夹缝之中，为了生存下去，高氏父子采取了滑柔的无赖手法。拦截过往使节商旅以及长江来往船只，没收财物，若有派兵来讨要的，则归还；自己不称帝，别国谁称帝都承认并且称臣,以取得赏赐。高氏对自己所作所为毫无愧疚之感,时称“高赖子”或“高无赖”。

荆南传五主:高季兴、高从诲、高保融、高保勖、高继冲,历五十七年。高保勖过后,荆南差不多也就灭亡了,所以时人以为称号“万事休”为不详的兆头。

郭雀儿　自在将军

《新五代史》卷七十《刘旻传》:

> 周太祖少贱,黥其颈上为飞雀,世谓之“郭雀儿”。太祖见旻使者,具道所以立赟之意,因自指其颈以示使者曰:“自古岂有雕青天子?幸公无以我为疑。”旻喜,益信以为然。

> 杨衮怒旻,按兵西偏不战,故独全军而返。旻归,为黄骝治厩,饰以金银,食以三品料,号“自在将军”。

契丹灭后晋后,刘知远在太原起兵建号,进而南下在开封建立后汉政权,知远即后汉高祖。汉高祖南下时,留弟弟刘崇为北京留守,加同平章事,镇守太原。后汉乾祐三年(950),郭威弑杀隐帝。951年,刘崇在太原称帝,改名旻,史称北汉。

刘知远驾崩是在乾祐元年正月,临终托孤于郭威与史弘肇。郭威(904—954),字文仲,邢州尧山(今河北邢台)人,即后周太祖。是年三月,河中李茂贞、永兴赵思绾、凤翔王景崇接连反,郭威平定之,史称“平三叛”;二年冬天,契丹扣边,郭威以枢密使北伐,至魏州,契丹遁去。在这两次军事行动中,郭威势力大增,隐帝不得不谋去之。隐帝先是谋杀了史弘肇,又诏郭崇杀郭威及监军王峻于魏州。所以当郭威于乾祐三年三月还师开封时,谁都知道郭威要取代刘汉了。郭威弑杀了隐帝后,刘旻出兵准备与郭威一较高下,郭威却假惺惺地立刘旻的儿子刘赟为帝,刘旻高兴地说:“我儿子当皇帝了,还有什么可担心的呢?”于是罢兵并派使者去开封见郭威。郭威对刘旻的使者说明自己立刘赟是真心真意的,并指着自己脖子上小时候留下的飞雀刺青说:“哪有像我这样脖子上有刺青的人能当皇帝?请放心!”刘旻真的就放心了。

后周显德元年(954)正月,郭威死,柴荣继位,是为周世宗。世宗以为国家大丧,自己新即位,刘旻必不会出兵,因为自古以来两国开战,临丧则罢兵。于是想出其不意,一举消灭北汉。三月,世宗亲征,分三路进攻;刘旻也列为三阵。刘旻大败,所乘契丹黄骝马救了他一命,只身逃归。号马为"自在将军",军队大败而自己幸存之意。

北汉传四主,共二十九年;后周传三帝,共九年。

帝羓　睡王

《新五代史》卷七十二《四夷附录第一》:

> 德光行至栾城,得疾,卒于杀胡林。契丹破其腹,去其肠胃,实之以盐,载而北,晋人谓之"帝羓"焉。

《旧五代史》卷一百三十七《外国列传》:

> 契丹人破其尸,摘去肠胃,以盐沃之,载而北去,汉人目之为"帝羓"焉。

《新五代史》卷七十三《四夷附录第二》:

> 述律有疾,不能近妇人,左右给事,多以宦者。然畋猎好饮酒,不恤国事,每酣饮,自夜至旦,昼则常睡,国人谓之"睡王"。

五代时期,北方游牧民族中以契丹为最盛。耶律阿保机于907年建契丹国,后改国号辽。

耶律德光(902—947),字德谨,太祖耶律阿保机次子,继耶律阿保机为辽第二任皇帝即辽太宗。后晋开运四年(947)正月,契丹灭晋;二月十五日刘知远于太原建号;三月十七日,耶律德光留萧翰守汴,以晋内诸司伎术、宫女、诸将卒数千人北归。耶律德光行至栾城(今河北栾城)杀胡林,因寒热病而卒。临死连声呼曰:"刘知远灭,刘知远灭!"